무지 어려운 우리말겨루기 365

무지 어려운 우리말겨루기 365

言편

이상권 지음

북마크

들머리

　말이란 사람의 생각이나 느낌 따위를 표현하고 전달하는 데 쓰는 음성 기호이며, 이를 문자 기호로 표현하고 전달하는 것을 글이라고 한다. 달리 말하자면, 말이나 글은 사람의 생각을 외부에 드러내어 다른 사람이 알 수 있는 상태에 두는 수단이다. 그러므로 말을 하거나 글을 쓰면, 그 말과 글을 통해 다른 사람들이 그 사람의 인격(생각)을 평가할 수 있게 된다.
　『역경(易經)』에 '언행군자지추기(言行君子之樞機)'라는 말이 있는데, 군자의 가장 기본적 요체가 말과 행동이라는 뜻이다. 말과 글은 생각을 표현하는 수단만 다를 뿐이어서 한자로 '말씀 언(言)'자는 말만을 의미하는 경우도 있지만 글까지 포함하는 의미인 경우가 많다. 여하튼 말은 그 말을 하는 사람의 인격을 평가하는 가장 중요한 지표인 만큼 말을 잘하는 것은 매우 중요하다.
　그런데 가끔은 자신의 생각이나 느낌을 말로 옮기기 어려워서 우물쭈물하거나 더듬거리며 손짓, 발짓으로 대신하기도 하고, 말이 막혀서 '음, 에, 또, 거시기, 그 뭐냐' 같은 의미 없는 디딤말만 연발하는 경우도 흔하다. 어떤 경우에는 자신이 사용하고 있는 낱말의 의미를 정확히 이해하지 못한 채 말을 하거나 글을 쓰는 경우도 있다.
　물론 그런 낱말들은 대체로 흔히 쓰는 낱말들이어서 굳이 그 뜻을 사전을 통하지 않고도 알고 있는 경우가 대부분이기는 하다. 하지만 전문적인 작가들조차 낱말의 뜻을 제대로 알지 못한 채 말을 하거나 글을 쓰는 경우도 없지는 않다.

나 역시 예외가 아니다. 2015년 가을 무렵 어느 날, 내가 전혀 알 수도 없고 이해하기도 어려운 어떤 상황에 부딪혔다. 그 상황에서 나를 더욱 당황시킨 것은 내가 그 상황을 '도저히 이해하지 못하는 것인지, 도무지 이해하지 못하는 것인지, 아니면 도대체 이해하지 못하는 것인지'를 스스로 알 수 없었다는 점이다. 그래서 사전을 찾아보았다. 다행스럽게도 세 개의 낱말이 약간의 미묘한 뉘앙스 차이가 있기는 하지만 '아무리 하여도, 아무리 해도, 유감스럽게도 전혀'로 결국은 같은 말이었다.

하지만 나의 당황은 거기서 끝나지 않았다. '도저히(到底—), 도무지(옛말:도모지 / 塗貌紙), 도대체(都大體), 도통(都統), 도시(都是), 전혀(全—)' 등 같은 뜻을 가진 부사들이 하나같이 한자어라는 사실을 처음 알게 된 것이었다. 너무나 뜻밖이어서 어처구니가 없었다.

이런 계기로 우리말에 새로운 관심을 갖게 되었고, 여러 사람의 공감을 끌어내고 싶어서 에멜무지로 페이스북(facebook)에 문제 형식으로 만들어서 올리기 시작한 것이 365문제에 이르렀다. 초기에 한자어를 중심으로 출제를 시작했지만 곧바로 우리의 고유어로 중심을 바꾸었고, 가능하면 일상생활에서 쉽게 사용할 수 있도록 사용 사례를 많이 실으려고 노력했다.

그 내용을 책이라는 그릇에 맞게 수정·보완하고, 10여 개의 문제는 책으로 엮기에 부적절하여 빼어내고 새로운 문제로 대체했다. 주로 국립국어원의 표준국어대사전에 수록된 내용을 인용하였고, 필요한 경우 교학한국어사전(교학사), 우리말갈래사전(박용수, 서울대학교출판부), 네이버 국어사전 등도 참조하여 문제와 해설을 구성하였다.

페이스북 친구 인성환님을 비롯하여 많은 분들이 해설까지 도와주시면서 참여하여, 이 책의 일부를 함께 만들어 주셨다. 감사한 마음을 직접 표현하지 못하고 여기에 이렇게 글을 올린다.

알고 쓸 수 있는 낱말의 풍부함은 스스로의 인격을 당당하게 드러낼 수 있는 매우 유용한 수단일 것이다. 이 책은 비록 문제 형식으로 엮어 '겨루기'라는 이름까지 붙였으나 정답을 찾아내기 위한 문제는 결코 아니다. 개중에는 정답이 없는 문제도 많다. 나의 페이스북 친구들이 그랬듯이 독자들이 흥미를 잃지 않고 우리말 알아가기에 집중할 수 있기를 바라는 소망을 담아 이 책을 낸다.

2017년 어정칠월 백로
문곡 이상권

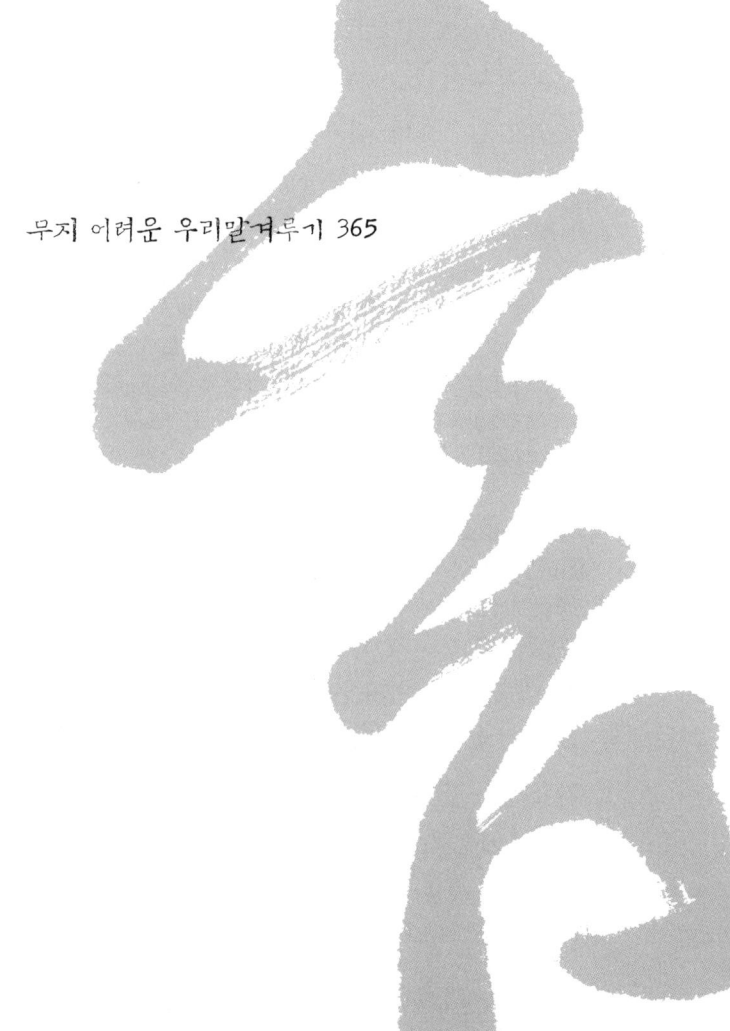

무지 어려운 우리말 겨루기 365

[001] '우리말'이란 '우리나라 사람의 말'을 의미하며, 이에는 '고유어'와 '외래어'가 포함되는데, 한자어는 당연히 외래어입니다. '고유어(固有語)'란 해당 언어에 본디부터 있던 말이나 그것에 기초하여 새로 만들어진 말을 의미하고, '토박이말' 또는 '토착어'와 같은 뜻이라고 할 수 있으며, '순수 우리말'도 같은 의미입니다.
'외래어(外來語)'란 외국에서 들어온 말로 국어처럼 쓰이는 단어를 의미하며, '들온말', '전래어' 또는 '차용어'라고도 합니다.
다음 중 [ ] 안의 낱말이 고유어인 것을 골라 주세요.
1. [도대체] 무슨 말을 하는지 모르겠다.
2. [도무지] 알 수 없는 것이 사람 속이다.
3. [도저히] 이해할 수 없는 상황이다.
4. [도랑] 치고 가재 잡자.

   1) 도대체 : 都大體 , '대체'를 강조한 말. 본문처럼 부정을 나타내는 말과 함께 쓰여 '유감스럽게도 전혀'라는 뜻을 가지며, 의문을 나타내는 말과 함께 쓰일 경우에는 '다른 말은 그만두고 요점만 말하자면' 또는 '전혀 알지 못하거나 아주 궁금하여 묻는 것인데…'라는 뜻입니다.
   2) 도무지 : 도모지(塗貌紙)의 발음이 변화한 것으로서, 주로 부정을 나타내는 말과 함께 쓰여 '아무리 해도'라는 뜻이며, '도통(都統)'과 같은 뜻입니다.
   3) 도저히 : 到底히. 부정하는 말과 함께 쓰여 '아무리 하여도'라는 뜻이며, '도무지', '도통'과 같은 뜻으로 보면 되겠습니다.
   4) '도랑'은 순수 우리말입니다. '물도랑', '물돌'도 같은 뜻입니다.
   정답은 4)번입니다.

[002] 다음 중 [ ] 안의 낱말이 고유어인 것은?
1. 추수가 [거지반] 끝났다.
2. [가령] 없는 소리 작작 해라.
3. 붓글씨 배우면서 [개칠]하지 말라.
4. 이 금반지 받고 채무 다 변제한 것으로 [갈음]하자.

1) 거지반(居之半) : '거반(居半)'과 같은 말인데, '거의 절반'이라는 의미로 사용될 때는 명사이고, '거의 절반 가까이'라는 의미로 사용될 때는 부사입니다 / (명사)그들 거지반은 나이가 저보다도 최소한 십 년은 연상이에요 / (부사)아침 장은 거지반 끝나 가고 있었다. 『이동하, 장난감 도시』
2) 가량(假量) : 명사로 사용될 때는 '어떤 일에 대하여 확실한 계산은 아니나 얼마쯤이나 정도가 되리라고 짐작하여 봄'이라는 뜻이며, 접미사로 사용될 때는 수량을 나타내는 명사 또는 명사구 뒤에 붙어 '정도'의 뜻을 더하는 접미사입니다 / 그는 문득 자기처럼 그런 광 속에 갇혀 억울하게 당하고 죽어간 사람들을 들은 소문에 미루어 가량해 보았다. 『이문구, 오자룡』· 흩어진 곡식이 한 말가량은 되어 보인다.
3) 개칠(改漆) : 글씨를 쓰거나 그림을 그릴 때, 한 번 그은 곳에 다시 붓을 대서 칠함.
4) 갈음 : 다른 것으로 바꾸어 대신함 / 여러분과 여러분 가정에 행운이 가득하기를 기원하는 것으로 축사를 갈음합니다.
※ 일한 뒤나 외출할 때 갈아입는 옷을 '갈음옷'이라 하는데, 이를 줄여서 '갈음'이라고도 함.
정답은 4)번입니다.

[003] 다음 [ ] 안의 낱말이 고유어인 것은?
1. 그 여자는 같은 여자들에게만 엄청 [고약]스럽다네.
2. 그 남자는 여자들 앞에만 서면 왜 그리 [겸연]쩍어 하지?
3. 그 직원은 사장에게 직접 [고자질]하길 잘한다더군.
4. [고집]부리지 말고 마누라님과 화해하게!

1) 고약스럽다 : 성질, 날씨, 냄새 따위가 괴팍하거나 나쁜 데가 있다 / 자루 속의 게들은 이미 부스러지고 깨어져 고약스레 상한 냄새를 풍기고 있었다. 『이청준, 키 작은 자유인』
2) 겸연(慊然)쩍다 : 쑥스럽거나 미안하여 어색하다 / 그는 마을에서 방울이를 마주 대하기가 겸연쩍어 되도록이면 피하는 입장이 되었다. 『문순태, 타오르는 강』
3) 고자(告者)질하다 : 남의 잘못이나 비밀을 일러바치다 / 물론 나는 네가 반에서 일어나는 일들을 일일이 고자질하는 그런 사람이라곤 생각하지 않는다. 『전상국, 우상의 눈물』
4) 고집(固執)부리다 : 고집이 드러나는 행동을 하다.
정답은 1)번입니다.

[004] 다음 중 [ ] 안의 낱말이 고유어인 것은?
1. 그 집 [된장] 맛이 참 좋다.
2. 우리 동네에 [건달]들이 너무 많다.
3. 그 여자 목소리가 꽤 [걸걸하다].
4. 할아버지 [수염]이 손주에게 잡혀.

1) 된장(醬), 간장, 고추장의 '장'은 한자어입니다.
2) 건달(乾達) : 건달이라는 말은 산스크리트어 '간다르바(Gandharva)'에서 유래한 말이라 합니다. 이 '간다르바'를 한자로 표기한 것이 '건달파(乾闥婆)'이고, 여기에서 '건달'이라는 말이 탄생하였는데, '간다르바'는 '음악을 다스리는 신'으로 [떠돌아다니며 향(香)을 먹고 노래와 춤을 추는 신]이어서, '빈둥빈둥 놀거나 게으름을 부리며 돈도 없이 난봉을 부리고 다니는 사람'을 '건달'이라고 한다고 하니, '건달'은 신과 동격이네요.
3) 걸걸하다 : '목소리가 좀 쉰듯하면서 우렁차고 힘이 있다'라는 뜻의 우리말입니다 / 그는 구릿빛으로 탄 얼굴에 함빡 웃음을 띠며 걸걸하게 떠들어 댔다. 『유주현, 대한 제국』
※ '傑傑하다'라는 한자말이 있으나, 위 본문과 달리 '성질이 쾌활하고 외모가 훤칠하다'라는뜻입니다 / 남녀노소가 그와 만나기를 즐겨함은 유 선달이 누구보다도 걸걸하기 때문인지 모른다. 『이기영, 봄』
4) 수염(鬚髥)은 한자어입니다.
정답은 3)번입니다.

[005] 다음 중 [ ] 안의 낱말이 고유어인 것은?
1. [공짜라면] 당나귀라도 잡아먹는다.
2. 집안에 경사가 [곰비임비] 일어난다.
3. 나는 더러운 것을 보면 [구역질] 난다.
4. 나는 상상만 해도 [토악질이] 난다.

1) 공짜(空-) : 힘이나 돈을 들이지 않고 거저 얻은 물건. '공것'과 같은 말 / 아무려면 공짜가 제값 다 치른 물건만 하겠느냐?
※ 공짜라면 당나귀도 잡아먹는다 = 공짜라면 양잿물이라도 먹는다.
2) 곰비임비 : 물건이 거듭 쌓이거나 일이 계속 일어남을 나타내는 말 / 경사스러운 일이 곰비

임비 일어난다 / 병일은 곰비임비 술을 들이켰다. 『현진건, 적도』
※ 인천 계양구에는 '임비곰비'라는 상호의 식당이 있는데, '임비곰비'는 표준어가 아닙니다.
3) 구역(嘔逆-) : 속이 메스꺼워 자꾸 토하려고 하는 짓. 욕지기질, 외욕질, 토역질(吐逆-)과 같은 말이며, 같은 의미인 '욕지기질'과 '외욕질'은 고유어입니다 / 땀과 포연과 먼지로 뒤덮인 그녀의 얼굴은 고개가 절로 돌려질 만큼 더럽고 추하고 구역질나는 것이었다. 『홍성원, 육이오』
4) 토악질(吐- -) : ① 먹은 것을 게워 냄. 또는 그런 일. ② 남의 재물을 부당하게 빼앗거나 받았다가 도로 내어놓음을 비유적으로 이르는 말 / 아우가 곧 무릎을 꿇고 도랑 옆에 앉아 어지럽게 토악질을 시작했다. 『홍성원, 육이오』 / 언니는 그걸 아귀처럼 먹어 주곤 당장 왝왝 토악질해 냈다. 『박완서, 도시의 흉년』
정답은 2)번 '곰비임비'입니다.

[006] 다음 중 [ ]안의 낱말이 고유어인 것은?
1. 사흘 전에 들었던 그 녀의 [낭랑한] 목소리가 귓전을 떠나지 않네.
2. 까짓 것쯤 사흘 [내지] 나흘이면 다 끝낼 수 있다네.
3. [난봉]자식이 마음잡아야 사흘이다.
4. 사흘 동안 쉬지 말고 [노를] 저어라, 삿대를 저어라.

1) 낭랑(朗朗)하다. [발음은 '낭랑하다'가 아니라 '낭낭하다'입니다] : 소리가 맑고 또랑또랑하다. 또는 빛이 매우 밝다.
2) 내지(乃至) : 수량을 나타내는 말들 사이에 쓰여서 '얼마에서 얼마까지'의 뜻을 나타내거나, '또는'이라는 뜻입니다.
3) 난봉 : 허랑방탕한 짓. 허랑방탕한 짓을 일삼는 사람(= 난봉꾼) / 항상 나를 집안을 망할 난봉으로 아시다가…. 『김구, 백범일지』
※ (속담) 난봉자식이 마음잡아야 사흘이다 : 옳지 못한 일에 한번 빠지면 좀처럼 헤어나기 어려움을 비유적으로 이르는 말이니, 그런 일에는 애초부터 발을 담그지 말아야 하겠습니다.
4) 노(櫓)는 다 아시지만, '삿대'는 '상앗대'의 준말로서 배질을 할 때 쓰는 긴 막대를 말하는데, 배를 댈 때나 띄울 때, 또는 물이 얕은 곳에서 배를 밀어 나갈 때 쓰는 물건입니다 / 상앗대가 밑바닥에 닿지 않을 만큼 깊은 물로 들어서자 그는 상앗대를 놓고 대신 노를 잡았다. 『윤흥길, 완장』
정답은 3)번입니다.

[007] 다음 중 [ ] 안의 낱말이 고유어인 것은?

1. [금방] 먹을 떡이라도 소는 넣어야지.
2. 영애 씨 오늘 모자가 아주 [근사]하군요!
3. 아니야, 아니야! 필시 내가 [곡두]를 본 거야!
4. 애가 왜 이리 [극성]스럽니?

   1) 금방(今方) : 방금 / (속담) 금방 먹을 떡에도 소를[살을] 박는다 : 아무리 급한 일이라도 밟아야 할 순서는 밟아야 하며 갖추어야 할 격식은 갖추어야 함을 비유적으로 이르는 말 ⇒ 여기서의 '소'는 송편이나 만두 따위를 만들 때, 맛을 내기 위하여 익히기 전에 속에 넣는 여러 가지 재료를 의미하는 말이며, 통김치나 오이소박이김치 따위의 속에 넣는 여러 가지 재료도 '소'라고 합니다.
   2) 근사(近似)하다 : ① 거의 같다 / 실전에 근사한 군사 훈련. ② 그럴듯하게 괜찮다 / 다방에서 태영은 근사하게 말을 꾸몄다. 『이병주, 지리산』
   3) 곡두 = 환영(幻影) : 눈앞에 없는 사람이나 물건의 모습이 있는 것처럼 보이다가 가뭇없이* 사라져버리는 현상.
      *가뭇없다 : ① 보이던 것이 전혀 보이지 않아 찾을 곳이 감감하다 / 가뭇없는 집터에서 수난녀는 눈물을 짰다. 빈 서까래, 옹기그릇 하나 안 남기고 깡그리 떠내려간 것이다. ② 눈에 띄지 않게 감쪽같다 / 마술사의 손놀림에 따라 보자기에 있던 비둘기가 가뭇없게 사라져 버렸다.
      ※ '곡두인생'이라는 말이 있습니다. 삶의 허무함을 극단적으로 표현하는 말입니다. '꼭두각시'를 '곡두'라고도 하며, '꼭두'의 원말이 곡두라고 합니다.
   4) 극성(極盛)스럽다 : 성질이나 행동이 몹시 드세거나 지나치게 적극적이다.
   정답은 3)번입니다.

[008] 다음 중 [ ] 안의 낱말이 고유어인 것은?

1. 그게 무슨 자랑거리라고 동네방네 [나팔불고] 다니나?
2. 우리끼리 얘기지만, 그 자 [내숭이] 좀 심하지?
3. 그 선생님이 아셨다면, 우리 학교 이제 [난리났네]!
4. 언뜻언뜻 아롱거리는 그 [날렵한] 치맛자락.

1) 나팔(喇叭) : 좁게는 군대에서 행군하거나 신호할 때 쓴 관악기를 말하며, 넓게는 끝이 나팔꽃 모양으로 된 금관악기를 통틀어 이르는 말로서, '나발'(喇叭)과 같이 통용되는 것 같습니다.
※ 관용적으로 '나팔(을) 불다', '나발(을) 불다'로 사용됩니다.
① '당치 않은 말을 함부로 하다' / 나발(팔) 불지 말고 잠자코 있어!
② '술이나 음료를 병째로 마시다' / 맥주를 병째 나발(팔) 불었다.
③ '어린아이가 소리 내어 시끄럽게 울다' / 아이가 계속해서 나발(팔)을 분다.
④ '어떤 사실을 자백하다' / 자백하면 안 돼. 시치미 떼. 알겠니? 나발(팔) 불었다가는 우린 끝장이다.
2) 내숭 : 겉으로는 순해 보이나 속으로는 엉큼함. 한자어 내흉(內凶)의 변한 말. 북한에서는 아직도 '내흉'이라고 합니다.
3) 난리(亂離) : 전쟁이나 병란(兵亂). 분쟁, 재해 따위로 세상이 소란하고 질서가 어지러워진 상태. 작은 소동을 비유적으로 이르는 말.
4) 날렵하다 : ① 재빠르고 날래다 / 날렵한 동작. ② 매끈하게 맵시가 있다 / 몸매가 날렵하다.
정답은 4)번. 어감상으로는 한자어인 것 같지만, 아름다운 고유어입니다.

[009] 다음 중 [ ] 안의 낱말이 고유어인 것은?
1. [녹슨] 경의선 철길은 언제 이어지려나!
2. [노여움을] 푸시고 차분히 말씀을 나눠봅시다.
3. 대나무는 [낭창낭창하여] 낚싯대로 안성맞춤이다.
4. [낭창한] 걸음을 멈추다.

1) 녹(綠) : 산화 작용으로 쇠붙이의 표면에 생기는 붉거나 검거나 푸른 물질. '쇳기'라고도 하는데, '쇳기'에는 '녹'이라는 뜻 외에도 '맛이나 냄새로 느끼는 쇠의 맛'이라는 뜻도 있습니다. / 수돗물에서 쇳기가 나서 마실 수가 없다.
2) 노여움 : 분하고 섭섭하여 화가 치미는 감정. 한자어 노혐(怒嫌)에서 온 말로 '노염'과 같습니다 / 영감의 입에는 웃음이 어리었으나 보기에도 무서운 깔딱 젖혀진 두 눈은 노염과 의혹의 빛에 잠겼다. 『염상섭, 삼대』
3) 낭창낭창하다 : 가늘고 긴 막대기나 줄 따위가 자꾸 조금 탄력 있게 흔들린다. '낭창거리다', '낭창대다'와 같은 말입니다.
4) 낭창하다(踉蹌- -) : 걸음걸이가 비틀거리거나 허둥대어 안정되지 아니하다 / 중년 사내가 낭창한 걸음을 멈추더니 허리춤을 치키며 아치골댁을 내려다보았다. 『김원일, 불의 제전』
3)번과 4)번이 헷갈리기 쉬우나, 정답은 3)번입니다.

[010] 아래 낱말들을 읽으면서 드는 생각은, 다 같은 의미를 표현하는 말인데 표준말이 어떤 거냐고 물을 것 같지 않나요?

1. 봇장
2. 보짱
3. 배짱
4. 배포
5. 뱃장

아닙니다. 모두 표준말인데 고유어가 아닌 한 개의 낱말을 고르라는 문제입니다. 골라 주세요.

   1) 봇장(= 들보, ≒ 보) : 한옥의 건설용어로서, 칸과 칸 사이의 두 기둥을 건너질러 얹는 나무 / 기름 치는 직공은 천장에 올라가서 사닥다리로부터 사닥다리로 또는 봇장으로부터 봇장으로 넘나다니며 기름을 치고 있다. 『한설야, 황혼』 / 들보를 얹다 / 들보가 내려앉다.
   2) 보짱 : 마음속에 품은 꿋꿋한 생각이나 요량 / 보짱이 크다 / 눈이 시퍼런 여편네가 있는데 동네까지 기어들어 왔으니 보짱도 예사 보짱 아니구먼. 『박경리, 토지』 / 유 선달이 먼저 이와 같은 호담을 보인 것은 비단 재산가들의 보짱을 크게 울렸을 뿐 아니라 학교 직원들에게도 적지 않은 충동을 주었다. 『이기영, 봄』.
   3) 배짱 : ① 마음속으로 다져 먹은 생각이나 태도 / 네 배짱대로 해 봐라. ② 조금도 굽히지 아니하고 버티어 나가는 성품이나 태도 / 배짱 있는 사람 / 아까 봤으니까 말이지만, 그만한 인물에 배짱 좋고 구변 좋고 섬에서 살기는 아까운 사람이지. 『송기숙, 암태도』.
   4) 배포(排布 / 排鋪) : ① 머리를 써서 일을 조리 있게 계획함. 또는 그런 속마음 / 배포가 두둑하다 / 배포가 맞다 / 다른 배포가 있다 / 겉으로 어수룩하게 보였지만 자기 나름대로의 배포를 세우고 있었다 / 여기 와서 알게 되어 그럭저럭 배포가 맞는 안 서방은 낮게 한숨을 쉬었다. 『한수산, 유민』 ② 살림을 꾸리거나 차림 / 배포를 차리다 / 설사 남같이 버젓하게 살림 배포를 해 가지고 상전의 집을 나가지 못한다 하더라도…. 『한설야, 탑』.
   5) 뱃장 : 목선(木船)의 안쪽 바닥.
정답은 4)번입니다. 보짱, 배짱, 배포가 각각 비슷한 뜻이지만 약간씩 뉘앙스의 차이가 있습니다.

[011] 다음 중 [ ]안의 낱말이 고유어가 아닌 것은?

1. 개성지방은 전통적으로 양반 따위를 [대수롭게] 여기지 않는다.『박완서, 그 많던 싱아는 누가 다 먹었을까』
2. 많고 많은 재물이 혹은 마바리 혹은 [소바리로] 권문들의 집 창고로 몰려 들어갈 것이다.『김동인, 운현궁의 봄』
3. 마당가의 코스모스꽃을 어지럽게 흔들면서 [소슬한] 가을바람이 지나갔다.『박완서, 오만과 몽상』
4. [대오리를] 엮어 창호지 한 장을 발랐을 뿐인 지게문 망가지는 소리가 요란했다.『조정래, 태백산맥)』

1) 대수롭다 : (부정문이나 수사 의문문에 쓰여)중요하게 여길 만하다 / 마리아는 좀 더 자세한 것을 묻고 싶었으나 이미 지나간 일이라 대수로울 것이 없어서 그냥 내버려 두었다.『김동리, 사반의 십자가』
2) 소바리 : 등에 짐을 실은 소. 또는 그 짐 / 소바리로 싣다 / 소바리로 짐을 나르다.
  ※ 마바리(馬- -) : 짐을 실은 말. 또는 말에 실은 짐 / 청나라 군사 뒤에는 짐을 잔뜩 실은 마바리가 50여 필이나 따르고 있었다.『송기숙, 녹두 장군』
3) 소슬하다(蕭瑟- -) : 으스스하고 쓸쓸하다 / 몸을 스치는 바닷바람이 제법 소슬하게 느껴졌다.『이상문, 황색인』
  ※ 맑은대쑥(소)이라는 식물과 큰 거문고(슬)가 결합되어 어떻게 '으스스하고 쓸쓸하다'라는 뜻을 표현하는 것인지, 그 어원(語源)이 있을 것 같은데 찾을 수가 없네요.
4) 대오리 : 가늘게 쪼갠 댓개비 / 대오리로 엮은 바구니 / 간밤 내내 설레어 잠을 못 이루며, 대오리 깎느라고 칼에 베인 자리조차 아픈 줄 모르게 들떠 있던 소년이….『최명희, 혼불』
정답은 3)번입니다.

[012] 다음 중 [ ] 안의 낱말이 고유어인 것은?

1. [긴가민가했더니] 그게 사실이란 말이지?
2. 내 [기어코] 복수하고 말 테다.
3. 친하진 않지만 [간간이] 안부를 물어오는 사람이 싫지는 않지!
4. 그 사람 [노상] 술이나 마시면서 지내는 것 같더군!

   1) '긴가민가'는 '기연가미연가'의 준말이고, 그런지 그렇지 않은지 분명하지 않은 모양을 뜻합니다. 한자어로 '기연미연(其然未然)'이라고 말할 수도 있습니다 / 사람마다 기연미연 혐의를 걸어 보기란 면난스러운* 일이었다. 『이효석, 분녀』
     * 면난스럽다(面赧- - -) : 무안하거나 부끄러운 느낌이 있다.
   2) 기어코(期於-) : 어떠한 일이 있더라도 반드시. 결국에 가서는. '기어이'와 같은 뜻으로 쓸 수 있습니다.
   3) 간간이(間間-) : 시간적인 사이를 두고 가끔(= 이따끔), 또는 공간적인 거리를 두고 듬성듬성.
   4) 노상 : 언제나 변함없이 한 모양으로 줄곧. '늘'로 바꾸어 쓸 수 있으며('늘상'은 사투리입니다), 한자어로는 항상(恒常)으로 쓸 수 있겠지요.
   정답은 4)번입니다.

[013] 다음 중 [ ] 안의 낱말이 고유어가 아닌 것은?

1. 올해는 너무 가물어 [고래실논에도] 호미모*를 많이 내었다.
2. 해먹지도 않는 [묵정밭에] 세금을 매기다니!
3. 김생은 훈장노릇을 마다한 채 모친 묘소 아래에 [자드락밭을] 일구었다.
4. 그 좋은 논을 노름으로 몽땅 날렸으니, 싸리골댁 [소박맞아도] 싸지!

   1) 고래실논 : 지금이야 경지정리가 잘되어 있어 물 걱정 덜하고 농사를 짓지만 예전에는 천수답이 대부분! 그렇기에 이때는 물대기가 좋은 고논(고래실논)을 일등 논으로 쳤다고 합니다.
     * 호미모 : 논에 물이 적어서 흙이 부드럽지 못할 때, 호미로 파서 심는 모.
   2) 묵정밭 : 요즘 간간이 아무런 작물도 기르지 않고 버려 둔 밭(묵정밭)이 보이는데 한때는 농사를 권했으나 요즘은 농업을 너무 홀대하는 것 아닌지 모르겠습니다.
   3) 자드락밭 : 나지막한 산기슭에 있는 경사진 밭.
   4) 소박(疏薄) : 처나 첩을 박대하는 것은 예전에 흔히 있는 일이었는데, 요즘 그런 짓을 할 수

있는 간 큰 남정네가 그리 많지는 않지요 / 옛날에 제 어미를 소박한 아비라서 아니꼽게 군다면 그것은 차마 못 당할 노릇이다.『채만식, 레디메이드 인생』

정답은 4)번 소박(疏薄)입니다.

[014] 다음 중 [ ] 안의 낱말이 고유어가 아닌 것은?

1. 밤중에 홀로 누워 있으면 [유착한] 지붕이 그대로 가슴을 내리누르는 것 같고….『유진오, 화상보』
2. [투실하니] 체격 좋은 두 아이 틈에 낀 민경이는 더 약해 보인다.『김이구, 사랑으로 만든 집』
3. 변진수가 주고 간 봉투는 꽤 [묵직했고] 손으로 만져 보니 큼직한 자물쇠가 하나 들어 있는 것 같았다.『안정효, 하얀 전쟁』
4. 노상에는 양식을 구하러 다니다가 쓰러져 죽은 자의 시체가 [즐비하고]….『황석영, 장백산』

1) 유착하다 : 몹시 투박하고 크다 / 번쩍 들려 하니 워낙 유착하여 좀체 비끗도 안 합니다. 『김유정, 아기』
2) 투실하다 : 보기 좋을 정도로 살이 쪄서 통통하다 / 소금점 주인은 왼손으로 투실한 목덜미를 만지작거리면서 소금 오쟁이를* 얹은 새끼내 사람들한테 한참 동안을 닦달질하였다. 『문순태, 타오르는 강』
   * 오쟁이 : 짚으로 엮어 만든 작은 섬 / 그는 해가 지기도 전에 소금 한 오쟁이를 다 팔아, 소금 값으로 받은 곡식을 지고….『문순태, 타오르는 강』
3) 묵직하다 : ① 다소 큰 물건이 보기보다 제법 무겁다 / 나는 태봉이가 아래에서 올려 주는 자루를 끌어 올렸다. 꽤 묵직했다.『황석영, 어둠의 자식들』② 사람이 점잖고 무게가 있다 / 곰은 건일이처럼 약아빠지지 않은 묵직한 인품이 오히려 사람을 끄는 매력일지도 모른다는 생각이 들기도 했다.『전광용, 태백산맥』
4) 즐비하다(櫛比- -) : 빗살처럼 줄지어 빽빽하게 늘어서 있다.

정답은 4)번. '즐비'는 한자입니다.

[015] 다음 각 [ ] 안의 '괴괴, 도도, 걸걸, 은은'은 글자는 같아도 서로 그 뜻이 다릅니다. 가)와 나) 모두가 한자어인 것 하나를 고르세요!

1. 가) 밤낮 떠들썩하다가 별안간 집 안이 [괴괴하고] 보니 너무 고적해서 혼자 있기가 심심했다.『이기영, 고향』

   나) 이런 집들이 모인 동네는 [괴괴하고] 기분 나쁘기가 꼭 공동묘지였다.『박완서, 도시의 흉년』

2. 가) 당신은 처음부터 거만하고 [도도했습니다].『이병주, 지리산』

   나) 태임이는 비웃음을 감추지 않고 [도도하게] 말했다.『박완서, 미망』

3. 가) [걸걸한] 남정네 목소리에다 바짝 귀를 종그리던 귀덕이는 이내 고개를 끄덕였다.『천승세, 낙월도』

   나) [걸걸한] 성미던 석기도 자기의 이 불구를 깨닫게 된 며칠 동안은 현태가 병문안을 가도 침울한 낯으로…『황순원, 카인의 후예』

4. 가) 포성이 계속 땅을 흔들며 북쪽 하늘에서 [은은하게] 들려왔다.『홍성원, 육이오』

   나) 장중한 범종 소리에 비하여 [은은하게] 울리는 암자의 소종 소리는, 숨 처럼 가까이 마을을 감싸며 보듬을 수 있으리라.『최명희, 혼불』

1의 가) 괴괴하다 : 쓸쓸하고 고요하다.
1의 나) **怪怪**하다 : 괴상야릇하다.
2의 가) 도도하다 : 자신을 몹시 내세우며 남을 거들떠보지 않는 태도를 가진다.
2의 나) **滔滔**하다 : 넓은 물줄기나 언변이 막힘없고 힘차다.
3의 가) 걸걸하다 : 목소리가 쉰듯 하면서 우렁차다.
3의 나) **傑傑**하다 : 모습이 훤칠하고 성격이 쾌활하다.
4의 가) **殷殷**하다 : 멀리서 들리는 소리가 크고 요란하다.
4의 나) **隱隱**하다 : 멀리서 들려오는 소리가 들릴듯 말듯 그윽하다.
정답은 4)번입니다.

[016] 다음 중 [ ] 안의 낱말이 고유어가 아닌 것은?

1. 이러지 마라, 괜히 [능청] 피우고! 『이호철, 판문점』
2. 이 놈아 요다음엔 [대매에] 힘줄이 끊어질 테니 그리 알아라! 『홍명희, 임꺽정』
3. 의지 하나로 이런 고통들을 [늠름하게] 견딘 것이었다. 『홍성원, 육이오』
4. 말이 났으니 그의 성격조차 [대두리만] 따두자. 『현진건, 지새는 안개』

  1) 능청 : 속으로는 엉큼한 마음을 숨기고 겉으로는 천연스럽게 행동하는 태도.
  2) 대매(=단매) : 단 한 번 때리는 매 / 나는 대뜸 달려들어서 나도 모르는 사이에 큰 수탉을 단매로 때려 엎었다. 『김유정, 동백꽃』
  3) 늠름(凜凜)하다 : 생김새나 태도가 의젓하고 당당하다.
  4) 대두리 : ① 큰 다툼이나 야단 / 대두리가 나다 / 대두리가 벌어지다. ② 일이 심각해진 국면 / 사소한 시비가 대두리가 되었다. ③ 기본 또는 핵심이 되는 것 / 건넌방을 사글세 놓아서 사 원 생기는 것과 자기가 학비에서 요리조리 뜯어서 십 원 보내는 것이 대두리가 되어서 모친은 살아오는 터이다. 『염상섭, 무화과』
  정답은 한자어 3)번입니다.

[017] 다음 속담의 의미가 나머지 셋과 다른 것은?

1. 누지 못하는 똥을 으드득 누라 한다.
2. 다릿목아래서* 원을 꾸짖는다.
3. 배지 않은 아이를 낳으라 한다.
4. 내 노랑 병아리만 내라 한다.

  1) 똥이 마렵지도 않은데, 으드득(이를 세게 가는 소리) 누라는 억지.
  2) 원(사또)이 듣는 곳에서는 말도 못하고 잘 들리지 않는 곳에서 불평을 늘어놓는다는 의미.
    * 다릿목 : 다리가 놓여 있는 길목 / 차라리, 저쪽 다릿목에서 버스나 기다릴 걸 잘못했나 봐요. 『황석영, 삼포 가는 길』
  3) 아니 이런 억지가….
  4) 갓 태어난 병아리는 다 노란색으로 똑같아 보이는데, 주인이 다른 병아리들이 섞여 있는 가운데서 자기 집 병아리만 골라서 내놓으라는 억지.
  정답은 2)번입니다. 나머지는 '억지'를 쓰는 것이지요.

[018] 예전에 풍력을 이용하여 나아가는 돛단배를 타고 어업에 종사했던 뱃사람들은 바람의 방향이 무척 중요했을 것입니다. 그래서 고유어인 바람 이름은 대개 뱃사람들이 만들어냈다고 합니다.
다음 중에서 나머지 세 가지 바람과 성격이 전혀 다른 바람을 골라 주세요.
1. 가수알바람
2. 가맛바람
3. 하늬바람
4. 갈마바람

 1) 가수알바람 : 서풍. 가수알바람을 갈바람이라고도 하는데, 다른 한편으로 갈바람은 때에 따라 남서풍을 의미하기도 하며, 가을바람의 준말이기도 합니다.
 2) 가맛바람 : 가마에 타고 가면서 맞이하는 바람
 3) 하늬바람 : 서풍. 단순히 '하늬'라고도 하는데, 북한에서는 서북쪽이나 북쪽에서 부는 바람을 하늬바람이라고 한답니다. ※ 가수알바람, 갈바람, 하늬, 하늬바람은 모두 서쪽에서 부는 바람을 의미.
 4) 갈마바람 : 남남서풍
    ※ 마파람은 남풍을 의미하는데, 남서풍인 갈바람의 '갈'과 남풍인 마파람의 '마'가 결합된 '갈마바람'은 '남남서풍'입니다.
정답은 2)번입니다.

[019] 오늘은 특집 '바람이 불어오는 방향에 따른 우리말 이름' 입니다.

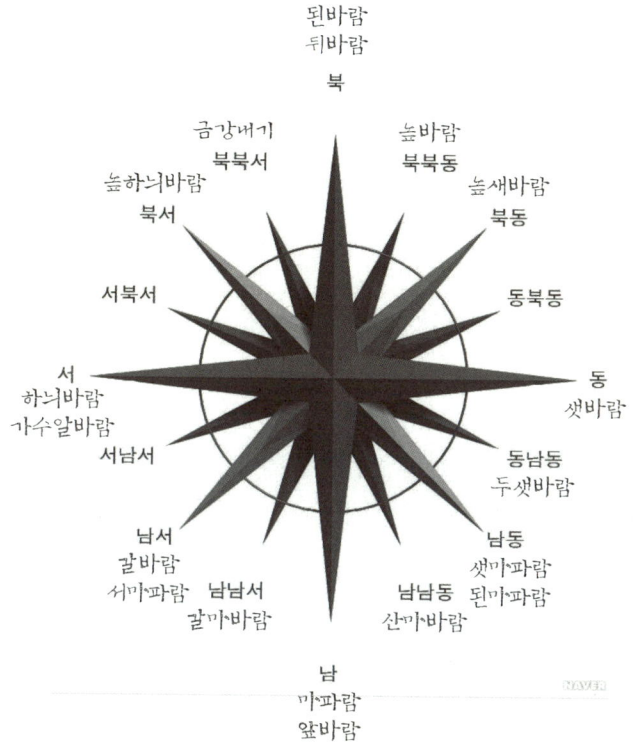

아무리 뒤져보아도 못찾은 '서북서풍, 동북동풍, 서남서풍'의 우리말 이름을 찾아주세요. 이게 특집 미션입니다.

※ '새'는 東쪽을 뜻하는 말이고, '하늬'는 西쪽을 뜻하는 말이어서 '샛바람'은 동풍, '하늬바람'은 서풍입니다.

※ 대륙에서 남하한 우리 민족은 뒷쪽이 北쪽이며, 나아가는 앞쪽이 南쪽이어서 뒤바람이 북풍, 앞바람이 남풍이랍니다.

이미지인용-!(http://m.terms.naver.com/entry.nhn?docId=1636886&cid=49022&categoryId=49022)

[020] "겨울바람이 봄바람보고 춥다 한다"는 속담이 있습니다. "가랑잎이 솔잎더러 바스락거린다고 한다"는 것과 같은 뜻이지요.
아래에서 겨울철에 부는 바람을 골라 주세요.

1. 소슬바람
2. 색바람
3. 하늬바람
4. 건들바람

  1) 소슬바람 : 가을에 외롭고 쓸쓸한 느낌을 주며 부는 바람.
  2) 색바람 : 이른 가을에 부는 선선한 바람.
  3) 하늬바람 : 통상 서풍이라고만 하고 계절을 특정하지는 않지만, 경우에 따라서는 서북풍을 의미하기도 합니다.
  4) 건들바람 : 초가을에 선들선들 부는 바람.
  1, 2, 4)번의 바람은 모두 가을에 부는 바람입니다.

한편 우리 속담에 "하늬바람에 엿장수 골내듯 한다"는 말이 있고, 그 뜻은 "겨울은 추워서 엿이 녹지 않기 때문에 손해 볼 일이 없는데도 짐짓 손해 보는 것처럼 골을 내는 엿장수의 행동에 비유" 하는 것임에 비추어 보거나, "그리 세지 않은 하늬바람에 흔들리는 나뭇가지에서 가끔 눈가루가 날고 멀리서 찌륵찌륵 꿩 우는 소리가 들려와서…. 『선우휘, 사도행전』" 등의 작품에 비추어 보면 서풍이나 북서풍은 겨울바람인 것 같습니다.
정답은 3)번으로 합니다.

[021] 당신은 친지들과 함께 불금을 즐기고 있는 중입니다. 그때 평소 마음에 들지 않던 사람이 식당 문을 열고 들어오면서 "우물길에서 반살미 받겠네!" 하더니 무턱대고 합석하려 합니다. 전에도 그런 적이 있어서 점잖게, 그렇지만 따끔하게 한 마디 쏘아주고 싶습니다.
다음 속담 중에서 덜 따끔한 표현을 하나 골라 주세요.
1. 달밤에 삿갓 쓰고 나오신 것 같네요.
2. 당나귀 새끼신가 봅니다.
3. 재미나는 골에 범 난다 하더이다.
4. 진 날 개 사귀고 오신 것 같네요.

1) [달밤에 삿갓 쓰고 나온다] : 가뜩이나 미운 사람이 더 미운 짓만 함을 비유적으로 이르는 말. (유사한 속담) 못난 색시 달밤에 삿갓 쓰고 나선다 / 못생긴 며느리 제삿날에 병난다 / 예쁘지 않은 며느리가 삿갓 쓰고 으스름 달밤에 나선다.
2) [당나귀 새낀가 보다 술 때 아는 걸 보니] : 술 잘 먹는 사람이 술 먹을 때를 용하게 알아서 오는 경우를 비유적으로 이르는 말. 당나귀는 술을 좋아해서 시간 맞추어 술을 주면 그 후부터는 그 시간에 술을 달라고 떼를 쓴다하여 생긴 속담.
3) [재미나는 골에 범 난다] : 재미있는 일에 맛 들어서 계속하다보면 결국 호환을(큰 봉변을) 당할 수 있다는 경고.
4) [진날 개 사귄 이 같다] : 귀찮고 더러운 일을 당한 경우 또는 달갑지 아니한 사람이 자꾸 따라다니는 경우를 비유적으로 이르는 말.

1, 3, 4)번은 "나는 늘 네가 싫다. 지금 하고 있는 짓도 밉다. 자꾸 이러면 가만두지 않겠다"는 등 노골적인 비호감을 표시하고 있으나, 2)번은 '술을 좋아하는 사람이 때맞추어 왔다'는 중립적인 의미이어서 그 말을 들어도 그리 따끔하진 않겠지요.

[022] 다음 중 잘못된 풀이를 골라 주세요.
1. "남의 장단에 엉덩춤 춘다"는 "남이 흥을 내고 있는데, 아무 관계없는 사람이 생뚱맞게 끼어들어 함께하는 것"을 비유하는 속담이다.
2. '짐작으로 어림잡아 헤아림'이라는 뜻을 가진 우리말 '대중'은 '대중하다', '대중삼다', '대중잡다', '대중치다' 등으로 다양하게 활용할 수 있는 낱말이다.
3. '일을 서두르지 않고 꾸물거림'을 뜻하는 '늑장'과 '늦장'은 모두 표준말이다.
4. '징검돌'과 '징검다리'는 늘 같은 것을 의미하지는 않는다.

1) "남의 장단에 엉덩춤을 춘다"라는 속담은 오해하기 쉬우나, 본래의 뜻은 "재주는 곰이 부리고 돈은 떼놈이 번다"와 비슷합니다. 즉 남이 어떤 일을 하기 위하여 판을 벌였는데 그 상황을 이용하여 자기 이익을 도모하는 부도덕함을 비난하는 뜻이지요.
2) '대중'은 실제로 활용이 많이 되어서, '대중하다'는 '대강 어림잡아 헤아리다', '대중삼다'는 '어림짐작의 표준으로 삼다', '대중잡다'는 '어림으로 헤아려 짐작하다', '대중치다'는 '어림짐작으로 셈치다'의 뜻입니다.
3) '일을 서두르지 않고 꾸물거림'을 뜻하는 '늑장'과 '늦장'은 모두 표준말입니다. 단, '늦장(-場)'은 느직하게 보러 가는 장 또는 거의 다 파할 무렵의 장을 의미하기도 합니다 / 늦장을 보러 가다.
4) 징검돌을 하나만 놓는 작은 개울에서는 징검돌과 징검다리가 같은 의미일 수 있으나, 징검돌을 여러 개 놓아서 징검다리를 만드는 경우에는 당연히 징검돌과 징검다리는 다른 의미로 해석될 것입니다. 또한 개울이 아닌 정원에 띄엄띄엄 밟고 지나가도록 놓아 둔 돌도 징검돌이라고 하므로 징검돌과 징검다리는 늘 같은 의미라고 할 수 없습니다.
따라서 잘못된 풀이는 1)번입니다.

[023] 의미가 서로 다른 속담끼리 짝지어진 것?

1. 도둑질을 하여도 사모 바람에 거드럭거린다.
    ⇒ 망나니짓을 하여도 금관자 서슬에 큰 기침한다.
2. 도둑질은 내가 하고 오라는 네가 져라 한다.
    ⇒ 죽은 아이 장사만 나더러 하라 한다.
3. 길이 없으니 한길을 걷고 물이 없으니 한물을 먹는다.
    ⇒ 길이 아니거든 가지 말고 말이 아니거든 듣지 말라.
4. 물만밥이 목이 멘다.
    ⇒ 물 건너 손자 죽은 사람 같다.

1) 나쁜 짓을 하고도 벼슬아치라는 배짱으로 도리어 남을 야단치고 뽐내며 횡포를 부린다는 말 로 같은 취지의 속담입니다.
2) 나쁜 짓을 해서 이익은 자기가 차지하고 그것에 대한 벌은 남보고 받으라는 경우 또는 쉬운 일은 자기가 하고 어려운 일은 남에게 맡기는 행위를 비유적으로 이르는 말로 같은 취지의 속담입니다.
3) 앞 속담은, 달리 도리가 없어 본의는 아니지만 할 수 없이 일을 같이 한다는 말이고, 뒤의 것은 언행을 소홀히 하지 말고, 정도(正道)에서 벗어나는 일이거든 아예 처음부터 하지 말라는 말이어서, 서로 취지가 다릅니다.
4) 앞 속담은, 밥을 물에 말아 먹어도 잘 넘어가지 않을 정도의 슬픈 감정을 비유적으로 이르는 말이고, 뒤 속담은 큰물이 가로놓인 저 건너편에 손자가 죽었으니 안타깝고 슬퍼서 우두커니 강 건너를 바라보는 사람처럼 우울하게 보이는 분께 쓰는 속담입니다. 똑같지는 않지만 슬픔의 감정은 같을 것 같습니다.

정답은 3)번입니다.

[024] 다음 문장에 등장하는 사람 중에서 비교적 다른 사람들보다 사정이 나아 보이는 사람은?

1. 학교 정문 앞에서 꿀꿀이를 끓이던 [양아치들이] 큰 구경 만난 듯 우르르 몰려왔다.『이문희, 흑맥』
2. [거지가] 도승지를 불쌍타 한다.
3. [동냥아치] 첩도 제멋에 한다.
4. [똥구멍이 째지게 가난한 놈들이] 읍내 장보고 구루마에* 싣고 올 물건이 뭐가 있다고 거지게까지 없어서 나갔습니까?『김원일, 불의 제전』

1. 2. 3)번의 '양아치', '거지', '동냥아치'는 모두 같은 뜻입니다. 그중에서 거지는 통상적인 명칭이고, 동냥아치나 양아치는 거지를 비하하는 낱말이며, '동냥치', '비렁뱅이'도 역시 같은 뜻입니다. '양아치'와 '동냥치'는 '동냥아치'의 줄인 말인데, '아치'는 '그 일에 종사하는 사람'의 뜻을 더하는 접미사로서, 벼슬아치, 동냥아치, 반빗아치(반빗 : 예전에, 반찬을 만드는 일을 맡아 하던 여자 하인)처럼 직업을 비하합니다.
2)번의 속담 : 도승지는 아무리 추운 때라도 새벽에 궁궐에 가야 하기 때문에 거지가 그것을 불쌍하게 여긴다는 뜻으로, 불쌍한 처지에 놓여 있는 사람이 도리어 자기보다 나은 사람을 동정한다는 말입니다.
3)번의 속담은 '동냥자루도 제멋에 찬다'는 속담과 같은 뜻으로, 모든 사람이 천시하는 동냥질이나 동냥질하는 거지의 첩 노릇도 제가 하고 싶어서 한다는 말입니다.
4)번의 '똥구멍~~~놈들'은 가난하지만 '거지게(소의 등에 올려놓고 짐을 싣는 지게)'에 싣고 올 물건을 사러 수레를 끌고 장에 갈만큼의 여유는 있는 매우 가난한 서민들이니 거지들보다는 훨씬 사정이 나을 것입니다.
* 구루마는 수레의 일본말입니다.

[025] 다음 문장 중 전통가옥의 구조나 돌의 용도에 비추어 가능해 보이는 상황은? 나머지 셋은 가능하지 않습니다.

1. 댓돌을 밟고 대청마루에 서부렁섭적 올라섰다.
2. 안성댁이 마루에 앉아 있다가 디딤돌을 딛고 내려와 섬돌을 올라 마당 한 켠의 장독대로 향했다.
3. 노둣돌이 깨졌으면 저쪽 모퉁잇돌을 뽑아서 노둣돌로 쓰자꾸나.
4. 벌통도 다 비었으니 갯돌을 몽땅 거두어서 툇돌로 쓰거라.

1) 댓돌(臺–) : ① 집채의 낙숫물이 떨어지는 곳 안쪽으로 돌려가며 놓은 돌 = 툇돌. ② 집채의 앞뒤에 오르내릴 수 있게 놓은 돌층계 = 섬돌.
　전통가옥의 구조를 보면 마당에서 토방으로 올라가는 댓돌(층계)이 있고 토방에는 마루로 올라갈 때 딛는 디딤돌이 있습니다. 그러니 댓돌에서 디딤돌을 딛지 않고 서부렁섭적(힘들이지 아니하고 거볍게 선뜻 건너뛰거나 올라서는 모양) 대청마루까지 올라갈 수는 없습니다.
2) 디딤돌 : ① 디디고 다닐 수 있게 드문드문 놓은 평평한 돌. ② 마루 아래 같은 데에 놓아서 디디고 오르내릴 수 있게 한 돌.
　마루에서 디딤돌을 딛고 토방으로 내려오는 것은 맞지만, 토방에서 섬돌을 올라갈 수는 없지요. 마당으로 내려가려면 섬돌을 딛고 내려와야 합니다.
3) 노둣돌(= 하마석 / 下馬石) : 말에 오르거나 내릴 때에 발돋움하기 위하여 대문 앞에 놓은 큰 돌.
　※ 모퉁잇돌 = 주춧돌
　※ 집을 허는 경우가 아니라면 주춧돌을 뽑아서 다른 용도로 쓸 수는 없겠지요.
4) 갯돌 : ① 재래종 벌의 벌통 밑을 받치는 돌. ② 개천에 있는 큼지막한 둥근 돌. 벌통을 받치는 데 사용했던 돌이라면 툇돌로도 사용이 가능해 보이네요. 정답입니다.

[026] 다음 각 괄호 안의 낱말에 쓰인 '데'의 의미가 나머지 셋과 다른 것을 골라 주세요.

1. 시금치를 [데삶아서] 무치다.
2. 내용을 [데알고] 덤비다가 망신을 당하다.
3. 아내는 악다구니라기보다 [데되게] 신세타령 비슷하게 얼버무리더니 뜻밖에 눈에 눈물을 그렁그렁 담는다.『김정한, 낙일홍』
4. 시금치를 [데쳐서] 무치다.

'데'가 일부 동사 앞에 붙어서 접두사로 쓰일 경우가 있습니다. 이 경우 '데'는 '불충분하게, 불완전하게'라는 뜻을 가집니다.
1, 2, 3)번의 경우 '삶다', '알다', '되다'라는 동사 앞에 '데'가 붙어서 "충분히 삶지 않고 덜 삶다", "제대로 알지 못하고 조금만 알다", "사람 됨됨이가 제대로 되어 있지 못하게"라는 뜻을 갖게 되지만, 4)번의 경우는 '치다'라는 동사 앞에 '데'가 접두사로 붙은 것이 아니라 '데치다' 자체로 하나의 동사이어서 '데'만으로는 아무런 의미가 없습니다. 그러므로 '데'의 의미가 다른 것은 4)번입니다.
※ 데되다(데된 사람) / 데삶다 / 데생기다 / 데알다 / 데익다.
※ '설'도 '데'와 같은 의미로 쓰입니다. 설깨다 / 설듣다 / 설마르다 / 설보다 / 설익다.
※ 불완전하게 데치는 것은 '설데치다'입니다.

[027] 다음 문장들은 누군가가 남으로부터 무언가를 얻었다는 것인데, '얻다'는 무언가를 받아 가지는 것을 의미하지만, 얻더라도 떳떳한 경우가 있고 그렇지 못한 경우도 있지요.
다음 중에서 나머지 세 문장의 '얻음'과 의미가 전혀 다른 '얻음'은?

1. 안동댁은 베를 짜다가 도투마리가* 깨져서 옆집 순돌이네 것을 하나 얻어왔다.
2. 삼돌이는 진사 댁 마름에게 다리아랫소리를 하고 겉보리 한 되를 얻어왔다.
3. 돌쇠는 다모토릿집* 주인에게 비라리치고* 소주 한 잔을 얻어 마셨다.
4. 강쇠는 거지 근성이 있어서 오늘도 뭔가를 얻어들고 집에 들어갔다.

1) 베를 짜다가 베틀의 한 부품이 깨져서 급히 얻어온 것인데, 아마도 남편이 시간 날 때 하나 잘 깎아서 순돌이네 집으로 갖다 주겠지요.
　＊도투마리 : 베를 짤 때 날실을 감는 틀.
2) 마름 : 지주를 대신해 소작지를 관리하는 사람. 다리아랫소리 : 남에게 동정이나 도움을 받으려고 굽실거리거나 애걸하며 하는 말.
3) 다모토릿집 : 소주를 큰 잔에다 파는 집을 의미하며, 주로 조선후기부터 일제 강점기까지 유행한 선술집에서 다모토리를 팔았습니다.
　＊비라리 : 구구한 말을 하면서 남에게 무엇을 청하는 것.
　＊비라리치다 : 구구한 말을 하면서 남에게 무엇을 청하다.
4) 근성(根性) : ① 태어날 때부터 지니고 있는 근본적인 성질. ② 뿌리가 깊게 박힌 성질 / 아부 근성 / 박 씨가 보인 행동이 나에게는 타고난 그의 거지 근성처럼 느껴졌다.
전체적인 문맥으로 보아 1)번만 구걸하는 의미가 없습니다.
※ '얻다'의 다른 뜻 : '어디에다'가 줄어든 말 / 얻다 들이대? / 나는 할머니가 돈을 얻다 감춰두나를 알고 있었다. 『박완서, 도시의 흉년』 / 얼굴만은 얻다 내놓아도 손색이 없을 것 같다. 『오유권, 대지의 학대』

[028] 다음 중 각 괄호 안의 낱말이 술(alcohol)과 관계가 없는 것은?

1. [술두루미] 내오너라!
2. 희끗희끗한 [술구더기가] 운치 있게 떠올랐다. 『송기숙, 녹두장군』
3. [술적심도] 없이 마른 밥을 먹으란 말이냐?
4. 태인댁은 산전수전 두루 겪은 [술어미답게] 사건의 전말을 직감적으로 알아차릴 수 있었다. 『윤흥길, 완장』

1) 술두루미 : 술을 담는 두루미(좁고 길며, 배는 단지처럼 둥글게 부른 모양의 큰 병).
2) 술구더기 : 술을 거른 후에 뜨는 삭은 밥알.
3) 술적심 : 밥을 먹기 전에 숟가락을 적시는 것이라는 뜻으로, 국·찌개와 같이 국물이 있는 음식을 이르는 말.
4) 술어미 : 주모(酒母).
술(alcohol)과 관계가 없는 것으로 3)번이 정답입니다.

[029] 다음 문장들은 모두 '도사리'에 관한 것들입니다. 다음 [ ] 안의 물건이 나머지 세 가지 '도사리'와 의미가 다른 것을 골라 주세요.

1. 아파도 누워있는 성미가 아닌지, [도사리] 같이 살아나질 않았겠소!『박경리, 토지』
2. [불밤송이] 같은 머리에 왜수건을* 질끈 동여 뒤통수에 슬쩍 질러….『나도향, 뽕』
3. 갑작스런 된바람에* 수북이 떨어진 [풋배]를 주워 들고 우적거리며….
4. 외꽃처럼* 노란 [감또개]가 소복이 쌓인 죽담 용마름* 너머로 빼꼼히 열린 남쪽 하늘을….『문순태, 타오르는 강』

'도사리'란 낱말의 뜻이 ① 다 익지 못한 채로 떨어진 과실이란 의미와 ② 겨울을 난 뿌리에서 자라난 채소, 그리고 ③ 못자리에 난 어린 잡풀. 이렇게 세 가지를 지칭하는군요.
1)의 '도사리'는 '겨울을 난 뿌리에서 다시 자라난 채소'를 의미하는 것으로 해석되겠지요.
2) 불밤송이 : 채 익기도 전에 말라 떨어진 밤송이 / 선창 쪽에서 몸집이 크고 머리칼이 불밤송이 같은 젊은 남자 한 사람이 물고기 한 꿰미를 들고 왔다.『한승원, 해일』
  * 왜수건(倭手巾) : 예전에, 개량된 수건을 재래식 수건에 상대하여 이르던 말.
3) 풋배 : 아직 덜 익은 배. 풋배가 나무에 매달려 있는 한 그 자체로는 도사리가 아니나, 예문처럼 '된바람에 수북이 떨어진 [풋배]'는 도사리입니다.
  * 된바람(≒ 높바람) : 매섭게 부는 바람. 북풍(北風).
4) 감또개(준말 감똑) : 꽃과 함께 떨어진 어린 감.
  * 외꽃 : '오이꽃'의 준말. 또는 노랗게 기가 질린 얼굴빛의 비유적 표현.
  * 용마름(龍- -) : 초가의 지붕마루에 덮는 'ㅅ' 자형으로 엮은 이엉.
2, 3, 4)번은 모두 '다 익지 못한 채로 떨어진 과실'이므로 1)번이 정답입니다.

[030] 말이란 세월이 흐르면서 많이 변하지만 한 사람이 살아가고 있는 짧은 기간 동안에도 꽤 변하는 것 같습니다. 추억을 더듬으며, 밑줄 부분에 유의하면서 가장 오래전에 표현되었다고 생각되는 문장을 골라 보세요.

1. 냥 영화 한 편 때리자 해서 표를 끊었는데…. (SNS펌글)
2. 그냥 주말 영화 내부자들 관람… 해물이 엄청난 짬뽕!! (SNS펌글)

3. 쨋든 간만에 <u>영화 구경</u>하고 기분 좋은 밤. (SNS펌글)
4. 누구는 첩을 다섯씩이나 데리고 <u>극장 구경</u>을 갔는데, 여자들은 죄다 자기 혼자만 간 줄 알았다더군.

> 70년대까지는 영화관이 아닌 '××극장'으로 극장 구경을 가고, 90년대까지는 '××영화관'으로 영화 구경을 갔었는데, 그 후부터는 '×GV' 같은 곳에 가서 영화 관람을 하고 있으나, 요즘 젊은 분들은 영화 때리러 가는 것 같습니다.

[031] 밤에 도둑이나 화재를 경계하기 위하여 옛날에는 순라(巡邏)를 돌았죠. '순라'가 바뀌어 '술래'가 되었습니다. 아이들 놀이 중에서 한 명이 술래가 되어 숨은 아이를 찾아내는 놀이를 가리키는 용어로 표준말을 찾아주세요.
1. 술래잡기
2. 술래놀이
3. 순라잡기
4. 순라놀이
5. 술래놀음
6. 숨바꼭질

> '순라(巡邏)'가 이미 '술래'로 바뀌었으므로 '순라잡기'나 '순라놀이'는 더 이상 표준말이 아닙니다. 또한 '놀이'와 '놀음'이 같은 말이고 경우에 따라서 '놀음놀이'라는 낱말도 같은 뜻으로 쓰이기는 하지만 '술래놀이'만 표준어로 인정되고, '술래놀음'은 표준어로 인정되지 않습니다. 표준말로 인정되는 것은 1, 2, 6)번입니다.

> "여러 사람이 모여서 즐겁게 놀다. 또는 굿, 풍물, 인형극 따위의 우리나라 전통적인 연희를 하다"라는 것을 '놀이하다, 놀음하다, 놀음놀이하다'라고 합니다. 한편 '놀음'과 '노름'은 다릅니다. '노름'은 돈을 걸고 하는 도박을 의미합니다.

[032] 다음은 모두 표준어입니다만, 인터넷에서는 아직도 표준어가 아니라는 설명이 압도적인 하나의 단어가 있습니다. 가장 최근에 표준어로 인정된 우리말은?

1. [거추장스럽다] : 거치적거려서 다루기에 주체스럽다.
2. [주체스럽다] : 처리하기가 힘겨워 짐스럽고 귀찮다.
3. [거치적거리다] : 물체가 살갗에 걸리거나 닿다.
4. [걸리적거리다] : 거추장스럽거나 성가시어 자꾸 거슬리거나 방해가 된다.

'걸리적거리다'는 기존 표준어 '거치적거리다'와 뜻이나 어감 차이가 있어, 별도의 표준어로 2011년 8월 31일 국립국어원에서 새로 추가하였습니다.

[033] 다음 [ ] 안의 낱말이 표준말인 것은?

1. 태석이는 더워서 [보릿짚모자]로 곧장 부채질을 하고 있었고, 상용이는 아이스케이크를 빨고 있었다. 『하근찬 , 야호』
2. 수달피 털모자를 깊숙이 눌러 쓰고 뚱뚱한 몸뚱이를 제낀* 채 단장을 옮겨 짚으며 고달걸음으로* 걸어가는 지주 놈의 얼굴은 불안과 탐욕으로 [푸르락붉으락]하였다. 『새봄, 조선말 대사전』
3. [알타리무]는 원래 북지 작은무 계통으로 전분질은 비교적 많으나 저장성이 약한 극 조생종 무이다. 『농식품백과사전』
4. 배금주의에 물들지 않았다는 [똥폼]을 잡는 게 다 권위고 허영이지. 『김원우, 짐승의 시간』

1) 보릿짚모자 → 밀짚모자○ : 보릿짚으로 만들었어도 '밀짚모자'? 규정이 그렇다네요. 굳이 '보릿짚으로 만든 모자'를 확실하게 표현하려면 띄어서 '보릿짚 모자'라고 써야 할 것 같습니다.
2) 푸르락붉으락 → 붉으락푸르락○. '제끼다'는 사투리이고 '젖히다' 또는 '제치다'가 표준어이지만, 북한에서는 '제끼다'가 표준어이고, '고달걸음'도 북한어로서 '바로 걷지 못하고 탈탈거리며 안타깝게 걷는 걸음'을 의미한다고 합니다.
3) 알타리무 → 총각무○ : '알타리무'와 '총각무(總角−)' 중 어떤 단어가 더 익숙하신가요? 고

유어 계열의 단어가 생명력을 잃고 그에 대응되는 한자어 계열의 단어가 널리 쓰이면, 한자어 계열의 단어를 표준말로 삼는다는 규정에 따라 '총각무'가 표준말이라는데, 이에 동의하시나요?
  4) 똥폼=개폼 : 본인은 멋있다고 생각하나, 일반적으로 못나다고 생각되는 자세를 낮잡아 이르는 말.
    ※ 폼(form)은 외래어로 우리말에 편입되었으며, '똥폼'과 '개폼'도 표준말입니다.
  정답은 4)번입니다.

[034] 노마지지(老馬之智)라는 말이 있습니다. 산에서 길을 잃었을 때 늙은 말을 믿고 따라가면 길을 찾을 수 있다고 하여, 노인의 지혜를 존중하라는 의미지요. 하지만 요즘은 노인을 낮추어 부르는 경우가 너무 많습니다. 승용차 뒤에 "예쁜 공주님이~"라는 스티커를 붙이고 다니면서, 힘들어서 횡단보도를 천천히 건너는 노인에게 "저 누무 늙다구리!"라고 하지나 않을지? 노인을 비하(卑下)하는 다음 낱말들 중 표준어가 아닌 것을 있는 대로 골라 주세요!

1. 늙정이
2. 늙은것
3. 노땅
4. 늙다리
5. 늙은데기
6. 노틀
7. 노털
8. 늙다구리

7)번과 8)번이 표준어가 아닙니다. 1번부터 6번까지는 일부 사전에는 등재되어 있지 않지만 유감스럽게도 모두가 국립국어원에서 정한 [노인을 비하하는 표준어]입니다. 특히 7)번의 '노털'은 표준어인 6)번 '노틀'(중국어 老頭兒, 발음 : laotour)보다도 더 많이 쓰이는 노인 비하 언어입니다.

[035] 복수의 표준어를 인정하는 경우도 꽤 있습니다. 다음 각 예문 [ ] 안의 단어 2개 중 하나가 표준어가 아닌 것을 골라 주세요.

1. 가) 삼삼오오 지게 위에 걸터앉거나 더러는 서서 서성거리며 조용조용 [귓속말]을 주고받고 있었다.『송기숙, 녹두 장군』

   나) 방에 들자마자 송대정은 홍정의 곁으로 바싹 다가앉아 [귀엣말]을 건네었다.『현기영, 변방에 우짖는 새』

2. 가) 그물바늘에 노끈을 꿰어 [그물눈]을 만들어 가면서 기웠다.『한승원, 포구의 달』

   나) [그물코]가 삼천이면 걸릴 날이 있다.(속담)

3. 가) [기어코] 바다를 이겨내고 말겠다는 집념 하나로 우리는 지금까지 이곳을 떠나지 못하고 있었던 것입니다.『이청준, 당신들의 천국』

   나) 다음번엔 [기어이] 철갑선인 거북배를 출동시켜서 바다에 떠 있는 왜적의 씨를 말리고야 말리라!『박종화, 임진왜란』

4. 가) 큰 삭정이로 울을 삼아 긁어모은 [갈비]는 가운데 넣고 칡덩굴로 나뭇단을 묶었다.『김원일, 불의 제전』

   나) 물씬 푸른 연기를 한 움큼 내뿜으며 [솔가리]가 타닥타닥 튀었다.『김원일, 불의 제전』

   1) [귓속말] = [귀엣말], 2) [그물눈] = [그물코], 3) [기어코] = [기어이].
   4) [갈비]는 방언, [솔가리]는 표준어. ← 말라서 땅에 떨어져 쌓인 솔잎.
   정답은 4)번입니다.

[036] '게걸스럽다'라는 말은 어떤 경우에는 표준말이고, 다른 어떤 경우에는 표준말이 아니랍니다. 다음 중 표준말이 아닌 경우는?

1. 식탁 위에 밥이며 반찬을 닥치는 대로 먹어대는 모습이 무척 [게걸스러웠다].
2. 태남이를 지켜보면서 저런 녀석을 어머니에게 잉태시킨 자는 어떻게 생

긴 사내일까? 불결감보다는 불륜에 대한 [게걸스러운] 호기심에 전율하며 생각했다. 『박완서, 미망』

3. 인삼이 얼마나 땅 정기에 민감하고 [게걸스럽다는] 것은 인삼을 수확한 지 십 년이 채 안 된 땅에다 인삼을 심어보면 단박 안다. 『박완서, 미망』
4. 남자들의 상스러운 욕 소리와 음험하게 웃는 소리와 [게걸스럽게] 뱉어 대는 음담들이 들려왔다. 『한승원, 해일』

1) "음식을 욕심껏 먹어 대는 꼴이 보기에 매우 흉하다"라는 뜻을 가진 낱말은 '게걸스럽다'가 아니라 '게검스럽다'가 표준어입니다. 강원도 방언으로는 이 경우에도 '게걸스럽다'를 사용한다고 합니다. 그런데 저는 '게검…'을 처음 들어보는….
2~4) '몹시 먹고 싶거나 하고 싶은 욕심에 사로잡힌 듯하다'라는 뜻을 표현하는 낱말이 '게걸스럽다'입니다. 따라서 2)번은 '불륜을 저질러 보고 싶다는 호기심'을, 3)번은 '땅 정기를 매우 강하게 흡수하고 싶어 하는 본능'을, 4)번은 '뱉어 내고 싶어서 안달이 난 것처럼 쏟아내는 음담'이라고 풀이할 수 있을 것입니다.
정답은 1)번입니다.

[037] 문제라고는 할 수 없는 문제입니다. 그저 '도리암직하다'가 무슨 뜻인지를 아시면 족합니다.
다음 중 가장 도리암직한 여인은 누구일까요?
1. 김연아
2. 손연재
3. 박인비
4. 리디아고

'도리암직하다'는 "얼굴이 동글납작하고 키가 작으며 몸맵시가 얌전하다(또는 좋다)"라는 의미입니다. '도럄직하다'는 '도리암직하다'의 준말이고, 같은 준말로 '되럄직하다'도 역시 표준말이라고 합니다. 얼굴이 동글납작한지? 키가 작은지? 몸맵시가 얌전하거나 좋은지는 지극히 주관적이고 상대적인 것이어서 원천적으로 정답이 있을 수 없고, 그래서 모두가 정답인 문제입니다. 다만 제 기준으로는 '손연재'입니다.

[038] 흙을 재료로 삼아 만드는 그릇은 흙의 종류와 유약의 사용 여부 및 굽는 온도와 방법 등에 따라서 토기, 도기, 자기, 도자기, 옹기, 사기, 질그릇, 오지그릇 등 여러 가지 이름이 있어서 정확히 구분하기가 그렇게 쉽지 않은 것 같습니다. 흙으로 만드는 그릇에 대한 우리말의 뜻을 정확히 알아보자는 생각으로 출제합니다.

다음 중 잘못된 설명은?

1. 도기는 오지그릇과 질그릇을 통칭하는 이름이다.
2. 옹기와 도기는 같은 것이다.
3. 도자기는 오지그릇, 질그릇과 사기그릇을 통칭하는 이름이다.
4. 오지그릇과 질그릇의 구별은 유약과 굽는 온도의 차이로 결정된다.

국립국어원의 표준국어대사전에 의하면
- '도자기(陶瓷器)'는 도기(陶器), 자기(瓷器), 사기(沙器), 질그릇 따위를 통틀어 이르는 말. 점토에 장석, 석영 따위의 가루를 섞어 성형, 건조, 소성(燒成)한 제품으로, 소지(素地)의 상태, 소성 온도 따위에 따라 토기, 도기, 석기(炻器), 자기로 나눈다.
- '토기(土器)'란 진흙으로 만들어 유약을 바르지 아니하고 구운 그릇.
- '도기(陶器)'란 붉은 진흙으로 만들어 볕에 말리거나 약간 구운 다음, 오짓물을 입혀 다시 구운 그릇.
- 석기(炻器)란 초벌구이를 아니하고 단번에 만들며, 잿물에 철분을 넣고 불을 약하게 하여 구운 도자기. 물을 거의 흡수하지 않으며, 적갈색이나 흑갈색을 띠고 있는데 토관이나 화로 따위에 쓰인다.
- '자기(瓷器)'란 고령토 따위를 원료로 빚어서 아주 높은 온도로 구운 그릇.
- 사기(砂器 또는 沙器)란 고령토, 장석, 석영 따위의 가루를 빚어서 구워 만든, 희고 매끄러운 그릇. 또는 그 재료로 만든 물건.
- '옹기(甕器)'란 질그릇과 오지그릇을 통틀어 이르는 말.
- '오지그릇'이란 도기(陶器)와 같다.
- '질그릇'이란 잿물을 덮지 아니한, 진흙만으로 구워 만든 그릇. 겉면에 윤기가 없다.

라고 각각 풀이되어 있습니다.

여기서 이상한 점이 발견되는데, '도자기'라는 용어풀이는 '도기'와 '자기'뿐만이 아니라, '토기'

와 '질그릇'도 적시하면서 흙과 돌가루로 만든 모든 그릇 류가 그 안에 포함된다고 풀이하고 있습니다. 위 풀이에 따르면 '토기'와 '질그릇'의 차이점이 없음을 알 수 있으며, '자기'와 '사기'도 그 차이점이 발견되지 아니하므로 그들은 각각 같은 그릇을 의미한다고 볼 수 있으며, 다른 사전에서는 '토기와 질그릇은 같은 것이고 자기와 사기도 같은 것'이라고 풀이하기도 합니다. 그러므로 3번 예문 "도자기는 오지그릇, 질그릇과 사기그릇을 통칭하는 이름이다"는 올바른 설명입니다.

위 풀이에 의하면, '옹기'와 '도기'는 모두 붉은 색의 진흙(粘土)을 소재로 사용하는 그릇이고, '석기'는 진흙과 유약을 사용하는 점에서 본다면 제조 방법을 단순화시켰을 뿐 결국 오지그릇의 일종이라고 보아야 할 것입니다. 또한 '자기'와 '사기'는 모두 고령토(분말 상태로 채광되기도 하고 돌처럼 단단한 형태로 채광하여 분쇄과정을 거치기도 함) 또는 고령토와 돌가루를 섞어서 소재로 사용하는 그릇입니다. 여기서 '도기'와 '옹기'가 같은 것을 의미하는지, 아니면 다른 것을 의미하는지가 문제가 되는데, '옹기'가 '질그릇'과 '오지그릇'의 통칭임에는 의문이 없으나, '도기'의 경우에는 이 사전에서는 '도기 = 오지그릇'일 뿐 질그릇은 '도기'가 아닌 것으로 풀이하고 있습니다.

그러나 질그릇과 오지그릇은 ① 모두 붉은 색 점토를 소재로 하고 있고 단지 유약을 입히는 여부만 다르며, ② '자기'는 고령토 및 기타 돌가루를 소재로 하는 모든 그릇을 통칭하고 있음에 반하여, ③ 이 사전의 풀이에 의하면 '도기'와 '자기'를 뜻하는 '도자기'에 '질그릇'이 포함된다고 해설하면서도 '자기'가 아닌 '질그릇'을 '도기'도 아니라 함으로써 사실상 질그릇이 도자기의 범주에 포함되지 않게 하는 모순이 발생할 뿐만 아니라, ④ 다른 사전에 의하면 '도기'는 '질그릇'과 '오지그릇'을 통칭하는 의미로 풀이하며, '도기'는 '옹기'와 같은 뜻이라고 밝히고 있기도 한 점 등을 종합해 보면, '옹기'와 '도기'는 같은 것을 의미한다고 해석하는 것이 매우 합리적인 결론이라고 할 것입니다.

따라서 예문의 1,2,3)번은 모두 올바른 설명이라고 생각됩니다.
4)번 오지그릇과 질그릇은 구울 때의 온도는 모두 1,000℃ 전후로 동일합니다만, 유약(잿물)을 사용하느냐 사용하지 않느냐의 차이만 있습니다.
따라서 정답은 4)번으로 하는 것이 좋겠습니다.

[039] 다음 옹기그릇 중에서 크기가 가장 작은 것은 어떤 것일까요?

1. 단지
2. 항아리
3. 중두리
4. 독

> 4) '독'은 옹기 중에서 가장 큰 그릇인데, 키가 크기 때문에 균형을 잡기 위하여 상대적으로 배가 부르지 않고, 무겁기 때문에 아가리 부분(입술)을 넓게 만들어서 손으로 잡고 옮기기 용이하게 한다고 합니다.
> 3) '중두리'는 독보다는 조금 작은 것을 말하며, 작기 때문에 독보다는 균형잡기가 쉬워서 비교적 독보다는 배가 약간 부릅니다. 한편 예문에는 없으나 크기로 볼 때 중두리보다는 작고 항아리보다는 큰 '바탱이'라는 것이 있는데, 중두리보다 아가리는 좁고, 키가 작으므로 당연히 배는 더 부릅니다.
> 2) '항아리'는 대체로 50cm 이하의 크기를 지칭하는데, 키가 작아서 균형은 크게 문제가 되지 않으므로 배가 더 부르고, 비교적 가벼워서 입술 부분이 넓지 않습니다. 50cm 정도를 넘는 것은 '큰항아리'라고 부른다는데 아마도 독, 중두리, 바탱이를 모두 포함하는 의미하는 것 같습니다.
> 1) '단지'는 보통의 항아리보다 작은 것을 말하는데, 지금까지 설명한 내용을 유추해보아도 알 수 있듯이 아가리도 좁고 목도 짧으며 배도 항아리 이상으로 부르게 만들 수 있을 겁니다. 정답입니다.

[040] "반찬 항아리가 열둘이라도 서방님 비위를 못 맞춘다"는 속담이 있는데, 물질만으로는 사람의 마음을 얻을 수 없다는 뜻입니다. 다음 각 낱말들은 모두 똥(糞)과 관계가 있습니다만, 사람의 신분이나 벼슬 및 그릇과 관계된 낱말도 있습니다.
다음 중에서 신분이나 벼슬에 관계없는 낱말을 골라 주세요.

1. 똥항아리
2. 똥감태기
3. 똥요강

4. 매화틀

1, 3, 4)의 똥항아리, 똥요강, 매화틀은 모두 똥을 받아내는 변기를 의미하며, 2) 똥감태기는 온몸에 흠뻑 뒤집어쓴 똥 또는 그것을 뒤집어쓴 모습을 의미합니다. 다만, 다른 뜻으로 쓰이기도 합니다.

1) 똥항아리 : 지위는 높으나, 능력이 없는 사람 또는 먹기만 하고 하는 일이 없는 사람을 놀림조로 비유하는 표현입니다.
2) 똥감태기 : 명예 따위를 더럽히는 나쁜 평판. 또는 그 평판을 받는 사람을 비유적으로 이르는 말.
　※ '감태기'는 벼슬이나 직위를 속되게 이르는 말인 '감투'를 더 낮잡아 이르는 말입니다. 그래서 '똥감투'라는 말이 있을 듯하지만, '똥감투'는 표준어가 아닙니다.
3) '똥요강'은 특별히 다른 의미를 가지고 있지 않고 글자 그대로입니다.
4) 매화틀 : 임금의 똥요강입니다.
정답은 3)번입니다.

[041] 책읽기는 비나 눈이 내리는 겨울밤이 아주 제 격인데, 이에 어울리는 사자성어를 골라보세요.

1. 독서삼매(讀書三昧)

2. 독서삼도(讀書三到)

3. 독서삼여(讀書三餘)

4. 독서삼품(讀書三品)

1) 독서삼매(讀書三昧) : 아무 생각 없이 오직 책읽기에만 골몰하고 있는 상태
2) 독서삼도(讀書三到) : 책을 읽을 때, 입으로 다른 말을 하지 않고, 눈으로 딴 것을 보지 않고, 마음을 하나로 가다듬어 반복, 숙독하면 그 내용을 잘 알 수 있다는 것.
3) 독서삼여(讀書三餘) : 독서를 하기에 적당한 세 가지 여가(餘暇) 즉, 농사일이 없는 겨울과 밤, 그리고 일을 하지 못하는 비가 오는 날을 말합니다.
4) 독서삼품(讀書三品) : 신라 원성왕 4년(788)에 설치한 관리등용법의 하나로서 주로 경서(經書)를 읽는 정도에 따라 상품(上品), 중품(中品), 하품(下品)의 3등급으로 성적을 매겨 관리로 등용할 때 차등을 두던 제도.
정답으로 '3)번' 하면 되겠습니까?

[042] 경북 봉화군 춘양면 도심리에서 어떤 악독한 시아버지가 며느리에게 밑 빠진 독에 물을 채우라 하여 며느리가 물을 채우다가 쓰러져 죽자, 동네사람들이 며느리의 억울함을 풀어주기 위하여 고갯마루에 돌멩이를 쌓기 시작하면서 당고개마을로 불리게 되었다고 하네요. 실제 '밑 빠진 독' 사건이 있었나 봅니다!

독처럼 큰 옹기도 있지만 동이, 자배기, 옹배기, 소래기 등과 같은 비교적 작은 그릇을 비롯하여 뚝배기, 대접, 보시기, 종지 등과 같이 식탁에 오르는 그릇도 있습니다. 다음 중 그릇 몸통에 반드시 손잡이가 있어야 하는 그릇은?

1. 동이
2. 자배기
3. 옹배기(옹자배기)
4. 소래기

아시다시피 동이의 대표는 물동이지요. 두 번째 사진에서 보듯 손잡이가 있습니다. 옛적엔 어머니들이 머리에 따리를 얹고 그 위에 물동이를 올려놓고 손잡이 한 쪽을 붙들고 걸어가시던 모습을 흔히 볼 수 있었지요. 다른 한 손도 놀리지 않고 무언가를 들고 가기 일쑤. 첫 번째 사진이 독이고, 세 번째 사진은 자배기(어머니께서는 자박지라고 하시고 설기지통으로 쓰셨습니다), 네 번째 사진의 옹배기는 자배기보다는 작아 옹자배기라고도 하고, 마지막 소래기는 묵 만들 때 녹말을 가라앉히거나 채소를 담기도 하고, 어떤 때는 항아리나 독의 뚜껑으로도 썼다고 합니다.

[043] "돈 떨어지자 입맛 난다"는 속담은 돈을 다 쓰고 나면 바로 돈 쓸 일이 생긴다는 뜻인데 아껴 쓰라는 의미도 되겠지요. '엽전 열닷 냥'이라는 노래가 있습니다. [~내 낭군 알성급제 천번 만번 빌고 빌며 청노새 안장 위에 실어주던 아~~~ 엽전 열~닷~냥~], 이 엽전 열닷 냥은 지금 가치로 얼마쯤 될까요?

다음 예문의 명제 중에서 '참'이 아닌 것은?
1. '돈저냐'는 엽전처럼 생긴 전으로 '동그랑땡'을 말한다.
2. '군돈'은 안 써도 좋을 데에 쓸데없이 쓰는 돈을 말한다.
3. '엿돈이'는 못난 사람을 낮잡아 이르는 말이다.
4. '돈바르다'는 돈을 써서 일을 해결한다는 뜻이다.

※ 엽전 열닷 냥
18세기 한양지역의 쌀값은 한 섬(열 말)에 5냥 정도였다고 하는데, 당시 한 말은 5.18 내지 5,976리터에 불과하였다고 하므로 평균 5.5리터라고 전제하면 당시 쌀 55리터의 가격이 5냥이며, 한편 현재 서울지역의 쌀값이 10kg(약12.5리터)당 약 2만5천 원이라고 할 때 쌀 55리터의 가격은 약 12만 원입니다. 따라서 당시 엽전 열닷 냥은 오늘날 약 36만 원입니다! 물론 쌀값만을 기준으로 한 것이어서 다른 기준으로 계산하면 다를 수도 있습니다.

1) '저냐'는 얇게 저민 고기나 생선 따위에 밀가루를 묻히고 달걀 푼 것을 씌워 기름에 지진 음식을 통칭하는 말이고, 돈저냐는 엽전 모양의 저냐인 '동그랑땡'을 말합니다.
2) 군돈은 위의 뜻 이외에 크게 노력하여 번 돈이 아닌, 우연찮게 생긴 돈이나 군더더기로 생긴 돈을 의미하기도 합니다.
3) 엿돈이는 못난이 맞고요.
4) '돈바르다'는 성미가 까다롭고 너그럽지 못하다는 뜻입니다. 오늘날 '돈을 써서 어떤 일을 해결한다'는 의미로는 띄어 써서 '돈을 바르다'라고 하면 될까요? / 윗사람이 돈바르면 아랫사람이 힘들다.
정답은 4)번입니다.

[044] 다음 예문 중 '돋구다'가 바르게 사용된 문장을 골라 주세요.
1. 돋구고 뛰어야 복사뼈라.
2. 안경 도수(度數)를 돋구러 안과에 가네.
3. 사장이라면 직원들 사기를 돋구어 주어야지.
4. 논을 돋구어 밭을 만들면 좋겠네.

1) 돋구고 뛰어야 복사뼈라 : 날뛰어 보아야 별것이 아니라는 뜻의 속담인데, "돋우고 뛰어야…" 라고 해야 옳습니다. '뛰어 봤자 부처님 손바닥'과 같은 의미.
2) 안경 도수를 돋구러 안과에 가네.(○)
   * 돋구다 : 더 높게 하다.
3) 사장이라면 직원들 사기를 돋구어 주어야지 : '~사기를 돋우어(부추기거나 일으키다) 주어야…'가 옳습니다.
4) 논을 돋구어 밭을 만들면 좋겠네. ⇒ 논을 돋우어….
'돋구다'와 '돋우다'의 차이를 별로 느끼지 못하고 살아온 것 같습니다. 저부터 아무렇게나 "사기를 돋군다"라는 말을 많이 썼었죠. 그런데 '돋구다'라는 말은 안경 따위의 도수를 높이는 경우에만 사용되고, 그 이외의 경우에는 모두 '돋우다'라고 써야 한다고 합니다. 따라서 정답은 2)번입니다.

[045] 요즈음은 돋보기를 쓰지 않으면 가까운 작은 글씨를 읽기가 힘드네요! '돋보기'는 '도두보다'의 준말인 '돋보다'의 명사형이고 '돋보기안경'의 약어입니다.
다음 예문 중 '돋우다' 또는 '도두'의 용법이 잘못된 것은?
1. 빼뽀댁은 발끝을 [도두] 세워 창밖의 풍경을 내다보고 있었다.
2. 태안댁은 발끝을 [돋우어] 창밖의 희뜩거리는 눈발을 바라보고 있었다.
3. 돌쇠는 마음이 시키는 대로 김 진사 댁 뒷담을 [도두] 쌓았다.
4. 뒤에 볼 나무는 그루를 [도두어라].

'도두'는 본디의 상태보다 높게라는 의미의 부사이고 '돋우다'는 본디의 상태보다 높게 올리다는 의미의 동사입니다. 따라서 1)번과 3)번의 '도두'는 동사를 수식하고, 2)번의 '돋우어'는 높게 들어올려의 의미로 사용된 동사로서 모두 제대로 쓰여졌다고 할 수 있으나, 4)번은 부사 '도두'에 '어라'라는 명령어미가 붙을 수는 없겠지요.
정답은 4)번입니다. "뒤에 볼 나무는 그루를 돋우어라!" 좋은 싹이 보이면 잘 보살펴서 키워주라는 뜻이겠지요! 이런 좋은 뜻의 속담을 저는 오늘 처음 알았습니다. "뒤에 볼 나무는 뿌리를 높이 잘라라"도 같은 뜻이라고 합니다.

[046] 선잠, 쪽잠 등의 단어는 자주 사용하는 것으로 생각되는데, '돌곗잠'이라는 단어는 들어보기 어려웠습니다. [가만히 누워서 자지 못하고 이리저리 굴러다니면서 자는 잠을 돌곗잠이라고 한다네요. 약간은 짜증스러운 문법 문제입니다.
다음 중 [ ]안의 형용사나 동사의 용법이 잘못된 것은?
1. 돌곗잠을 자다 깨어 심사가 뒤틀렸는지 [찜부럭한] 얼굴로 눈을 흘겼다
2. "떡도 떡같이 못 해 먹고 찹쌀 한 섬만 없어졌다"라는 속담은 "애써 한 일에 [알맞은] 효과나 이익을 보지 못하고 비용만 허비하였다"는 뜻이다.
3. 사람은 자신의 지위와 신분에 [걸맞은] 행동을 해야 할 사회적 책무가 있다.
4. 입에 [맞는] 음식이 몸에도 좋다.

동사 또는 형용사가 명사 앞에 붙어서 관형사처럼 쓰일 경우에 그 동사나 형용사의 뒤에 붙는 어미를 관형사형 어미라고 합니다. 그런데 현재형인 관형사형 어미는 동사의 경우에는 '~는'이고, 형용사의 경우에는 '~은 또는 ~ㄴ'입니다.
예문의 경우 1)의 '찜부럭하다'(몸이나 마음이 괴로워 짜증이 나다)와 4)의 '맞다'는 동사이므로 바른 관형사형 용법은 '찜부럭하는 얼굴, 맞는 음식'이 올바르고, 2)의 '알맞다'와 3)의 '걸맞다'는 형용사이므로 바른 관형사형 용법은 '알맞은 효과, 걸맞은 행동'입니다.
따라서 틀린 용법은 1)번입니다. '찜부럭하다' 자체가 생소한 낱말이어서 어려웠을 것으로 생각됩니다.

[047] 어리석어 사리를 분간하지 못하는 사람을 비하하여 '인숭무레기'라고 부른답니다. 요즘 그렇게 불러주고 싶은 분이 있으셨나요? 저는 있었습니다.

다음 괄호 안의 '눈꼬리' 또는 '눈초리'라는 낱말이 잘못 사용된 것은?
1. 그녀는 매서운 [눈꼬리로] 그를 쳐다보았다.
2. 그는 고을 사람들이 자기에게 퍼붓는 [눈초리에서] 제법 흡족한 것을 느끼고 있었던 것이다.『선우휘, 불꽃』
3. [눈꼬리가] 찢어진 모습이 그녀의 매서운 성격을 말해 주는 듯했다.
4. [눈초리를] 치켜뜨고 먹는 모습이 우스꽝스러웠다.

'눈꼬리'는 눈의 바깥쪽 좁혀진 가장자리라는 위치를 의미하지만, '눈초리'는 ① 눈꼬리와 같은 뜻을 가짐과 동시에, ② 무언가를 바라보는 눈에 나타나는 표정을 의미하기도 합니다. 따라서 '눈초리'가 더 넓은 개념입니다.
※ 눈꼬리 : 눈꼬리가 처지다 / 눈꼬리가 올라가다 / 눈꼬리 부분에 아이라인을 두껍게 그리면 눈이 커 보이는 효과가 있다.
※ 눈초리 : 매서운 눈초리 / 날카로운 눈초리 / 싸늘한 눈초리 / 그는 우리를 경멸에 찬 눈초리로 대했다.
'매서운 눈초리'라고 할 수는 있지만 '매서운 눈꼬리'라고는 할 수 없습니다. 그러므로 잘못된 용법은 1)번입니다.

[048] '동'이라는 낱말은 참으로 여러 가지 뜻을 가진 명사로군요. 첫 번째 문제는 '한자어 동'을 한 개 찾아 주시는 것이고, 두 번째 문제는 같은 뜻을 가진 한 쌍을 고르시는 것입니다.

1. 동이 끊기다.
2. 동이 나다.
3. 동을 달다.
4. 동이 닿다.
5. 동을 대다.
6. 동이 뜨다.
7. 동을 자르다.
8. 동이 트다.

우선 '한자어 동'은 8)번 '동이 트다'의 '동녘 동(東)' 자입니다. '동쪽에서 해가 떠오르기 시작하다'의 의미로서 누구나 흔히 쓰는 말입니다.
1, 2, 5)번의 '동'은 '뒤를 이어 대는 사물'이라는 뜻의 명사로서 '상품이 너무 잘 팔려서 금방 동이 났다'처럼 흔히 쓰이고 있는데 '동이 나다'는 '계속 이어 대지 못하고 도중에 떨어지다'라는 의미이며, 2)번 '동이 나다'와 1)번 '동이 끊기다'는 같은 뜻입니다. 5)번의 '동을 대다'는 그 반대의 뜻으로 물건이 떨어지지 않도록 계속 이어 대는 것을 말합니다.
3)번의 '동'은 '한복 소매의 끝부분 또는 끝부분에 대는 옷감'을 의미하여 '동을 달다'는 '소매 끝에 헝겊을 달다'라는 뜻이나, 경우에 따라서는 '말을 덧붙여서 다시 시작하다'라는 뜻도 가지고 있다 합니다.
4)번 '동이 닿다'는 '말이 조리에 맞다'는 뜻이며 이때의 '동'은 조리(條理)를 의미합니다.
5)번의 '동을 대다'는 위에서 설명한 뜻도 있으나 '말 따위를 조리에 맞게 하다'라는 뜻도 있습니다. 따라서 4)번과 5)번도 같은 의미라고 하는 생각도 일리가 있으나, "말이 조리에 맞다"와 "말을 조리에 맞게 하다"는 어딘가 다르다는 생각이 듭니다.
6)번 '동이 뜨다'의 '동'은 '어느 시점과 시점 간의 사이'를 의미하며 '뜨다'는 그 시점 간의 사이가 뜨다(오래다)는 의미입니다.
7)번의 '동'은 '관계'의 뜻으로 '동을 자르다'는 '관계를 끊다'는 의미입니다.

[049] 역지사지(易地思之)라는 말이 있습니다. 자기 생각만 하지 말고 입장을 바꾸어 남의 사정을 생각해보라는 거지요. 그러나 '야멸찬(= 야멸친)' 사람은 '자기 생각만 하고 남의 사정을 돌볼 생각이 없는 사람'을 말합니다. 이런 사람이 많아지면 우리 사회가 어찌 될까요?
다음 예문의 등장인물 '옹구', '채련이', '내', '친구' 중에서 '사박한 사람'으로 표현되지 않은 사람은?

1. [옹구]네 소가지 볼통한 것은 춘복이도 진작에 다 아는 일이고···.『최명희, 혼불』
2. [채련이]만 하더라도 그렇게 야멸차게 하는 법이 어디 있나요. 우리는 마당에 내버려 두고···.『염상섭, 무화과』
3. 너희가 아느냐 모르느냐. 예바르고 돔바른 [내] 아니시냐.『홍명희, 임꺽정』
4. 그는 자기 일에 상관하지 말라며 남의 일에 덥적이기 좋아하는 [친구]에게 핀잔을 주었다.

야멸차다 : 자기 생각만 하고 남을 돌볼 생각이 전혀 없다.
사박하다 : 독살스럽고 야멸차다.
볼통하다 : 퉁명스럽고 야멸차다.
돔바르다 : 조금도 인정(남을 동정하는 따뜻한 마음)이 없다. 매우 인색하다.
덥적이다 : 무슨 일에나 가리지 않고 참견하다.
3)번까지는 모두 남의 입장을 전혀 고려할 마음이 없는 사람들이고, 4)번 '덥적이는 친구'는 아무에게나 나서서 참견을 잘 할 뿐 사박하다고 보기는 어렵네요.

[050] "뜬 소 울 넘는다"는 속담이 있습니다. 여기서 '뜬'은 '동이 뜨다'에서 '뜨다'의 뜻(굼뜨다)입니다. 즉 '동작이 느린 소가 울타리를 넘는다' 이니, 평소 동작이 느린 사람이 뜻밖에 장한 일을 이루어 내는 것을 비유하는 말입니다.

'동'에 관해서 복습하겠습니다. 다음 각 예문의 '동' 중에서 한복 소매의 '끝동'*과 연관해서 비유된 의미의 '동'을 골라 주세요.

1. 동을 달자면, 우리가 100만 대군을 양성해야 한다는 결론에는 변함이 없다는 것입니다.
2. 기력에 동이 났다는 사람이 원행이 가당한가? 『김주영, 객주』
3. 그녀는 한참이나 동이 뜬 다음 다시 말을 이어갔다.
4. 동이 닿지 않는 엉뚱한 소리는 그만 집어치우시게!

* 끝동 : 여자의 저고리 소맷부리에 댄 다른 색의 천.
1) 동을 달자면 : '동을 달다'는 '소매 끝에 헝겊을 달다'라는 뜻이지만, 경우에 따라서는 비유적으로 '말이 일단 끝난 다음에 덧붙여서 다시 말하기 시작하다'라는 뜻도 가지고 있으니, 소매 끝에 달아도 되고 달지 않아도 되는, 동을 다는 것과 연관이 있다고 할 것입니다.
2) 동이 났다 : 다 떨어져서 남아 있는 것이 없게 되다.
3) 동이 뜬 : 굼뜨다
4) 동이 닿지 않는 : 터무니없다 / 논리가 맞지 않다.
※ 3)번의 '동'은 '어느 시점과 다른 시점의 사이'를 의미하는데, 예를 들어 '밥 먹는 동안에'라고 하면 '밥을 먹기 시작하는 시점과 끝나는 시점의 안(사이)에'라는 의미이며, 우리가 '동'이라는 명사를 의식하지 못한 채 아주 흔히 사용되는 낱말임을 알 수 있습니다.

[051] 오늘 고르시는 돌은 선물로 드리겠습니다. 좋은 걸로 골라 가지세요.
1. 버력
2. 맥석
3. 감돌
4. 마목
5. 토록

> 1) 버력 : ① 물속 밑바닥에 기초를 만들거나 수중 구조물의 밑 부분을 보호하기 위하여 물속에 집어넣는 허드레 돌. 또는 ② 광석이나 석탄을 캘 때 나오는, 광물 성분이 섞이지 않은 잡 돌.
> 2) 맥석(脈石) : 광맥 속에 섞여 있는 광물 가운데 경제적 가치가 별로 없는 광물을 통틀어 이르는 말.
> 3) 감돌 : 유용한 광물이 어느 정도 이상으로 들어 있는 광석.
> 4) 마목 : 광맥 속에 섞여 있는 것 가운데 광석을 제외한 나머지를 통틀어 이르는 말.
> 5) 토록 : 광맥의 본래 줄기에서 떨어져 다른 잡석과 함께 광맥의 겉으로 드러나 있는 광석 / 양근댁 남편은 날마다 금점으로 감돌며 버력더미를 뒤지고 토록을 주워온다. 『김유정, 금 따는 콩밭』
> 광석으로서 가치가 있는 감돌이나 토록을 선택하신 분께는 금강석 원석을, 버력을 선택하신 분께는 알 찬 골재 한 트럭을 각각 배송 완료하였습니다. 맥석이나 마목을 선택하신 분께는 배송비가 아까워서 못 보내드리겠네요.

[052] 새해 인사를 나누고 약간은 들뜬 기분에 어영부영하다보니 하루가 거의 다 지나가 버리네요. 그래서 속담에도 '어정설달에 미끈정월'이라는 말이 있나 봅니다. 섣달에는 어정어정하다가 한가롭게 지내게 되고 정월은 들뜬 기분에 어찌 간지 모르게 지내고 만다는 뜻인데, 농경시절 얘기지만 새겨들어야 할 부분도 있는 것 같습니다.
다음처럼 말하는 채무자 중 빚 갚을 마음이 없는 사람은 누구일까요?
1. 깐깐오월 하짓날 꼭 갚겠다고 전해라!
2. 동동팔월 바쁘지 않은 날 골라서 필히 갚겠다고 전해라!

3. 윤동짓달 초하룻날 반드시 갚겠다고 전해라!
4. 윤섣달 스무하룻날 틀림없이 갚겠다고 전해라!

윤동짓달이 없는 것은 아니나, 너무 귀해서 대개는 평생 윤동짓달을 못 만나보고 저 세상으로 간다고 하네요. 그러니 윤동짓달에 갚겠다는 말을 하는 사람은 빚을 갚지 않겠다는 사람입니다. '깐깐오월'은 음력 5월 하지를 전후로 해가 길어져서 일하기 지루하고 힘든 달을 의미하고, 동동팔월은 추수철에 바빠서 동동거리는 가운데 어느새 갔는지도 모르게 지난다는 걸 의미한답니다.

다음 글에 '어정칠월'이 등장하는데 한번 해석해 보시지요.
봉득이마저 어언간에 경아리가 다 된 양으로 반지빠르게 나대는 꼴은, 어정칠월 개장국에 하루 잔 막걸리 후줏국만큼이나 시금털털해서 당최 마뜩지 않을 뿐 아니라···.『이문구, 산 너머 남촌』
⇒ 봉득이마저 서울 온 지 얼마 지나지 않았지만 어느덧 약삭빠르고 간사스런 서울놈이 다 된 것처럼 얄밉도록 교만하게 말하고 행동하며 깝신거리고 나다니는 꼴은, 마치 할 일이 전혀 없는 것은 아니지만 대체적으로 별로 할 일이 없어 어정거리다가 지나가 버리는 한여름 음력 7월 보신탕 먹을 철에 텅 빈 막걸리 독에 물을 부어 두었다가 다음 날 떠 낸 국물 같은 것을 마시는 것처럼 시금털털해서 도무지 마음에 들지 않을 뿐 아니라···.

[053] '색시'는 아직 결혼하지 않은 여자를 의미하는 말인데, '색시'가 좀 묵어서 결혼을 하게 되면 '헌색시'가 되는 게 아니라 '새색시'가 됩니다.
다음 중 '색시'는 누구?
1. 각시도령
2. 되모시
3. 가지기
4. 마당과부

1) '각시도령'은 남자의 옷차림을 한 처녀를 달리 이르는 말.
2) '되모시'는 이혼을 하고도 처녀 행세하는 분.
3) '가지기'는 정식 혼인을 하지 않고 다른 남자와 사실혼 관계로 사는 과부나 이혼녀.
4) '마당과부'는 결혼식(옛날에는 결혼식을 마당에서 했죠)을 하자마자 바로 신랑이 저승으로 가버려(결혼식 마당에서) 과부가 된 여인을 의미합니다.
정답은 1)번 '～도령'이 색시입니다.

[054] 북한은 "하늘이 무너져도 핵은 절대 포기할 수 없다"라고 엄청 강하게 말하고 있지만, 하늘 무너지면 몽땅 끝 아닌가요? 자기들끼리만 동그마니* 외로이 살다 가려는지?

우리말엔 작은 말과 큰 말, 약한 말과 강한 말이 있지요. 다음 중 이들이 잘못 연결된 것은?

1. 동그라지다 〈 둥그러지다
2. 둥그러지다 〈 나둥그러지다
3. 동그래지다 〈 둥그레지다
4. 둥그레지다 〈 나둥그레지다

*동그마니 : 사람이나 사물이 외따로 오뚝하게 있는 모양 / 이 씨가 다리 날개 꽁지를 싹둑 잘라버리자 새는 몸통만이 동그마니 남고 말았다. 『김원일, 도요새에 관한 명상』 / 묘하게 질투 같은 감정, 자기 혼자만 동그마니 남는 것 같은 외로움, 사돈댁 그늘에 덮여서 사는 비굴감, 그의 입에서 다시 한숨이 새어나온다. 『박경리, 토지』 *동그맣다 : (주로 '동그맣게' 꼴로 쓰여) 외따로 오뚝하다 / 어머니께서 마루에 동그맣게 앉아 계셨다.

1, 2)번은 "뒤로 엉덩방아 찧으면서 넘어지다"를 점점 강하게 표현하는 것, 3)번은 "동그랗게 되다"라는 표현. 가장 크게 표현하려면? → "눈이 휘둥그레지다"
정답은 4)번입니다.

[055] 다음 [ ] 안의 낱말 중 직업을 뜻하는 것이 아닌 것을 골라 주세요.
1. [갖바치] 내일 모레.
2. [갓장이] 헌 갓 쓰고 무당 남 빌려 굿하고.
3. 논둑길에서 행길로* 나오는 [갓쟁이] 두루마기짜리가* 보인다. 『유현종, 들불』
4. 문비(門神)를* 거꾸로 붙이고 [환쟁이]만 나무란다.

1) 갖바치 : 가죽신을 만드는 일을 직업으로 하던 사람 / (속담)갖바치 내일 모레 : 갖바치들이 흔히 맡은 물건을 제날짜에 만들어 주지 않고 약속한 날에 찾으러 가면 내일 오라 모레 오라 한다는 데서, 약속한 기일을 이날 저 날 자꾸 미루는 것을 비유적으로 이르는 말.
2) 갓장이 : 갓을 만드는 것을 업으로 하는 사람 / (속담)갓장이 헌 갓 쓰고 무당 남 빌려 굿하고 : 제가 제 것을 만들어 가지지 못하고 제가 제 일을 처리하지 못하는 경우를 비유적으로 이르는 말.
3) 갓쟁이 : 갓을 멋들어지게 쓰는 사람 또는 갓을 쓴 사람을 낮잡아 이르는 말.
  * 행길 : (방언)우마차가 교차하여 다닐 수 있는 정도의 비교적 넓은 길을 말합니다.
  * '~짜리'는 몇몇 명사 뒤에 붙어 '그런 차림을 한 사람'의 뜻을 더하는 접미사로 쓰이기도 합니다 / 양복짜리 / 장옷짜리 / 두루마기짜리(두루마기차림의 사람).
4) 환쟁이 : 화가(畫家)를 낮잡아 이르는 말 / (속담)문비를 거꾸로 붙이고 환쟁이만 나무란다 : 제가 잘못하여 놓고 도리어 남만 그르다고 한다는 말.
  *문비(門神) : 정월초하룻날에 악귀를 쫓는 뜻으로 대문에 붙이는 신장(神將) 그림.
정답은 3)번입니다.

'~장이'와 '~쟁이'
※ '-장이'는 일부 명사 뒤에 붙어 '그것과 관련된 기술을 가진 사람'의 뜻을 더하는 접미사이며, '장' 자는 장인(匠人)이라 할 때의 '장' 자입니다. 간판장이 / 땜장이 / 양복장이 / 옹기장이 / 칠장이.
※ '-쟁이'는 일부 명사 뒤에 붙어 ① 그것이 나타내는 속성을 많이 가진 사람'의 뜻을 더하는 접미사로 사용되거나(겁쟁이 / 고집쟁이 / 떼쟁이 / 멋쟁이 / 무식쟁이), ② '그것과 관련된 일을 직업으로 하는 사람'의 뜻을 더하는 접미사로서 그런 사람을 낮잡아 이를 때 사용됩니다(점쟁이 / 관상쟁이 / 그림쟁이 / 환쟁이 / 이발쟁이).

[056] 올 겨울 날씨가 지나치게 따뜻해서 내년 농사가 걱정되네요. 조선시대에는 눈이 내리지 않거나 얼음이 제대로 얼지 않을 때 동빙제(凍氷祭) 또는 사한제(司寒祭)라는 이름의 제사를 지냈다고 합니다.
얼마 전까지만 해도 농사에는 소가 꼭 필요한 존재였었지요. 다음 문장들 중 소(牛)와 전혀 관계없는 것을 골라 주세요.
1. 두껍아 두껍아 헌 집 줄께 새 집 다오!
2. 이 녀석 많이 컸군. 벌써 동부레기가 되었네 그려!
3. 철없는 것들! 너희가 지독지애(舐犢之愛)를 아느냐?
4. 오늘 저녁에는 동해부인(東海夫人) 안주 삼아 소주나 한 잔 할까?

  1) 두꺼비집 놀이할 때 부르는 노래 모르시는 분 있나요?
    두껍아 두껍아 / 헌 집 줄께 새 집 다오 / 개미는 흙 나르고 / 황새는 물 긷고 / 까치가 밟아도 딴딴 / 황소가 밟아도 딴딴.
    우답불파(牛踏不破)가 바로 소가 밟아도 깨지지 않을 만큼 견고하다는 뜻의 사자성어이며, 우수불함(牛遂不陷)이라고도 합니다.
  2) [동부레기]는 뿔이 돋을 만큼의 나이를 먹은 송아지를 뜻합니다.
  3) [지독지애]는 소가 송아지를 혀로 핥으며 보살피는 사랑이며, 통상 부모의 자식에 대한 사랑을 의미합니다.
  4) [동해부인]은 홍합을 달리 부르는 이름이고, 소주에 '소(燒)' 자가 들어가긴 하지만 소(牛)와는 관계가 없지요.
  정답은 4)번입니다.

[057] 제가 몽땅 틀린 맞춤법 문제를 올려봅니다. 맞춤법이 바른 것을 골라 주세요.

1. 오랫만이다
2. 뒤치닥거리
3. 궁시렁거리다
4. 핼쑥하다

1〉 오랫만이다(×) → 오랜만이다(○)
2〉 뒤치닥거리(×) → 뒤치다꺼리(○)
3〉 궁시렁거리다(×) → 구시렁거리다(○)
4〉 핼쑥하다(○)
정답은 4)번입니다. 보통은 '핼쓱하다'라고 쓰지 않나요?

이 문제의 답글 중에서 한 분이 '물극필반(物極必反)'과 '물극즉반(物極則反)'이라는 글귀를 쓰셨는데, '만물이 극에 달하면 다시 처음으로 돌아간다'는 뜻입니다. '물극즉쇠(物極則衰)'라는 말도 있는데, 만물은 극에 이르면 쇠한다는 말이니, 역시 같은 뜻입니다.

『사기(史記)』〈이사열전(李斯列傳)〉에 의하면, 진시황시절 분서갱유를 주도했던 재상 이사(李斯)는 "순자(荀子)께서 '사물이 지나치게 강성해지는 것을 경계해야 한다(物禁大盛, 물금대성)'라고 말씀하셨는데, 나는 시골 출신의 평민으로 이 지위까지 올라 신하된 자로서 나보다 윗자리에 있는 이가 없고 부귀도 극에 달했다. 만물은 극에 이르면 쇠하거늘(物極則衰), 내 앞날이 어떻게 될지 알 수 없구나"라고 탄식했다는데, 결국은 2대 황제 호해로부터 자신은 물론 집안이 멸족당했습니다.

[058] '지기'라는 단어는 여러 가지 뜻을 가지고 있지만, 고유어로서 '두 팔과 두 다리'를 통틀어 이르는 말, 즉 사지(四肢)라는 의미도 있으며 또는 기운(氣運)을 뜻하기도 합니다.
"지기(를) 펴다"라는 관용구로 쓰여서 "억눌리는 느낌에서 벗어나 마음을 자유롭게 가지다"라는 뜻으로 사용됩니다 / 그들은 이렇게 대동* 사이에 끼어서 지기를 펴지 못하고 살아온다.『이무영, 농민』
다음 중에서 '녹두밭윗머리*'라는 낱말에서 연상되는 낱말을 골라 주세요.
1. 안반뒤지기
2. 천둥지기
3. 되지기
4. 솥지기

* 대동(大洞) : 큰 마을.
* '녹두밭윗머리(綠豆- ― -)'는 띄어 써도 되며, 비가 내려도 고이지 아니하여 녹두나 심을 정도의 메마른 밭을 의미합니다.
1) 안반뒤지기 : ① 안반* 위에 반죽을 올려놓고 뒤집어 가면서 버무려 만드는 일. ② 서로 붙들고 엎치락뒤치락하면서 힘을 겨루는 일 / 형제가 서로 붙들고 안반뒤지기를 하면서 뒹굴었다.
  * 안반 : 떡을 칠 때에 쓰는 두껍고 넓은 나무 판 ≒ 떡판.
2) 천둥지기(= 천수답) : 빗물에 의하여서만 벼를 심어 재배할 수 있는 논 / 지적지적한 생수받이와* 보 어귀가 마을 지경이니 천둥지기와 건답에는 먼지가 폴싹폴싹 일어나게 되었다.『박종화, 다정불심』
  * 생수받이(生水- -) : 땅에서 솟아나는 샘물을 이용하여 농사를 짓는 논.
3) 되지기 : 한 되의 볍씨를 뿌릴 만한 면적의 논을 의미하기도 하지만, 찬밥을 더운밥 위에 얹어 찌거나 데운 밥을 의미하기도 합니다.
4) 솥지기 : 밥을 한 솥 짓는 동안 / 이렇게 장님 발 더듬듯 하여 연무정에 당도하니 겨우 오 리 길을 오는 데 보리밥 한 솥지기가 착실히 걸렸다.『현기영, 변방에 우짖는 새』

'녹두밭윗머리'에서 2) 천둥지기를 곧바로 연상하셨다면 대단한 실력이십니다.

[059] 손님을 초청하여 대접하는 행사를 '손겪이(≒손님겪이 · 손님치레 · 손치레)'라고 하는데, 손님들에게 한바탕 음식을 대접하는 일을 의미하는 '한턱'이나, 집들이, 결혼식 피로연 등도 '손겪이'의 일종이겠지요.
다음 중에서 참석자 여럿이 나누어 낸 돈으로 비용을 충당하는 모꼬지*를 골라 주세요.

1. 일결
2. 도르리
3. 도리기
4. 돌림턱

1) 일결 : 크게 손님을 겪는 일. 손님이 많은 손겪이를 의미하는 것이라고 생각됩니다.
2) 도르리 : ① 여러 사람이 음식을 차례로 돌려 가며 내어 함께 먹음, 또는 그런 일 / 국수 도르리 / 한 집에 가서 보니 동네 사람 네댓이 모여 앉아서 쇠머리 도르리를 하는데 정작 술이 없데그려. 『홍명희, 임꺽정』 ② 똑같이 나누어 주거나 골고루 돌라 줌, 또는 그런 일.
3) 도리기 : 여러 사람이 나누어 낸 돈으로 음식을 장만하여 나누어 먹음, 또는 그런 일 / 묵 도리기 / 술 도리기 / 물 다 대걸랑 둘이 반반씩 개나 한 마리 도리기해서 그슬리게. 『이문구, 우리 동네』
4) 돌림턱 : 여러 사람이 일정한 시간을 두고 차례로 돌아가며 내는 턱 / 이번에는 내가 돌림턱을 낼 차례이다.
정답은 3)번 도리기입니다.

* 모꼬지 : 놀이나 잔치 또는 그 밖의 일로 여러 사람이 모이는 일 / 혼인날에도 다른 제자보다 오히려 더 일찍이 와서 모든 일을 총찰하였고 모꼬지 자리에서도 가장 기쁜 듯이 술을 마시고 춤을 추고 즐기었다. 『현진건, 무영탑』
※ '도르리'와 '돌림턱'은 여럿이 돌려 가며 차례로 손겪이를 하지만, 도르리는 부정기적인 모꼬지이고 돌림턱은 정기적인 모꼬지입니다.

[060] '밭'이라 하여 모두 작물을 기르는 땅을 이르는 것은 아니지요. 다음 중에서 작물을 기르는 밭을 이르는 낱말을 골라 주세요.

1. 감탕밭
2. 난밭
3. 디기밭
4. 쑥대밭

　1) 감탕밭(≒감탕판) : 몹시 질어서 질퍽질퍽한 진흙땅 / 썰물이 되자 감탕밭 위로 게들이 나와 이리저리 움직였다.
　2) 난밭 : ① 정한 범위를 벗어난 바닥 / 윷패가 난밭에 떨어지면 다시 던지기로 한다. ② 다른 고장 / 그 사람은 이 곳 태생이 아닌 난밭 사람이다.
　3) 디기밭(= 더기밭) : 고원의 평지에 있는 밭.
　　※ 고원의 평평한 땅을 일군 밭 중에서도 화전(火田)은 '부대밭'이라고 합니다.
　4) 쑥대밭 : ① 쑥이 무성하게 우거져 있는 거친 땅. ② 매우 어지럽거나 못 쓰게 된 모양을 비유적으로 이르는 말 / 읍내를 공격하고 물러가던 빨치산의 대부대가 지리산으로 통하는 길목인 가실리 전체를 쑥대밭으로 만들어 놓았던 것이다. 『윤흥길, 무지개는 언제 뜨는가』

작물을 기르는 밭은 3〉'디기밭'입니다.

[061] 생일이 되면 미역국을 먹는 것이 우리 관습이지요. 아기를 낳으면 미역 몇 장이라도 선물하던 것이 한때 우리 양속이기도 했구요. 다음 물건을 세는 단위 중 낱개의 개수가 가장 적은 단위는?

1. 굴비 한 [두름]
2. 오징어 한 [축]
3. 북어 한 [쾌]
4. 고사리 한 [갓]
5. 자반준치 한 [오가재비]
6. 미역 한 [뭇]
7. 김 한 [톳]

1) 굴비 한 [두름] : 한 줄에 열 마리씩 두 줄로 엮은 것
2) 오징어 한 [축] : 20마리
3) 북어 한 [쾌] : 20마리
4) 고사리 한 [갓] : 고사리 따위 열 모숨을 한 줄로 엮은 것
5) 자반준치 한 [오가재비] : 다섯 마리씩 한 줄에 엮은 것
6) 미역 한 [뭇] : 10장
7) 김 한 [톳] : 100장
한 오가재비는 다섯 마리. 굴비도 다섯 마리씩 한 줄로 묶은 것은 오가재비로 셀 수 있습니다.

[062] 어제 우리는 숫자놀음을 하였는데, 오늘 한 번 더 해보시지요. 다음 동물들 중에서 가장 나이가 많은 녀석은?

1. 하릅강아지
2. 담불 소
3. 이롭 당나귀
4. 아습 말

말이나 소 등 짐승의 나이를 셀 때 :
- 하릅 : 한 살.
- 두습·이듭 : 두 살.
- 사릅·세습 : 세 살.
- 나릅 : 네 살.
- 다습 : 다섯 살.
- 여습 : 여섯 살.
- 이롭 : 일곱 살.
- 여듭 : 여덟 살.
- 구릅·아습 : 아홉 살.
- 담불·열릅 : 열 살.

지문에서 나이가 가장 많은 녀석은 열 살짜리 '담불 소'입니다. '하룻강아지 범 무서운 줄 모른다'는 속담은 원래 '하릅강아지…'였다네요. 그래서 1)의 '하릅강아지'만 하나의 낱말이어서 붙여 쓰고, 2, 3, 4)의 '담불 소' 등은 띄어 씁니다.

[063] 아래 사진 전면 좌중앙 상단 부분에 작은 창이 하나 보입니다. 이 창의 이름은 '바라지' 또는 '바라지창'입니다. 이 바라지를 표현하는 것은?

1. 뒷곁 방의 바라지를 벌컥 열고 다짜고짜로 암동모를 불러내었다.『김주영, 객주』
2. 아궁이에 장작을 지르면서 부엌 바라지 틈으로 하늘을 엿보았다.
3. 또 그 비단실을 켜는 고치를 만든 것도 시골 여인네들이 농사 바라지 틈을 타서 봄부터 공을 들인 것이다.『유진오, 여직공』
4. 무당이 읊어대는 노래보다는 간간이 흘러나오는 바라지가 더 처량하였다.

1)의 '바라지'는 전라도 지방의 사투리인 '나무로 만든 문'의 통칭입니다. 소설이니 사투리를 써도 무방.

2)의 '바라지'가 방에 햇빛을 들게 하려고 벽의 위쪽에 낸 작은 창이나 누각 따위의 벽 위쪽에 바라보기 좋게 뚫은 창을 의미합니다.

3)의 '바라지'는 일부 명사와 함께 쓰여 음식이나 옷을 대어 주거나 온갖 일을 돌보아 주는 일을 말합니다.

4)의 '바라지'는 경상도, 강원도, 제주도 등지의 무당노래에서, 으뜸 무당이 부르는 노래 사이 사이에 뜻 없는 말로 받는 소리로서 '받는소리'라고도 합니다.

해석하기에 따라서는 1)번과 2)번이 기연가미연가할 수도 있으나, 사진 상의 '바라지'가 햇빛을 받기 위하여 높은 곳에 작게 내는 창문이어서 안에서는 벌컥 열 수 있겠으나, 밖에서는 벌컥 열기 어렵다는 점에 비추어 보면 2)번이 정답이라고 하겠습니다.

[064] 조식 선생이 1544년 중종의 서거를 애도하는 마음으로 지은 시조[三 冬에 뵈옷 닙고 巖穴에 눈비 마자 구름 낀 ( )도 쐰 적이 업건마ᄂᆞᆫ 西山에 히지다 ᄒᆞ니 눈물겨워 ᄒᆞ노라]에서 ( )안에 들어갈 낱말의 현대 형태를 골라 주세요.

1. 굼뉘
2. 뒷뉘
3. 볕뉘
4. 한뉘

1) 굼뉘 : 바람이 안 불 때 치는 큰 파도. 이때의 '뉘'는 고어(古語)이지만, '굼뉘'는 표준어이고 남해안 지방에서 '너울'을 뜻하는 방언으로 남아 있습니다.
2) 뒷뉘 : 앞으로 올 세상(후세 / 後世). 이때의 '뉘'는 '세상' 또는 '때'를 의미하는 고어(古語)이나, 아직까지 '뒷뉘'와 '한뉘'에 살아있습니다.
3) 볕뉘 : ① 작은 틈을 통하여 잠시 비치는 햇볕 / 울창한 나뭇잎 사이로 볕뉘가 비치다. ② 그 늘진 곳에 미치는 조그마한 햇볕의 기운. ③ 다른 사람으로부터 받는 보살핌이나 보호 / 조상의 볕뉘.
4) 한뉘 : 한평생. (2)번과 같은 의미의 '뉘'로서 '한세상'을 뜻합니다.
위 시조를 오늘날의 언어로 풀어 보면 [삼동(三冬)에 베옷 입고 암혈(巖穴)에 눈비 맞아 구름 낀 볕뉘도 쐰 적이 없건마는 서산(西山)에 해졌다 하니 눈물겨워 하노라]→ [벼슬도 없이 춥고 헐벗은 채 임금의 보살핌도 못 받았지만 돌아가셨다니 눈물겹게 슬프도다]
정답은 3)번 볕뉘(← 볏뉘).

[065] '소와 함께 여행하는 법'이라는 영화 보셨나요?
아래 소와 관련된 각 장구 중 사진에서 볼 수 없는 것은?

1. 길마
2. 멍에
3. 코뚜레
4. 고삐

− 영화 "소와 함께 여행하는 법"의 한 장면 −

1) 길마 : 짐을 싣거나 수레를 끌기 위하여 소나 말 따위의 등에 얹는 안장 / 길마를 지우다 / 암소 등 위에 얹은 길마에서 볏단을 내리던 준의 부친이 그를 맞았다.『이원규, 훈장과 굴레』 / (속담)길마 무거워 소 드러누울까 : 어떤 일을 앞두고 힘이 부족할까 겁을 내지 말라는 말.
2) 멍에 : 수레나 쟁기를 끌기 위하여 마소의 목에 얹는 구부러진 막대 / 소에 멍에를 메우다 / 밭을 갈던 사람들은 황소의 멍에를 풀었다.
3) 코뚜레 : 소의 코청을 꿰뚫어 끼는 나무 고리 / 코뚜레 부근에 얼음이 인 황소는 허옇게 더운 김을 내뿜고 있었다.『한수산, 유민』
4) 고삐 : 말이나 소를 몰거나 부리려고 재갈이나 코뚜레, 굴레에 잡아매는 줄 / 고삐를 매다 / 고삐를 잡다 / 고삐를 당기다 / 여삼은 고삐 풀린 망아지처럼 황톳길을 냅다 달리기만 했다.『유현종, 들불』
정답은 1)번입니다.

[066] 우리말을 알면 우리 문화를 알 수 있습니다. '열두하님'이라는 말이 있습니다. 옛날에 혼례 때 신부가 시가에 데리고 가는 하인들이 있는데, 그 하인들을 대우해서 불러주거나 하인들끼리 높여 부르는 말이 '하님'이고, 대갓집에서는 12명이 따라 갔다고 합니다.

다음 중에서 신랑신부가 사용할 식기(食器)를 들고 가는 하님은 누구일까요?

1. 몸 하님
2. 함 하님
3. 경대 하님
4. 폐백 하님
5. 시겟박 하님
6. 두리하님

각 2명씩 12명인데, 오늘날은 상상이 잘 안되지요!

1) [대청에 바싹 기대어진 가마에서 유모와 하님의 부축을 받아 신부는 시가의 마루를 처음 밟았다. 『한무숙, 만남』에서 보듯이 신부의 몸을 부축하는 하님은 '몸 하님'이고,

2, 3, 4) 예물 함을 가지고 가는 '함 하님', 경대(거울+화장대)를 가지고 가는 '경대 하님', 폐백 물품을 가지고 가는 '폐백 하님'이 있으며,

5) '시겟박 하님'이 식기를 들고 가는데, '시겟박'은 '식기를 담아 두는 함지박'을 의미하며 '식기+박'에서 온 말입니다.

6) '두리하님'은 '족두리하님'의 준말이며 신부의 화장과 의복을 담당합니다. '열두하님'도 붙여 쓰는 한 낱말이지만, 위 여섯 중에서 유일하게 족두리하님만 하나의 낱말로 취급받아 붙여 써야 합니다. 족두리하님은 신부의 친정으로 돌아가지 않고 신부와 같이 살면서 보필하는 경우가 많습니다.

정답은 5)번입니다.

[067] 오늘은 불금입니다. 안주를 만들어 내는 부엌으로 가 보겠습니다. 다음 중 부엌에서 맡아 하는 역할이 다른 셋과 다른 사람은 누구일까요?

1. 동자아치
2. 반빗하님
3. 반빗아치
4. 통지기

1) 동자아치 : 밥 짓는 일을 하는 여자 하인. (준말)동자치 / 처소의 반빗간이나* 정주간* 문 뒤에 숨어 있다가 상단들이 먹다 남은 턱찌끼를* 얻거나 동자아치가 장난삼아 던져 주는 주먹밥으로 그런대로 연명해 나가게 되었다. 『김주영, 객주』
   * 반빗간 : 집에서 반찬을 만드는 곳.
   * 정주간(鼎廚間) : 부엌과 안방 사이에 벽이 없이 부뚜막에 방바닥을 잇달아 꾸민 부엌.
   * 턱찌끼(= 턱찌꺼기) : 먹고 남은 음식.
   * 동자 : 밥 짓는 일 / 유나는 여중 2학년이니까 세 식구의 간단한 동자 정도는 능히 할 수가 있었다. 『김정한, 슬픈 해후』
   * 동자하다 : 밥 짓는 일을 하다 / 저녁때가 다 되어서 동자하는 여편네는 부엌에서 밥을 짓고 늙은이와 계집아이는…. 『홍명희, 임꺽정』
2) 반빗(飯–) ≒ 반빗아치 : 반찬 만드는 일을 맡아 하던 여자 하인. 반비(飯婢)라는 한자어에서 옴. 반빗하님 : 반빗아치를 높여 부르는 말('하님'은 하인을 높여 부르는 말입니다).
3) 통지기 : 물통이나 밥통 따위를 지키는 사람이라는 뜻으로, '반빗아치'를 낮잡아 이르는 말 / 서울댁은 어느 돈 많은 중인 집의 통지기였다는 것이다. 『박경리, 토지』
   '통지기'는 비유적으로 '서방질을 잘하는 계집종'을 의미하기도 하는데, 속담에 "통지기 오입이 제일이다"는 말이 있듯이 한량패들이 장 보러 나오는 통지기들에게 수작을 걸면 쉽게 오입을 할 수 있었다나요.
1)의 동자아치는 밥을 짓고, 나머지 2, 3, 4)는 반찬을 만듭니다.

[068] 약자에겐 강하고 강자에겐 사정없이 약한 사람을 비꼬는 작자 미상의 『청구영언』에 실린 사설시조지요.

두터비 프리를 물고 두험우희 치드라안자
것넌山 브라보니 白松骨이 써잇거늘
가슴이 금즉ᄒ여 풀덕 쒸어 내닷다가 두험아래 잣바지거고
모쳐라 늘낸 낼싀만정 에헐질번 ᄒ괘라

⇒ 두꺼비 파리를 물고 두엄더미 위에 뛰어올라 앉아
   건너편 산을 바라보니 송골매가 떠 있어서
   가슴이 섬뜩하여 펄쩍 뛰어 내리다가 두엄더미 아래 자빠졌구나
   마침 내가 날래기 망정이지 멍이 들 뻔했도다

다음 중 두꺼비가 거주하는 곳은 어디인가요?

1. 두꺼비집
2. 두꺼비 집
3. 두껍집
4. 두껍닫이
5. 두껍다리

1) 전기분전함을 의미하는 '두꺼비집'은 한 단어이므로 띄어 쓰지 않습니다.
2) '내가 사는 집'을 '내집'이라 하지 않고 '내 집', '우리 집'이라고 띄어 쓰는 것과 같이, 두꺼비가 사는 집도 '두꺼비 집'이라고 띄어 써야 합니다.
3, 4) 두껍집 = 두껍닫이 : 미닫이를 열 때, 문짝이 옆벽에 들어가 보이지 아니하도록 만든 공간.
5) 두껍다리 : 골목의 도랑이나 시궁창에 걸쳐 놓은 작은 돌다리.
정답은 2)번입니다.

[069] "길이 아니거든 가지를 말라"고 했는데, 다음 중 귀하께서 가장 가기 싫은 길을 골라 주세요.

1. 가르맛길
2. 논틀밭틀길
3. 뒤안길
4. 말길
5. 열명길
6. 지돌잇길

1) 가르맛길 : ① 곧은 언덕길. ② 가르마를 탄 자리에 희게 보이는 부분.
2) 논틀밭틀길 : 논두렁이나 밭두렁을 따라 난 좁은 길 = 논틀밭틀. 두렁길.
3) 뒤안길 : ① 늘어선 집들의 뒤쪽으로 나 있는 길. ② 다른 것에 가려서 관심을 끌지 못하는 쓸쓸한 생활이나 처지 / 인생의 뒤안길 / 역사의 뒤안길.
4) 말길 : ① 언로(言路) / 언로가 통하면 국가가 다스려져 편안하고, 언로가 막히면 국가가 어지러워 망하는 것이 또한 명확합니다.『번역 문종실록』② 말하는 기회 또는 실마리.
5) 열명길 = 저승길 : 저승으로 가는 길 / 포작인(어부)들은 일 년 열두 달 바닷속 열명길을 들락날락 자맥질하여야 했다.『현기영, 변방에 우짖는 새』
6) 지돌잇길 : 험한 벼랑에서 바위 같은 것에 등을 대고 겨우 돌아가게 된 길.
(반대말)안돌잇길 : 험한 벼랑에서 바위 같은 것을 안고 겨우 돌아가게 된 길 / 연곡천이 이쪽 골짜기 안으로 한바탕 굽이쳤던 안돌잇길을 지나 다시 산굽이 길로 나섰을 때….『송기숙, 녹두 장군』
아무거나 고르셨죠?

[070] 다음 [ ] 안의 낱말이 표준어가 아닌 것은?
1. 수저를 내려놓자마자 기차역으로 [들이] 달렸다.
2. 홍수가 나자 냇물이 집안으로 [들입다] 밀어닥쳤다.
3. 고향에 쉬러 내려갔다가 [딥다] 고생만 했다.
4. 황당한 소식을 듣고 혼미한 틈에도 태석은 [디립다] 일어나 집으로 달려 갔다.

1, 2) 들이 = 들입다 : '세차게 마구'라는 뜻의 부사 / 옥순이는 밥을 먹는 둥 마는 둥 하고 남보다 먼저 공장으로 들이 달렸다.『유진오, 여직공』 / 가슴에서 무슨 불덩이 같은 뜨거운 게 불끈 치솟으면서 들입다 눈물이 쏟아지는데….『박완서, 흑과부』
3) 딥다 : '들입다'의 준말.
4) 디립다 : '들입다'의 방언(평안)…. '갱상도'도 그리 말하는 듯?
'들이, 들입다, 딥다, 디립다' 모두가 같은 뜻이지만, 4)번 '디립다'만 표준말이 아닌 방언입니다.

[071] 판소리는 한 사람의 소리꾼이 고수(鼓手)의 북장단에 맞추어 서사적(敍事的)인 이야기를 1) 사설과 2) 몸짓을 곁들여 3) 창(唱)을 하는 민속음악입니다. 가장 중요한 것은 '소리'인데, 소리보다도 옷차림이나 태도 따위의 겉치레만 하는 광대를 가리켜 '화초(花草)광대'라고 합니다.
다음 중 [ ] 안의 낱말이 판소리의 3대 요소가 아닌 것은?

1. 기생으로선 볼일 다 본 나이였으나 기화의 독특한 [창]을 아끼는 풍류객은 많았다.『박경리, 토지』
2. 배의근의 즉흥적인 [아니리] 가락은 제법 구성지고 격조가 있었다.『송기숙, 녹두 장군』
3. 만석이는 낯을 부채 삼아 [너름새]까지 흐드러지게 넣으면서 흥겹게 가락을 뽑았다.『한무숙, 돌』
4. 명창의 판소리는 북재비의 [추임새]로 신명을 더해 갔다.

1) 아니리 : 판소리의 대목과 대목 사이에 들어가는 자유스러운 사설(말).
2) 너름새 : 창이나 아니리를 하면서 가볍게 들어가는 몸짓.
3) 창 : 노랫소리.
4) 추임새 : 고수(鼓手)가 창(唱)의 사이사이에 흥을 돋우기 위하여 삽입하는 '좋지', '얼씨구', '흥' 따위의 소리.
1, 2, 3)의 세 가지를 판소리의 3대 요소라고 하며, 북재비(고수)의 추임새는 3대 요소에 포함되지 않습니다. 다만, 창을 하는 사람(연창자)의 소리나 아니리 및 너름새만큼이나 중요한 것이라는 의미로 '1고수 2명창'이라는 말이 있습니다. 이 말은 아무리 "명창이라도 고수가 훌륭해야 소리를 제대로 할 수 있다"는 뜻이라고 합니다. 우리말을 알면 우리 문화를 알 수 있습니다.
정답은 4)번 '추임새'입니다.

[072] 볼과 뺨을 구분하시나요? 볼이 도톰하면 복이 있어 보이지요. 다음 중 이 볼과 전혀 관계가 없는 낱말은?

1. 볼살
2. 볼따구니
3. 볼퉁이
4. 볼때기
5. 볼떼기
6. 아늠
7. 따귀
8. 귀싸대기
9. 얼뺨

뺨의 한복판 또는 뺨의 가운데를 이루고 있는 살집을 볼이라고 합니다.
1, 6) 볼살 = 아늠(= 아늠살) : 볼에 붙어 있는 살. 볼을 이루고 있는 살.
2, 3, 4) 볼따구니 = 볼퉁이 = 볼때기 : 볼을 속되게 이르는 말.
5) 볼떼기 : 통나무의 양면을 평평하게 깎아 만든 목재
7) 따귀 = 뺨따귀 : 뺨을 비속하게 이르는 말 / 그 아편쟁이의 멱살을 잡아 당신 코앞으로 돌려 세워 놓고, 뺨따귀를 사정없이 올려붙였다.『김원우, 짐승의 시간』
8) 귀싸대기 : 귀와 뺨의 어름을 낮잡아 이르는 말 / 요새 세상에 안경 끼고 절한다고 귀싸대기 올리는 양반이 어디 있냐고.
9) 얼뺨 : 얼떨결에 치는 뺨 / 남편은 몸을 고르잡자 소리를 빽 지르며 아내를 얼뺨을 붙인다.『김유정, 금 따는 콩밭』
뺨만 때리면 '뺨따귀를 올린 것'이고, 귀 어름까지 때리면 '귀싸대기를 올린 것'이네요. '얼뺨' 은 '붙인다'라고 하나 봅니다. 정답은 5)번 '볼떼기'입니다. '대구 볼떼기 탕'이 아니라 '대구 볼때기 탕'입니다.

[073] 예전에 한때 '아더메치'란 신조어가 널리 유행하던 시절이 있었죠. '아니꼽고, 더럽고, 메스껍고 치사하다'라는 뜻이었는데, 요즘은 사용되지 않는 것 같습니다. 신조어도 생명이 있는 것 같네요.
다음 [ ] 안의 낱말 중에서 '하는 말이나 행동이 눈에 거슬려 불쾌하다' 또는 '그런 불쾌한 느낌이 있다'라는 의미로 쓰인 낱말이 아닌 것은?

1. 속이 [아니꼬웠다]. 씁쓰레한 액체를 또 조금 토해 냈다.
2. [아니꼽게] 굴더라는 이야기에 슬며시 부아가 돋는다.
3. 쪼그만 녀석이 아는 것도 없이 안다고 하니까 [아니꼽살스러웠다].
4. 나는 그의 젠체하는 태도가 몹시 [아니꼽살머리스러웠다].

'아니꼽다'는 아래 1)과 2)의 두 가지 의미가 있습니다.
1)의 '아니꼽다'는 '비위가 뒤집혀 구역날 듯하다'는 의미이고,
2)의 '아니꼽다'는 '하는 말이나 행동이 눈에 거슬려 불쾌하다'는 의미이며,
3)의 [아니꼽살스럽다]는 '지나치게 아니꼬운 데가 있다'의 의미로서 '아니꼽다'의 강조형이고,
4)의 [아니꼽살머리스럽다]는 '아니꼽살스럽다'를 속되게 이르는 말입니다.
2, 3, 4)번의 표현은 "하는 말이나 행동이 눈에 거슬려 불쾌하다"의 의미인데 반해, 1)번은 문맥상 "비위가 뒤집혀 구역날 듯하다"의 의미로 판단됩니다.
정답은 1)번입니다.

[074] 다음 각 항의 낱말들이 같거나 유사한 뜻으로 연결되지 않은 것을 골라 주세요!
1. 아늑하다 - -- 아늑아늑하다
2. 아늑거리다 - -- 아느작아느작하다
3. 아느작거리다 - -- 아느작아느작하다
4. 아늘거리다 - -- 아늘아늘하다

1) ① 아늑하다 : 포근하게 감싸 안기듯 편안하고 조용한 느낌이 있다. 또는, 따뜻하고 포근한 느낌이 있다. ② 아늑아늑하다 : 부드럽고 가느다란 나뭇가지나 풀잎 따위가 춤추듯이 잇따라 가볍게 흔들리다.
'아늑하다'만 제외하고, 그 나머지 [아늑아늑하다, 아느작아느작하다, 아느거리다, 아느작거리다, 아늘거리다, 아늘아늘하다] 등은 모두 같거나 유사한 뜻의 낱말입니다.
정답은 1)번입니다.

[075] 석촌호수 주변 땅이 푹 꺼져 웅덩이가 생겼습니다. 언론은 이때 "씽크홀(Sink hole)이 생겼다"고 했는데, 이는 '외래어'도 아닌 '외국어'이며, 이를 표현하는 우리말도 있습니다.

다음 중 '지반침하'를 표현하는 우리말로 적당치 않은 것은?

1. 울타리 안의 땅만 꺼졌다.
2. 울타리 안의 땅만 내려앉았다.
3. 울타리 안의 땅만 둘러빠졌다.
4. 울타리 안의 땅만 둘러방쳤다.

   1, 2, 3)번은 공통적으로 "건물, 지반, 다리, 틀 따위가 무너져 내리거나, 평평하던 곳이 꺼지다"의 의미인데 반해 4)번 '둘러방치다'는 "무엇을 슬쩍 빼돌리고 그 자리에 다른 것을 대신 넣다"의 뜻입니다.

   3) 둘러빠지다 : 땅바닥 따위가 빙 둘러서 움쑥* 꺼지다 / 지진이 그만 정도로 그친 것이 천추의 한이로구나. 몽땅 둘러빠졌더라면 얼마나 좋았겠니.『박경리, 토지』

     * 움쑥 : 물체의 바닥이나 면이 우묵하게 쑥 들어간 모양 / 그리고 병자의 움쑥 들어간 눈이 원망하는 듯이 자기를 노리는 듯하였다.『현진건, 운수 좋은 날』

   4) 둘러방치다 = 돌라방치다 = 돌라치다 : 무엇을 살짝 빼돌리고 그 자리에 다른 것을 대신 넣다. / 진품을 돌라방쳐서 팔다.

정답은 4)번입니다.

   단, '둘러치다'는 '둘러방치다'와 같은 뜻이 아닙니다. "몽둥이 따위를 휘둘러 세게 내리치거나, 둘레를 돌아가며 보이지 않게 막거나 가리다"라는 뜻입니다.

※ 씽크홀(Sink hole)은 2015년 하반기 부터 '땅꺼짐'이라는 순화된 표기를 사용하고 있습니다.

[076] '안되다'와 '안 되다'는 가끔 헷갈리는 경우가 있습니다. 같은 이유로 '안돼'와 '안 돼'도 역시 마찬가지일 것입니다.
다음 [ ] 안의 낱말이 잘못 사용된 것을 골라 주세요.
1. 올해는 비가 너무 많이 와서 과일 농사가 [안돼] 큰일이다.
2. 자식이 [안되기를] 바라는 부모는 없다.
3. 이번 시험에서 우리 중 [안되어도] 세 명은 합격할 것 같다.
4. 냉동실에 넣은 물은 아직 얼음이 [안됐다].

※ '안되다'라는 낱말은 '되다'의 부정이 아니라, 자체로 고유의 뜻을 가집니다.
1) 일, 현상, 물건 따위가 좋게 이루어지지 않다 / 공부가 안되어서(안돼서) 잠깐 쉬고 있다 / 안 되는 사람은 뒤로 넘어져도 코가 깨진다.
2) 사람이 훌륭하게 되지 못하다 / 자식이 안되기를 바라는 부모는 없다.
3) 일정한 수준이나 정도에 이르지 못하다.
⇒ '안되다'는 그 외에 [섭섭하거나 가엾어 마음이 언짢다 / 그것참, 안됐군 / 혼자 보내기가 안돼서 역까지 배웅했다] 또는 [근심이나 병 따위로 얼굴이 많이 상하다 / 얼굴이 많이 안됐구나]라는 뜻도 있습니다.
4) '되다'의 대표적인 뜻이랄 수 있는 "다른 것으로 바뀌거나 변하다"를 중심으로 "물이 얼음이 되다"를 예로 들어 보면, '물이 얼음이 되었다, ~됐다'가 되고, 부정의 뜻이 되면 '물이 아직 얼음이 안 되었다, ~안 됐다'가 됩니다.
정답은 4)번.

※ '안'과 '되다'를 띄어 쓰는 '안 되다'는 '되다'의 부정형이며, 이때 '안'은 부사 '아니'의 준말로서 '아니+되다'의 두 낱말입니다 / 안 벌고 안 쓰다 / 안 춥다 / 비가 안 온다 / 안 한다 / 안 먹겠다.
※ '안되다'의 경우이건 '안 되다'의 경우이건 마찬가지로, '되다'의 어간 '되~' 뒤에 어미 '-면'이 붙으면 '되면'이 되고, 어미 '-지'가 붙으면 '되지'가 되는 것과 같이 어미 '-어'가 붙으면 '되어'가 되는데, 이 '되어'의 준말이 '돼'입니다. 따라서 '안되다'로 써야 하는 경우는 '안됐다'가 되고, '안 되다'로 띄어 써야 하는 경우에는 '안 됐다'로 써야 합니다.

[077] '띠'라고 하면 허리끈, 아이를 업는 천, 좁고 기다란 형태의 물건, 띳장, 태어난 해의 지지(地支) 등등을 의미하는데, 다음 중에서 이런 '띠'의 의미와는 관계가 없어 보이는 낱말을 골라 주세요.

1. 물띠
2. 손띠
3. 동띠
4. 술띠

1) 물띠 : 배가 지나갈 때 배의 추진기에 의하여 생긴 물거품이 띠처럼 길게 뻗은 줄기 / 배가 하얀 물띠를 만들며 움직인다.
2) 손띠 : 잔 따위에서 뚜껑이 놓이도록 두른 띠 모양의 턱.
3) 동띠 : 서로 힘이 같음, 또는 서로 같은 힘 / 자네와 난 동띠야 동띠.
4) 술띠 : 양쪽 두 끝에 술을 단 가느다란 띠. 허리띠나 주머니 끈 따위로 쓴다 / 술띠를 질끈 동여매다 / 도포 입고 옥색 술띠 가슴에 곱게 매고 갓 쓴 모습이 명문의 귀한 자제임을 말해 주었다.
정답을 3)번으로 하면 문제가 있을까요?

[078] 오래 전에 어떤 분이 우스갯소리로 "노인의 엉덩이는 '궁할 궁(窮)'자 궁둥이이며, 처녀의 엉덩이는 꽃다울 방(芳)자 방둥이라고 해야 한다"는 말을 했는데, 저는 그 말을 듣고 한동안 참말인 줄 알았습니다. '볼기, 둔부(臀部), 히프(hip, 외래어 표준말임), 엉덩이, 궁둥이, 방둥이'를 구분하실 수 있나요?
다음 중 서로 같은 뜻의 낱말끼리 연결된 것을 골라 주세요!

1. 엉덩이 = 궁둥이
2. 엉덩이걸음 = 궁둥이걸음
3. 엉덩이 = 방둥이
4. 히프 = 볼기

'볼기'와 볼기 둔(臀) 자를 쓰는 한자어 '둔부'는 같은 말이며, 허리 아래에서부터 허벅다리 위의 양쪽으로 살이 불룩한 부분을 뜻합니다. '볼기'를 두 부분으로 나누어, '볼기'의 아랫부분으로서 앉을 때 바닥에 닫는 부분을 '궁둥이'라고 하며, 그 윗부분을 '엉덩이'라고 합니다. 즉 '엉덩이'와 '궁둥이'를 합하면 '볼기'가 됩니다. 따라서 '엉덩이'와 '궁둥이'는 서로 다른 뜻을 가진 말이므로 "궁둥이를 방바닥에 붙이고 앉아서 일어날 줄을 모른다"라고 말할 수 있으나, "엉덩이를 방바닥에 붙이고…"라고 말한다면 틀린 말입니다.

히프 (hip)는 엉덩이를 말합니다. '방둥이'는 길짐승의 '볼기 = 둔부'를 의미하는 것이므로 사람에게 이 낱말을 쓰면 안 되며, 쓴다면 비하하는 의미입니다. 다만, '궁둥이걸음'(앉은 채 궁둥이를 한 쪽씩 들어가며 걷듯이 이동하는 것)과 '엉덩이걸음'은 같은 뜻으로 쓰이고, '엉덩이춤'과 '궁둥이춤'도 같은 뜻으로 쓰입니다.

정답은 2)번입니다.

[079] 다음 각 [ ]안에 공통으로 들어갈 수 있는 한 글자의 명사를 써주세요! 이번에는 고르기 문제가 아닙니다.

1. 그는 평상 끝에 [ ]를 걸치고 이야기를 시작했다.
2. 그는 [ ]가 너무 급하여 길가의 숲 속으로 들어갔다.
3. 그가 옛날얘기를 하기로 치면 늘 [ ]가 늘어진다.
4. [ ]에 난 뿔이 우뚝하다.

 '뒤'의 의미
 1) '엉덩이'를 완곡하게 이르는 말.
 2) 사람의 똥을 완곡하게 이르는 말.
 3) 일의 끝이나 마지막이 되는 부분
  뒤가 늘어지다 : ① 한번 앉으면 좀처럼 일어나지 않다 / 저 사람은 또 뒤가 늘어지게 생겼으니 우리라도 서둘러서 빨리 떠나도록 하자. ② 끝을 맺는 것이 느리다 / 그렇게 뒤가 늘어져서야 뭘 믿고 일을 맡기겠니?
 4) 시간이나 순서상으로 다음이나 나중 / (속담)뒤에 난 뿔이 우뚝하다(後生角高) : 나중에 생긴 것이 먼저 것보다 훨씬 나음을 비유적으로 이르는 말.

정답은 '뒤'입니다.

[080] 다음 중 [ ] 안의 낱말이 '쥐(쥣과 동물의 통칭)'와 관계있다고 생각되는 낱말을 골라 주세요.

1. 이놈들아! 그만 싸워! [쥐독]에 바람 들겠다!
2. [쥐부스럼] 때문에 한 달 넘게 고생했다.
3. [쥐뿔]도 없으면서 웬 거드름이냐?
4. 박씨는 [쥐대기]라 불릴 때부터 그 일을 해왔다.

1) 쥐독 : 머리의 숫구멍(숨구멍) 자리 = 정수리(頂- -).
2) 쥐부스럼 : 머리 위에 툭툭 불거지게 나는 부스럼 = 우달((疣疸).
3) 쥐뿔 : 아주 보잘것없거나 규모가 작은 것을 비유적으로 이르는 말 ≒ 개뿔 / 알아보긴 쥐뿔을 알아봐!『황순원, 별』 / 고마울 게 쥐뿔이나 뭐, 있어.『이호철, 문』 / 최근호라는 젊은 애에게는 아무런 사랑도 쥐뿔도 느끼지 않는다니까….『김말봉, 찔레꽃』 / (관용구)쥐뿔(이) 나다 : 보잘것없는 사람이 같잖은 짓을 하다 / 없는 놈이 쥐뿔 나게 자존심만 강해 봤자 먹을 것도 못 얻어먹을 것이 아닌가 말이다.『이정환, 샛강』

『정말 궁금한 우리말 100가지』라는 책에서는 '쥐뿔'을 '쥐불'이라 하여 쥐의 성기(性器)를 의미한다고 설명하고 있습니다.

4) 쥐대기 : ① 솜씨가 서투른 풋내기 장인(匠人) / 양 목수 같은 이들도 소위 쥐대기라 하여 쓰는 사람이 없을 적부터 애오라지* 그 일에만 매달려….『이문구, 산 너머 남촌』② 여기저기서 마구 모으는 일 / 살림집을 몰밀어서* 삼간초가로 짓고 졸개들의 초막이란 것은 게딱지만큼 쥐대기로 짓게 되었다.『홍명희, 임꺽정』

　* 애오라지 : ① '겨우'를 강조하여 이르는 말 / 주머니엔 애오라지 동전 두 닢뿐이다. ② '오로지'를 강조하여 이르는 말 / 그의 핼쑥한 표정이 애오라지 미순이 자기의 문제 때문만이 아님을 그녀는 또한 알고 있었다.『이문희, 흑맥』

　* 몰밀다 : 모두 한곳으로 밀다 / 짚을 두드리던 어머니가 짚을 한쪽으로 몰밀어 놓으며 인사하였다.『한설야, 산촌』

정답은 3)번이라 할 수도 있을 것 같습니다. 아니어도 낱말의 뜻만 알면 되니 아무 상관없겠지요?

[081] 다음 [ ] 안의 낱말 중에서 범죄 또는 형벌과 관련이 없는 것은?

1. 박 진사가 어디 양민이나 구차한 사람을 [글겅이질]한 줄 아우?『한설야, 탑』
2. 땅 가진 부자들은 가만히 앉아서 그 땅에서 난 소출의 반을 받고, 또 [색갈이]를 주고 가만히 앉아서 곱장사를 합니다.『송기숙, 녹두장군』
3. 그 날 밤에 온 동네 [회술레]를 돈 다음, 죽을 지경이 되게 두들겨 맞고는….『최명희, 혼불』
4. [가새주리]를 안긴 것도 아닌데, 아무리 약질 노인이기로 곤장 넉대에 죽는단 말이오?『현기영, 변방에 우짓는 새』

   1) 글겅이질 : 글겅이는 말이나 소 따위의 털을 빗기는 도구 또는 싸리로 결어 만든 고기잡이 도구를 지칭하는 이름입니다. 글겅이로 말이나 소 따위의 털을 빗기거나 물고기를 훑어 잡는 일을 글겅이질이라고 하나, 세력 있는 자가 백성들의 재물을 긁어 들이는 짓을 비유적으로 지칭하는 말로도 쓰입니다 ⇒ 글겅이질을 하면 보통 협박을 하게 되니 '공갈죄'가 성립할 것 같아요.
   2) 색갈이 : 봄에 곡식을 꾸어 주었다가 가을에 햇곡식으로 바꾸어 받는 일
      ⇒ 영조 때 류이주가 구례 토지면에 지은 운조루(雲鳥樓) 대문 앞에는 쌀 두 가마 반이 들어가는 쌀독을 대문 앞에 내놓고 타인능해(他人能解, 아무나 독을 열고 쌀을 가져가세요)라고 써놓아 어려운 사람들이 끼니를 거르지 않게 했다네요. 색갈이를 하지 않은 가문이지요.
   3) 회술레 : 목을 벨 죄인을 처형하기 전에 얼굴에 회칠을 한 후 사람들 앞에 내돌리던 일.
   4) 가새주리 : 양 발목과 양 무릎을 동여매고 몽둥이로 벌리는 고문 방법. 충청도 사투리로 가위를 '가새'라고 하는데 주리를 트는 두 개의 몽둥이가 가위의 모양을 하고 있으니 예전에는 '가새'가 표준말 아니었을까요.
   춘궁기에 곡식을 빌려주고 이자를 받는 색갈이 행위는 범죄가 되지 않겠지요. 그러나 예문처럼 곱장사를 한다면 오늘날에는 아마 '이자제한법위반죄'가 되지 않을까?

[082] 명사 앞에 '산'이 붙어서 '살아있는(生)' 또는 '산(山)'을 뜻하기도 하는데, 다음 각 낱말의 '산'의 의미가 山이 아닌 것을 골라 주세요.

1. 산이스랏
2. 산부리
3. 산지니
4. 산울타리

> 1) 산이스랏 : '산(山)앵두나무'의 '열매' = 욱리(郁李).
> 2) 산부리 : 산(山)의 어느 부분이 부리같이 쑥 나온 곳.
> 3) 산지니 : 산(山)에서 자라 여러 해를 묵은 매.
> 4) 산울타리 : 산(活, 生) 나무를 촘촘히 심어 만든 울타리. 탱자나무, 측백나무, 아카시아 나무를 주로 사용함.
>
> 정답은 4)번입니다.

'산지니 수지니 해동청 보라매~~~~' 노래도 있는데… 조선시대에는 '응방'이라고 하여 매의 사냥과 사육을 위한 관청을 두었고, 산에서 제풀로 자란 것을 '산지니(山- -)', 집에서 길들여진 매는 '수지니(手- -)'라고 하며, 사냥에는 수지니를 활용합니다. 해동청(海東靑)은 매를 통칭하기도 하고 청색을 띠는 매를 의미하기도 하며, 보라매는 난 지 1년이 안 된 새끼를 잡아 길들여서 사냥에 쓰는 매를 말하는데 '육지니(育- -)'라고도 합니다. '두터비 파리를 물고 두엄 위에…'라는 시조에 나오는 송골매(白松鶻)는 흰색의 매를 뜻한다고 합니다.

[083] 머리카락은 손질 방법, 길고 짧음, 숱의 많고 적음, 부위, 장식 등등에 따라서 다양한 이름을 가지고 있습니다. 대충 찾아보아도 갈깃머리, 곱슬머리, 대머리, 귀밑머리, 까까머리, 다팔머리, 단발머리, 더벅머리, 도가머리, 도투락머리, 떠꺼머리, 딴머리, 상투머리, 생머리, 쑥대머리, 어여머리, 얹은머리, 조짐머리, 상고머리, 종종머리, 트레머리, 첩지머리, 쪽머리, 파마머리, 흰머리 등 헤아릴 수 없을 만큼 많더군요.
머리카락과 관계없는 싹수머리, 인정머리, 주변머리, 주책머리, 첫머리, 일머리 같은 낱말도 있습니다. 다음 중 머리카락과 관계없는 낱말은?

1. 덩덕새머리
2. 자분치
3. 쑥대강이
4. 안달머리

1) 덩덕새머리 : 빗질을 하지 아니하여 더부룩한 머리.
2) 자분치 : 귀 앞에 난 잔 머리카락(= 귀밑머리)
3) 쑥대강이 : 머리털이 마구 흐트러져 어지럽게 된 머리
4) 안달머리 : 안달(속을 태우며 조급하게 구는 일)을 속되게 이르는 말.
정답은 4)번입니다.
※ 갈깃머리 : 상투나 낭자, 딴머리 따위와 같이 머리를 묶어 모양을 만들 때 함께 묶이지 않고 아래로 처지는 머리털.
※ 도가머리 : 머리털이 부스스하게 일어선 사람을 놀림조로 이르는 말.
※ 도투락머리 : 도투락댕기를 드린 머리. ※ 조짐머리 : 여자의 머리털을 소라딱지 비슷하게 틀어 만든 머리.
※ 종종머리 : 여자아이들의 머리를 땋는 방법의 하나. 바둑머리*가 조금 지난 뒤에, 한쪽에 세 층씩 석 줄로 땋고 그 끝을 모아 땋아서 댕기를 드린다 ← 바둑머리 : 어린아이의 머리털을 조금씩 모숨*을 지어 여러 갈래로 땋은 머리 ← 모숨 : 한 줌 안에 들어올 만한 분량의 길고 가느다란 물건. 또는 (수량을 나타내는 말 뒤에 쓰여)길고 가느다란 물건의, 한 줌 안에 들어올 만한 분량을 세는 단위.
※ 트레머리 : 가르마를 타지 아니하고 뒤통수의 한복판에다 틀어 붙인 여자의 머리.

[084] 오늘은 납세의 날이랍니다. 예전에는 조세를 돈 이외에 곡물로 바치기도 하고, 역(役)으로 대신하기도 하였지요. 요즘은 극히 특별한 경우가 아니면 애오라지 돈으로 납부해야 되지요.

다음 [ ] 안의 낱말 중 돈과 직접 관련이 없는 것은?

1. 태석이는 거간노릇을 하면서 여러 차례 [덧두리]를 가로챈 일이 밝혀지는 바람에 결국 객주에서 쫓겨나게 되었다.
2. 그 사람을 그대로 두면 되겠는가? [입씻이]라도 하게나!
3. 안 쓴다 안 쓴다 했어도 [옴니암니]까지 계산하니까 비용이 꽤 들었어요.
4. 마누라 뺏기고 [왁대]를 챙기는 위인이 무슨 구실을 하겠나?

   1) 덧두리 : 헐값에 사서 비싼 값에 판 차액 또는 통상의 가액과 그보다 부풀려서 받은 돈의 차액.
   2) 입씻이 : 비밀이나 켕기는 일이 발설되지 않도록 관계자에게 안기는 돈.
   3) 옴니암니 : 명사로도 쓰이고 부사로도 쓰입니다. 다 같은 이인데 자질구레하게 어금니 앞니 따진다는 뜻으로, '아주 자질구레한 것'을 이르는 말. 또는 자질구레한 일에 대하여까지 좀스럽게 셈하거나 따지는 모양. 옴니는 어금니의 변한 말이고, 암니는 앞니의 변한 말이며, 옴니암니는 암니옴니라고도 쓸 수 있습니다.
   4) 왁대 : 샛서방에게 아내를 넘겨주고 그 대가로 받는 돈.
   정답은 3)번입니다.

[085] 저는 청마띠 출생인데, '청마'는 없으니 상상의 동물이라고 생각했었습니다. 그런데 '찬간자'(온 몸이 푸르고 이마와 얼굴이 흰 말)가 있고, '총이말'(갈기와 꼬리가 푸르스름한 빛을 띠는 말)도 있으며, '돗총이'(털빛이 검푸른 말)도 있다고 하네요.
여포와 관우가 탔다는 적토마(赤兔馬)가 '붉은 색 말로 토끼처럼 재빠른 말'이라는 뜻이라면, 이 적토마는 다음 중 어떤 말이었을까요?

1. 부루말
2. 가리온
3. 절따말
4. 구렁말

1) 부루말 : 털빛이 온통 흰 말.
2) 가리온 : 부루말 중에서 갈기만 검은 말.
3) 절따말 : 털빛이 불그스름한 말 ≒ 적다마, 절따, 절따마.
4) 구렁말 : 털빛이 밤색인 말 ≒ 노랑말 · 황고라말 · 황고랑 · 황마.
정답은 3)번 절따말이지만 저 개인적으로는 갈기만 검은색인 백마 가리온을 갖고 싶습니다.
말의 이름은 몽골어에서 온 것이 많습니다.
가라말 : 털빛이 온통 검은 말 ≒ 가라마.
담가라말 : 털빛이 거무스름한 말 ≒ 담가라.
추마 : 부루말 중에서 흑색, 짙은 갈색이나 적색 따위의 털이 섞여 난 말 ≒ 추마말.
먹총이 : 검은 털과 흰 털이 섞여 난 말.
서라말 : 부루말 중에서 거뭇한 점이 섞여 있는 말 ≒ 은갈마.
바둑말 : 검은 점과 흰 점의 털이 뒤섞인 말.
부절따말 : 절따말 중에서 갈기가 검은 말 = 월다말.
결따마 : 구렁말 중에서 붉은 색에 가까운 말.
고라말 : 구렁말 중에서 등마루를 따라 검은 털이 난 말 ≒ 고라.
공골말 : 구렁말 중에서 갈기와 꼬리가 흰 말 ≒ 공골마.
황부루 : 구렁말 중에서 흰 털이 섞인 말 ≒ 토황마(土黃馬).
간자말 : 이마와 뺨이 흰 말.
적부루마 : 붉은 털과 흰 털이 섞여 있는 말.

[086] 누군가가 얌전하고 부드러우며, 너그럽고 착하다면 어떨까요? 은연중에 끌리게 되지요. 다음 중에서 끌리지 않는 사람을 골라 주세요.

1. 전체적으로 [아리잠직하고] …묘하게 육감적이다.
2. 영실이가 [사분사분한] 것은 제 어미를 닮았나 보다.
3. 미란이와의 지난 일을 돌이켜 생각하니 참으로 [자긋자긋하다].
4. 그리 오래 사귄 것은 아니지만, 몇몇 언행으로 미루어 볼 때 그 사람은 [하차묵지않은] 것 같다.

    1) 아리잠직하다 : 키가 작고 모습이 얌전하며 어린 티가 있다 / 전체적으로 아리잠직하고 귀염성스러우며… 묘하게 육감적이다. 『한무숙, 어둠에 갇힌 불꽃들』
    2) 사분사분하다 : 성질이나 마음씨 따위가 부드럽고 너그럽다.
    3) 자긋자긋하다(≒ 지긋지긋하다) : ① 진저리가 나도록 싫고 괴롭다 / 남의 뒤치다꺼리하는 일이 이제는 자긋자긋하다. ② 몸에 소름이 끼치도록 잔인하다.
    4) 하차묵지않다 : ① 성질이 조금 착하다. ② 품질이 약간 좋다.
       ※ '하차묵지않다'는 '하차묵다'의 부정이라고 짐작되겠지만, '하차묵다'라는 낱말은 없습니다. 매우 특이한 낱말입니다.
    정답은 3)번입니다.

[087] '노루잠에 개꿈이라'라는 속담이 있습니다. 아니꼽고 같잖은 꿈 이야기나 격에 맞지 않는 말을 함을 비유적으로 이르는 말인데, 다음 중에서 같은 종류의 잠 이름끼리 연결되지 않은 것을 골라 주세요!

1. 토끼잠 = 노루잠
2. 덧잠 = 그루잠
3. 겉잠 = 여윈잠
4. 단잠 = 꿀잠

    1) 토끼잠(깊이 들지 못하고 자주 깨는 잠) = 노루잠(깊이 들지 못하고 자꾸 놀라 깨는 잠)
    2) 덧잠(잘 만큼 잔 후에 또 더 자는 잠) ≠ 그루잠(깨었다가 다시 든 잠)
    3) 겉잠(깊이 들지 않은 잠) = 여윈잠(깊이 들지 않은 잠)
    4) 단잠(아주 달게 곤히 자는 잠) = 꿀잠(아주 달게 자는 잠)
    정답은 2)번입니다.

[088] 이세돌 사범과 알파고의 바둑을 보면서, 바둑에도 인간의 냄새가 없으면 재미가 없다는, 인간의 감정도 바둑의 일부분이라는 생각이 들었습니다. 알파고의 착수는 자신의 진짜 감정과는 달리 얄밉도록 능청맞고 천연덕스럽게 행동하는 사람의 착수와 닮았다고나 할까요?

사람의 성품이나 행동을 표현하는 다음 낱말 중에서 당신의 마음에 드는 것으로 하나만 골라 보세요.

1. 야지랑을 피우다.
2. 새실거리다.
3. 뻥시레하다.
4. 덩드럭거리다.

> 1) 야지랑 ≒ 이지렁 : 얄밉도록 능청맞고 천연스러운 태도 / 야지랑을 떨다 / 야지랑을 부리다 / 야지랑을 피우다처럼 특정 동사와 연결될 때만 쓰이는 명사입니다.
> 2) 새실거리다 = 새실대다 = 새실새실하다 : ① 점잖지 아니하게 자꾸 까불며 웃다 / 어른들 앞에서 새실거리지 말고 얌전히 좀 있어라. ② 생글생글 웃으면서 재미있게 자꾸 지껄이다 / 눈앞에서 새실거리며 애교를 떠는 딸아이의 모습에 나도 모르게 화가 풀렸다.
> 3) 뻥시레하다 ≒ 빙시레하다 : 슬며시 입을 벌리는듯하면서 소리 없이 거볍고 부드럽게 웃다. 입을 예쁘게 벌리고 밝고 보드랍게 살그머니 웃다.
> 4) 덩드럭거리다 = 덩드럭대다 = 덩드럭덩드럭하다 : ① 잘난 체하며 자꾸 함부로 굴다 / 그는 동사무소 자리 하나 얻었다고 덩드럭거린다. ② 신이 나서 자꾸 떠들썩하게 놀다 / 팔월 한가위에는 온 동네가 덩드럭거린다.
> 알파고와 같은 1)번만 고르지 않으시면 되겠습니다.

[089] "눈발은 유리창에 자꾸만 더께로 쌓여 엉겨 붙었다."『김용성, 도둑일기』에서 '더께'라는 낱말이 등장합니다. 보통은 "한겨울을 나고 나면 소맷부리에 고약이 엉겨 붙은 것처럼 새카만 더께가 앉았다."『박완서, 그 많던 싱아는 누가 다 먹었을까』처럼 '몹시 찌든 물건에 앉은 거친 때'를 의미하지만, 그렇지 않은 경우도 있습니다.

다음 중에서 '사람'을 의미하는 낱말을 골라주세요.

1. 더께
2. 겉더께
3. 속더께
4. 구들더께

1) 더께 : '몹시 찌든 물건에 앉은 거친 때 또는 겹으로 쌓이거나 붙은 것 / 최초의 한 녀석이 넘어졌다. 그 위에 두 번째 세 번째의 학동이 더께로 걸려 넘어졌다. 『이동하, 도시의 늪』
2) 겉더께 : 물체의 겉에 두껍게 낀 때.
3) 속더께 : 물체의 속에 찌들어 낀 때.
4) 구들더께(= 구들직장) : 늙고 병들어서 방 안에만 들어박혀 있는 사람을 놀림조로 이르는 말 / 이미 구들더께가 다 된 그의 할아버지는 손자의 간청을 흔연히 받아들였다. 『김정한, 인간 단지』

정답은 4)번입니다.

[090] '앞개'와 '뒷개'가 있는 마을은 마을 앞과 뒤에 바다로 흘러 들어가는 개울이 있는 섬이나 작은 반도 지역에 있습니다.(앞개, 뒷개는 지명이어서 고유명사로 보아야 할 것입니다) 인천 앞바다 무의도에 앞개와 뒷개가 있고, 목포 북항에 뒷개가 있지요. 이때 '개'의 뜻은 '강이나 내의 바닷물이 드나드는 곳'이라는 뜻입니다.

다음 중에서 위 '개'와 관계없는 낱말을 골라 주세요.

1. 명개
2. 갯바위
3. 갯마을
4. 갈개

1) 명개 = 명개흙 : 갯가나 흙탕물이 지나간 자리에 앉은 검고 고운 흙.
2) 갯바위 : 갯가에 있는 바위 / 아이들은 게걸스럽게 갯바위에 붙은 굴을 부지런히 까먹어 댔다.「한승원, 해일」
3) 갯마을 : 갯가에 자리 잡고 있는 마을.
4) 갈개 : 땅에 괸 물을 빠지게 하거나 땅의 경계를 표시하기 위하여 얕게 판 작은 도랑.
정답은 4)번. 갈개는 바닷물이 드나드는 곳과 상당한 거리감이 있습니다.

"물이 없는 무인도에 가서 갯바위 낚시를 하고 왔다"라고 말한다면, 어법상 맞을까요? 틀렸습니다. 갯바위가 갯가에 있는 바위 즉, 바닷물이 드나드는 곳의 물가에 있는 바위를 이르는 것이므로, 작은 도랑조차 없는 곳에는 '바위'는 있어도 '갯바위'가 없고, 따라서 그곳에서는 갯바위 낚시도 할 수 없습니다.

※ 갈개 〈 개골창 〈 도랑 〈 시내 〈 개울 ≒ 개천 ≒ 내 〈 강 〈 바다.
  개골창 : 수채 물이 흐르는 작은 도랑. 구거(溝渠).
  도랑 : 매우 좁고 작은 개울 ≒ 물도랑·물돌·수거(水渠).
  시내 : 골짜기나 평지에서 흐르는 자그마한 내 ≒ 소계(小溪).
  개울 : 골짜기나 들에 흐르는 작은 물줄기.
  내 : 시내보다는 크지만 강보다는 작은 물줄기.

'갯바람'은 위 '개'와는 관계없이 바다에서 육지로 부는 바람을 통칭합니다 / 한꺼번에 쏟아져 들어오는 건건찝찔한* 갯바람이 버스를 훨씬 앞질러 그에게 당도했다.「윤흥길, 묵시의 바다」
* 건건찝찔하다 ≒ 간간짭짤하다 : ①약간 짜기만 하고 감칠맛이 없다 / 눈 속으로 스며드는 건건찝찔한 땀 때문이기도 하지만….「김원일, 노을」②(놀림조로) 촌수가 아주 멀거나 친분은 있으나 가깝지는 아니하다 / 그와 친하다기보다는 그저 건건찝찔한 사이이다 / 사고무친으로 살았건만도 숨 거두니까 예서제서 사돈의 팔촌입네 죽을 때 물 떠 넣었네 하고 건건찝찔한 연줄들이 나타나 쓸 만한 건 다 집어 가고….「박완서, 미망」

[091] '36계 줄행랑'은 잘 아시지만, '줄행랑'의 본래 뜻은 잘 모르시는 분이 많지요? 『손자병법(孫子兵法)』보다 더 앞서 나온 것으로 추정되는 병법이 삼십육계(三十六計)인데, 제1계는 '만천과해(瞞天過海, 하늘을 기만하고 바다를 건너간다)', 제2계는 '위위구조(圍魏救趙, 강한 적은 분산시켜 쳐부순다)'이며…. 제31계는 우리가 익히 잘 아는 '미인계(美人計)'죠. 마지막인 제36계가 '주위상책(走爲上策, 이길 가망이 없을 때는 도망가는 것을 상책으로 삼는다)'인데, 우리는 보통 '줄행랑'이라고 바꾸어 말합니다.

'줄행랑'은 '줄'과 '행랑(行廊)'이 결합된 어형으로 '대문간에 줄처럼 길게 이어져 있는 행랑채가 바로 '줄행랑'인데, '행랑'을 길게 치는 것을 '줄행랑을 치다'라고 표현한다고 하며, 길게 행랑을 치듯이 재빠르게 줄달음질을 친다고 하여 '줄행랑을 치다'에 '달아나다'라는 비유적 의미가 생겨난 것으로 볼 수 있다고 합니다.

다음 중 '달아나다'와 같은 뜻이 아닌 낱말은?

1. 들고빼다
2. 들고뛰다
3. 들고튀다
4. 들고나가다
5. 들고버리다

   1, 2, 3, 5) 는 모두 '달아나다'를 속되게 이르는 말입니다.
   4) 들고나가다 : 연을 얼려* 줄을 풀어 주다가 줄이 끝났을 때 얼레*를 든 채로 연을 따라가다.
    * 얼리다 : 하늘에 떠 있는 연이 서로 얽히게 되다.
    * 얼레 : 연줄, 낚싯줄 따위를 감는 데 쓰는 기구.
   정답은 4)번입니다.

[092] 공자가 논어(論語)에서 '바둑 두는 것이 아무 일도 하지 않는 것보다 어진 일이다(以奕爲爲之猶賢乎已)'라고 하였다는데, 이는 바둑을 과소평가한 것으로 생각되고, 흥선대원군은 바둑을 잘 둔다는 이유로 김만수라는 평민을 의성 사또로까지 임명하였다는데, 이는 바둑을 과대평가한 것 같기도 합니다.
다음 중에서 '바둑'의 다른 이름이 아닌 것은?
1. 오로(烏鷺)
2. 수담(手談)
3. 좌은(坐隱)
4. 입신(入神)

1) '오로'는 검은색인 까마귀 오(烏) 자와 흰색인 해오라기 로(鷺) 자의 결합으로 바둑알의 검은 돌과 흰 돌을 의미하는 낱말로서 바둑의 다른 이름입니다.
2) '수담'은 바둑의 별칭으로, 손으로 나누는 대화란 의미입니다.
3) '좌은'은 앉아서 세상을 잊고 은둔한다는 뜻으로 '바둑'을 이르는 말입니다.
4) '입신'은 바둑의 최고 단수인 9단을 말하는 것으로 최근 세기의 바둑대결을 통해 이세돌 9단을 꺾은 알파고를 '입신'의 경지에 올랐다고 평가하여 한국기원이 최초로 명예9단증을 수여하기도 했습니다.
정답은 4)번입니다.

"신선놀음에 도끼자루 썩는 줄 모른다"는 말이 있는데. 선유후부가(仙遊朽斧柯)의 국역입니다. 중국 절강성(浙江省) 난가산(爛柯山) 밑에 있는 어느 고을에 살던 왕질(王質)이라는 사람이 깊은 산속으로 나무를 하러 올라갔다가 해가 기울 무렵까지 신선들이 바둑 두는 것을 구경하고 내려왔는데, 그 사이에 가지고 갔던 도끼자루는 가루가 될 정도로 썩어 버렸고, 마을에 돌아오니 200년의 세월이 지나 자신의 7대손이 살고 있었다는 설화에서 나온 말입니다. 이 난가산(爛柯山)의 설화로부터 바둑을 '난가(爛柯)'라고도 합니다.

[093] 오감(五感 : 視 · 聽 · 嗅 · 味 · 觸), 즉 보고, 듣고, 냄새 맡고, 맛보고, 만져 보고… 중에서 '맛보고(味)'와 관계있는 낱말을 골라 주세요.

1. 고탑지근하다
2. 노리착지근하다
3. 들부드레하다
4. 몰칵몰칵하다

1) 고탑지근하다 : 조금 고리타분하다 / "여보게, 가만있게. 그 고탑지근한 한시는 재미없으니, 영시나 한 구 읊어 보세."『염상섭, 무화과』
2) 노리착지근하다(준말, 노리치근하다) : 노린 냄새가 조금 나는 듯하다 / 고기 굽는 냄새가 노리착지근하다 / 노리착지근한 개 그슬리는 냄새가 바람에 실려 새끼내 아이들의 코를 덮쳤다. 『문순태, 타오르는 강』
3) 들부드레하다 ≒ 달보드레하다 : 약간 들큼하다.
4) 몰칵몰칵하다 : 코를 찌를 듯이 심한 냄새가 자꾸 나는 듯하다.
정답은 단맛을 의미하는 3)번입니다.

오감(五感) 외에 육감(六感)이 있는데, 이는 분석적인 사고에 의하지 않고, 직관적으로 사태의 진상을 파악하는 정신작용을 말하며, 이치나 경험으로부터의 지적 판단을 통한 결론이 아니라 직감(直感)을 의미합니다.
미각의 분류는 나라에 따라 다르지만 우리나라에서는 쓴맛, 단맛, 신맛, 짠맛에 매운맛을 더해서 5미(五味)라고 하는 경우가 많고, 매운맛 대신에 '담백한 맛'을 더해서 오미(五味)라고 하기도 하며, 경우에 따라서는 '조미료 맛'까지 더해서 육미(六味)라 부르기도 합니다.

[094] 조선 영조 때의 학자 김천택이 편찬한 시조집 『청구영언』에는 "말하기 좋다 하고 남의 말 말을 것이, 남의 말 내 하면 남도 내 말 하는 것이, 말로써 말 많으니 말 말을까 하노라"라는 작자 미상의 시조가 수록되어 있습니다. 말을 함부로 하면 남에게 상처를 주지만, 결국은 자신도 상처를 받게 되지요. 다음 중 위 '말'과 관계없는 낱말을 골라 주세요.

1. 말갈망
2. 덧거리
3. 말벗김
4. 말휘갑

1) 말갈망 : 자기가 한 말(言)의 뒷수습 / 성질나는 대로 막말을 해 놓고 말갈망도 못한다.
2) 덧거리 : 사실에 보태어 없는 일을 덧붙여서 말(言)함. 또는 그렇게 덧붙이는 말(言) / 덧거리를 늘어놓다 / 공배네는 자식 잃은 아낙의 설움이 늘 가슴 밑바닥에 고여 있다가, 별것 아닌 덧거리 말에도 남모르게 속이 뒤집히곤 하였는데…. 『최명희, 혼불』
3) 말벗김 : 마름(지주를 대리하여 소작권을 관리하는 사람)이 소작인에게서 벼를 받을 때는 말(斗, 부피의 단위)을 후하게 되어서 받으면서 지주에게 줄 때에는 말을 박하게 되어 주어 그 나머지를 자기가 가로채는 짓.
4) 말휘갑 : 이리저리 말(言)을 잘 둘러맞추는 일 / 아마 이렇게 남의 말휘갑으로나마 여러 사람 앞에서 소리를 질러 본 것은 난생 처음이었을 것이다. 『송기숙, 암태도』

1, 2, 4)번의 경우 말(言)과 관련이 있지만, 3번은 한 말(斗), 두 말(斗) 곡식을 세는 단위입니다. 정답은 3)번입니다.

[095] 가족과 떨어져서 지방 근무를 하는 직장인들은 목요일인 오늘이 술 마시는 날이지요. 다음 중 술집과 직접 관련이 있는 낱말은 무엇일까요?

1. 조방꾼이
2. 불목하니
3. 더벅머리
4. 건깡깡이

1) 조방꾼이 : ① 오입(誤入)판에서, 남녀 사이의 일을 주선하고 잔심부름 따위를 하는 사람.
② 어린아이를 데리고 놀면서 보살피는 일을 하는 사람.
2) 불목하니 : 절(寺)에서 밥을 짓고 물을 긷는 일을 맡아서 하는 사람.
3) 더벅머리 : ① 터부룩한 머리털(을 가진 사람). ② 예전에, 웃음과 몸을 팔던 계집. 급이 삼패(三牌)*도 되지 못한 계집으로서 오늘날의 술집 여자나 갈보와 같은 여자 / 여삼이 알아본 것으로는 이곳에 적어도 논다니*, 더벅머리가 이십여 명이 넘었고, 이들은 사당패거나 기생 출신이 대부분이라는 것이었다. 『유현종, 들불』
  * 삼패(三牌) : 조선말 기생의 등급 중 최하급, 가무보다는 주로 매음을 하였음.
  * 논다니 : 웃음과 몸을 파는 여자를 속되게 이르는 말.
4) 건깡깡이(≒ 날탕) : ① 아무 기술이나 기구 따위가 없이 맨손으로 하는 일. 또는 그렇게 하는 사람. ② 아무 목표나 별다른 재주도 없이 건성건성 살아감. 또는 그렇게 살아가는 사람 / "저희끼리는 꿍꿍이속이 있으면서 벌써 천리만리 달아난 것을 우리는 건깡깡이로 이러지 않나?" 『염상섭, 무화과』

정답으로 3)번 고르겠습니다.

[096] 사람을 지칭하는 이름씨 중에서는 남여의 구분이 있는 경우도 많이 있습니다. 다음 낱말들은 모두 사람을 지칭하는 이름씨입니다. 여자에게 붙여서 부르기 어려운 낱말은?

1. 홍색짜리
2. 코머리
3. 사자어금니
4. 외대머리

1) 홍색짜리 : 큰 낭자(처녀)에 족두리를 갖추고 다홍치마를 입은, 갓 시집간 새색시를 이르는 말.
2) 코머리 : 고을 관아에 속한 기생의 우두머리 / 다방골에서 포도군관을 기둥서방으로 두고 있다는 코머리 기생집을 찾아갔다.『김주영, 객주』
3) 사자어금니 : 힘들여 하는 일에 없어서는 안 될 사람이나 물건을 비유적으로 이르는 말
4) 외대머리 : ① 정식 혼례를 하지 않고 쪽 찐 머리. 또는 그렇게 한 여자. ② 기생이나 몸을 파는 여자를 이르는 말 / 대불이가 집까지 가 보았더니, 본처의 모습은 보이지 아니하고, 외대머리 기생과 같이 살고 있었다.『문순태, 타오르는 강』

1, 2, 4)번의 경우, 전통적인 여자의 우리말 이름씨로 부를 수 있고, 3)번 사자어금니의 경우도 현대적인 성(性)역할의 측면에서는 여자에게도 사용할 수 있겠지만, 힘들여 하는 일이므로 남자의 전통적 성(性)역할상 이름씨로서 비교우위에 있다고 판단됩니다.
정답으로 3)번을 고르겠습니다.

[097] '고스톱'이 표준말로 등록되어 있는데, 고스톱의 일본어 '고도리(五鳥)'도 우리말 표준어로 등록되어 있더군요. 참으로 묘한 생각이 드는데, 원래 고유어 '고도리'는 '고등어 새끼 또는 조선시대 포도청에서 죄인의 목을 졸라 죽이는 사형집행자'라는 뜻을 가지고 있답니다.

같은 나이인 경우를 동갑이라고 하지요. 다음 낱말 중에서 한 살 차이가 나는 사람들의 관계를 일컫는 낱말을 골라 주세요.

1. 한동갑
2. 갑장
3. 아삼륙(二三六, ersanliu)
4. 자치동갑

1,2) '한동갑', '갑장'은 '동갑'과 같은 말인데, 여기서 갑(甲)은 '천간 : 갑을병정무기경신임계'에서 비롯된 말로 나이의 뜻으로 쓰인 것입니다.

3) '아삼륙'은 마작에서 쓰는 골패의 쌍진아, 쌍장삼, 쌍준륙의 세 쌍 이른바 쌍비연이라 하여 세 쌍의 끗수가 세 곱으로 치는 좋은 패라 합니다. 고스톱에 비유하면 고도리(매조 · 흑싸리 · 공산의 열 끗짜리 석 장으로 이루어지는 약) 정도에 해당하는데, 아삼륙은 바로 이 세 쌍의 패 끝 자를 딴 말로 단짝을 비유하거나 서로 호흡이 잘 맞을 때 아삼륙이라고 씁니다. 나이와는 아무 관계가 없습니다.

4) '자치동갑'은 "자칫하면 동갑이 될 뻔했다"는 데서 나온 말로 아래로 혹은 위로 한 살 차이가 나는 경우에 쓰입니다. 자치동갑과 같은 말로 '어깨동갑'이란 말도 있는데, 나이 차이가 적어 어깨 높이가 비슷한 동갑이란 뜻입니다.

정답은 4)번 선택합니다.

[098] '돌싱'의 '돌'은 '石'이 아니지요. '돌아온 싱글(single)'이랍니다. 다음 낱말들 중에서 '돌 또는 돌로 만든 물건'이 아닌 것은?

1. 벅수머리
2. 돌쩌귀
3. 쐐기돌
4. 가른돌

1) 벅수머리 : 돌하르방의 별칭인데, 단순히 '벅수'는 장승의 별칭입니다.
2) 돌쩌귀 : ① 공중에 띄우는 연(鳶)의 하나 / 방패연, 가오리연, 돌쩌귀연 등. ② 문짝을 문설주에 달아 여닫는 데 쓰는 두 개의 쇠붙이(= 문돌쩌귀)로 암짝은 문설주에, 수짝은 문짝에 박아 맞추어 꽂습니다 / 허술하게 박은 돌쩌귀가 떨어지면서 문은 덜커덕 열렸다.『심훈, 상록수』/ (관용구)돌쩌귀에 불이 난다 : 문을 자주 여닫는다는 뜻으로, 사람이 많이 드나듦을 비유적으로 이르는 말.
3) 쐐기돌 = 사춤돌 : 돌을 쌓아 올릴 때, 돌과 돌의 틈에 박아 돌리는 돌.
4) 가른돌 : 용도에 따라 여러 가지 모양으로 갈라놓은 돌.
정답은 2)번입니다.

돌과 관련하여 논어(論語)의 학이편(學而篇)에 절차탁마(切磋琢磨)라는 구절이 나옵니다. 옥이나 돌 따위를 갈고 닦아서 빛을 낸다는 뜻으로, 부지런히 학문과 덕행을 닦음을 이르는 말인데, 전북혁신도시로 이전한 농수산대학의 구내 다리 이름 중 하나가 '절차탁마교 / 切磋琢磨橋'입니다.

[099] 가수 최희준은 '그대는 나의 천국 그대는 나의 지옥, 사랑하는 내 마음은 빛과 그리고 그림자'라고 노래했는데 빛은 천국을, 그림자는 지옥을 비유하지요. 빛과 그림자 사이를 오락가락하는 마음이 오죽할까요.
다음 낱말들 중에서 빛 또는 색깔과 관계없는 낱말을 골라 주세요.

1. 갈맷빛
2. 노랑목
3. 해끔하다
4. 눌면하다

   1) 갈맷빛 : 짙은 초록빛 ≒ 갈매.
   2) 노랑목(= 노랑목소리) : 판소리 창법에서, 목청을 떨어 지나치게 꾸며 속되게 내는 목소리. 육자배기와 같은 일반 민요가락의 꾸밈이나 창법으로 쓰는 것인데, 명창들은 천한 소리라 하여 쓰지 않는다고 합니다.
   3) 해끔하다(≒ 희끔하다) : 산뜻하게 하얀 모양 / 귀틀집 칠팔 채가 있는 사당 마을에는 해끔하게 생긴 계집들이 산골 아낙답지 않게 고운 화장을 하고서…. 『황석영, 장길산』
   4) 눌면하다(≒ 놀면하다) : 보기 좋을 만큼 알맞게 누르스름하다 / 지짐을 눌면하게 지지다.
2)번 노랑목이 정답입니다.

판소리에서 네 가지 나쁜 소리를 사기(四忌)라고 하는데, 노랑목, 함성(含聲), 전성(轉聲)과 비성(鼻聲)을 말합니다.
'노랑목'은 긴장감이 없는 소리,
'함성'은 소리가 입 안에서만 울리고 입 밖으로 분명히 튀어나지 못하는 소리,
'전성'은 '발발성'이라고도 하는 떠는 소리를 이르며,
'비성'이란 콧소리를 말합니다.
이런 목소리는 후천적인 훈련에 의하여 고칠 수 있다고 합니다.

[**100**] 어느덧 100회까지 왔네요. 그 동안 열심히 참여하고 격려해 주신 여러분께 감사드립니다. 다음 낱말들 중에서 '100'을 의미하지 않는 낱말을 골라 주세요.

1. 온
2. 망백(望百)
3. 기이(期頤)
4. 세기(世紀)

1) 온 : 백(百)의 옛말이지만, 지금도 쓰입니다. 국군의 헬기 '수리온'은 독수리의 '수리'와 '온'을 합쳐서 만든 말이며, 온갖, 온 누리, 온 세상 등에 흔적이 남아 있습니다.
   ※ 1은 '하나', 10은 '열', 100은 '온', 1,000은 '즈믄', 10,000은 '골', 억은 '잘', 조는 '울' ⇒ 그러니 102는 온둘, 이천은 '두즈믄', 삼억은 '세잘'입니다.
   ※ '골'은 정몽주 시대에도 '이 몸이 죽고 죽어 골백번 고쳐 죽어…'처럼 사용되었습니다. '골백번'을 사전에서 찾아보면 '여러 번'을 강조하거나 속되게 이르는 말이라고 나와 있지만, 골백번이 정확하게 몇 번인지를 계산하면 백만 번(10,000×100, 골×백)입니다.
2) 망백(望百) : 백(百)을 바라본다는 뜻으로, 나이 아흔한 살을 이르는 말.
3) 기이(期頤) : 백 살의 나이
4) 세기(世紀) : 백 년을 단위로 하는 기간.
정답은 91살을 의미하는 2)번 '망백'입니다.

[101] "땡전 한 푼도 없다"라는 말이 있지요. "돈이 전혀 없다"라는 뜻인데, "쇠천(小錢) 반 푼도 없다" 또는 "샐닢도* 없다"라는 말이 예전에 쓰였던 것 같습니다. '쇠(鐵)'와 '소(牛)' 뿐만 아니라 '쇠'는 여러 가지 의미를 표현하는 글자입니다. 다음 낱말 안의 '쇠'들 중에서 금속 '쇠'를 의미하는 것은?
1. 발쇠
2. 쇠구들
3. 쇠두겁
4. 쇠심떠깨

* '샐닢'은 '쇠천 반 푼'과 같은 의미로 '매우 적은 액수의 돈'을 이르는 말 / 주모는 우리가 샐닢도 없는 수무푼전이라는* 걸 알면 아마 박대를 할 것이다 / 저 사는 대로 들쳐 입고 나와서 샐닢 한 푼 선술 한잔에…. 『이문구, 산 너머 남촌』
* 수무푼전(手無分錢) : 손에 푼돈도 없다.
1) 발쇠 : 남의 비밀을 캐내어 다른 사람에게 넌지시 알려 주는 짓 / 그 사람은 이곳저곳 돌아다니면서 발쇠나 일삼는 사람이라 믿을 수 없다 / 저 놈의 짐승이 우리 내막을 그 죽일 놈들한테 발쇠 섰단* 말인가? 『한무숙, 돌』
   * 발쇠(를) 서다 : 남의 비밀을 캐내어 다른 사람에게 넌지시 알려 주다.
2) 쇠구들 : 고래(방고래)가 막히어 불을 때도 덥지 아니한 방.
3) 쇠두겁 : 쇠(鐵)로 만든 두겁(가늘고 긴 물건의 끝에 씌우는 물건) / 지팡이의 끝에 쇠두겁을 씌우다.
   * 두겁 : 가늘고 긴 물건의 끝에 씌우는 물건 / 수성 펜의 두겁.
4) 쇠심떠깨 : 힘줄이 섞여 있어 질긴 쇠고기.
정답은 3)번입니다.

[102] "털도 없이 부얼부얼한 체한다"라는 속담이 있습니다. 귀염성도 없으면서 귀염을 받으려고 아양을 부리는 모양을 비유적으로 이르는 말이지요. 이 때 "부얼부얼하다"는 "살이 찌거나 털이 복슬복슬하여 탐스럽고 복스럽다"는 뜻입니다.
다음 낱말들 중에서 동물의 '털'이나 '깃'을 뜻하지 않는 것을 골라 주세요.

1. 부등깃
2. 고깃깃
3. 갈기
4. 치렛깃

   1) 부등깃 : 갓 태어난 어린 새의 다 자라지 못한 약한 깃.
   2) 고깃깃 : 물고기를 많이 모이게 하기 위하여 물속에 넣어 두는, 잎이 무성한 나뭇가지나 풀 포기 따위.
   3) 갈기 : 말이나 사자 따위의 목덜미에 난 긴 털.
   4) 치렛깃 : 조류 따위에서 날기 위하여 붙어 있기보다는 몸치장을 위하여 붙어 있는 아름다운 깃. '장식깃'이라고도 합니다.
   정답은 2)번입니다.

[103] 따뜻한 봄날이 온 것 같습니다. 한식(寒食)에는 불을 때지 않는 풍습이 있어서 미리 해둔 찬 음식을 먹었지요.
다음 [ ] 안의 낱말들 중에서 띄어쓰기가 잘못된 것 두 개를 골라 주세요.

1. [더운밥] 한 그릇
2. [데운밥] 한 그릇
3. [찬밥] 한 그릇
4. [식은밥] 한 그릇

   1) '더운밥', '더운물'은 붙여서 쓰고 한 낱말입니다.
   2) '데운 밥', '데운 물'은 띄어 써야 바릅니다.
   3) '찬밥'과 '찬물'은 붙여 쓰고.
   4) '식은 밥'과 '식은 물'은 띄어 써야 바릅니다.
   1)번과 3)번이 바르고, 2)번과 4)번이 바르지 않습니다.

[104] 사람을 판단하는 기준이 옛날에는 신언서판(身言書判)이었지요. 요즈음은 무엇이 기준이 될까요? 귀하께서 누군가를 채용해야 할 때 꼭 피해야 할 사람이 있다면 누구일까요?

1. 가리사니가 있는 사람
2. 드레가 있는 사람
3. 개맹이가 있는 사람
4. 사날이 있는 사람

  1) 가리사니 : 사물을 판단할 만한 지각(知覺) / 가리사니가 서다 / 일이 복잡하게 얽히고설키어 가리사니를 잡을 수 없다. (준말)가리산.
  2) 드레 : 인격적으로 점잖은 무게 / 어린 사람이 퍽 드레가 있어 보인다 / 권세도 좋고 돈도 좋지마는 아무리 드레 없는 뱃놈이라도 무슨 영금을* 보건 눈썹 한 터럭 까딱 안 할 테니까. 『이문구, 해벽』
      * 영금 : 따끔하게 당하는 곤욕.
      * 영금을 보다 : 따끔한 곤욕을 당하다.
  3) 개맹이 : 똘똘한 기운이나 정신 / 개맹이 없는* 얼굴 / 서거칠의 말에 장 십장은 한동안 말없이 초막의 천장만을 개맹이가 풀린 눈으로 쳐다보고 있었다. 『문순태, 타오르는 강』
      * 예문은 약간 억지스럽게 '개맹이가 있는 사람'이라고 표현하였으나, 보통은 부정의 의미로만 사용됩니다.
  4) 사날 : 제멋대로만 하는 태도.
  누구나 4)번의 사람은 채용하고 싶지는 않을 것 같네요.

  신언서판(身言書判) : 중국 당나라 때에 관리를 선출하던 네 가지 표준. 즉 체모(體貌)의 풍위(豊偉), 언사(言辭)의 변정(辯正), 해법(楷法)의 준미(遵美), 문리(文理)의 우장(優長)을 이르는데, 쉽게 풀이하면 신수(용모와 풍채 또는 얼굴에 나타난 건강 색), 말씨, 문필, 판단력의 네 가지를 말합니다. 오늘날도 좋은 기준이 될 것입니다.

[105] 남이 잘못된 것을 보고 속으로 웃을 때도 있지요. 다음 말을 하는 사람 중에서 누가 그럴까요?

1. 그런 황당한 일을 당했다니 참으로 쟁글쟁글하다.
2. 그 몰골의 추레함을 보니 참으로 자닝스러웠다.
3. 일한 만큼 돈을 못 받고 보니 신청부같았다.
4. 어정뜨기는 칠팔월 개구리 같구나.

1) 쟁글쟁글하다 : ① 보거나 만지기에 소름이 끼칠 정도로 매우 흉하거나 끔찍하다(이 경우는 '징글징글하다'와 같은 뜻입니다) / 구더기가 잔뜩 들러붙은 모습이 쟁글쟁글하다. ② 미운 사람의 실수를 보아 아주 고소하다.
2) 자닝스럽다 : 애처롭고 불쌍하여 차마 보기 어려운 데가 있다 / 그 몰골의 추레함이란 차마 자닝스러워서 보다가 못 볼 지경이었다.『이문구, 산 너머 남촌』.
3) 신청부같다 : ① 근심 걱정이 너무 많아서 사소한 일을 돌아볼 여유가 없다. ② 사물이 너무 적거나 모자라서 마음에 차지 아니하다 / 돈이 적다고 신청부같게 여기지 말기 바랍니다.
4) 어정뜨다 : ① 마땅히 해야 할 일을 제대로 하지 않아 탐탁하지 않거나 태도가 분명하지 아니하다. ② 이쪽도 저쪽도 아니고 어중간하다 / 술집 색시도 아니고 그렇다고 여염집 처녀도 아닌 어정뜬 모습으로 탈바꿈했다.『윤흥길, 완장』.

정답은 1)번입니다.

※ (속담)어정뜨기는 칠팔월 개구리 : 태도가 엉성하고 덤벙거리기가 마치 음력 칠팔월경의 개구리 같다는 뜻으로, 몹시 어정뜨다는 말.
※ '어정칠월'이라는 말이 있는데, 음력 7월은 농사일이 바쁘지도 않고 한가하지도 않아 어찌어찌 하다가 그대로 지나가 버리는 달이라는 뜻입니다.

[106] '헤살'이라는 우리말이 있습니다. 다음 각 지문 중에서 '헤살'의 뜻이 나머지 셋과 다른 것을 골라 주세요.
1. 큰일을 앞에 두고 엉뚱한 불상사가 일어나면 큰일에 헤살이 될 것 같소. 『송기숙, 녹두 장군』
2. 남이 바꿈질하려는데* 왜들 나서서 헤살을 놓소. 『홍명희, 임꺽정』
3. 호수는 구름의 헤살에 울상이 된 얼레달이* 가여운 듯 흐린 연빛의 낯색을 짓고 어스름 달빛 속에 조용히 침묵을 지키고 있었다. 『변희근, 뜨거운 심장』
4. 기폭처럼* 날리는 커튼이 높이 뛰어올라, 선반에 얹힌 인형들의 발목이나 허리며 어깨 언저리에서 헤살 짓고 있다. 『최인훈, 가면고』

'헤살'의 의미는 ① 일을 짓궂게 훼방함, 또는 그런 짓. ② 물 따위를 젓거나 하여 흩뜨림, 또는 그런 짓의 두 가지입니다.
  * 바꿈질 : 물건과 물건을 바꾸는 일(물물교환).
  * 얼레달 : 반달.
  * 기폭(旗幅) : 깃발.
1) … 큰일에 헤살(훼방)이 될 것 같소.
2) … 왜들 나서서 헤살(훼방)을 놓소.
3) 호수는 구름의 헤살에(구름이 가려서)….
4) … 어깨 언저리에서 헤살 짓고(흩뜨리고) 있다.
4)번은 커튼이 바람에 휘날려 여러 인형들의 이곳저곳을 건드려 흩뜨리고 있다는 의미로 해석하여야 할 것이라고 생각됩니다.
4)번이 정답입니다.

[107] 오늘은 장애인을 한 번 더 생각해 보는 날입니다. 다음 여러 사람들 중에서 불쌍해서 도와주고 싶은 사람이 있나요? 한 사람만 골라 주세요.
1. 들마에만 가게에 들르는 사람
2. 마을 들머리 길을 잡지 않고 우회하는 사람

3. 늘 들무새하는 사람

4. 들피진 사람

5. 들메하고 걷는 사람

1) 들마 : 가게가 문을 닫을 무렵 / 들마에 손님들이 몰려왔다.
2) 들머리(= 들목) : 들어가는 맨 첫머리 / 동네 들머리 / 겨울 들머리.
3) 들무새 : 남의 막일을 힘껏 도움.
4) 들피지다 : 굶주려서 몸이 여위고 쇠약해지다 / 한 육십쯤 되었을까 허리가 구붓하고 들피진 얼굴에 좀 병신스러운 촌뜨기가 하루를 군복을 벗고 몸을 검사시키는데 유달리 몹시 떤다. 『김유정, 금』
5) 들메하다(= 들메다) : 신이 벗겨지지 않도록 발과 신을 끈으로 묶다 / 신발을 걱정할 필요가 없었는데 일이 이렇게 되고 나니 날 굵고 돌기총* 튼튼한 짚신과 들메할 만한 노끈 한 뼘이 아쉬워진 것이었다. 『이문구, 오자룡』

※ 들메 : 신이 벗어지지 않도록 신을 발에 동여매는 끈. 또는 그렇게 동여매는 일 / 그는 들메를 바짝 죄고 나서 걸음을 빨리했다. 『문순태, 타오르는 강』 / 미투리를 거꾸로 신고 발에서 벗겨지지 않도록 들메를 단단히 매고 두덩에서 일어설 때…. 『홍명희, 임꺽정』
* 돌기총 : 짚신이나 미투리의 허리 양편에 엄지총*을 당기어 맨 굵은 총* / 신은 지난번하고 같이 총은 돌기총 말고 엄지총까지 합쳐서 한쪽이 15개 이상 되어야 하고 뒷갱기는* 신날이* 안 보여야 해요. 『송기숙, 녹두 장군』
* 엄지총 : 짚신이나 미투리의 맨 앞 양편으로 굵게 박은 낱낱의 울* / 형님 짚신 삼아 놓은 것이 있으면 한 켤레 주시오. 멀쩡한 신이 엄지총이 나가 버렸소. 『송기숙, 암태도』
* 울(= 신울) : 신발의 양쪽 가에 댄, 발등까지 올라오는 울타리.
* 총 : 짚신이나 미투리 따위의 앞쪽의 양편쪽으로 운두를 이루는 낱낱의 신울.
* 뒷갱기 : 칡 껍질이나 헝겊 따위로 짚신이나 미투리의 도갱이를* 감아서 쌈. 또는 그 재료.
* 도갱이 : 짚신이나 미투리의 뒤축에서 돌기총까지 이어진 줄 / 들창코가 짚신 도갱이를 감아올려 가던 손을 멈추고 물었다. 『송기숙, 녹두 장군』 * 신날 : 짚신이나 미투리 바닥에 세로 놓은 날. 네 가닥이나 여섯 가닥으로 하여 삼는다 / 신날을 꼬다 / 어찌나 모질게 비벼 꼬는지 질긴 억새 속대가 섞인 신날이 당장 바스러질 것만 같았다. 『현기영, 변방에 우짖는 새』 굶주려서 몸이 여위고 쇠약해진 사람을 우선 고려하는 것이 인지상정이지만, 물건 값이 싸지거나 떨이로 파는 시간대에만 가게에 들르는 사람도 도와주고 싶고, 늘 들무새하는 사람에게도 마음이 갑니다. 정답은 없습니다. 고르신 것이 정답입니다.

[108] 비가 줄기차게 내리네요. 곡우답습니다. 비를 맞으면 옷이 후줄근해지는데, 다음 중 옷의 상태를 설명하는 낱말로 적당치 않은 것을 골라 주세요.

1. 설명하다
2. 터분하다
3. 휘주근하다
4. 희치희치하다

  2) '터분하다'는 '타분하다'의 큰말(표현상 크고, 어둡고, 무겁게 느껴지는 말)에 해당되며, 입맛, 음식 맛, 날씨, 기분에 관한 형용사로서, 음식의 맛과 관련될 때는 뭔가 산뜻하지 않은 맛을 표현합니다.
  1, 3, 4)의 '설명하다'는 헐렁하면서 짧은 옷을 입은 모습, '휘주근하다'는 '후줄근하다'와 거의 같은 말, '희치희치하다'는 옷이나 천에 메어지는 등의 흠이 보인다는 의미로서 모두 옷의 상태를 표현할 수 있습니다.

[109] 4월 20일 전국 이곳저곳에서 첫 모내기를 했다는 뉴스가 있었습니다. 제 철보다 일찍 심는 모를 '올모'라고 하고 하지가 지나 늦게 심는 모는 '늦모'라 합니다.
다음 중에서 [뒷방 처녀], [죽은 중], [아궁 앞의 부지깽이] 등의 표현이 공통적으로 의미하는 낱말을 골라 주세요.

1. 거적모
2. 마냥모
3. 이른모
4. 정자모

  1) 거적모 : 거적모판에서* 가꾸어 기른 모.
    * 거적모판 : 거적으로 덮개를 한 모판.
    * 거적 : 짚을 두툼하게 엮거나, 새끼로 날을 하여 짚으로 쳐서 자리처럼 만든 물건. 허드레

로 자리처럼 쓰기도 하며, 한데에* 쌓은 물건을 덮기도 한다.

　＊한데 : (집의) 바깥, 밖.

2) '마냥모'는 '늦모내기'와 같은 말이며, '만이앙모(晩移秧-)'가 변화한 형태입니다. "마냥모 판에는 뒷방 처녀도 나선다", "늦모내기에 죽은 중도 꿈쩍거린다", "늦모내기 때에는 아궁 앞의 부지깽이도 뛴다"라는 속담이 있는데, 모두 마냥모 때엔 급하고 바빠서 어떤 일손이든 나서서 일해야 한다는 뜻입니다.

3) 이른모(= 올모) : 제철보다 일찍 내는 모. '이른모'를 심는 것은 '이른 모내기'라고 띄어 써야 하는데, '늦모'를 심는 것은 '이른 모내기'처럼 띄어 쓰는 것이 아니라 '늦모내기'라고 붙여 써야 한답니다. 무지 어렵죠?

4) 정자모 : 산골 논에 듬성듬성 심은 모.

정답은 2)번 마냥모입니다.

[110] "단술 먹은 여드레만에 취한다", "작년에 고인 눈물 금년에 떨어진다"라는 속담이 있습니다. 어떤 일을 한 영향이나 효과가 오랜 시간이 지나야 나타나는 현상을 말합니다. 우리말 공부도 그런 것 같습니다.

다음 중 "어떠한 물건이 흔하게 있을 듯하거나, 어떤 일이 당연히 쉽게 이루어져 있을 것으로 생각되지만, 실상을 보니 의외로 그렇지 않더라"라는 의미로서 적당치 않은 속담은?

1. 대장 집에 식칼이 논다.
2. 미장이 집 구들 빠진 게 삼 년 간다.
3. 도끼가 제 자루 못 깎는다.
4. 짚신장이 헌 신 신는다.

　1, 2, 4)번은 문제의 설명문과 같은 뜻입니다.
　3)번 "도끼가 제 자루 못 깎는다"가 정답입니다. "중이 제 머리 못 깎는다"와 같이 "제 손으로 제 일을 처리하지 못함, 또는 자신이 자신의 허물을 고치기 어렵다"는 것을 비유하는 속담입니다.

[111] 매월 마지막 수요일은 '문화가 있는 날'이라서 이런저런 문화 관련 할인 행사가 있습니다. 오늘 저녁 한 번 참여해 보시지요.
다음 명제들 중에서 '참'인 것을 골라 주세요.
1. '할인'은 '덜이'로 순화하여 쓸 수 없다.
2. '더덜이'는 더 많이 할인하는 것을 말한다.
3. 상인이 받을 값보다 더 많은 값을 부르는 일은 '에누리'라고 할 수 없다.
4. 실제보다 더 보태거나 깎아서 말하는 것도 '에누리'라고 할 수 있다.

할인(割引)은 말 그대로 감액(減額)의 의미를 갖고 있으나, '에누리'는 보통 감액의 경우에 사용하지만 받을 값보다 더 많이 부르는 때도 사용할 수 있습니다.

1) 할인은 '덜이(일정한 값에서 얼마를 뺌)'로 순화하여 쓸 수 있습니다.
2) '더덜이'는 '더함과 덜함'이라는 뜻입니다 / 한 치의 더덜이도 없이 딱 맞다.
3, 4) '에누리'는
① 물건 값을 받을 값보다 더 많이 부르는 일. 또는 그 물건값 / 토지는 극히 비옥하여 물산이 풍부하고 인심은 상해와는 딴판으로 순후하여 상점에 에누리가 없고 고객이 물건을 잊고 가면 잘 두었다가 주었다. 『김구, 백범일지』
② 값을 깎는 일 / 옷감은 키 큰 사람의 것보다 절반쯤밖에 아니 들 터인데, 값은 언제든지 전액에서 일분의* 에누리도 없다. 『이희승, 벙어리 냉가슴』
  * 일분(一分) : 사소한 부분, 또는 아주 적은 양. / 아이가 울먹이면서 말하는 것을 보니 일분도 거짓이 없어 보였다.
③ 실제보다 더 보태거나 깎아서 말하는 일 / 그의 말에는 에누리도 섞여 있다 / 정말 소중한 얘기는 그렇게 아무한테나 쏟아 놓지 않는 법이야. 설사 하더라도 에누리를 두는 법이지. 『최인훈, 광장』
④ 용서하거나 사정을 보아주는 일 / 일 년 열두 달도 다 사람이 만든 거고 노래도 다 사람이 만든 건데 에누리 없이 사는 사람 있던가? 『박경리, 토지』
등 네 가지 의미를 가진 낱말입니다.
정답은 4)번입니다.

[112] 오늘은 충무공 이순신 장군께서 태어나신 날. 우국충정(憂國衷情)이 어떤 것인지 다시 생각해 보고 싶은 날입니다. 다음 문장들 중에서 '태어난 날'과 관련한 [ ] 안의 낱말이 어법상 틀린 것은?

1. 음력 7월 25일은 고종의 [탄신일]이다.

2. 4월 28일은 [충무공이순신탄신일]이다.

3. 오늘은 나의 [생일날]이다.

4. 내일은 아버지의 [생신]이다.

 1) 탄신 : 임금이나 성인이 태어난 날. '탄신일'은 '날 신(辰)'과 '날 일(日)'이 겹쳐서, '역전앞'과 같은 형태이니 표준말이 아닙니다.
 2) 국가가 정한 기념일인 '석가탄신일'이나 '충무공이순신탄신일' 등은 고유명사로서 표준말과 관계없이 쓸 수 있습니다. 단 고유명사가 아닐 경우, 예를 들어서 "28일 서울 중구 한옥마을에서 중구청이 '충무공 탄신 471주년 기념 다례식'을 개최하고 있다"와 같은 경우는 단어마다 띄어 써야 하고, [탄신일]이 아니라 [탄신]으로 쓰는 것이 옳습니다.
 3) 생일날(= 생일) : 태어난 날. '생일날'은 '탄신일'이나 '역전앞'과는 달리 일상생활에서 너무나 굳어져서 사용되는 관계로 '생일'과 함께 표준말로 인정되었습니다.
 4) 생신 : 생일의 높임말. '생일날'과는 달리 '생신날'은 표준말이 아닙니다.
 따라서 1)번 '고종의 탄신일이다'는 '고종의 탄신이다'로 써야 합니다.

[113] "오늘 4월 29일은 내가 윤봉길 군을 죽을 곳에 보내던 날이오. 또 지금이 바로 그 시각이오. 상하이 훙커우 공원에서 폭탄을 던져 시로카와 대장을 죽이던 그날의 의사 봉길군이 나와 시계를 바꿔 차고 떠나던 날이오"
(김구 선생 말씀中)

윤봉길 의사가 '상하이 의거' 이틀 전 거사장소를 답사한 뒤 어린 두 아들 모순(模淳)과 담(淡)에게 유언으로 남긴 시(詩)가 있습니다.

— 襁褓(강보)에 싸인 두 兵丁(병정)에게 —

너희도 万一(만일) 피가 있고 뼈가 있다면

반드시 朝鮮(조선)을 위해 勇敢(용감)한 鬪士(투사)가 되어라.

太極(태극)의 旗(기)발을 높이 드날리고

나의 빈 무덤 앞에 찾아와 한 잔 술을 부어 놓아라….

'빈 무덤'을 한 번 상상해 보시지요. 다음 [ ] 안의 낱말이나 관용구가 '삶과 죽음'을 의미한다고 보기 어려운 것은?

1. 고산 식물의 [죽살이]
2. 6.25 때 납치당한 부친의 [존망(存亡)]
3. 이 일은 [죽기 살기로] 하지 않으면 안 된다.
4. [죽기 살기는] 시왕전에 매였다.(속담)

   1, 2) 죽살이 = 생사 = 생사존망 = 존망 = 사활 = 존멸 = 존몰은 모두가 같은 말입니다.
   3) [죽기 살기로]는 죽기를 각오할 정도로 굳은 의지의 강조적 표현으로서 생과 사를 의미하지는 않습니다.
   4) [죽기 살기는]은 죽는 것과 사는 것은 염라대왕을 비롯한 저승의 시왕한테* 달렸다는 뜻으로, 죽고 사는 것을 사람이 마음대로 하지 못함을 이르는 말이라고 하겠습니다.
     * 시왕(十王) : 불교 용어로서, 저승에서 죽은 사람을 재판하는 열 명의 대왕을 말합니다. 진광왕, 초강대왕, 송제대왕, 오관대왕, 염라대왕, 변성대왕, 태산대왕, 평등왕, 도시대왕, 전륜대왕이 그들입니다.
정답은 3)번입니다.

[114] 계절의 여왕이 납시었습니다. 김영랑의 시 〈오월〉을 감상해보시지요

들길은 마을에 들자 붉어지고

마을 골목은 들로 내려서자 푸르러졌다.

바람은 넘실 천이랑 만이랑

이랑 이랑 햇빛이 갈라지고

보리도 허리통이 부끄럽게 드러났다.

꾀꼬리는 엽태 혼자 날아볼 줄 모르나니

암컷이라 쫓길 뿐

수놈이라 쫓을 뿐

황금빛 난 길이 어지럴 뿐

얇은 단장하고 아양 가득 차 있는

산봉우리야, 오늘밤 너 어디로 가버리련.

시어를 놓고 표준어나 어법을 따지면 바보지요. 그저 그냥 어법상 바르지 않은 단어 하나 골라보실까요?

1. 허리통
2. 엽태
3. 오늘밤
4. 가버리련

1) 허리통 : 허리의 둘레 / 옷이 작아 허리통이 다 드러난다 / 귀덕이는 허리통에다 젖줄 물던 힘을 다 주고는 해파리를 이고 일어선다. 『천승세. 낙월도』
2) '엽태'는 '여태'의 방언. 여태 = 여태까지.
3) '오늘밤'은 '오늘 밤'으로 띄어 써야 합니다.
   ※ 붙여 쓰는 '어젯밤'과는 다릅니다. 왜 그런지는 모르겠네요.
4) '버리다'는 '앞말이 나타내는 행동이 이미 끝났음을 나타내는 보조동사'로서 동사 뒤에서 '-어 버리다'의 형태로 쓰이므로, '가버리련'은 '가 버리련'으로 써야 하며, '~련'이라는 의문형 어미는 '-려고 하느냐'가 줄어든 말입니다.

정답은 2, 3, 4)번 중에 하나 고르셨겠지요?

[115] 어젯밤부터 '바람과 함께 몰아치는 비'인 '바람비'가 많이 옵니다. '비바람'이라고 할 때는 '비와 바람'이라는 뜻도 있지만 '비가 내릴 때 불어오는 바람'을 의미하기도 합니다.
다음 중에서 '호랑이가 시집갈 때 내리는 비'를 의미하는 것은?
1. 목비
2. 못비
3. 여우비
4. 작달비
5. 보름치
6. 악수

볕이 나 있는 날 잠깐 오다가 그치는 비를 '여우비'라고 하는데, 여우의 행동처럼 금방 나타났다가 어느새 사라지기 때문이라는 설, 또는 '여원(점점 작아지거나 어렴풋해지는) 비'라는 설이 있습니다.
1) 목비 : 모낼 무렵에 한목* 오는 비
　*한목 : 한꺼번에 몰아서 함을 나타내는 말. '한목'은 명사이므로 '한목에'라고 해도 됩니다.
2) 못비 : 모를 다 낼 만큼 충분히 오는 비.
3) 여우비 : 볕이 나 있는 날 잠깐 오다가 그치는 비.
4) 작달비(≒ 장대비) : 장대처럼 굵고 거세게 좍좍 내리는 비.
5) 보름치 : 음력 보름께에 비나 눈이 오는 날씨 또는 그 비나 눈.
6) 악수(= 억수) : 퍼붓듯이 세게 내리는 비.
정답은 3)번 여우비. 여우가 시집갈 때 내리는 비라고도 하더군요.

[116] 어릴 적이 생각납니다. 이맘때 오늘처럼 좋은 날씨에는 딱지치기하기에 참 좋은 시기인데, 경상도에서는 '때기치기'라고도 한다지요. 땅문서로 딱지 접었다가 혼났다는 분도 계시더군요. 다음 중에서 전국적으로 가장 널리 행해지던 딱지치기 방식은 무엇일까요? 딱지도 여러 종류, 딱지치기도 여러 종류가 있는데, 딱지치기 못 해보신 분들께는 죄송합니다. 오늘은

표준말 같은 어법은 따지지 마세요.
1. 침발라먹기
2. 파파먹기
3. 넘겨먹기
4. 붙여먹기

딱지 한 장 따면 너무 즐거워했고, 잘 뒤집어지지 않는 딱지를 접기 위해 애쓰던 어린 시절이 생각납니다. 가장 일반적 딱지치기 방식인 '3번' 넘겨먹기에 저도 한 표 던집니다.

[117] 모로코 카사블랑카 모하메드5세 공항에 도착하니, 브리지(bridge)가 아니라 사다리를 대고 내려서 버스로 이동하더군요. 우리도 얼마 전까지 그랬었죠. 비행기를 탔는데 사다리를 치우더라. 이와 어울리는 사자성어를 골라 주세요.
1. 등교기봉(騰蛟起鳳)
2. 등루거제(登樓去梯)
3. 등고자비(登高自卑)
4. 등산임수(登山臨水)

'카사블랑카'는 영화와 노래 때문인지 낭만과 신비로움이 많은 도시로 첫 이미지가 형성됩니다만, 카사블랑카에 가 보면 하얀 집이 많다는 것 외에 별것 없다는 생각이 들기도 합니다. bridge의 외래어 표기는 '브릿지'가 아니라 '브리지'입니다.
1) 등교기봉 : 뛰어오르는 교룡(蛟龍)과 날아오르는 봉황이라는 뜻으로, 재능이 뛰어남을 비유.
2) 등루거제 : 다락에 오르게 하고 사다리를 치운다는 뜻으로, 사람을 꾀어서 어려운 처지에 빠지게 함을 비유.
3) 등고자비 : 지위가 높아질수록 자신을 낮춤.
4) 등산임수 : 산에 오르기도 하고 물에 가기도 함. 명산대천 유람을 의미합니다.
정답은 2)번입니다.

[118] 모로코에 온 김에 서사하라를 보고 싶은데, 시간이 그럴 만한 여유를 주지 않네요. 아쉽지만, '모래' 문제로 대신합니다.
다음 중 모래가 아닌 것은?

1. 불모래

2. 먹새

3. 평형모래

4. 목새

 1) 불모래 : 햇볕이나 그 밖의 다른 열을 받아 뜨겁게 단 모래.
 2) 먹새 : 검거나 거무스름한 모래 / 위쪽으로 쳐들린 함지 바닥에는 하얀 시새와* 먹새가 깔린 틈으로 마치 밤하늘에 별 박히듯 노란 금싸라기가 군데군데 깔리었다.『이기영, 신개지』
    * 시새(= 모새) : 가늘고 고운 모래.
 3) 평형모래(= 귓돌) : 척추동물의 속귀에 있는 석회질의 단단한 물질로서 몸의 평형을 알 수 있는 기관.
 4) 목새 : 물결에 밀리어 한곳에 쌓인 보드라운 모래.
    "목새의 모래들은 토건업자들 손에 바닥난 지 오래였고….『이문구, 해벽』"라는 표현에서, '목새'는 '물결에 밀린 모래가 한곳에 쌓여있는 자리'를 의미하기 위하여 쓴 것으로 보이나, '목새'는 '모래'를 의미하므로 어법상으로는 용인하기 어려울 것 같습니다.
 정답은 3)번 평형모래입니다.

[119] 어느 자리, 어느 모임에서나, 심지어는 국제회의에서조차도 혼자서만 말을 많이 하려는 사람들이 있지요.
다음 [ ] 안 낱말이 의미하는 취지가 나머지 셋과 다른 것은?

1. 그는 회의 시간 내내 [떠죽떠죽했다].

2. 혼자서만 [떠죽이는] 사람을 만나면 늘 기분이 좋지 않다.

3. 자꾸 사양하면서 [떠죽거리는] 것은 예의가 아닌 경우가 많다.

4. 나는 [떠죽대는] 사람보다 귀가 막힌 사람이 더 싫다.

'떠죽떠죽하다 = 떠죽이다 = 떠죽거리다 = 떠죽대다'는 모두 같은 뜻입니다.
① 잘난 체하며 자꾸 지껄이다, ② 싫은 체하며 자꾸 사양하다 두가지 뜻이 있는데, 문맥상 1, 2, 4)번은 전자의 의미이므로, 후자의 의미인 3)번이 정답입니다.

[120] 등이 가려울 때 짝꿍이 없으면 등긁이를 사용해야 하지요. 다음 중에서 위 '등'과 관계없는 것은?

1. 등거리
2. 등허리
3. 등토시
4. 등마루

1) 등거리 : 등만 덮을 만하게 걸쳐 입는 홑옷으로, 베나 무명으로 깃이 없고 소매가 짧거나 없음 / 땀에 젖은 베 등거리를 벗어 문지방에 걸치더니 다시 울 뒤 개천으로 어슬렁어슬렁 돌아가 버렸다. 『유주현, 태양의 유산』
2) 등허리 : ① 등의 허리 쪽 부분 / 그는 운동을 하고 나서 몸이 아픈지 등허리를 주물렀다. ② 등과 허리를 아울러 이르는 말 / 그는 따뜻한 아랫목에 등허리를 대고 누웠다.
3) 등토시 : 등(藤)의 줄기를 가늘게 쪼개어 엮어 만든 토시 / 초여는 등토시를 끼고 열두 새* 모시 적삼 소매 나부끼며 부채질을 했고…. 『이문구, 오자룡』
　＊새 : 의존명사로서 피륙의 날을 세는 단위를 말한다. 한 새는 날실 여든 올이다.
4) 등마루 : ① 척추뼈가 있는 두두룩하게 줄진 곳 / 별들이 그의 야윈 등마루를 근심스럽게 내려다보고 있었다. 『장용학, 비인 탄생』 ② 산이나 파도 따위의 두두룩한 부분 / 노인은 등마루에 앉아 마을을 내려다보았다 / 현보는 순이를 보고 히쭉 마주 웃고 나서, 눈을 비비며 집 뒤 등마루로 올라간다. 『정비석, 성황당』
3)번의 '등'은 '등나무'를 일컬음(정답).

[121] 시간은 누군가에게는 순식간에 지나가고, 누군가에게는 억겁처럼 느껴진다지요. 두 경우 모두 정상은 아니라고 생각합니다. 평온한 마음으로 살아가려는 노력이 필요하겠지요. 손가락을 튕기는 시간과 눈을 한 번 깜박이는 시간은 어느 경우가 긴 시간일까요?

다음 중에서 가장 짧은 시간을 골라 주세요.

1. 순식간
2. 한순간
3. 일순간
4. 경각
5. 탄지(경)
6. 찰나
7. 겁
8. 억겁

1, 2, 3, 4) 순식간 = 한순간 = 일순간 = 경각 : 눈을 한 번 깜짝하거나 숨을 한 번 쉴 만한 아주 짧은 동안의 시간을 말함(숨을 한 번 쉬는 시간이 더 길 것이라고 생각되지만, 사전에서는 같은 개념, 즉 '아주 짧은 시간'을 표현하는 낱말로 봄).

5) 탄지(경) : 불교에서 말하는, 손가락을 튕길 동안의 아주 짧은 시간.

6) 찰나 : 어떤 일이나 사물 현상이 일어나는 바로 그때를 말하며, 불교에서는 탄지경(彈指頃)의 10분의 1이 되는 시간을 말하고, 계산하면 75분의 1초라고도 함.

7) 겁 : 불교에서는 가로, 세로, 높이 각 100m의 바위를 100년에 한 번씩 스치고 지나가는 천사의 옷자락에 그 바위가 다 닳아 없어지는 시간을 말함.

8) 억겁 : 겁 곱하기 1억의 시간을 말함.

인간이 시각(視覺)으로 사물을 인지할 수 있는 가장 짧은 시간은 20분의 1초라고 하네요. 그 보다 짧은 시간 내에 무언가가 자신의 눈앞을 스쳐 가면 볼 수 없다는 결론이지요.

정답은 스스로 판단하세요.

[122] 옛날에 마당에 똥 누고 개 불러 보신 분 있나요? "똥 누고 개 불러대듯 한다"는 말이 있는데, 필요하면 아무 때나 마구 불러 대는 것을 비유적으로 이르는 말이라 합니다.
다음 중에서 위 똥을 직접 의미하는 똥을 골라 주세요.
1. 기똥차다
2. 똥감태기
3. 똥기다
4. 똥폼

1) 기똥차다 : '기막히다(어떻다고 말할 수 없을 만큼 좋거나 정도가 높다)'를 속되게 이르는 말 / 차가 정말 기똥차게 좋다 / 그것 참 기똥찬 생각이다 / 그는 머리 하나는 기똥차게 잘 돌아간다.
2) 똥감태기 : ① 온몸에 흠뻑 뒤집어쓴 똥, 또는 그것을 뒤집어쓴 모습. ② 명예 따위를 더럽히는 나쁜 평판이나 그 평판을 받는 사람을 비유적으로 이르는 말.
3) 똥기다(≒ 똥기다) : 모르는 사실을 깨달아 알도록 암시를 주다 / 그는 눈치가 빨라서 두어 마디만 똥겨도 금세 알아차린다.
4) 똥폼(= 개폼) : 본인은 멋있다고 생각하나, 일반적으로 못나다고 생각되는 자세를 낮잡아 이르는 말 / 배금주의에 물들지 않았다는 똥폼을 잡는 게 다 권위고 허영이지. 『김원우, 짐승의 시간』
똥폼이나 개폼에서의 폼은 form으로서 외래어와 고유어가 결합된 우리말입니다. '똥'과 직접 관계있는 낱말은 2) 똥감태기입니다.

[123] 그릇이나 상자 따위의 아가리를 덮거나 만년필 따위의 촉을 보호하기 위하여 겉에 씌우는 물건을 〈뚜껑〉이라고 하지요.
다음 중에서 〈뚜껑〉과 가장 거리가 멀다고 생각되는 낱말을 골라 주세요.

1. 요강깨
2. 붓두껍
3. 소댕
4. 뚜껑밥

1) 요강깨 : 요강의 뚜껑. 요강개(尿綱蓋)의 덮이 '개'가 변하여 '깨'가 된 듯.
2) 붓두껍 : 붓의 뚜껑. '가늘고 긴 물건의 끝에 씌우는 물건'을 뜻하는 '두겁'이 변하여 '두껍'이 된 듯.
3) 소댕 : 쇠로 만든 솥뚜껑 / 이 비장은 아무리 낯이 소댕처럼 두껍다 하나, 인제는 더 배겨 날 수가 없었다. 『박종화, 임진왜란』
4) 뚜껑밥 : ① 사발 바닥에다 작은 그릇이나 접시를 엎어 놓고 담은 밥. ② 밑에는 잡곡밥을 담고 위만 쌀밥을 담은 밥. ③ 잘 먹이는 듯이 겉치레로 잘 차린 음식.
1, 2, 3)번은 모두 뚜껑 그 자체이나 4)번은 뚜껑처럼 그릇 윗부분에만 (쌀)밥을 퍼 담은 것을 의미하므로 다른 셋보다는 〈뚜껑〉과 거리가 멀겠지요.
정답은 4)번 '뚜껑밥'으로 하렵니다.

[124] '질'이라는 글자가 의미하는 뜻이 여러 가지가 있지만, 그중에서 '행위'를 의미하는 〈~질〉이라는 접미사가 있습니다. 도둑질, 헛발질, 甲질…
그런데 사람의 행위가 아니어도 〈~질〉을 붙일 수 있습니다. 동물이 하는 '~질'을 골라 주세요.

1. 풍구질
2. 뜯게질
3. 뜸베질
4. 물짐질

1) 풍구질 : ① 풍구로 곡물에 섞인 쭉정이, 겨, 먼지 따위를 제거하는 일 / 타작마당에서는 벼를 풍구질로 까불어서 다시 사름통으로* 쳐서 돌을 골라 가지고는…. 『이기영, 고향』 ② 풀무질 / 한 손으로는 풍구질을 하면서, 불이 잘 피지를 않는지 할머니는 연방 화덕 밑 불구멍에 얼굴을 대고 푸푸…. 『오정희, 유년의 뜰』
 * 사름통(- -桶) : 낟알을 사래질한 다음에 싸라기를 따로 흔들어 떨어뜨리는 데 쓰는 통.
2) 뜯게질 : 해지고 낡아서 입지 못하게 된 옷이나 빨래할 옷의 솔기를 뜯어내는 일.
3) 뜸베질 : 소가 뿔로 물건을 닥치는 대로 들이받는 짓 / 총각은 뜸베질하는 황소처럼 식식하기만 하고 말이 없었다. 『홍명희, 임꺽정』
4) 뭇짐질 : 물건을 뭇으로 옮겨 나르는 일 ≒ 육태질.
1, 2, 4)번도 이미 기계가 하고 있거나 언젠가는 인공지능 로봇이 다 하겠지만, 아직까지는 사람도 하고 있지요. 정답은 소가 하는 행위인 3)번입니다.

[125] 예전에는 조가비, 짐승의 가죽, 보석, 옷감, 농산물 따위를 이용하였지요. 가치의 척도인 '돈'입니다. 아래에서 이런 의미의 '돈'과 전혀 관계없는 낱말이 있습니다. 골라 주세요(돈으로 살 수 있는 물건은 '돈'과 관계있다고 주장하지 말아 주세요).

1. 굴피
2. 날돈
3. 살돈
4. 띳돈

1) 굴피는 보통 참나무의 두꺼운 껍질을 말하지만, '돈이 마른 빈 돈주머니'를 굴피라고도 합니다.
2) 날돈 : ① 생돈 / 복권 사는 데 날돈 5,000원만 날렸다. ② 쓸데가 정해지지 않은 공돈 / 그동안 몇 달 사는 데도 시량* 이외에는 날돈으로 대 준 게 없으니…. 『염상섭, 삼대』
 * 시량(柴糧) : 땔나무와 먹을 양식.
3) 살돈 : 어떤 일을 하여 밑졌을 때 본래의 밑천이 되었던 돈을 이르는 말 / 셈술에 밝다 할지라도 그만한 변리를 감당할 만한 이문을 챙기지 못하니 나중에 원리금을 갚을 적엔 살돈을 떼어서 갚아야 하였다. 『김주영, 객주』
4) 띳돈 : ① 노리개의 맨 윗부분에 있는 장식품(꽃 모양, 나비 모양 따위) 또는 ② 관복(官服)의 띠에 달던 갈고리 모양의 쇠붙이나 장식.
정답은 4)번 띳돈입니다.

[126] 전통가옥에서 살기 어려운 요즈음은 마루에 앉아보기는커녕 마루를 구경하기조차 어렵지요. 오늘처럼 비가 추적추적 내리는 날 대청마루에 앉아서 댓돌에 떨어지는 낙숫물을 하염없이 바라보신 적이 있었나요?
다음 중에서 마루도 아닌 것이 마루인 척하는 녀석을 골라 주세요.

1. 대청마루

2. 우물마루

3. 봉당마루

4. 누마루

   1) 대청마루(= 대청) : 한옥 몸채의 방과 방 사이에 있는 큰 마루.
   2) 우물마루(= 귀틀마루) : 마룻귀틀(마루를 놓기 위하여 먼저 굵은 나무로 가로세로 짜 놓은 틀)을 짜서 세로 방향에 짧은 널을 깔고 가로 방향에 긴 널을 깔아서 '井' 자 모양으로 짠 마루.
   3) 봉당마루 : 마루로 삼아 쓰는 봉당(封堂, 안방과 건넌방 사이의 마루를 놓을 자리)에 마루를 놓지 아니하고 흙바닥 그대로 둔 곳 / (속담)봉당을 빌려주니 안방까지 달란다 : 매우 염치 없음을 비유적으로 이르는 말.
   4) 누마루(= 다락마루) : 다락처럼 높게 만든 마루 / 꺽정이의 칠 형제 결의가 끝난 뒤에 젊은 중이 꺽정이를 보고 조용히 의논할 말이 있다고 방머리에* 붙은 누마루 으슥한 구석으로 끌고 갔다. 『홍명희, 임꺽정』
      *방머리 : 전통 가옥에서 마루나 출입문이 있는 쪽에 접하여 있는 방의 구석 부분.

봉당마루는 그냥 봉당일 뿐입니다. 오죽하면 마루를 못 놓았을까? 그걸 생각해서 마루라는 이름을 붙여주었을 것이라 생각되네요. 정답은 3)번입니다.

[127] 5월 25일! 오늘은 '방재의 날'입니다. 재해 예방에 대한 국민의 의식을 높이고, 방재훈련을 효율적으로 추진하기 위해 제정한 날입니다. 훈련은 실제라고 가정하고 참여하여야 효율적입니다.
다음 '부사'들 중에서 '실제라고 가정하는 말'을 골라 주세요.

1. 간대로

2. 국으로

3. 노량으로

4. 마기말로

1) 간대로 : (주로 뒤에 부정어와 호응하여) 그리 쉽사리 / 하늘을 보니 간대로 비가 그치지는 않겠다 / 따님을 내게 주실 수는 없겠습니까? 뭐 잘이야 하겠습니까마는 간대로 고생은 아니 시킬 작정입니다. 『이광수, 흙』
2) 국으로 : 제 생긴 그대로. 또는 자기 주제에 맞게 / 국으로 가만히 있어라 / 국으로 굿이나 보고 떡이나 먹어라. 『최인훈, 광장』 / 욕심이 사람 잡지. 그냥 국으로 있었으면 오늘날 저 지경은 안 됐을 텐데 말이야. 『박경리, 토지』
3) 노량으로 : 어정어정 놀면서 느릿느릿 / 땅에 웅숭그리고 시적시적 노량으로 땅만 판다. 『김유정, 금 따는 콩밭』 / 일훈은 금남이와 대화를 하면서 노량으로 길을 걸었다. 『이기영, 동천홍』
4) 마기말로(= 막상말로) : 실제라고 가정하고 하는 말로 / 마기말로 내가 그런 일을 당했다면 가만있지 않았을 거야 / 그만한 술기운이라면 무슨 일이라도, 마기말로 살인이라도 능히 저지를 것만 같은 기분이었다. 『윤흥길, 완장』

자주 쓰이지는 않는 부사들인데, 소설에서는 많이 등장하네요.
정답은 4)번 마기말로입니다.

[128] 영남지방에서는 '삐끼다'가 사투리로 많이 사용되지요. 다음 중에서 표준말로 사용된 '삐끼다'를 골라 주세요!

1. 늘 보통 사람과 반대로만 행동하는 것을 보면 그 사람 성격이 원래 삐낀 것 아니겠나?
2. 평상시엔 안 그러더니, 오늘 그 사람 삐낀 것 아니겠나?
3. 이 나무껍질 누가 삐꼈나?
4. 놔라! 바지 삐끼질라칸다.

'삐끼다'라는 동사는 '삐뚤어지다'라는 뜻으로 사용될 때만 표준말로 인정됩니다.
2)번은 '삐치다, 토라지다'의 뜻으로 쓰이는 사투리이며, 3)번과 4)번은 '벗기다'의 사투리입니다.
정답은 1)번입니다.

[129] '의좋은 형제' 모두들 아시지요. 저희 때는 교과서에도 나왔었는데, 그걸 소재로 한 전래동화책도 있지요. 그런데 그것이 동화나 설화가 아니라, 실화라는 사실을 아시나요? 조선왕조실록에 기재되어 있으며, 충남 예산군 대흥면에 살던 호장 이성만 형제의 실화입니다. 근래에 그곳에 '의좋은 형제 공원'도 만들어졌답니다.

아래에 '형제자매 사이의 우애심'을 이르는 단어가 있습니다. 골라 주세요.

1. 띠앗
2. 부앗가심
3. 앗줄
4. 홀앗이

1) 띠앗 : 형제자매 사이의 우애심 / 여하간 견훤의 자식이 여러 어미의 소생으로 띠앗이 좋지 못한 것은…『최남선, 심춘순례』

   ※ "문 영감은 집안 조카들 중에서 유독 그 양반을 곱게 보아 띠앗머리가 친부자보다 더 하답니다.『송기숙, 암태도』"에서 '띠앗머리'는 '띠앗'의 속어인데, 숙질간의 정을 형제간의 우애를 지칭하는 '띠앗머리'로 표현한 것은 잘못된 사용례라고 하겠습니다.

2) 부앗가심 : 부아를 가시게 하는 일 / 그녀는 이미 신명에 들떠 무슨 못할 소리를 해도 마냥 벋장댈 눈치였으므로 장은 속절없이 군소리만 씨불거려 부앗가심이나 도모할 수밖에 없었다.『이문구, 우리 동네』

3) 앗줄(= 아디, 아딧줄) : 바람의 방향을 맞추기 위하여 돛을 매어 쓰는 줄 / 선장은 그대로 아딧줄과 키를 잡고 있었다.『송기숙, 녹두 장군』

4) 홀앗이 : 살림살이를 혼자서 맡아 꾸려 나가는 처지. 또는 그런 처지에 있는 사람 / 홀앗이가 앓아누웠으니 미음이라도 끓여 주고 약이라도 달여 줄 사람이 있어야지.『현진건, 무영탑』

정답은 1)번 띠앗. '의좋은 형제'는 띠앗이 좋은 형과 아우입니다.

[130] "보리는 망종 전에 베어야 한다"고 하는데, 망종이 6월5일이니 이제는 보리를 추수할 때가 다가온 듯합니다. 예전에 타작은 마당에서 했지요. 그래서 타작과 관련해서는 '마당'이 들어가는 용어가 많습니다.
새벽부터 '마당질'을 지켜보고 '마질'할 때 수북수북하게 '마당통'으로 되고도 모자라서 '말몫'이며 '말밑'이며 심지어 '지르된' '밀따리 쭉정이'까지 '덧두리'로 얹어서… 『이문구,산 너머 남촌』⇒ 해석이 되시나요?
다음 중에서 타작을 하기 전에 해야 하는 일을 골라 주세요.

1. 마당질
2. 마당통
3. 마당들이기
4. 마당쓰레기

   1) 마당질(= 타작) : 곡식을 떨어 알곡을 거두는 일.
   2) 마당통 : 마름(지주를 대리하여 소작권을 관리하는 사람)이 소작료를 받을 때 수북하게 되어 받는 섬의 부피(통상의 부피보다 큼). 지주에게는 규격에 맞는 평말로 되어 주고 나머지는 마름이 차지함.
   3) 마당들이기(= 마당맥질) : 농가에서 마당질을 하기 위하여 사전에 울퉁불퉁한 마당에 흙을 가져다 이겨서 고르게 하는 작업.
   4) 마당쓰레기 : 마당질을 할 때 마당에 떨어진 곡식을 쓸어 모은 것. 보통 일반 쓰레기가 섞여 있음.
정답은 3)번 마당들이기입니다.

[산 너머 남촌 해석] : (마름이)… 새벽부터 타작하는 것(마당질)을 지켜보고, 곡식을 말로 될 때(마질할 때) 부피가 큰 섬(마당통)에 수북수북하게 되고도 모자라서, 마당에 처져서 마땅히 소작인의 차지가 되어야 할 마당쓰레기에 섞인 곡식(말몫)이며, 말로 되고 난 뒤에 조금 남은 곡식(말밑)이며, 심지어 늦벼인 '밀따리' 품종이라서 더디게 자라다가 익지 못한(지르된. 기본형 : 지르되다) 쭉정이까지 덤으로(덧두리로) 얹어서 … (가지고 갔다.)
   * 이때 말몫의 말은 馬, 말밑의 말은 斗를 뜻합니다.

[131] "보릿고개가 태산보다 높다"라는 속담이 있는데, 한 해 동안 농사지은 식량을 가지고 다음 해 보리가 날 때까지 견디어 나가기가 매우 힘듦을 비유적으로 이르는 말입니다. 이제는 그런 시대를 겪어 본 분들이 얼마 남지 않았지요.
다음 중 보리가 아닌 것을 골라 주세요.
1. 곱삶이
2. 물퉁보리
3. 겉보리
4. 보리바둑

1) 곱삶이 : ① 두 번 삶아 짓는 밥(쌀은 두 번 삶을 필요가 없으므로 결국은 보리밥입니다) / 여름철엔 곱삶이 보리밥을 짓느라고 한 번 하고 말 밥을 두 번씩 짓는 것이었다. 『안회남, 농민의 비애』 ② 꽁보리밥 / 상배 또래의 아이들은 허구한 날 보리 곱삶이나마도 양이 덜 차 걸신거리곤 했고…. 『이문구, 장한몽』 ③ 어떤 일을 되풀이하는 일 / "환장할 노릇이군" 그는 그 소리나 곱삶이로 뇌까릴 뿐이었다.
2) 물퉁보리 : 채 여물지 않거나 마르지 않아 물기가 많은 보리.
풋보리는 채 여물지 아니한 보리만 의미하므로, 여물었으나 마르지 않은 보리는 풋보리가 아니라 물퉁보리입니다.
3) 겉보리 : 탈곡을 해도 껍질이 잘 벗겨지지 않는 보리의 한 품종. 그래서 밥으로 먹기는 어렵고 엿기름이나 보리차용으로 많이 사용합니다 / (속담)겉보리를 껍질째 먹은들 시앗이야 한집에 살랴 : 아무리 고생을 하고 살망정 남편의 첩과 한집에서 살 수는 없음을 비유적으로 이르는 말.
4) 보리바둑 : 법식도 없이 아무렇게나 두는 서투른 바둑을 낮잡아 이르는 말. '보리'가 앞에 붙어서 품질이나 격이 떨어짐을 의미하는 경우가 있습니다. 보리장기나 보리윷 등도 같은 의미입니다.
보리가 아닌 것은 4)번이겠지요.

[132] 오늘은 '바다의 날'이랍니다. 낚시 좋아하시는 분들은 물고기가 가장 잘 낚이는 때를 '물거리'라고 한다는 것 정도는 알고 계시리라 믿습니다. 그러나 '물거리'에는 다른 뜻도 있습니다.
다음 낱말들 중에서 나머지 셋과 전혀 어울리지 않는 것이 있습니다. 골라 주세요.

1. 마들가리
2. 마름쇠
3. 물거리
4. 부등가리

1, 3, 4)번의 경우, 불을 지필 수 있는 땔감이나 불을 옮길 때 쓰는 도구와 관련이 있습니다.
1) 마들가리 : ① 나무의 가지가 없는 줄기, ② 잔가지나 줄거리의 토막으로 된 땔나무, ③ 해어진 옷의 솔기.
2) 마름쇠 : 도둑이나 적을 막기 위하여 이곳저곳에 흩어 뿌려 둔 끝이 송곳처럼 뾰족한 네 개 혹은 그 이상의 발을 가진 무기를 이릅니다. 보통 기마나 보병의 진로를 방해하는 장애물로 삼국시대부터 사용되었으며, 몽고 기병이 후퇴할 때는 추격을 막기 위하여 이 마름쇠를 뿌리며 갔다고 합니다.
    ※ "던져 마름쇠다"라는 말이 있는데, 아무렇게나 마름쇠를 던져도 땅에 꽂혀서 제 역할을 하게 되므로, 익숙하지 않은 사람이라도 실수하는 일이 없다는 뜻입니다.
3) 물거리 : 잡목의 우죽(나무의 꼭대기 부분에 있는 가지)이나 굵지 않은 잔가지 따위와 같이 부러뜨려서 땔 수 있는 것.
4) 부등가리 : 아궁이의 불을 담아내어 옮길 때 부삽 대신에 쓰는 도구. 흔히 오지그릇이나 질그릇의 깨진 조각으로 만들어 쓴다.
    ※ '부등가리살림'이라는 낱말이 있습니다. 부삽조차 마련할 만한 여유가 없어서 부등가리나 있는 정도의 살림이라는 뜻으로, 매우 쪼들리는 어려운 살림을 이르는 말입니다.
1, 3, 4)번은 땔감 또는 불과 관련이 있으나 2)번 마름쇠는 쇠로 만든 무기입니다.

[**133**] 우리는 배달민족(倍達民族)인데, 요즘은 배달(配達)의 민족이라고 하더군요. 안방 컴퓨터 앞에 앉거나 스마트폰으로 물품을 구매하고, 해외 직구까지 해서 배달시키는 시대인데, 예전에는 물품을 이고, 지고, 들고, 메고, 싣고 다니면서 파는 '~장수'가 있었지요.

다음 중에서 이름만으로는 무엇을 파는 장수인지 알 수 없는 사람은?

1. 마병장수
2. 도붓장수
3. 들병장수
4. 시겟장수

   1) 마병장수 : '오래된 헌 물건을' 가지고 다니며 파는 사람.
   2) 도붓장수(행상, 行商) : 이리저리 돌아다니며 물건을 파는 사람 / 그가 도붓장수 개 후리듯 자기 자식을 마구 때리는 것을 보니 아무래도 제정신이 아닌 듯싶었다.
      ※ 보부상도 행상의 한 형태이며, 보상은 상품을 봇짐에 싸서 이거나 들고 다니는 사람(주로 여자)이고, 부상은 등에 지고 다니는 사람을 말합니다.
   3) 들병장수(속어 / 들병이) : 병에 '술을' 담아 들고 다니면서 파는 사람 / 고만이는 칠성이네 집에 돌아오기 전까지는 장연 장터에 나가 앉아 들병장수를 하였었다. 『황석영, 장길산』 → '들병장수'는 '사람'을 의미하는 명사이므로 '들병장수를 하였다'라는 표현은 어법상 바르지 않으며 '들병장사를 하였다'라고 써야 합니다.
   4) 시겟장수 : '곡식을' 말이나 소에 싣고 이곳저곳으로 다니면서 파는 사람.

정답은 2)번 도붓장수입니다.

[134] '하는 일 없이 한가하게 지내는 사람'이라는 뜻의 '어성꾼'이라는 낱말이 있습니다. '한산인(閑散人)' 또는 '한산꾼'이라고도 합니다. 그러나 다른 뜻도 가지고 있는데, '사고파는 사람 사이에 들어 흥정을 붙이는 일을 하는 사람'이라는 뜻입니다.

다음 중에서 후자의 '어성꾼'과 같은 뜻으로 사용할 수 없는 낱말은?

1. 여리꾼
2. 거간꾼
3. 주릅
4. 우다위

1) 여리꾼 : 상점 앞에 서서 손님을 끌어들여 물건을 사게 하고 주인에게 삯을 받는 사람. '호객꾼', '삐끼'와 같거나 유사한 직업이라고 생각됩니다 / 작자는 김문현이와 가마꾼이 하는 수작을 동상전(東床廛)* 여리꾼처럼 비슬비슬 웃으며 노려보고 있었다. 『송기숙, 녹두 장군』
* 동상전 : 예전에, 서울 종로의 종각 뒤에서 재래식 잡화를 팔던 가게.

2, 3, 4) '거간(꾼) = 주릅 = 우다위 = 어성꾼 = 한산인'은 모두 '사고파는 사람 사이에 들어 흥정을 붙이는 일을 하는 사람'을 의미합니다 / 큰집 살림을 등에 업고, 큰집 사랑과 마름 사이를 오가며 한 가마, 두 가마씩 남기기 시작한 거간 노릇을 이날까지 해 온 거야. 『최명희, 혼불』

'집주릅'과 '땅주릅'이라는 직업도 있었으며, 이들은 현재의 공인중개사들입니다.
여리꾼은 상점 주인에게 고용되어 주인으로부터 보수를 받는 사람이고, 나머지는 모두 고용관계 없이 거래 당사자 양쪽에서 수수료를 받는다는 점이 다릅니다.
정답은 1) 여리꾼입니다.

[135] 불멸의 가수 이미자의 별칭이 '엘레지의 여왕'인데, 다음 중에서 '엘레지'라고 할 수 없는 것은?

1. 상엿소리(장송곡, 만가)
2. 비탄의 감정을 표시한 시
3. 애도를 주제로 한 영화
4. 수캐의 음경

> 외래어로 엘레지(〈프〉 elegie, 〈영〉 elegy)는 '애도와 비탄의 감정을 표현한 ① 시 또는 ② 악곡이나 ③ 가곡'을 뜻하는 문학 및 음악 용어입니다.
> 1) 상여꾼들이 상여를 메고 가면서 부르는 구슬픈 소리를 말하는 '상엿소리'는 '만가(輓歌)' 또는 '상여메김소리'라고도 하는데, 애도의 감정을 표현하는 음악이라고 할 것입니다.
> 2) 비탄의 감정을 표시한 시는 엘레지의 정의와 일치합니다.
> 3) 영화는 엘레지의 범주(문학과 음악)에 포함되지 않습니다.
> 4) 고유어 '엘레지'는 '개의 음경(狗腎)'을 뜻하는 한의학 용어로서, 발기 불능(勃起不能)과 대하증(帶下症) 치료에 쓰입니다.
> 따라서 정답은 3)번입니다. 엘레지가 문학용어인 것은 아래를 참조해주세요.
> "Thomas Gray wrote few poems, his masterpiece, Elegy Written in a Country Churchyard, appeared four year later ⇒ 토마스 그레이는 시를 많이 쓰진 않았지만, 그의 걸작품인 시집 『시골 교회묘지에서의 엘레지』는 4년 후에 출판되었습니다."

[136] 사람의 어린 자식을 아이라고 하지요. 동물의 새끼도 특별한 이름이 있는 경우가 있습니다.
다음은 모두 어떤 동물의 새끼를 지칭하는 낱말입니다. 가장 몸집이 작은 새끼는 어느 것일까요?

1. 능소니
2. 개호주
3. 꺼병이
4. 마래미

1) 능소니 : 곰의 새끼
2) 개호주 : 호랑이의 새끼
3) 꺼병이 : 꿩의 새끼. 꺼병이는 꿩병아리라고도 하는데, 꺼는 꿩의 변한 말이고 병이는 병아리의 변한 말이라고 합니다. '꺼병이'는 옷차림 따위의 겉모습이 잘 어울리지 않고 거칠게 생긴 사람을 비유적으로 이르는 말로도 사용되는데, 'ㅕ'가 아닌 'ㅓ'를 쓰는 '꺼벙이'도 있습니다. '꺼벙이'는 성격이 야무지지 못하고 조금 모자란 듯한 사람을 낮잡아 이르는 말입니다.
4) 마래미 : 방어의 새끼.
새끼들이 어느 정도까지 커야 새끼라고 할 수 있을지 모르겠으나, 태어난 직후만큼은 방어의 새끼인 마래미가 가장 작지 않을까요?

[137] '마'로 시작하는 낱말 중에는 부피를 재는 말(斗)이나 동물 말(馬)을 의미하는 경우가 많은데, 이와 전혀 관계없는 단어도 있습니다. 하나를 골라 주세요.

1. 마사니
2. 마투리
3. 마상이
4. 마지기

1) 마사니 : 타작마당에서, 마름을 대신하여 곡식을 되는 사람 / 마사니는 그 쭉정이 나는 것으로 어림잡아 두 되 혹은 석 되를 더 받아 냈다. 『한무숙, 돌』
2) 마투리 : 곡식의 양을 섬이나 가마로 잴 때에, 한 섬이나 한 가마가 되지 못하고 남은 양 / 두 섬 마투리(두 섬 + 한 섬이 마저 되지 않는 양의 곡식) / 작석하고* 나서 마투리가 아홉 말이 남아도 무지로* 쳐 버릴 뿐만 아니라…. 『한무숙, 돌』
   * 작석(作石)하다 : 곡식을 담아서 한 섬씩 만들다.
   * 무지 : 곡식이 완전한 한 섬이 못 되는 것
   ※ 섬이나 가마로 재지 않고 말로 잴 때에 남는 자투리 곡식은 '말밑'이라고 합니다.
3) 마상이 : 거룻배 따위의 작은 배. 통나무배.
4) 마지기(= 두락, 斗落) : 논밭 넓이의 단위. 한 마지기는 볍씨 한 말의 또는 씨앗을 심을 만한 넓이. 지방마다 다르나 논은 약 150~300평(보통 200평), 밭은 약 100평 정도.
   '되지기'는 볍씨 한 되의 모 또는 씨앗을 심을 만한 넓이, '섬지기'는 볍씨 한 섬의 모 또는 씨앗을 심을 만한 넓이를 말합니다.
정답은 3)번입니다.

[138] 무언가를 기대하고 열심히 다져가면서 내심 기다리고 있었는데 황 잡으면 기분이 어떨까요? 가슴속이 텅 빈 것 같고, 서운해서 '허전하다'라고 표현하지요. 다음 중 '허전함'을 표현하는 낱말이 아닌 것은?

1. 허수하다
2. 허우룩하다
3. 휘우듬하다
4. 휘영하다

    1, 2, 4) '허수하다, 허우룩하다, 휘영하다'는 모두 '허전하다'와 같은 뜻입니다 / 자기만 돌보아 줄 그가 아닌 것을 아사달도 번연히 알건마는 어쩐지 마음 한 모서리가 허수하게 비어 오는 것을 어찌할 수 없었다. 『현진건, 무영탑』 / 그녀는 허우룩한 빛을 보이지 않으려고 일부러 고개를 돌렸다.
    다만, '허수하다'는 '헐숭하다'와 유사하게 "짜임새나 단정함이 없이 느슨하다"라는 뜻으로 사용할 수도 있습니다 / 옥이라고 허수하기 짝이 없어서 옥문을 열고 안에까지 들어가지 않더라도 앞에 있는 창살 틈으로…. 『홍명희, 임꺽정』
    3) '휘우듬하다'는 '조금 휘어져 뒤로 자빠질 듯 비스듬하다'라는 뜻입니다 / 냇가 아득한 벼랑 쪽의 석축이 허공으로 휘우듬하게 휘어져 나가 있었다. 『송기숙, 녹두 장군』
정답은 3) '휘우듬하다'입니다.

[139] '아지노모도, 미원, 미풍' 하면, '맛난이'가 생각나시는 분들이 있을 겁니다. '맛난이'는 화학조미료를 의미하는 말이기도 하지만, 전에는 '맛을 돋우기 위하여 음식물에 넣는 재료'를 의미하였으며, 고기를 얇고 잘게 썰어서 기름, 깨소금, 후춧가루 따위로 양념을 하여 만든 장물을 조미료로 썼다고 합니다. 또한 '맛이 있는 음식'을 '맛난이'라고도 칭한답니다.
다음 중에서 음식 맛과 직접 관련되는 낱말을 골라 주세요!

1. 맛문하다
2. 맛바르다
3. 맛부리다
4. 맛피우다

1) 맛문하다 : 몹시 지친 상태에 있다 / 수많은 식솔들을 거두느라 바쁜 나날에 시달려 온 맛문한 가장의 얼굴이랄까. 『이영치, 흐린 날 황야에서』
2) 맛바르다 : 맛있게 먹던 음식이 이내 없어져 양에 차지 않는 감이 있다 / 맛있는 것은 네가 다 먹어서 맛바르잖아!
3, 4) 맛부리다 = 맛피우다 : 맛없이 싱겁게 굴다 / 톨스토이가 잠자코 앉았으니까 약이 올라서 저래, 맛부리는 게 밉살머리궂지?* 『김유정, 따라지』
　　* 밉살머리궂다 : (속되게)매우 밉살머리스럽다 ← '밉살스럽다'의 속된 말.
정답은 2)번 '맛바르다'입니다.

[140] '도토리 키재기'라는 말이 있지요. 비슷비슷해서 견주어 볼 필요가 없을 때 하는 말인데, '엇비슷하다'라고 해도 같은 말이겠지요.
다음 중에서 위와 뜻이 같지 않은 낱말을 골라 주세요!

1. 어슷비슷하다
2. 어금버금하다
3. 아근바근하다
4. 어금지금하다

1) 어슷비슷하다 : 큰 차이가 없이 서로 비슷비슷하다 / 걔네 아버지의 하느님이나 우리가 새로 찾아낸 하느님이나 결국은 어슷비슷한 분일 것이라고…. 『이동하, 장난감 도시』
2) 어금버금하다 : 서로 엇비슷하여 정도나 수준에 큰 차이가 없다 / 장상태하고 비교해서 둘이 서로 어금버금할 정도로 작은 체구였다. 『윤흥길, 날개 또는 수갑』
3) 아근바근하다 : 목재 가구나 문틀 따위의 짝 맞춘 자리가 조금씩 벌어지다. 또는 서로 마음이 맞지 아니하여 사이가 벌어지다 / 부부간에 서로가 오랫동안 아근바근하더니 이혼을 했다더군!
4) 어금지금하다 : 서로 엇비슷하여 정도나 수준에 큰 차이가 없다 / 두 사람 다 무자비하기가 어금지금했다.
정답은 3)번임이 자명합니다.

[141] 표준말로 등록은 되지 않았습니다만 '매화밥'이 있습니다. 술에 적셔 말린 찰벼를 모래와 섞어 달군 솥에서 볶으면 낟알이 튀어서 매화꽃 모양의 튀밥이 됩니다. 원조 팝콘(팝쌀)인 셈이죠.
다음 중에서 매화와 관계있는 낱말을 골라 주세요!

1. 매갈이
2. 매나니
3. 매조이
4. 매우기

1) 매갈이 : 벼를 매통에* 갈아서 왕겨만 벗기고 속겨는 벗기지 아니한 쌀(현미)을 만드는 일.
    * 매통은 줄여서 '매'라고도 하며, 곡물의 껍질을 벗기는 농기구로서 주로 겉겨를 벗기는 데 씁니다. 굵은 통나무를 잘라 만든 두 개의 마구리에 요철(凹凸)로 이를 파고, 위짝의 윗마구리는 우긋하게* 파서 가운데에 구멍을 뚫어 벼를 담고 위짝 양쪽에 자루를 가로 박아서 그것을 손잡이로 하여 이리저리 돌려 벼의 겉껍질을 벗깁니다.
    * 우긋하다 : 안으로 조금 우그러진 듯하다.
2) 매나니 : ① 무슨 일을 할 때 아무 도구도 가지지 아니하고 맨손뿐인 것 / 삽이라도 있어야 땅을 파지 매나니로야 어떻게 하겠나? ② 반찬 없는 맨밥.
3) 매조이 : 매통이나 맷돌의 닳은 이를 정으로 쪼아서 날카롭게 만드는 일.
    ※ 이 일을 직업으로 하는 사람을 '매죄료장수'라고 하였는데, 헌 신을 기워서 고치는 일을 직업으로 하는 사람을 '신기료장수'라고 하는 것과 비슷합니다.
4) 매우기 : 한자로 梅雨期(매실비가 내리는 시기)라 하는데, 매실이 익어 떨어지는 때인 유월 상순부터 칠월 상순에 걸쳐 계속되는 장마철을 다른 말로 매우기라고 합니다.

정답은 4)번입니다.

[142] "낯이 설거나 친하지 아니하여 어색하다"라는 뜻으로 대표적인 낱말이 '서먹하다' 또는 '서먹서먹하다'라고 할 수 있겠지요.
다음 낱말 중에서 '서먹하다'와 같은 뜻으로 사용하기 어려운 낱말을 골라 주세요!

1. 설면하다(설면설면하다)
2. 서름하다(서름서름하다)
3. 섬서하다
4. 버름하다
5. 버성기다
6. 쓰렁쓰렁하다
7. 데면데면하다
8. 설렁설렁하다

1~7)번은 모두 둘 이상의 사람 사이에서 "자주 만나지 못하여 낯이 좀 설다, 가깝지 못하다, 마음이 서로 맞지 않아 사이가 뜨다, 어색하거나 거북하다, 친밀감이 없다" 등의 의미를 표현하는 낱말들입니다 / 석 달 동안 헤어져 있었대서 설면할 것은 없으련마는…. 『염상섭, 취우』 / 시간이 꽤 흘렀지만 아직도 몇몇 사람과는 서름서름한 상태이다 / 예전과 다르게 섬서하다 / 요즘 들어 둘 사이가 다소 버름하다 / 사소한 시비로 두 사람 사이가 버성기게 되었다 / 사랑채는 오랫동안 비워 둔 집처럼 쓰렁쓰렁하게 느껴졌다. 『문순태, 타오르는 강』 / 오다가다 만나 합석한 것처럼 데면데면하게 흩어져 앉아 있었다.
이에 반하여, 8)번 '설렁설렁하다'는 "조금 서늘한 바람이 자꾸 가볍게 불어 추운 듯하다"라는 뜻이며, '썰렁하다'와 같은 뜻으로 사용되거나 '있어야 할 것이 없어 어딘가 빈 듯한 느낌'이 있다는 의미로 사용되는 낱말입니다.
정답은 8)번입니다.

[143] '~다랗다'는 '그 정도가 꽤 뚜렷함'이라는 뜻을 더하는 접미사입니다.
"가늘다 ― 가느다랗다, 길다 ― 기다랗다(× 길다랗다), 높다 ― 높다랗다, 멀다 ― 머다랗다(× 멀다랗다), 작다 ― 작다랗다, 크다 ― 커다랗다(× 크다랗다)" 등으로 사용됩니다.
같은 의미지만 '~따랗다'로 쓰는 경우가 있는데, 다음 중에서 잘못된 것은?
1. 굵다 ― 굴따랗다
2. 얇다 ― 얄따랗다
3. 엷다 ― 열따랗다
4. 넓다 ― 널따랗다
5. 짧다 ― 짤따랗다

앞에 겹자음이 있는 경우에는 겹자음 중의 뒷 것이 탈락하고 '~따랗다'로 쓰는데, 유독 한 개의 단어 '굵다'의 경우에만 '굴따랗다'가 아니라 '굵다랗다'로 쓴다고 합니다. 아마도 추측하기에 '엷다, 얇다, 넓다, 짧다'는 각각 겹자음의 앞 것만 발음되어 [열:따, 얄:따, 널:따, 짤:따]로 발음되므로 묵음인 'ㅂ'을 탈락시킬 수 있으나, '굵다'의 경우만은 [국:따]로 발음되므로 'ㄱ'을 탈락시킬 수 없기 때문이 아닌가 싶습니다.
정답은 1)번입니다.

[144] "똑똑히 분간하기 힘들게 기억이나 생각 따위가 또렷하지 않다"는 뜻의 '아련하다'는 낱말이 있습니다.
다음 중에서 '아련하다'를 대체하기 어려운 낱말은?
1. 어리숭하다
2. 얼쑹하다
3. 아렴풋하다
4. 어렴풋하다
5. 아령칙하다
6. 아금박스럽다

7. 아리송하다

8. 알쏭하다

9. 알쏭달쏭하다

6)번을 제외하면 모든 낱말이 "그런 것 같기도 하고 그렇지 아니한 것 같기도 하여 분간하기 아주 어렵다. 기억이나 생각 따위가 또렷하지 아니하고 흐릿하다. 기억이나 형상 따위가 기연가미연가하여 또렷하지 아니하다"라는 의미입니다.
다만 6) '아금박스럽다'는 "탐탁하고 살뜰한 데가 있다"는 뜻으로 다른 낱말들과는 전혀 다릅니다 / 해 넘어가는 장독대의 즐비하고 아금박스러운 큰 독 · 중들이 · 작은 독 · 단지들이 가득한 한쪽 모서리 귀퉁이에…. 『최명희, 혼불』
6)번이 정답입니다.

[145] 남을 대할 때 자신의 마음이 당당해야 하겠지요. 남에게 놀림과 비웃음을 받을 듯한 행동을 하여 스스로 당당하지 못하다면 남사스러울 겁니다. 다음 중에서 '남사스럽다'와 같은 말이지만, 표준말이 아닌 것은?

1. 남세스럽다

2. 남우세스럽다

3. 우세스럽다

4. 우사시럽다

"남에게 놀림과 비웃음을 받을 듯하다"라는 뜻을 나타내는 말로 '남사스럽다', '남세스럽다', '남우세스럽다', '우세스럽다'는 모두 표준어로 인정될 뿐 아니라 같은 뜻이고, '우사시럽다'는 영남지방의 방언입니다 / 걸핏하면 적삼 밑으로 불거져 나오는 할아버지의 배꼽이 종덕이는 어쩐지 남세스러웠다. 『하근찬, 산울림』 / 조성준은 말이 없었다. 최가와 마주 앉아 지청구를* 주고받아 봤자, 남우세스러울 뿐 아무런 소득이 있을 수가 없었다. 『김주영, 객주』 / "그런 말씀 마시오. 벌어먹고 사는 일이 우세스러울 것 조금도 없습니다."『박경리, 토지』

*지청구 : 꾸지람 또는 까닭 없이 남을 탓하고 원망함.

4)번이 정답이며, 너무 쉬웠습니다.

[146] "마음이나 행실이 다랍고 추저분하다"라는 뜻의 '군단지럽다' 또는 '군던지럽다'라는 낱말이 있습니다. 그보다 약한 표현으로 '단지럽다'와 '던지럽다'도 '마음이나 행실이 더럽다'라는 뜻으로 사용됩니다. 그 부정적 강도의 순서는 '단지럽다 < 던지럽다 < 군단지럽다 < 군던지럽다'입니다. '추잡하다' 또는 '추접하다, 추저분하다'와도 비슷한 뜻이지요.

다음 낱말 중에서 "말이나 행동이 추잡하고 더럽다"를 의미하지 않는 낱말을 골라 주세요.

1. 지저분하다
2. 게저분하다
3. 너저분하다
4. 구저분하다

1) 지저분하다 : ① 정돈이 되어 있지 아니하고 어수선하다. ② 보기 싫게 더럽다 / 며칠 세수를 안 해 얼굴이 지저분하다. ③ 말이나 행동이 추잡하고 더럽다 / 환경 탓인지 그녀는 거칠고 지저분한 말만을 내뱉는다.
2) 게저분하다 : 너절하고 지저분하다. '게저분'은 '지저분'을 포함하는 의미입니다.
3) 너저분하다(≒ 너더분하다) : ① 질서가 없이 마구 널려 있어 어지럽고 깨끗하지 않다 / 그녀는 항상 재료를 너저분하게 늘어놓고 요리한다 / 우리들은 피란 시절 판잣집들처럼 널빤지로 누덕누덕 기운 어느 너저분하고 비틀거리는 듯한 이층집으로 들어갔다.『안정효, 하얀 전쟁』② 말이 쓸데없이 복잡하고 길다 / 허튼소리만 너저분하게 늘어놓다 / 너저분한 말은 생략하고 하고 싶은 말만 해라.
4) 구저분하다 : 더럽고 지저분하다 / 그는 행실이 구저분하다고 소문이 나 있다 / 파리똥과 빈대 피가 촘촘한 구저분한 방에 비하면 대궐의 지밀처럼 으리으리했다.『문순태, 타오르는 강』
3)번 '너저분하다'만 인격을 평가하는 말이 아닙니다. 정답입니다.

[147] 가수 한복남이 부른 〈빈대떡 신사〉라는 노래. 한때 크게 유행을 했었지요.

양복 입은 신사가 요릿집 문 앞에서 매를 맞는데
왜 맞을까 왜 맞을까 원인은 한 가지 돈이 없어
들어갈 땐 뽐내며 들어가더니
나올 때는 돈이 없어 쩔쩔 매다가….

이 노래에서 '빈대떡 신사'가 요릿집에 들어갈 때는 어떤 태도를 보이며 들어갔을까요?

1. 가즈럽게
2. 다기지게
3. 거추없이
4. 몽짜스럽게

1) 가즈럽다 : 가진 것도 없으면서 가진 체하며 뻐기는 티가 있다 / 그 요릿집에는 돈푼이나 만진 난봉꾼들이 가즈럽게 뻐기며 드나든다.
2) 다기지다(多氣- -) : 마음이 굳고 야무지다 / 수줍고 예쁜 얼굴에 이런 용기는 어디 가 있었을까 싶으리만큼 그녀는 다기지고 악지스럽기까지 하였다. 『오유권, 대지의 학대』
3) 거추없다 : 하는 짓이 어울리지 않고 싱겁다 / 연엽이 집 앞을 실없이 한두 번 지나치며 울타리 너머를 기웃거리기도 했으나 매양 그러기도 거추없어 허전한 마음을 안고 하염없이 돌아서고 말았다. 『송기숙, 암태도』
4) 몽짜스럽다 : 몽짜를 부리는 태도가 있다 / 몽짜스레 행동하는 사람을 보면 도와주고 싶은 마음이 들지 않는다.
    * 몽짜 : 음흉하고 심술궂게 욕심을 부리는 짓. 또는 그런 사람.

아마도 그 신사는 가진 것도 없이 가진 체하며 뻐기고 들어갔겠지요.
정답은 1)번입니다. 다르게 생각하셨어도 상관없습니다.

[148] 한 해의 후반기가 시작되는 날입니다. 전반기는 죽었습니다. 물고(物故)란 '만물 物, 예 故'를 써서 "어떤 사람이 쓰던 물건이 낡은 옛것이 되어버렸다"라는 뜻에서 '사람의 죽음'을 이르는 낱말입니다.
다음 관용구들 중에서 위 '물고'와 관계없는 것을 골라 주세요.
1. 물고 뽑은 듯하다
2. 물고 나다
3. 물고 내다
4. 물고 올리다

물고(物故) : ① 사회적으로 이름난 사람이 죽음. ② 죄를 지은 사람이 죽음. 또는 죄를 지은 사람을 죽임 / 잘못하다가는 대궐 안에서 쫓겨나든지 그렇지 않으면 물고를 당할 형편이니까, 죽든 살든 단판씨름으로 이런 발칙한 짓을 한 것이 분명하옵지요.『박종화, 금삼의 피』
1) '물고 뽑은 듯하다'는 "생김새나 됨됨이가 훤하고 깨끗하다"라는 뜻의 관용구입니다. 이때의 '물고'는 동사 '물다'의 활용으로서, "돈 많은 사장 딸을 물었다"처럼 "(속되게) 이익이 되는 어떤 것이나 사람을 차지하다"라는 뜻입니다 / 금년에 새로 들어온 사원들은 미끈하게 생긴 것이 하나같이 모두 물고 뽑은 듯하다.
2) 물고(가) 나다(물고하다) : 죽다 / 물고 날 일 있나, 그런 위험한 일을 하게.
3) 물고(를) 내다 : 죽이다 / 내 당장에 찾아가 물고를 내리라!『이문열, 황제를 위하여』
4) 물고(를) 올리다 : 명령에 따라 죄인을 죽이다 / 고놈 어린놈이라고 그대로 두어선 안 되겠다. 지금 당장 물고를 올려 버려라.
2, 3, 4)번은 모두 물고(物故)를 의미합니다.
정답은 1)번입니다.

[149] '의뭉스럽다'가 표준말인 줄 몰랐습니다. 한자어 '음흉(陰凶)스럽다'를 잘못 발음하는 것으로 생각했는데, 표준말로 지정되어 있네요. "보기에 겉으로는 어리석어 보이나 속으로는 엉큼한 데가 있다"는 뜻이로군요. "아씨가 꼬치꼬치 영악해질수록 산식이는 우렁이 속처럼 의뭉스럽게 정작 할 말은 입에 물고 있는 눈치였다.(박완서, 미망)"처럼 쓰이네요.
이처럼 엉큼하거나 곱지 못한 부정적 태도를 표현하는 낱말이 아닌 것을 골

라 주세요.

1. 아기똥하다
2. 선드러지다
3. 소증사납다
4. 착살스럽다

1) 아기똥하다(≒어기똥하다) : 말이나 행동 따위가 매우 거만하고 앙큼한 데가 있다.
2) 선드러지다(≒산드러지다) : 태도가 경쾌하고 맵시가 있다.
3) 소증사납다 : 하는 짓의 동기가 곱지 못하다.
4) 착살스럽다 : 하는 짓이나 말 따위가 잘고* 다라운 데가 있다 / 분녀는 부끄러운 뜻에 화끈 얼굴이 달며 착살스런 어머니의 눈초리에서 외면하여 버렸다. 『이효석, 분녀』
　* '잘다'는 '생각이나 성질이 대담하지 못하고 좀스럽다'라는 뜻이 있습니다.
정답은 2)번입니다. 우리 모두 선드러지고 서그럽게(마음이 너그럽고 서글서글하게) 살았으면 좋겠습니다.

[150] 누군가가 눈앞에서 못마땅한 언동이나 행동을 하면 흘겨보기라도 할 텐데, 보이지도 않는 곳에서 근거나 실체도 없는 댓글로 비아냥거리면 흘기지도 못하고 속이 터지면서도 그냥 참는 경우가 많지요.
다음 낱말들은 "눈동자를 옆으로 굴려 조금 못마땅하게 노려보다"라는 의미의 '흘기다'와 관련 있는 것들입니다. 표준말이 아닌 것을 골라 주세요!

1. 할기다
2. 할기족족하다.
3. 흘기족족하다.
4. 흘기죽죽하다.

1) 할기다 = 흘기다 : 눈동자를 옆으로 굴려 조금 못마땅하게 노려보다.
2, 4) 할기족족하다, 흘기죽죽하다 : 할겨(흘겨) 보는 눈에 못마땅하거나 성난 빛이 드러나 있는 상태이다.
3) '흘기족족하다'는 말은 표준어가 아닙니다. '흘기죽죽하다'로 써야 된답니다.
정답은 3)번입니다.

[151] 말하거나 행동하기에 앞서 생각을 해야 하는데, 그러하지 못하면 경솔한 말이나 행동이라고 비난받을 경우도 많고, 그런 행동을 경거망동(輕擧妄動)이라고 하지요.
다음 낱말들 중에서 '경솔한 행동'과는 관계가 없어서 나머지 셋과 그 뜻이 전혀 다른 낱말을 골라 주세요.

1. 쇠양배양하다
2. 소락소락하다
3. 되양되양하다
4. 무양무양하다

   1) 쇠양배양하다 : 철없이 함부로 날뛰는 경향이 있다. 또는 요량이 적고 분수가 없어 아둔하다 / 제 동생 놈이 쇠양배양하여 큰 실수를 저질렀으니 용서해 주십시오. 「문순태, 타오르는 강」
   2) 소락소락하다 : 말이나 행동이 요량 없이 경솔하다 / 그는 간혹 소락소락하게 말을 해서 핀잔을 듣는다.
   3) 되양되양하다 : 말이나 하는 짓이 조심성이 없고 가볍다.
   4) 무양무양하다 : 성격이 너무 고지식하여 융통성이 없다. '퉁어리적다(옳은지 그른지도 모르고 아무 생각 없이 행동하는 경향이 있다)'도 1, 2, 3번과 비슷한 뜻입니다.
   '철없이 함부로 날뛰는 것'이나 '조심성이 없이 경솔하게 말하거나 행동하는 것', 그리고 '옳고 그름의 분별을 못하고 행동하는 것'은 모두 같은 것 아닐까요? 말보다는 생각과 분별이 앞서야 하겠지요. 정답은 4)번 '무양무양하다'로 하겠습니다.

[152] "새벽 봉창 두들긴다" 또는 "자다가 봉창 두드린다"라는 속담이 있는데, 한참 단잠 자는 새벽에 남의 집 봉창을 두들겨 놀라 깨게 한다는 뜻으로, 뜻밖의 일이나 말을 갑자기 불쑥 내미는 행동을 비유적으로 이르는 말입니다.
그런데 글쓰기를 직업으로 하시는 분들 중에서도 '봉창(封窓)'이 어떤 창인지 정확하게 아시는 분이 많지 않으신 것 같습니다. 다음 소설 문장들 중에서 '봉창'을 제대로 이해하고 쓴 글을 골라 주세요.

1. 네모가 씰그러진 목판만 한 봉창에다 외풍을 막느라 덧붙인 비닐 조각은 쉴 새 없이 풍선처럼 부풀어 올랐다간 찌그러들곤 했다.『박완서, 오만과 몽상』
2. 봉창에 달린 담뱃갑만 한 유리 너머로 마당을 내다보는 김 씨의 모습이 창호지 위에 어른거렸다.『윤흥길, 묵시의 바다』
3. 귀덕이는 봉창에다 턱을 괸 채 뒤안으로 눈길을 떨군다.『천승세, 낙월도』
4. 그의 첩과 함께 임시로 기거하고 있는 여각은 영산포 안에서는 맨 처음으로 왜식의 붉은 양철지붕을 덮고, 봉창 대신에 유리창을 붙인 집이었다.『문순태, 타오르는 강』

봉창(封窓)은 '채광과 통풍을 위하여 벽을 뚫어서 작은 구멍을 내고 창틀이 없이 안쪽으로 종이를 발라서 봉한 창'을 말합니다.
1) 봉창의 종이에 비닐을 덧입혔다면(종이가 풍선처럼 부풀었다가 찌그러지지 않는 이상) 밖에서 불어오는 바람에 종이 안쪽에 덧붙인 비닐이 풍선처럼 부풀어 올랐다가 찌그러질 수가 없겠지요 ⇒ 호남 출신이라면 창틀이 있는 창호지 창문도 방언으로 '봉창'이라고 칭하므로, 창틀 틈으로 들어오는 바람에 덧붙인 비닐이 부풀어 오를 수도 있다고 생각하겠으나, 박완서 선생은 경기도 개풍군 출신이고 서울에서 성장하였으므로, 이 글에서는 표준어로 사용된 것으로 판단함.
2) 봉창에는 창틀 없이 달랑 벽 안쪽에 종이 한 장을 붙인 것에 불과하므로 그 종이 가운데에 유리를 달 수는 없습니다.
3) 봉창은 벽 안쪽에 종이를 붙여서 벽을 뚫은 구멍을 막은 창이므로 방안에서 봉창에 턱을 괴고 내다 볼 수는 없을 것입니다.
4) 봉창 대신 창틀을 만들고 창틀에 유리를 끼운 것은 지금의 유리창이지요. 봉창이 창틀 없이 종이로 막은 창이라는 걸 알고 쓴 글이라는 것을 의미합니다.
정답은 4)번. 문순태 작가님만 '봉창'을 제대로 이해하십니다.

[153] "어울린 맛과 세련됨이 없이 어수룩한 데가 있다"라고 하면 시골티가 나는 사람을 표현하는 것인데, 달리 보면 '촌뜨기 같은 사람'이란 '외모에 크게 신경을 쓰지 않고, 불필요한 격식이나 유행을 따르지 않으며, 이해관계에 초연하여 쩨쩨하게 다투지 않고 너그러우며, 정신이 여유로운 사람'을 표현하는 말이라고도 할 수 있지 않을까요?

다음 중에서 촌스러움과는 별로 관계가 없어 보이는 태도를 골라 주세요.

1. 어수룩하다.
2. 바자위다.
3. 메떨어지다.
4. 메부수수하다.

1) 어수룩하다 : ① 겉모습이나 언행이 치밀하지 못하여 순진하고 어설픈 데가 있다 / 어수룩한 맛은 한 푼어치도 없어 보이는 중년 여인이 현관문을 열고 내 행색을 유난히 훑어본다. 『이희승, 벙어리 냉가슴』 / "약삭빠르게 눈앞에 있는 일만 챙기는 사람보다 그런 어수룩한 사람이 좋잖을까요." 『이병주, 지리산』 ② 제도나 규율에 의한 통제가 제대로 되지 않아 매우 느슨하다 / 그의 직장은 피난 내려온 무슨 협회의 지부라고 들었는데 원체 일거리가 없어서인지 어수룩하기 짝이 없는 것이었다. 『서기원, 이 성숙한 밤의 포옹』
2) 바자위다 : 성질이 너그러운 맛이 없다 / 하지만 그렇게 꼼꼼하고 바자위게 하고 간 영감이 정미소 하나만은 뉘에게로 준다는 말이 없이 유서에도 안 써 놓았으니…. 『염상섭, 삼대』 / 그 사람은 성질이 바자위어 거지들도 그 집에는 안 간다네.
3) 메떨어지다 : 모양이나 말, 행동 따위가 세련되지 못하여 어울리지 않고 촌스럽다 / 그 사람은 행색이나 언동이 촌스럽고 메떨어졌다.
4) 메부수수하다 : 말이나 행동이 메떨어지고 시골티가 나다.

정답은 2)번 '바자위다'라는 독특한 형용사입니다.

[154] '건방지다'라는 말은 '잘난 체하거나 (또는) 남을 낮추어 보듯이 행동하는 데가 있다'는 뜻이고, '거만하다'라는 말은 '잘난 체하며 (그리고) 남을 업신여기는 데가 있다'라는 뜻이어서 '거만하다'가 '건방지다'보다 부정적 강도가 센 낱말인 것 같네요. 또한 '주제넘다'는 말은 '말이나 행동이 건방져 분수에 지나친 데가 있다'라는 뜻의 낱말이어서 '건방지다'보다는 좀 더 세고, '거만하다'보다는 좀 약한 부정적 표현인 것 같습니다.

'건방지다 < 주제넘다 < 거만하다'의 순위로 강도가 세다고 할 때, 그런 의미에서 다음 낱말 중에서 부정적 강도가 가장 강한 낱말을 고른다면 어떤 것일까요?

1. 시퉁스럽다
2. 시큰둥하다
3. 신둥부러지다
4. 벋버듬하다

 1) 시퉁스럽다 : 보기에 하는 짓이 주제넘고 건방진 데가 있다.
 2) 시큰둥하다 : ① 말이나 행동이 주제넘고 건방지다 / 그 여자 시큰둥하게 건방지더라. 『유주현, 하오의 연가』 ② 달갑지 아니하거나 못마땅하여 시들하다 / 겉으로는 시큰둥하게 대답해도 내 가슴은 단순한 부러움 이상의 심한 충격으로 떨렸다. 『이문열, 시대와의 불화』
 3) 신둥부러지다 : 지나치게 주제넘다(= 신둥지다) / 배 타고 외방에 나갑네 하고 신둥부러지게 떠벌릴 필요가 없을 것 같기도 했다. 『문순태, 타오르는 강』
 4) 벋버듬하다 : ① 말이나 행동이 좀 거만하다 / 벋버듬하게 굴다 / 벋버듬하게 쳐다보다. ② 사이가 틀려 버성기다. / 싸운 이후에 두 친구는 벋버듬하게 되었다.

건방지다, 주제넘다, 거만하다의 순으로 부정적 강도가 세다면, 아무리 건방져도 조금 주제넘은 사람보다는 낫고, 아무리 지나치게 주제넘어도 조금 거만한 사람보다는 낫지 않을까 생각하는데, 여러분의 생각은 어떤지 모르겠습니다.

저의 답안은 4)번으로 하겠습니다.

[155] 하는 짓이나 됨됨이가 일반인의 평균적 수준에 못 미치는 사람을 가리켜서 '둔하다, 어리석다, 우매하다, 미련하다, 미욱하다' 등의 표현을 하는데, 각 낱말들이 표현하는 구체적인 의미나 사리분별력이 떨어지는 정도가 어떻게 다를까요?
이들 중에서 일반인의 평균에 가장 못 미치는 표현을 골라 주세요.

1. 둔하다
2. 어리석다
3. 우매하다
4. 미련하다
5. 미욱하다

1) 둔하다 : 깨침이 늦고 재주가 무디다.
2) 어리석다 : 슬기롭지 못하고 둔하다.
3) 우매하다 : 어리석고 사리에 어둡다.
4) 미련하다 : 터무니없는 고집을 부릴 정도로 매우 어리석고 둔하다.
5) 미욱하다 : 하는 짓이나 됨됨이가 매우 어리석고 미련하다.

사전은 위와 같이 설명하고 있으므로, 사전적 의미대로 각 낱말을 분석해 본다면,
1) '둔한 사람'은 깨침이 늦지만, 오래 생각하면 슬기로운 결정을 할 가능성도 있는 사람.
2) '어리석은 사람'은 둔하면서, 오래 생각해도 슬기로운 결정을 하기 어려운 사람.
3) '우매한 사람'은 어리석은데, 미련한 사람처럼 자기 생각만 옳다고 주장하지는 않고 단지 사리분별력이 떨어지는 사람.
4) '미련한 사람'은 어리석으면서, 오래 생각해도 슬기로운 결정을 하기는커녕 터무니없이 자기의 생각만 옳다고 우기는 사람.
5) '미욱한 사람'은 매우 미련한 사람을 각각 의미하는 것 같습니다.
'둔한 사람 〈 어리석은 사람 〈 우매한 사람 〈 미련한 사람 〈 미욱한 사람'의 순으로 사리분별력이 점차 더 떨어지는 것 같네요.
정답은 5)번 '미욱하다'로 하겠습니다.

[156] 승용차 뒤 유리창에 "까칠한 아기가 타고 있어요!"라고 붙여놓고 다니시는 분들이 있지요. 무슨 뜻인지 알고 붙이고 다니는지 모르겠어요. 다음 낱말 중에서 '성질이 보드랍지 못하고 까다롭다'는 의미로 사용하기 어려운 것을 골라 주세요.

1. 까칠하다.
2. 까슬까슬하다.
3. 팽패롭다.
4. 얄망궂다.

1) 까칠하다(≒ 가칠하다) : 야위거나 메말라 살갗이나 털이 윤기가 없고 조금 거칠다 / 거친 바닷바람에 그의 얼굴이 까칠하게 말랐다 / 사십이 가까워 뵈는 사내가 까칠한 수염이 난 깡마른 턱을 치켜들며 손을 내밀었다. 『황순원, 일월』

2) 까슬까슬하다(≒ 가슬가슬하다) : ① 살결이나 물건의 거죽이 매끄럽지 않고 가칠하거나 빳빳하다 / 2년 전만 해도 털 안 벗은 복숭아처럼 까슬까슬하고 솜털이 돋아서 앙상하던 얼굴이 제법 살결이 희어지고…. 『이기영, 고향』 ② 성질이 보드랍지 못하고 매우 까다롭다 / 까슬까슬한 성격.

3) 팽패롭다. : 성질이 까다롭고 별난 데가 있다 / 제 집사람이 성미가 팽패로워서 나리님께서들 그렇게 인심을 써 주시는 것을 못 알고 그러는 것이니 용서해 주세요. 『염상섭, 이심』

4) 얄망궂다 : 성질이나 태도가 괴상하고 까다로워 얄미운 데가 있다 / 초초히 떠나 버린 황 서방인지라 그의 이야기만 꺼낼라치면 뱃심이 뻗질러 오르면서 심사가 얄망궂게 뒤틀리는 것이었다. 『문순태, 타오르는 강』

'까칠하다'라는 낱말은 사람의 성질과는 관계없이 피부의 상태를 의미하는 낱말입니다. 자신의 아기에게 이런 표현을 붙여 주면 안 되겠네요.

정답은 1)번입니다.

[157] 적을 상대할 무기인 사드(THAAD)를 만천하에 공개하고 그 무기를 설치할 장소까지 공개한 대한민국 정부와 군대가 있습니다. 전쟁에서 승리하고 나라를 지키기 위해서는 적을 포함한 모두를 속여가면서 은밀히 준비해야 할 것도 있습니다.

다음은 오래된 병법인「36계」중 일부입니다. 모두가 적을 속이는 전술인데, 그 중에서 오늘의 사드 배치에 대하여 가장 교훈이 되는 것은 어느 것이라고 생각하시나요? 고견을 들려주세요!

1. 만천과해(瞞天過海) : 하늘을 속이고 바다를 건너라.
2. 무중생유(無中生有) : 무에서 유를 만들어낸다.
3. 암도진창(暗渡陳倉) : 성동격서와 비슷함. 동쪽을 공격하고 싶으면 서쪽부터 건드려라.
4. 소리장도(笑裏藏刀) : 비장의 무기는 웃음 속에 감추어라.

   1) 만천과해(瞞天過海) : 삼십육계 중 제1계. 침공 연습만 하고 철수하기를 반복하여 적을 방심케 한 뒤 어느 순간에 진짜로 침공하는 것과 같은 전술. 북한이 간헐적으로 도발을 감행하는 것도 우리를 매너리즘에 빠지도록 하여 전쟁준비를 소홀히 하도록 만드는 전술이 아닐까?
   2) 무중생유(無中生有) : 반란군 안녹산의 공격을 받던 옹구성의 장수 장순이 볏짚으로 1,000개의 인형을 만들어 밤에 병사들이 성벽을 타고 내려가는 것처럼 보이게 함으로써 적의 공격을 유도하여 인형에 박혀 있는 화살을 모은 것과 같은 전술. 진실과 거짓을 뒤섞어 적의 실책을 유도하는 계책이다. '허실을 뒤섞어 적을 현혹하는 계략'이라고도 함.
   3) 암도진창(暗渡陳倉) : 한신이 초나라 군대의 진창을 공격하고자, 먼저 초나라로 진입하는 잔도를 수리하는 척하여, 초나라의 군사를 그 쪽으로 유인한 다음 몰래 우회하여 진창(陳倉)을 점령한 전술.
   4) 소리장도(笑裏藏刀) : 비장의 무기는 웃음 속에 감추어라.
   사드라는 무기 체계가 도입되었는지 여부조차 적이 모르게 하려면 우리 국민부터 속였어야 합니다. 저는 4)번을 고르겠습니다.

[158] '홀아비'와 '홀어미'가 만나 정을 통하면 보통은 문제될 일이 없겠지만, '핫아비'와 '핫어미'가 만나 정을 통하면 어찌될까요? 이제는 간통죄가 폐지되었지만, 그래도 보통은 문제가 되겠지요. 그러나 '핫아비'와 '핫어미'가 '가시버시'라면 문제 삼을 사람이 없겠지요.

나의 할아버지들이 많습니다. 어느 분과 어느 분이 서로 부자지간일까요?
1. 큰종조할아버지
2. 가시할아버지
3. 진외할아버지
4. 넛할아버지

    핫아비 : 유부남.
    핫어미 : 유부녀.
    종조할아버지 : 할아버지의 형제.
    큰(작은)종조할아버지 : 할아버지의 형(동생).
    가시버시 : 부부.
    가시어머니 : 장모.
    가시아버지 : 장인.
    가시할아버지 : 처조부.
    가시할머니 : 처조모.
    진외할아버지 : 아버지의 외할아버지.
    진외할머니 : 아버지의 외할머니.
    넛할아버지 : 아버지의 외삼촌.
    넛할머니 : 아버지의 외숙모.
    넛손자 : 누이의 손자.
    움고모 : 시집간 고모가 죽고 난 뒤 그 고모의 남편과 결혼한 여자.
    움누이 : 시집간 누이가 죽고 난 뒤 그 누이의 남편과 결혼한 여자.
    움딸 : 죽은 딸의 남편과 결혼한 여자.
    제밑동생 : 자기와 성별이 같은 바로 아래의 동생.
    3)번 아버지의 외할아버지와 4)번 아버지의 외삼촌이 부자지간이겠지요.

[159] '땅보탬'은 사람이 죽어서 땅에 묻힘을 이르는 명사로서, 단순히 '죽음'보다는 매장의 의미까지 포함된 것인데, 사람의 몸을 땅에 보탠다는 의미인 듯하고, "땅으로 돌아간다"라는 말과도 일맥상통하는 것 같습니다.
다음 중에서 '땅보탬'과 같은 뜻의 낱말을 골라 주세요!

1. 구들동티
2. 애물
3. 잔디찰방(察訪)
4. 다비(茶毘).

1) 구들동티 : 방구들에서 생긴 동티라는 뜻으로, 별다른 까닭 없이 죽는 일을 놀림조로 이르는 말 / 우리 아랫집에서 엊저녁에 구들동티가 났다.
2) 애물 : 어린 나이로 부모보다 먼저 죽은 자식.
  ※ 몹시 애를 태우거나 성가시게 구는 물건이나 사람(애물단지)의 의미로 많이 사용됩니다.
3) 잔디찰방 : 무덤의 잔디를 지킨다는 뜻으로, 죽어서 땅에 묻힘을 완곡하게 이르는 말 / 하루라도 빨리 선산에 가서 잔디찰방이나 해야지.
  ※ 찰방은 조선 시대에, 각 도의 역참 일을 맡아보던 종육품 외직(外職) 문관의 벼슬 이름입니다.
4) 다비(茶毘) : 시체를 화장(火葬)하다. 불에 태운다는 뜻에서 나온 말로, 육신을 원래 이루어진 곳으로 돌려보낸다는 의미가 있다 / 나는 결국 나 혼자의 힘으로 지산의 시신을 다비하기로 작정했다.『김성동, 만다라』.

4)번 '다비'는 땅에 묻는다는 매장의 의미는 가지고 있지 않습니다.
정답은 3)번 잔디찰방입니다.

[160] 다음 문장들 중의 '하리니'의 기본형이 (뒷문장의 의미에 비추어 볼 때) '하다(사람이나 동물, 물체 따위가 행동이나 작용을 이루다)'인 것을 골라 주세요! 나머지 셋의 기본형은 '하다'가 아닙니다.

1. 부인이 그리 하리니, 남편이 부인을 믿고 그 일에 신경을 쓰지 않는 것이다.
2. 부인이 그리 하리니, 벌이도 변변치 않은 남편이 힘들 것은 뻔하다.
3. 부인이 그리 하리니, 남편이 매사를 글로 적어 두게 하고 수시로 읽게 하는 것이다.
4. 부인이 그리 하리니, 남편이 부인에게 집안 일 이외에 어떤 일도 시키지 못하는 것이다.

※ 하다 : 사람이나 동물, 물체 따위가 행동이나 작용을 이루다.
※ 하리다 : ① 마음껏 사치하다〈동사〉. ② 기억력이나 판단력이 분명하지 아니하다〈형용사〉. ③ 하는 일이 똑똑하지 못하다〈형용사〉.

'하다'와 '하리다'의 세 가지 뜻에 따라 각 지문을 뒷 문장과 호응하여 각 〈하리니〉를 해석하면 다음과 같습니다.
1) 부인이 그리 (할 것이니), 남편이 부인을 믿고 그 일에 신경을 쓰지 않는 것이다.
2) 부인이 그리 (마음껏 사치하니), 벌이도 변변치 않은 남편이 힘들 것은 뻔하다.
3) 부인이 그다지 (기억력이나 판단력이 분명하지 아니하니), 남편이 매사를 글로 적어 두게 하고 수시로 읽게 하는 것이다.
4) 부인이 그다지 (하는 일이 똑똑하지 못하니), 남편이 부인에게 집안 일 이외에 어떤 일도 시키지 못하는 것이다. '그다지'는 부정하는 말과 호응하여 '그리' (그러한 정도로)와 같은 뜻입니다.

1)번 '하리니'의 기본형은 '하다'이고, 2, 3, 4)번 '하리니'의 기본형은 모두 '하리다'입니다.
당신의 특정한 행동을 원하는 누군가의 제안에 "그리 하리다!"라고 답한다면, 그때의 '하리다'는 '하겠다'의 뜻이므로 기본형은 '하다'겠지요.

[161] [무지 어려운 우리말겨루기]의 [무지]는 부사로서 '보통보다 훨씬 정도에 지나치게'라는 뜻입니다. 충청도 사투리로 '무지게'라고 하지요. 에멜무지로* 시작한 이 시도가 앞으로도 오달지게* 꾸며지고, 저와 함께 이 시도에 참여하는 모든 분들의 마음에 오진* 마무리로 맺어지면 좋겠다는 생각이 듭니다.

예외 없는 원칙 없으니 이번 문제는 쉽습니다. 다음 중에서 "그 정도가 '보통' 또는 '표준'에 상당히 가깝다"는 의미가 아닌 것을 골라 주세요.

1. 웬만하다.
2. 여간하다.
3. 어연간하다.
4. 엔간찮다.

* 에멜무지로 : ① 단단하게 묶지 아니한 모양. ② 결과를 바라지 아니하고, 헛일하는 셈치고 시험 삼아 하는 모양.
* 오달지다 : 허술한 데가 없이 야무지고 알차다.
* 오지다 : 마음에 흡족하게 흐뭇하다.
1) 웬만하다 : ① 정도나 형편이 표준에 가깝거나 그보다 약간 낫다. ② 허용되는 범위에서 크게 벗어나지 아니한 상태에 있다.
2) 여간하다(如干-) : ('아니다', '않다' 따위의 부정어 앞에 쓰여) 이만저만하거나 어지간하다.
3) 어연간하다(준말, 엔간하다) : 대중으로 보아 정도가 표준에 꽤 가깝다. / 그 풍신 그 붓 재주에, 사주만 엔간하게 타고났더라도 양반 댁 식객(食客) 되어 선비 시늉으로 행세하지….『이문구, 오자룡』
4) 엔간찮다 : 보통이 아니어서 만만하지 않다(← 엔간하지아니하다).
정답은 4)번입니다.

[**162**] 길이 막히거나 어떤 사정 때문에 이용이 불편하면 다른 길로 돌아서 가야 하는데, 그 돌아가는 길을 보통 우회도로(迂廻道路, bypass, detour)라고 하지요. 이 '우회도로'가 표준말로 지정되어 있을까요? 아닙니다. '우회로'만 표준말입니다.

다음 중에서 '우회로'에 딱 맞는 우리말을 찾아 주세요.

1. 에움길
2. 돌림길
3. 둘레길
4. 올레길
5. 볼레길

  1) 에움길 : 굽은 길. 에워서* 돌아가는 길 / 들길이나 야산을 넘는 에움길로 우회를 하다가도 무슨 기척만 느껴지면 풀숲이나 바위 따위의 은폐물에 몸을 숨겼던 것이다.『김원일, 불의 제전』

  *에우다 : ① 사방을 빙 둘러싸다. ② 다른 길로 돌리다. ③ 다른 음식으로 끼니를 때우다 / 오늘 점심은 커피 한잔으로 에웠다.

  2) 돌림길 : 곧장 가지 않고 멀리 피하여 가는 길 / 공사 때문에 돌림길로 갔다.
  3, 4, 5) 둘레길, 올레길, 볼레길 : 지역에 따라 자치단체 등이 'OO둘레길' 등의 고유명사로 붙인 길의 이름으로서, 거주 지역, 명소 따위의 주변에 난 길(또는, 만든 길)을 말하는데, 산책을 위한 길이 일반적이며, 올레길은 제주, 볼레길은 부산, 둘레길은 전국 여러 지역에 있습니다. '돌림길'은 원래 북한 말이기는 하지만 이미 표준어로 지정되었고, 에움길과 돌림길은 그 뜻이 거의 다르지 않은 것 같습니다. 저는 개인적으로 돌림길보다는 에움길이 더 어감이 좋고 예뻐요!

[163] 몽골의 군인들은 대부분 시골 출신으로 이들의 시력은 평균 3.5~4.0 이라고 합니다. 약 98,000명의 병력 중 안경 착용자는 단 10여 명이라고 하는데, 이들의 대부분은 중년을 넘은 지휘부랍니다. 이들의 시력이 이렇게 좋은 이유는 전깃불이 없는 어둠 속에서 출산하기 때문이라네요.

다음은 눈과 관계있는 낱말들입니다. 나머지 셋과 반대되는 의미를 가진 것을 골라 주세요!

1. 바투보기
2. 멀리보기
3. 졸보기
4. 요렌즈(凹lens)

> 1) 바투보기 : 근시(近視). 가까운 데 있는 것은 잘 보아도 먼 데 있는 것은 선명하게 보지 못하는 시력 / 남의 큰일을 앞에 놓고 우리 생색내자고 재장바르게* 그런 바투보기로 어정쩡 얕은꾀를 써서는 안 돼.『한무숙, 돌』⇒ 이 경우의 '바투보기'는 '근시안적 사고'라는 비유적 의미라고 사료됩니다.
>
> ※ 바투(≒ 바투바투) : ① 두 대상이나 물체의 사이가 썩 가깝게. ② 시간이나 길이가 아주 짧게 / 그는 농구화의 코끝을 적실 듯이 찰랑대는 물가에 바투 붙어 섰다.『윤흥길, 완장』/ 사람들이 바투바투 마을회관으로 모여들기 시작했다.
>
> * 재장바르다 : 무슨 일을 시작하려는 첫머리에 좋지 못한 일이 생겨 꺼림칙하다.
>
> 2) 멀리보기 : 원시(遠視). ① 멀리 바라봄. ② 가까이 있는 물체를 잘 볼 수 없는 시력. ※ 돋보기 = 볼록렌즈 = 철렌즈(凸lens)
>
> 3) 졸보기 : ① 근시(近視). ② 근시경(近視鏡) / 두꺼운 졸보기를 코끝으로 밀어 올리며 버릇처럼 책장을 뒤적이는 녀석….『이동하, 도시의 늪』
>
> 4) 요렌즈(凹lens) = 오목 렌즈 = 졸보기.
>
> 1, 3, 4)번은 모두 근시의 눈과 관계가 있고, 2)번은 원시의 눈과 관계가 있습니다.

[164] "장구 치는 사람 따로 있고 고개 까닥이는 사람 따로 있나?"라는 속담이 있습니다. 장구 치는 사람은 장단을 맞추느라 고개를 까닥거리며 치기 마련이므로, 다른 사람에게 자기 대신 고개를 까닥거려 달라고 부탁할 필요가 없지요. 그래서 '자기 혼자 할 수 있는 일을 아무 상관없는 사람에게 나누어 하자고 할 때에 이를 반박하여 이르는 말'로 쓰입니다.

다음 중에서 여러분께서 아주 익히 알고 계시는 우리 고유의 악기인 '진짜 장구'를 치는 사람은 누구일까요?

1. 물장구치는 사람

2. 재장구치는 사람

3. 맞장구 치는 사람

4. 죽장구 치는 사람

  1) 물장구치다 : ① 헤엄칠 때에 발로 물을 연거푸 치다. ② 민속『물을 담은 동이에 바가지를 엎어 놓고 장단 맞추어 두드리다. ※ 원래 물장구는 부녀자들이 물이 가득 찬 동이 위에 바가지를 엎어 놓고 장단에 맞추어 두드려서 소리를 내는 놀이를 뜻하는 말. 물바가지를 두드리며 시집살이를 하는 동안 쌓인 스트레스 따위를 푸는 방편으로 이용했다고 하며, 4월 초 파일에 아이들이 못에 바가지를 엎어 띄우고 이것을 빗자루로 따위로 두드리며 놀기도 했다고 합니다.

  2) 재장구치다 : 두 번째로 서로 마주쳐 만나다

  3) 맞장구 치다(두 단어라서 띄어 씀) : 풍물놀이를 할 때 둘이 마주서서 치는 장구를 맞장구 또는 곁장구라고 하며, 맞장구를 치려면 서로 호흡이 맞아야 한다는 데서 생긴 말이 '맞장구치다'임.

  ※ 맞장구치다(한 단어라서 띄어 쓰지 않음) : 남의 말에 서로 호응하거나 동의하다 / 시어머니도 그런 동생의 말에 맞장구쳤다. 『이문열, 영웅시대』

  4) 죽장구 치다 : 보통 장구의 몸통이 오동나무로 제조되는 것과 달리 굵은 대나무로 제조되어 죽장구라 함. 대나무의 지름이 10㎝ 이상이고, 길이가 80~90㎝의 굵고 긴 대통의 속마디를 뚫어서 장구처럼 사용하는 민속악기의 하나.

그렇다면 띄어 쓴 3)번 '맞장구 치는 사람'이 진짜 장구를 치는 사람이네요.

[165] '피조개'라는 이름은 '피안다미조개'에서 '안다미'가 생략된 것입니다. 피조개와 비슷하게 생겼으나 그보다 작은 '꼬막'이라는 조개는 '안다미조개' 또는 '꼬마피안다미조개'라고도 하는데, 그중 '꼬마피안다미조개'의 '꼬마'에서 유래한 듯하여 '꼬막'은 아마도 '꼬마'라는 뜻인 것 같습니다. 여기서 조개 이름에 들어있는 '안다미'는 무슨 뜻일까요? 어떤 분은 '안다미'가 '안에 담는 것'이라는 뜻이어서 '안이 꼭꼭 채워진 조개, 살이 가득 차 있는 조개'라는 뜻으로 '안다미조개'라고 했을 것이라 해석하는데, 꽤 그럴 듯합니다.

다음 각 '안다미' 중에서 위 '안다미'의 해석과 같은 의미를 가지는 것으로 판단되는 것을 골라 주세요.

1. 지금 외국 군대를 불러온 것은 민씨 일당이지만, 그 [안다미를] 우리 농민군이 뒤집어쓰게 생긴 판입니다. 『송기숙, 녹두장군』
2. 이야기를 들었으면 그 값으로 술국이나 한 뚝배기 [안다미로] 퍼 오너라. 『송기숙, 녹두 장군』
3. 자네 까닭이라고 [안다미할] 거 무어 있나 일수 그른 탓이나 하지. 『홍명희, 임꺽정』
4. 엉뚱한 사람에게 [안다미씌우는] 것이야말로 참으로 괘씸한 짓이야.

  2) '안다미로'는 '부사'로서 '담은 것이 그릇에 넘치도록 많이'라는 뜻입니다.
  1, 3, 4)의 각 '안다미'는 '명사'로서 '남의 책임을 맡아 짐. 또는 그 책임'이라는 뜻입니다. '준말'로 '다미'라고도 하고 한자어로 안담(按擔)이라고도 하는데, '안담(按擔)'이라는 한자어가 있는 것으로 보아 어원이 한자어에서 온 것으로 볼 수도 있으나, 이보다는 오히려 우리말 '안담이(안[內]+담[藏]+이)'에 의하여 만들어진 고유어 '안다미'(안에 담는 것)를 한자로 차자(借字)한 것이 '안담'이라고 보는 것이 옳을 것이라고 합니다.
    ※ 안다미하다 : 남의 책임을 맡아 지다
    ※ 안다미씌우다 : 자기의 책임을 남에게 지우다.
  정답은 2)번 '안다미로'입니다.

[166] 우리 대한민국 국가대표선수 선발진이 [부라질] 리우올림픽에 참가하기 위하여 출국하였다지요? 그들이 10-10목표(10개 금메달, 10위 이내)를 꼭 달성하고 개선하기를 기원합니다. 참! 가야 할 나라는 '부라질'이 아니고 '브라질'이지요.

젖먹이 또래의 아이를 운동시킬 목적으로 어르는 행위와 그 명칭이 일치하지 않는 것을 골라 주세요.

1. '부라질'은 젖먹이의 양쪽 겨드랑이를 껴서 붙들거나 두 손을 잡고 일으켜 세워 '부라부라' 하면서 좌우로 흔들어 두 다리를 번갈아 오르내리게 하는 짓이다.
2. '곤두질'은 아이의 두 발을 손바닥에 올려놓고 '곤두곤두' 하면서 세우는 짓이다.
3. '시장질'은 아이를 일으켜 세워 두 손을 잡고 '시장시장' 소리를 내면서 앞뒤로 밀었다 당겼다 하는 짓이다.
4. '세장질'은 아이를 일으켜 앉혀 두 손을 붙들고 '달강달강' 소리를 내면서 앞뒤로 밀었다 당겼다 하는 짓이다.

'아이를 아빠에게 맡기면 안 되는 이유' 중에서 아빠라는 자는 보통 2)번의 (위험한) 짓을 하는 것도 그 하나로 꼽힙니다. '곤두곤두'는 꼿꼿이 서라는 의미겠지만, '곤두질'은 '곤두박질(거꾸로 쳐박히는 일)'의 준말로만 사용될 뿐 사전에는 아빠가 하는 위험한(?) 그 행위의 명칭이 없습니다(정확하게는 '못 찾았습니다'). 나머지 '질'은 그리 위험하지는 않겠지요.

'부라질'에는 위 내용 이외에 "종일토록 입을 다물고 '부라질'이나 하고 앉아 있으니 부처님이나 다를 바 없어…. 『이희승 : 딸깍발이 선비의 일생』"처럼 '몸을 좌우로 흔드는 짓'이라는 뜻도 있습니다.

정답은 2)번입니다.

[167] 제기차기는 아직도 어린이들이 즐기는 놀이이고, 어른들도 제기만 보면 아이들 것을 빼앗아서라도 한 번씩 차보지요. 특히 겨울에 하는 것이 더 재미있습니다. 한 발만 가지고 차는 외발제기, 떨어뜨리지 않고 한 번에 차는 횟수로 승패를 가르는 셈제기 등등 여러 가지 형태가 있습니다. 다음 중 제기차기 놀이의 형태가 아닌 것을 골라 주세요.

1. 종로제기
2. 외알제기
3. 어지자지
4. 사방제기

  1) 종로제기 : 두 사람이 마주 보고 서로 받아 차는 제기 ⇒ 예전에 종로 상인들이 겨울에 추위를 잊기 위하여 흔히 가게 앞에서 행하였던 데서 유래한다고 합니다.
  2) 외알제기 : 마소 따위가 한쪽 굽을 질질 끌면서 걷는 걸음이나 그렇게 걷는 마소. 또는 나귀나 말 따위가 못마땅할 때 한쪽 발로 걷어차는 짓 / 외알제기하다 : 질질 끌며 걷다. 한쪽 발로 걷어차다.
  3) 어지자지(= 두발제기) : 두 발로 번갈아 차는 제기.
   ※ 다른 뜻으로 남자와 여자의 생식기를 한 몸에 겸하여 가진 사람이나 동물을 뜻하는 순수 우리말이며, '남녀추니'라고도 합니다 / 난 나리께서 어지자지가 아니면 개호주가 물어 간 줄 알았더니…. 『김주영, 객주』
  4) 사방제기 : 네 사람이 사방으로 벌여 서서 제기를 발로 주고받으며 차는 제기.
정답은 2)번입니다.

[168] "먹기 위해서 산다"는 분이 계신 반면에 "먹기 위해서 운동한다"는 분도 계십니다. 먹고 싶은 것 다 먹고 살 안 찌려면 운동을 해야겠지요. 다음 중에서 "음식물을 먹는다"와 관계없는 낱말을 골라 주세요.

1. 가무리다.
2. 후무리다.
3. 후물거리다.
4. 거머먹다.
5. 께지럭거리다.

1) 가무리다 : ① 몰래 혼자 차지하거나 흔적도 없이 먹어 버리다. ② 남이 보지 못하게 숨기다 / 은근히 도망갈 포서로 수비대에 도로 내맡겨야 할 암호를 돌려보내지 않고 그대로 가무려 버렸다.『한설야, 탑』
2) 후무리다 : 남의 물건을 슬그머니 훔쳐 가지다 / 그는 노름빚을 갚기 위해 아내가 잠든 사이에 집에 있는 돈과 패물을 모두 후무려 나왔다.
3) 후물거리다(= 후물대다) : ① 이가 빠진 입으로 음식을 우물거리며 잇따라 씹다 / 할머니는 밥을 후물거리며 드시느라 식사 시간이 길었다. ② 음식물 따위를 꼭꼭 씹지 아니하고 잇따라 대강 씹다.
4) 거머먹다 : 이것저것 욕심스럽게 급히 걷어 먹다 / 그 거지는 게걸들린 사람같이 이것저것 가리지 않고 마구 거머먹었다.
5) 께지럭거리다(= 께지럭께지럭거리다 = 께지럭대다. [준말: 께적거리다 또는 께질거리다] : 달갑지 않은 음식을 자꾸 억지로 굼뜨게 먹다 / 끝순이가 밥알을 모래알 씹듯 께지럭거리는 만화에게 말했다.『문순태, 피아골』② 달갑지 않은 듯이 자꾸 게으르고 굼뜨게 행동하다.
정답은 2)번 후무리다.

[169] 우리는 많은 상상의 존재나 동물을 알고 있습니다. 신비로울 때도 있고, 위엄을 상징하거나 무서울 때도 있으며, 주술적일 수도 있고, 재미있거나 우스꽝스러울 때도 있겠지요?

다음 상상의 존재나 짐승들 중에서 암수 구분이 있는 것은 어느 것일까요?

1. 해태(獬豸)
2. 에오
3. 봉황(鳳凰)
4. 에비(어비)

1) 해태(獬豸) : 시비와 선악을 판단하여 안다고 하는 상상의 동물. 사자와 비슷하나 머리에 뿔이 있다고 함. 같은 한자(漢字)를 '해치'로도 발음함. 해태(海駝)도 해태를 의미함.
2) 에오 : 임금이 거동할 때에, 거리의 나쁜 귀신을 물리치기 위하여 그리던 짐승의 이름. 다리를 지나갈 때 '에오'라고 소리를 치면 다리 밑의 모든 악귀들이 달아난다 함.
3) 봉황(鳳凰) : 상서로움의 상징인 새. 전반신은 기린, 후반신은 사슴, 목은 뱀, 꼬리는 물고기, 등은 거북, 턱은 제비, 부리는 닭을 닮았음. 수컷은 '봉'이고 암컷은 '황'임. (정답)
4) 에비(= 어비) : ① 아이들에게 무서운 가상적인 존재나 물건 / 그렇게 떼를 쓰면 에비한테 잡혀간다. ② 아이들에게 어떤 일을 하지 못하게 하기 위하여 무서운 것이라는 뜻으로 내는 소리 / 에비, 이건 만지면 안 돼.

[170] "떡국이 농간한다"라는 속담이 있습니다. 이때의 떡국은 '나이'를 비유하며, '재질이 부족해서 일을 감당하지 못할 듯하지만 오랜 경험으로 일을 잘 감당하고 처리해 나가는 경우'를 이르는 말이지요.

설날에 메(제사에 올리는 밥) 대신에 떡국으로 지내는 차례를 '떡국차례'라고 하는데, 다음 중에서 '떡국차례에 올리는 떡국'을 이르는 낱말을 골라 주세요.

1. 무리떡국
2. 조롱떡국
3. 생떡국
4. 편쑤기

1) 무리떡국 : 맑은장국에 무리로* 지은 반대기를* 썰어 넣고 끓여 만든 음식.
   * 무리 : 물에 불린 쌀을 물과 함께 맷돌에 간 후 체에 밭쳐 가라앉힌 앙금.
   * 무리풀 : 무릿가루로 쑨 풀.
   * 반대기 : 가루를 반죽한 것이나 삶은 푸성귀 따위를 평평하고 둥글넓적하게 만든 조각.
2) 조롱떡국 : 고수레떡을* 잘 쳐서 가늘게 비벼 둥글게 잘라 떡국처럼 끓인 음식(평안도 지방).
   * 고수레떡 : 멥쌀가루로 반죽한 덩이를 쪄 낸 흰떡.
3) 생떡국 : 찹쌀가루나 멥쌀가루를 반죽하여 새알만 하게 만들어 장국이 끓을 때 넣어서 익힌 음식.
4) 편쑤기 : 정월 초하룻날에 차례를 지내는 데 쓰는 떡국(정답).

[**171**] 예전에도 일용 노동자가 있었습니다. 당시에는 '일용 노동자'라 하지 않고 순우리말로 불렀던 것 같은데, 다음 일용 노동자들 중에서 품삯 외에 음식을 반드시 제공받은 분은 누구일까요?

1. 날품

2. 날품팔이

3. 날품팔이꾼

4. 놉

1, 2) '날품'과 '날품팔이'는 '날삯을 받고 파는 품'을 의미하기도 하지만, 그 자체로 '날품을 파는 일이나 사람'을 의미하기도 합니다 / 대부분의 날품들은 이런 일에 만성이 되어 있어서 열띤 분위기가 가라앉고 나면 곧장 잊어버렸다.『황석영, 객지』
3) '날품팔이꾼'은 날품을 파는 사람을 의미합니다.
4) 놉 : 하루하루 품삯과 음식을 받고 일을 하는 품팔이 일꾼 또는 그 일꾼을 부리는 일 / 놉을 사다 / 놉을 셋이나 부리다 / 어르신, 이 땅은 몇 명만 놉을 사면 금세 농토화시킬 수 있는 땅 아닙니까? 『조정래, 태백산맥』
'놉겪이(발음: 놉껴끼)'라는 낱말이 있는데, 놉에게 음식을 주어 일을 치르는 것을 의미하는 명사이며, 한창 바쁠 때 놉을 구해서 일을 시키는 것이 어려움을 의미합니다 / 특히, 모심기 때는 놉겪이를 소홀히 할 수 없다. 이왕 같은 품삯을 받을 바에야 일꾼들은 반찬 좋은 집으로 몰려가기 마련이니까 말이다.『김춘복, 쌈짓골』
정답은 4)번 놉입니다.

[172] 껍질을 벗기거나 가시 따위를 추려 낼 때 사용하는 '바르다'와 '발라내다'라는 낱말이 있습니다.
다음 중에서 위 두 낱말의 바르지 않은 활용례를 골라 주세요!

1. 생선을 [발라] 먹다.
2. 생선 가시를 [발라서] 버리다.
3. 고기반찬 뼈 [발르고] 살코기만 먹겠구나.
4. 삼대를 [발라낸] 피 삼을* 왼새끼로* 동아줄같이 꼰 삼노로* 수질을* 만들어 머리에 두르고….

'바르다'는 "껍질을 벗기어 속에 들어 있는 알맹이를 집어내다. 또는 뼈다귀에 붙은 살을 걷거나 가시 따위를 추려 내다"라는 뜻으로, "밤을 바르다 / 씨를 바르다" 등으로 쓰이며, '발라, 발라서, 바르고, 바르니'등으로 변화합니다.
'발라내다'는 "겉에 둘러싸여 있는 것을 벗기거나 헤집고 속의 것을 끄집어내다. 또는 필요한 것만을 따로 추리어 내다"라는 뜻으로, '바르다'와 별로 다르지 않습니다.
따라서 1, 2, 4)번은 옳은 활용이며, 3)번은 '바르고' 또는 '발라내고'(뼈 바르고 살코기만… 또는 뼈 발라내고 살코기만…)로 써야 합니다.

* 피 삼 : 삼 껍질.
* 왼새끼 : 왼쪽으로 꼰 새끼 / 왼새끼로 금줄을 치다. 새끼는 보통 오른 쪽으로 꼬는데, 반대방향으로 꼰 왼새끼는 애사 등의 특별한 경우에만 사용합니다.
* 왼새끼(를) 꼬다 : 비비 꼬아서 말하거나 비아냥거리다. 일이 꼬여 어떻게 될지 몰라 애를 태우다 / 그래서 장차 어찌될까 하고 뒤울안 마루에서 혼자 왼새끼를 꼬고 있는데…. 「한설야, 탑」
* 왼새끼 내던지다 : 두 번 다시 돌아볼 생각 없이 아주 포기해 버리다.
* 삼노 : 삼을 가늘게 비비거나 꼬아 만든 줄(노).
* 수질 : 상복을 입을 때에 머리에 두르는, 짚에 삼 껍질을 감은 둥근 테.

[173] '단배'라는 낱말이 있습니다. 맛이 달은 '단 배'가 아니라 '입맛이 당겨 음식을 달게 많이 먹을 수 있는 배'라는 뜻인데, 이런 배를 고프게 하면 "단배를 곯리다"라고 하고, 이런 배를 채우지 못하면 "단배를 주리다"라고 합니다. 오늘은 광복절인데, 광복 전후와 6.25때 단배를 주린 분들이 이젠 70~80대가 되셨겠네요.

단배 주리는 것과는 반대로 음식이 있는데도 그것을 먹고 싶지 않아서 억지로 먹는 경우가 있는데, 그리 먹는 것을 어떻게 먹는다고 할까요?

1. 데데하게
2. 데시기게
3. 데설궂게
4. 데억지게
5. 데퉁맞게

1) 데데하다 : 변변하지 못하여 보잘것없다 / 어쩌면 남자 양반이 저렇게 데데할까. 『이문희, 흑맥』
2) 데시기다 : 먹고 싶지 않은 음식을 억지로 먹다 / 그렇게 밥을 데시기려거든 그만 먹고 일어나라.
3) 데설궂다 : 성질이 털털하고 걸걸하여 꼼꼼하지 못하다 / 저 아이는 성격이 데설궂어 터진 옷을 며칠째 입고 다닌다.
4) 데억지다 : 정도에 지나치게 크거나 많다 / 송 군이 배 선생한테 데억지게 밉보이기는 벌써 옛날 옛적부터였다. 『윤흥길, 묵시의 바다』
5) 데퉁맞다 : 몹시 데퉁스럽다* / 사모(師母)는 월성이를 들여보내고 나서 은근히 궁금하였다. 그래 문틈으로 엿보기까지 한 것은 혹시 데퉁맞게 술을 따르지나 않는가, 그럼 자기까지 망신이라 싶었는데…. 『이기영, 봄』

* 데퉁스럽다 : 말과 행동이 거칠고 미련한 데가 있다.

2)번이 정답 되겠습니다!

[174] 요즘처럼 살인적으로 더운 날씨에 접질려서 깁스(Gips)를 하고 다닌다면 얼마나 불편할지 상상도 안 됩니다. '디디다'라는 동사가 있는데, "발을 올려놓고 서거나 발로 내리누르다"란 뜻이고 준말로 '딛다'로 쓰지요. 다음 중에서 병원에 가야 할 사람을 골라 주세요.

1. 곱디딘 분
2. 사르디딘 분
3. 벋디딘 분
4. 빗디딘 분

'디디다'라는 낱말은 "발을 올려놓고 서거나 발로 내리누르다"란 뜻 외에 "누룩이나 메주 따위의 반죽을 보자기에 싸서 발로 밟아 덩어리를 짓다"라는 뜻이 있으며, 잘 아시듯이 "역경과 고난을 이겨내다"라는 뜻도 있습니다 / 그 많은 밀기울로는 죄다 누룩을 디뎌 천장 속에 감춰 두기도 했다. 『이문구, 장한몽』
1) 곱디디다 : 발을 접질리게 디디다 / 발을 곱디뎌 넘어지다.
2) 사르디디다 : 힘을 주지 않고 조심스럽게 디디다 / 살얼음판을 사르디디어 보았다.
3) 벋디디다 : ① 발에 힘을 주고 버티어 디디다 / 그는 발을 벋디디어 무거운 낚싯대를 힘껏 잡아끌었다. ② 테두리나 금 밖으로 내어 디디다.
4) 빗디디다(엇디디다) : 잘못하여 디딜 자리가 아닌 다른 자리를 디디다 / 유례가 황겁히 외치면서 뛰어올 때에는 나는 벌써 발을 빗디디고 잡았던 쇠줄을 놓은 뒤였다. 『이효석, 성화』
접질렸으면 병원에 가야겠지요?

[175] 치아가 약한 어르신들은 질기고 딱딱한 음식물을 씹기가 무척 힘드시지요. 그런 의미의 낱말들을 골랐는데, 나머지 셋과 전혀 다른 의미를 가진 외톨이를 골라 주세요.

1. 볼근거리다.
2. 울근거리다.
3. 갈근거리다.
4. 올근거리다.

1) 볼근거리다 = 볼근대다 ≒ 불근거리다 = 불근대다 : 조금 질기고 단단한 물건이 입 안에서 자꾸 씹히다. 또는 그것을 자꾸 씹다.
2. 4) 올근거리다 = 올근대다 ≒ 울근거리다 = 울근대다 : 질긴 물건을 입에 넣고 볼을 오물거리며 계속 씹다.
3) 갈근거리다(≒ 걸근거리다) : ① 목구멍에 가래 따위가 걸려 자꾸 간지럽게 가치작거리다. ② 음식물이나 재물 따위를 얻으려고 자꾸 조금 치사하고 구차스럽게 굴다.
정답은 3)번이 명백합니다.
그 외에 '볼강거리다, 불겅거리다, 볼강대다, 불겅대다'도 "질기고 단단한 물건이 잘 씹히지 아니하고 입 안에서 자꾸 요리조리 볼가지거나 불거지다"라는 뜻으로 같은 의미입니다.
한편 '올겅거리다, 울겅거리다'라는 유사한 단어도 있는데, 이 단어는 질기기보다는 생전복(날전복)처럼 "단단하고 오돌오돌한 물건이 잘 씹히지 아니하고 입 안에서 요리조리 자꾸 미끄러지다"라는 뜻입니다.

[176] 누군가의 하는 짓이나 됨됨이 등이 거슬리어 보기에 아니꼬울 때 돌아서서 들릴 듯 말 듯 한 마디 하기도 하지요.
다음 중 위와 같은 상황에서 할 말이 아닌 것은 어떤 것인가요?

1. 같잖네!
2. 눈꼴틀리네!
3. 맞갖잖네!
4. 꼴같잖네!

1) 같잖다 : 하는 짓이나 꼴이 제격에 맞지 않고 눈꼴사납다. 말하거나 생각할 거리도 못 되다.
2) 눈꼴틀리다 = 눈꼴시다 = 눈꼴사납다 : 하는 짓이 거슬리어 보기에 아니꼽다.
3) 맞갖잖다 : 마음이나 입맛에 맞지 아니하다.
4) 꼴같잖다 : 생김새나 됨됨이가 자기 수준에 맞지 아니하거나 하는 짓이 제격에 맞지 않고 눈꼴사납다.
3)번 '맞갖잖다'가 아니꼬움과 관계없이 자신의 마음에 들지 않는 것이고, 나머지는 아니꼬워서 마음에 들지 않는 것 같습니다. 바로 정답이며, 철자에 주의해야 될 것 같습니다. 요즘 많이 쓰는 '꼽다'는 표준말이 아니고, '아니꼽다'의 준말도 아닙니다.

[177] 기계화 이전 농부들은 모내기를 하려고 못자리에서 모를 '모짝모짝' 뽑았습니다. 같은 책을 오래 읽으면 모서리가 '모짝모짝' 닳아서 너덜너덜해지지요. '불개'는 일식 때에 해를 '모짝모짝' 먹고, 월식 때에는 달을 그렇게 먹습니다.

이렇게 '모짝모짝' 먹는 것은 어떻게 먹는 걸까요?

1. 불어먹다
2. 갈겨먹다
3. 물먹다
4. 개먹다

'모짝모짝'은 부사로서 '한 쪽에서부터 차례로 모조리', '차차 조금씩 개먹어 들어가는 모양'을 의미합니다.
1) 불어먹다 : 돈이나 재물을 헛되이 다 써서 없애다.
2) 갈겨먹다 : 남의 재물을 가로채서 가지거나 써 없애다. '남의 음식을 빼앗아 먹다.
3) 물먹다 : 다른 뜻도 있으나, "시험에서 떨어지거나 직위에서 떨리어 나다"라는 뜻이 있는데, 의외로 이 낱말이 표준어네요.
4) 개먹다 : 자꾸 맞닿아서 몹시 닳다 / 책 모서리가 개먹어 나달나달하다.
　※ 모판의 모를 모짝모짝 뽑으면 모판이 개먹는 것.
　※ 불개는 일식이나 월식 때에 해나 달을 먹는다고 하는 상상의 짐승입니다.
정답은 4)번 '개먹다'입니다.

[178] 지금은 다이어트가 유행이지만, 예전 한때 무엇이든지 음식의 종류를 불문하고 배부르게 먹는 것이 소원이었던 시절이 있었습니다. '포식(飽食)하다', '염식(饜食)하다', '포끽(飽喫)하다', '포복(飽腹)하다', '만끽(滿喫)하다' 등이 모두 "배부르게 먹다", "마음껏 먹다", "마음껏 먹고 마시다" 등을 뜻하는 한자어들입니다.
다음 중에서 위와 같은 뜻을 가진 낱말을 골라 주세요!

1. 설만하다.
2. 설뚱하다.
3. 설레발치다.
4. 설체하다.

1) 설만(褻慢)하다 : 하는 짓이 무례하고 거만하다 / 무당과 박수가 뒤에서 물을 먹이는 것이니 송악 대왕이 영검한 귀신이라면 무당과 박수에게 벼락* 내릴 듯한 설만한 장난이다.『홍명희, 임꺽정』
   * 벼락 : 하늘이나 신령이 사람의 죄악을 징계하려고 내린다는 벌.
2) 설뚱하다 : 마음이나 분위기가 들뜨고 어수선하다 / 마음이 어딘가 설뚱하다.『김남천, 대하』
3) 설레발치다: 몹시 서두르며 부산하게 굴어 대다 / 그녀는 엉덩이에 비파 소리를 내며 투표에 참여하라고 집집마다 설레발치고 다녔다.
4) 설체하다 : "흔하게 쓰다", "마음껏 먹다"라는 뜻으로 정답입니다.

[179] 쓸데없이 손을 놀려서 하는 장난을 '손장난'이라고 합니다. 손장난을 잘못했다가 망신당하는 경우를 근래 언론에서 가끔 보지요.
다음 중에서 손장난의 한 유형을 이르는 낱말을 골라 주세요!

1. 손가늠
2. 손대기
3. 손떠퀴
4. 손짭손

1) 손가늠 : 손으로 대충 길이를 잼 / 그는 손가늠으로 장롱의 길이를 쟀다.
2) 손대기 : 잔심부름을 할 만한 아이 / 나 차라리 이 주막에서 술심부름이나 해 줄까? 보아하니 손대기도 없이 주모 혼자 여간 힘들어 보이지 않겠는데.『문순태, 타오르는 강』
3) 손떠퀴 : ① 미신적인 관념에서, 무슨 일에 손을 대는 데 따르는 운수를 이르는 말. ② 무슨 일이나 손을 대기만 하면 좋은 일이나 궂은 일이 따라 생기는 일 / 손떠퀴가 사납다.
4) 손짭손 : 좀스럽고 얄망궂은* 손장난. 손짭손하다 : 좀스럽고 얄망궂게 손장난을 하다.
   * 얄망궂다 : 성질이나 태도가 괴상하고 까다로워 얄미운 데가 있다.
정답은 4) 손짭손입니다.

[180] '퍅'의 한자를 '한글과 컴퓨터'에서 찾으면 단 한 글자 '愎'이 나옵니다. 이 '愎' 자가 들어가는 한자어를 찾아보면 다음과 같은 단어들이 나오는데, 이 중에서 한글 표기가 잘못된 것을 골라 주세요.

1. 강퍅(剛愎)하다 ← 굳을 강
2. 괴퍅(乖愎)하다 ← 어그러질 괴
3. 암퍅(暗愎)하다 ← 어두울 암
4. 오퍅(傲愎)하다 ← 교만할 오

  1) 강퍅(剛愎) : 성격이 까다롭고 고집이 세다.
  2) 괴팍(乖愎) : 붙임성이 없이 까다롭고 별나다
  3) 암퍅(暗愎) : 성질이 엉큼하면서 까다롭고 고집이 세다.
  4) 오퍅(傲愎) : 교만하고 독살스럽다.
'괴팍하다'는 본디 '괴퍅(乖愎)'에서 온 말이지만, 한자어와 멀어진 우리말의 보기라 할 수 있는 말이며, 표준어 규정에서 발음의 편리에 따라 '괴팍'으로 적기로 정하였습니다.
정답은 당연히 2)번입니다.

[181] 통일국어 차원에서 북한어 하나를 소개합니다.
다음 중에서 어느 것이 북한어일까요?

1. 괴어오르다
2. 곧아오르다
3. 쌍심지오르다
4. 게바라오르다

  1) 괴어오르다 : 술, 간장, 초 따위가 발효하여 거품이 부걱부걱 솟아오르다. 또는 울분 따위의 감정이 속에서 끓어오르다 / 차실(車室)은 마치 한창 괴어오르는 술 항아리 속같이 답답하였다. 『이희승, 벙어리 냉가슴』 / 가슴속에서 괴어오르는 울분을 억제할 수가 없어서 부어 놓은 채 여태껏 손도 대지 않았던 술 사발을 단숨에 들이켰다. 『이병주, 지리산』
  2) 곧아오르다 : 얼거나 마비되어 꼿꼿하여지거나 뻣뻣하여지다 / 바위에 땅바닥에 다리들을 뻗고 누워 버렸다. 몸이 얼어 곧아올랐으나 우선은 그래도 그게 편했다. 『유주현, 대한 제국』

3) 쌍심지오르다 = 쌍심지서다 = 쌍심지나다 : 두 눈에 불이 일 것처럼 화가 몹시 나다 / 마침내 시퍼런 칼을 가슴패기에 겨누고, 없는 자복을 하라면서 대들던 그 쌍심지선 눈…. 『채만식, 소년은 자란다』
4) 게바라오르다[북한어] : 낮은 곳에서 높은 곳으로 기듯이 올라가다. 또는 높은 직위를 탐내어 기를 쓰고 올라가다 / 정치부 중대장 신철민은 허물어진 전호에서 전투원들을 고무하며 새까맣게 고지로 게바라오르는 적들에게 불벼락을 안기고 있었다. 『변희근, 뜨거운 심장』 / 박지주의 아들놈은 왜놈 군대에서 중위까지 게바라오른 놈이였다. 『조선말대사전』

변희근(1924~1989)은 함경도 출신의 소설가로서 1989년에 '김일성상'을 받았고, 그의 소설 작품들은 소박하면서도 간결하고 평이한 언어묘사를 통해 인간관계를 묘사하고 있다는 평을 받는다고 합니다. 정답은 4)번입니다.

[182] 추수한 곡식을 밥으로 만들어 먹기 위하여, 오늘날은 정미소에서 껍질까지 다 벗겨서 소비자에게 건네지지만, 예전에는 집에서 주부들이 손수 수고를 하였지요.
다음 중에서 곡식의 껍질을 벗기는 행위와 관계없는 낱말을 골라 주세요.
1. 느껍다.
2. 늠그다.
3. 능그다.
4. 대끼다.

1) 느껍다 : 어떤 느낌이 마음에 북받쳐서 벅차다 / 나는 그의 마음 씀씀이가 느꺼워 가슴이 뭉클해졌다.
2) 늠그다 : 곡식의 껍질을 벗기다.
3) 능그다 : 곡식 낟알의 껍질을 벗기려고 물을 붓고 애벌 찧다.
4) 대끼다 : 애벌 찧은 수수나 보리 따위를 물을 조금 쳐 가면서 마지막으로 깨끗이 찧다 / 식량이 연맥(燕麥) 아니면 마령서(馬鈴薯)인데, 날마다 수용하는 다량의 이것을 대끼고 으깸은 도저히 인력으로 당할 바 아니요…. 『최남선, 백두산 근참기』
정답은 1)번입니다.

[183] '에누다리울음'은 어떤 울음일까요? 평양 근처의 에누다리에서, 상여를 따르던 여자 상주들은 건너가지 못하게 되어 있어 마침내 영결하며 애통하게 울던 울음을 말한답니다. 크게 소리 내어 우는 것은 '통곡한다'라고 하지요.

다음 울음 중에서 가장 소리를 내지 않고 우는 울음을 지칭하는 낱말은 어느 것일까요?

1. 오열하다.
2. 느끼다.
3. 흐느끼다.
4. 늘키다.

1) 오열(嗚咽)하다 : 목메어 울다 / 돌연 주위를 의식한 듯 터져 나오려는 통곡을 간신히 틀어막고 안으로만 오열하는 울음소리가 들려왔다. 『최인호, 지구인』
2) 느끼다 : ('흑흑', '흘흘' 따위의 부사와 함께 쓰여)서럽거나 감격에 겨워 울다 / 오십이 넘은 그의 고모는 건넌방에 영희를 끼고 누워서 밤이 이슥하도록 훌쩍거렸다. 영희의 흘흘 느끼는 소리도 간간이 안방에까지 들렸다. 『염상섭, 표본실의 청개구리』
3) 흐느끼다 : 몹시 서럽거나 감격에 겨워 흑흑 소리를 내며 울다.
4) 늘키다 : 시원하게 울지 못하고 꿀꺽꿀꺽 참으면서 느끼어 울다 / 앞을 여미고 윽 한 번 어깨를 움츠리며 늘켰다. 『송기숙, 녹두 장군』

※ 목메다 : 기쁨이나 설움 따위의 감정이 북받쳐 솟아올라 그 기운이 목에 엉기어 막히다 → '목메다'의 뜻이 위와 같으므로 '오열(목메어 우는 것)'은 감정이 북받쳐 울음소리가 밖으로 나오지 못하고 소리 없이 우는 것을 말합니다. '침묵의 울음'이라고 하겠습니다.
※ '느끼다, 흐느끼다, 늘키다'는 느낌상으로 약간은 소리를 내어 우는 울음으로 해석된다고 보아서 정답을 1)번으로 하려는데 이의 있으신가요?

[184] '머뭇거리지 않고 단번에 빨리'를 뜻하는 '냉큼'이라는 낱말이 있습니다. 그런데 같은 뜻으로 '닁큼'도 표준말이라는 사실을 아시나요?
"자, 밤이 찬데 닁큼 들어가세." 두 노인이 한사코 웅보의 손을 잡아끌었다. 『문순태, 타오르는 강』 / 이처럼 사용됩니다.
아래 낱말들 중에서 일을 닁큼 처리하지 않고, '머뭇거리고 미루거나 쉬어 가면서 하는 것'을 의미하는 낱말을 골라 주세요!

1. 늘채다.
2. 능놀다.
3. 늦잡다.
4. 늦잡죄다.

> 1) 늘채다 : 미리 생각한 수효보다 많이 늘다 / 집들이에 오신 손님이 너무 늘채서 음식이 모자랄 것 같다.
>
> 2) 능놀다 : 쉬어 가며 일을 천천히 하다. 일을 미루어 가다 / 오나가나 뒷짐을 지고 능놀던 사내들이 해묵은 버릇으로 어슴새벽에* 일어나 장화를 챙겨 신기 시작하자…. 『이문구, 산 너머 남촌』
>
> * 어슴새벽 : 조금 어둑하고 희미한 새벽 / 계절에 따라 다르긴 했지만 들어가던 여름엔 어슴새벽으로… 두들겨 대는 도량석(道場釋) 소리에 자리를 일어나 안팎 청소부터 해 가며…. 『이문구, 장한몽』
>
> 3) 늦잡다 : 시간이나 날짜를 늦추어 헤아리다. 시간이나 날짜를 여유 있게 미루어 정하다 / 날짜를 아무리 늦잡아도 연말까지는 일을 끝내야 한다 / 이사회 날짜를 다음 달로 늦잡았다.
>
> 4) 늦잡죄다 : 느지막이 다잡거나 독촉하다 / 늦잡죄면 일이 틀어질 수 있다 / 그 녀석을 늦잡죈 것이 어디 다 내 탓이란 말이오?

정답은 2)번입니다.

[185] "나는 내 실수가 열없어서 얼굴이 붉어졌다", "그는 하릴없이 앉아 있기가 열없어서 곁에 있던 잡지를 뒤적거리기 시작했다"와 같이 "좀 겸연쩍고 부끄럽다"라는 뜻의 '열없다'라는 낱말이 있습니다.
이 낱말과 비슷한 의미의 낱말을 골라주시기 바랍니다!

1. 짓궂다.

2. 짓마다.

3. 짓먹다.

4. 짓쩍다.

1) 짓궂다 : 장난스럽게 남을 괴롭고 귀찮게 하여 달갑지 아니하다.
2) 짓마다 : 짓이기다시피 잘게 부스러뜨리다. 흠씬 두들기다.
3) 짓먹다 : 지나치게 많이 먹다.
4) 짓쩍다 : 부끄러워 면목이 없다 / 그는 어제 보충 수업을 빼먹고 도망간 일이 짓쩍어서인지 학교에 나타나지 않았다.

'열없다'와 '짓쩍다'는 거의 같은 말이라고 해도 좋겠습니다. 정답은 4)번입니다.

[186] 〈하날때, 두알때, 사마중, 날때, 육낭거지, 팔때, 장군, 고드래뽕, 상사네, 네비, 오드득뽀드득, 제비손이구손이, 종제비, 빠땅〉
위 낱말들의 공통점은 무엇일까요?

1. 길이를 재는 단위이다.

2. 놀이의 이름이다.

3. 수를 세는 단위이다.

4. 시간을 의미하는 이름이다.

예전에, 어린이들의 놀이에서 술래 따위를 정할 때에 '하날때, 두알때, 사마중, 날때, 육낭거지, 팔때, 장군, 고드래뽕' 하면서 세었다고 합니다. 세는 말의 끝말이 '고드래뽕'이어서 하던 일이 다 끝남을 구어적으로 이르는 말로 사용되어 "드디어 이 지긋지긋한 일도 오늘로 고드래뽕이다"처럼 쓸 수 있습니다.

한편, '제비손이구손이'라는 놀이가 있었다고 하는데, 그 놀이에서는 '하날때, 두알때, 상사네, 네비, 오드득뽀드득, 제비손이구손이, 종제비, 빠땅' 하면서 세었다고 합니다.
정답은 3)번 '수를 세는 단위'인데, 여덟까지밖에 세지 않네요.

[187] 다음 '터(텃)'가 땅을 의미하지 않는 것을 골라 주세요.

1. 집터서리에 딸린 논밭을 잃었다.
2. 간신히 할아버지의 터무니를 찾았다.
3. 텃구실이 지나치게 많다.
4. 터수가 좋아졌다.

1) 집터서리 : 집의 바깥 언저리 / 곽은 우선 집터서리에 딸린 텃논과 텃밭과 밭마당을 모개로 잃고 있었다.『이문구, 산 너머 남촌』
2) 터무니 : ① 터를 잡은 자취 / 그렇던 숲이 부지중 터무니도 없어지고, 따라서 그들에게 지금은 아무것도 없지 않은가.『이기영, 고향』 ② 정당한 근거나 이유 / 말을 지어내도 터무니가 있어야지. 아무리 노는 년이라고 얕잡아 본들 그렇게 음해를 한단 말이에요.『현진건, 적도』/ 이러구러 하는 동안에 일본의 터무니없는 주장이 터무니를 갖추게 될 것을 우려하는 것이다.『유진오, 구름 위의 만상』
보통 ②의 의미로 사용하고, 나아가 부정적으로 '터무니없다'로만 사용하는 경향이 있으나, "터무니를 찾다(터의 흔적을 찾다)", "터무니있다(근거가 있다)", "터무니를 갖추다(정당한 근거를 갖추다)" 등으로도 훌륭하게 활용할 수 있습니다.
3) 텃구실 : 집터를 쓰는 사람이 내는 온갖 세금.
4) 터수 : ① 살림살이의 형편이나 정도 / 우리는 세 끼 밥이나 먹는 터수이다 / 더군다나 안팎에서 받아 챙길 만큼 궁해 보이지도 않은 터수니 무슨 사연이 있긴 있는 모양이었다.『박완서, 미망』 ② 서로 사귀는 사이 / 우리는 서로 편하게 술잔을 나눌 만한 터수이다.
※ '터수'의 준말은 '터'이며, "우리 사이가 서로 허물없는 터이니…"라고 말할 수도 있습니다.
정답은 4)번입니다.

[188] 북한이 잠수함발사탄도미사일(SLBM) 발사에 성공했다고 합니다. 유치한 어린아이 같은 생각으로는 북한의 무기 제조공장에 가서 시설을 망가뜨리면 되지 않을까?
'망가뜨리다'와 '망가트리다'는 둘 모두 표준어입니다. 이와 똑같지는 않지만 아주 유사한 뜻을 가진 낱말이 있습니다. 골라 주세요!

1. 막서다.
2. 망상스럽다.
3. 망그지르다.
4. 맞쐬다.

   1) 막서다 : ① 싸울 듯이 마구 대들다. ② 어른, 아이를 가리지 아니하고 대들다 / 얘가 겁 없이 경찰에게 막서네 / 이 녀석아, 버릇없이 어른에게 막서면 안 돼.
   2) 망상스럽다 : 요망하고 깜찍한 데가 있다 / 영두는 또 그 망상스러운 입버릇으로 느물거리면서 마냥 성가시게 굴었다.『이문구, 산 너머 남촌』
   3) 망그지르다 : 잘 짜인 물건을 찌그러뜨리거나 부수어 못 쓰게 하다 / 어제 조카들이 와서 아버지가 물려주신 의자를 망그지르고 갔다. (정답)
   4) 맞쐬다 : 서로 비교하여 마주 대어 보다 / 네 것을 내 것과 맞쐬어 보자. 이 둘을 맞쐬어 보면 결정이 나겠지. '망가뜨리다'는 부수거나 찌그러지게 하여 못 쓰게 만드는 것이고, '망그지르다'는 잘 짜인 물건을 망가뜨리는 것을 말합니다.

[189] 여러 사람이 한꺼번에 덤비어 때리는 매를 무릿매, 뭇매, 난장 등으로 표현합니다. 어제는 잠수함발사탄도미사일(SLBM) 공장을 망그질렀으니 오늘은 김정은에게 무릿매를 선물하면 어떨까요?
다음 중에서 위 무릿매와 뜻이 다른 낱말을 골라 주세요!

1. 물매
2. 몰매
3. 모다깃매
4. 물풀매

1, 2, 3)번은 모두 똑같은 뜻으로 여러 사람이 한꺼번에 달려들어 때리는 것을 의미합니다.

4) 물풀매는 농작물에 해를 끼치는 새를 쫓기 위하여 쓰는 물건으로서, 가는 새끼로 국자처럼 움푹하게 망을 뜨고 두 개의 끈을 늘여서 만드는데, 두 줄을 잡고 힘껏 돌리다가 한 줄을 놓으면 망 속에 있는 돌이 멀리 날아가게 만든 기구를 이르는 낱말입니다. 기구를 사용하여 강하게 돌팔매질을 하는 것이라고 할 수 있을 것입니다 / 앞 논에서 잘못 던진 물풀매의 돌멩이로 깨진 장독이 한둘이 아니었다.

※ 전라도 일부 지방에서는 '줄팽개', '헐끈팽매'라는 명칭을 가지고 있고, 경상도 일부 지역에서는 '노팔매'라는 명칭을 가지고 있습니다.

※ 정약용은 막대기에 물풀매를 달아 무기로 사용할 것을 제안한 적도 있으며, 서양에서도 같은 종류의 무기가 고대부터 사용된 적이 있다고 합니다.

정답은 4)번입니다.

[190] 오늘은 '에'로 시작하는 낱말들을 모아 보았습니다. 정돈되지 아니하여 어수선하고 엉성하거나 깨끗하지 아니한 것을 '너저분하다'라고 하는데, 다음 낱말 들 중에서 위 '너저분하다'와 뜻이 전혀 다른 것을 골라 주세요.

1. 에넘느레하다.
2. 에푸수수하다.
3. 에부수수하다.
4. 에굽다.

1) 에넘느레하다 : 종이나 헝겊 따위가 여기저기 함부로 늘어져 있어 어수선하다 / 작업대 위에는 크고 작은 헝겊 쪼가리가 에넘느레하였다 / 철야 작업 탓으로 방 안은 종잇조각들로 에넘느레하였다.

2, 3) 에부수수하다(≒ 에푸수수하다) : 정돈되지 아니하여 어수선하고 엉성하다 / 그녀는 바람에 날려서 에푸수수하게 된 머리를 손으로 쓰다듬어 넘겼다.

4) 에굽다 : 약간 휘우듬하게 굽다 / 언덕 위에는 에굽은 소나무 한 그루가 서 있다.

정답은 4)번입니다.

[191] 오늘은 일제가 대한제국을 강제로 병탄한 지 106주년이 되는 소위 경술국치일입니다. 나라가 어찌하면 망하는지 다시 한 번 새겨봐야 하겠지요. '늘옴치래기' 아주 생소한 단어지요? 다음 중에서 '늘옴치래기'라고 하기 어려운 것을 골라 주세요!

1. 자라목
2. 고무줄
3. 이중 잣대
4. 여우 꼬리

'늘옴치래기'란 늘었다 움츠렸다 한다는 말에서 합성된 것으로, 늘었다 줄었다 하는 물건을 이르는 말입니다. 그러나 물건이 아닌 경우에 대해서도 비유적으로 사용할 수도 있는 말이라고 생각합니다.

1) 자라목은 늘었다 줄었다 하지요.
2) 고무줄은 대표적인 늘옴치래기라고 할 수 있지요.
3) 이중 잣대의 대표적인 경우가 '내로남불', 내가 하면 로맨스, 남이 하면 불륜이지요. 이중 잣대란 유사한 상황에 대해 각자 다른 지침이 불공평하게 적용되는 것을 말하며, 영어로는 'Double Standards'라고 합니다. 이러면 안 되지요.
"그 사람 늘옴치래기같은 사람이야"라고 말한다면 그를 도덕적으로 매우 낮게 평가하는 경우일 것입니다.
4) 여우 꼬리는 설마 늘었다 줄었다 하지는 않겠지요?
정답은 4)번입니다.

[192] 오늘은 8월의 마지막 날이면서 음력으로도 7월 그믐날입니다. '어정칠월'이 다 가고 내일부터는 '건들팔월'이 시작되는군요.
'엔'으로 시작하는 우리말로 흔히 쓰이는 '엔간하다'('어연간하다'의 준말)가 있지만, 본딧말로는 '엔굽이치다'라는 단어 하나밖에 없는 것 같습니다. "물이 굽이진 데서 휘돌아 흐르다"라는 뜻입니다.
가느다랗고 긴 활 모양으로 소재지의 동쪽 외곽을 엔굽이쳐 지나가는 개천가 빨래터에 나앉아…. 『윤흥길, 완장』 / 이처럼 활용되네요.
다음 중에서 서로 연결된 낱말들이 본딧말과 준말의 관계가 아닌 것을 골라 주세요.
1. 엉그름 ― 엉금
2. 어정잡이 ― 어정
3. 엉너릿손 ― 엉너리
4. 어제그저께 ― 엊그저께 ― 엊그제

1) 엉그름 : 차지게 갠 흙바닥이 말라 터져서 넓게 벌어진 금. (준말)엉금 / 오랜 가뭄에 논바닥은 갈기갈기 엉그름이 갔고 모 포기는 그대로 발갛게 타 버렸다.
2) 어정잡이 : ① 겉모양만 꾸미고 실속이 없는 사람. ② 됨됨이가 조금 모자라 자기가 맡은 일을 제대로 처리하지 못하는 사람. (준말)어정 / 겉만 번지르르한 저런 어정잡이보다는 건실한 자네가 더 좋네 / 부지런히 생업에 종사할 생각은 없이 어정잡이로 횡재만 바라고 있었다. 『이기영, 봄』
3) 엉너리 : 남의 환심을 사기 위하여 어벌쩡하게 서두르는 짓 / 엉너리를 치다 / 대불이는 마음에 없는 웃음을 헤프게 실실 날리면서 엉너리를 떨었다. 그제야 봉선이의 팽팽한 표정이 조금 풀리는 듯싶었다. 『문순태, 타오르는 강』
엉너릿손 : 엉너리로 사람을 그럴듯하게 꾀어넘기는 솜씨 / 엉너릿손을 쓰다 / 그 사람 엉너릿손이 어찌나 대단하던지 모두들 혀를 내둘렀다.
4) 어제그저께 : 바로 며칠 전 / 바로 엊그저께의 일 같은데 벌써 일 년이 지났다니 세월 참 빠르다. (준말) 엊그저께, 엊그제.
3)번 엉너리와 엉너릿손은 본딧말과 준말의 관계가 아니므로 정답입니다.

[193] 토끼몰이를 해보신 분은 아시겠지만, 여러 명이 산을 둘러싸고 올라가며 토끼를 산 위로 몰아서 잡습니다.
다음 낱말 중 토끼몰이에 적합하지 않은 행동을 골라 주세요.

1. 에우다.
2. 에두르다.
3. 에돌다.
4. 에워싸다.

1) 에우다 : 사방을 빙 둘러싸다 / 탁자를 에우고 네 사람이 자리를 잡고 앉자…. 『김말봉, 찔레꽃』 / 이세적은 요동성을 철통같이 에우고 매일같이 공격하나 아무런 변동이 없다. 『홍효민, 신라 통일』
2) 에두르다 : 에워서 둘러막다 / 눈이 내린 날이면 마을 청년들이 뒷동산을 에둘러 싸고 토끼몰이를 하곤 했다 / 예배당을 에두른 야트막한 담에는, 쫓겨 나간 아이들이 머리만 내밀고 죽 매달려서…. 『심훈, 상록수』
위와 다른 뜻으로 '바로 말하지 않고 짐작하여 알아듣도록 둘러대다(≒에둘러대다 · 에둘러치다)'라는 뜻도 있습니다 / 기분 상하지 않을 테니 에두를 것 없이 바로 말해라 / 그가 말을 에둘러 하기는 하였지만 그래도 대충 알아들을 수는 있었다.
3) 에돌다 : ① 곧바로 선뜻 나아가지 아니하고 멀리 피하여 돌다 / 계곡에서 흘러내린 시내는 넓은 들판을 에돌아 흐르다가 강과 합류한다. ② 이리저리 빙빙 돌거나 휘돌다 / 다들 자기 일이 아니라고 이리저리로 에돌기만 한다오. ③ 말이나 글을 곧바로 하지 아니하고 돌려 하다('에두르다'와 같은 뜻) / 성호가 가져왔을 용건이 궁금하면서도 쓸데없이 엉뚱한 데에서만 빙빙 에돌고 있는 자기가 퍽은 솔직하지 못하다고 뉘우쳐졌다. 『황순원, 움직이는 성』
4) 에워싸다 : 둘레를 빙 둘러싸다.
1, 2, 4)번 '에우다', '에두르다', '에워싸다'는 모두 둘레를 빙 둘러싸거나 둘러막는다는 뜻을 가지고 있습니다. 그런 뜻을 갖지 않은 낱말은 3)번 '에돌다'입니다.

[**194**] 19년 후 오늘 2035년 9월 2일에는 개기일식이 일어난답니다. 불개가 해를 남김없이 개먹는 날이지요.

다음 낱말들은 모두 부사입니다. 이 중에서 '끈끈한 물건이 범벅이 되어 달라붙어 있는 녀석'을 골라 주세요.

1. 엉기정기
2. 엉두덜엉두덜
3. 엉겁결에
4. 엉이야벙이야

  1) 엉기정기 : 질서 없이 여기저기 벌여 놓은 모양 / 그녀는 옷장의 옷을 죄다 꺼내어 입어보고는 방 안에 온통 엉기정기 벌여 놓았다.
  2) 엉두덜엉두덜 : 원망이나 불만이 있어 남이 알아듣기 어려울 정도의 낮은 목소리로 자꾸 불평을 하는 모양 / 동사로 쓸 때는 '엉두덜엉두덜하다. 엉두덜거리다. 엉두덜대다'.
  3) 엉겁 : 끈끈한 물건이 범벅이 되어 달라붙은 상태 / 신발이 진흙으로 엉겁이 되었다 / 영희는 상처에서 흘러나온 피로 엉겁이 된 붕대를 조심스럽게 풀었다.
    엉겁결 : 미처 생각하지 못하거나 뜻하지 아니한 순간 / 아무리 엉겁결이라지만, 어떻게 이런 짓을 했는지 몰라.
    '엉겁결에'에서 '결'은 '지나가는 사이', '도중'의 뜻을 더하는 접미사로서, 꿈결 / 무심결 / 잠결 등으로 쓰입니다. '엉겁결에'는 '끈끈한 것이 마구 달라붙어서 허둥지둥하는 도중에' 라는 뜻이 되고, 이를 비유적으로 해석하여 '자기도 모르는 사이에 갑자기'라는 뜻의 부사가 된 것입니다.
  4) 엉이야벙이야(준말. 엉야벙야) : 일을 얼렁뚱땅하여 교묘히 넘기는 모양 / 자신의 실수를 엉이야벙이야 넘기려는 것은 옳지 못하다.
    동사 : 엉이야벙이야하다(엉야벙야하다) = 일을 얼렁뚱땅하여 교묘히 넘기다 / 그 일은 엉이야벙이야하고 대충 넘기기에는 너무도 심각한 문제였다. 너무 어려웠나요? 사실은 문제가 어렵다기보다는 '엉겁결에'라는 너무 자주 쓰는 낱말에 일상에서 거의 쓰이지 않는 명사 '엉겁'이 있다는 것을 생각하기 어려웠기 때문일 것입니다.

정답은 3)번입니다.

[**195**] 곡식 등이 찰기가 없어서 메진 경우에 접두사로 '메(멥, 멧)'를 붙여 쓰는 경우가 있습니다. 또한 '산'을 예스럽게 칭하는 이름으로도 사용됩니다. 다음 '메(멧)'가 '산'을 의미하지 않는 것을 골라 주세요!

1. 메숲지다
2. 멧갓
3. 멧부리
4. 멧괴새끼
5. 멧부엉이
6. 멧돼지
7. 메공이
8. 메아리

1) 메숲지다(≒ 숲지다) : 산에 나무가 울창하다.
2) 멧갓(≒ 갓) : 나무를 함부로 베지 못하게 가꾸는 산.
   말림갓 : 산의 나무나 풀 따위를 함부로 베지 못하게 단속하는 땅이나 산. 나뭇갓과 풀갓이 있다(단속하면 말림갓, 단속하지 않고 단지 가꾸기만 하면 멧갓) / 호별 방문 수집상으로 나섰다가 들어먹고 갑갑하게 지내던 차에 이 선달네 선산 아래의 말림갓 근처에 있는 고려장골을 문득 떠올리게 되었다. 『이문구, 산 너머 남촌』
3) 멧부리 : 산등성이나 산봉우리의 가장 높은 꼭대기 / 뾰족뾰족한 멧부리들은 하늘을 찌를 듯 날카롭게 솟아 있었다.
4) 멧괴새끼 : 들고양이처럼 성질이 거칠고 암상스러운 사람을 낮잡아 이르는 말.
5) 멧부엉이 : 깊은 산속의 부엉이처럼 어리석고 메부수수하게 생긴 시골 사람을 놀림조로 이르는 말.
6) 멧돼지를 모르는 사람은 바보.
7) 메공이 : 떡메처럼 자루가 따로 달린 절굿공이를 말하며, 흔히 떡을 치거나 떡가루 따위를 빻을 때 쓴다.
8) 메아리 : 울려 퍼져 가던 소리가 산이나 절벽 같은 데에 부딪쳐 되울려오는 소리 = 산울림.
   ※ 메아리는 '뫼아리 〈 뫼사리 〈 묗살이'에서 변천된 말이라 합니다.
정답은 7)번 '메공이'뿐입니다.

'괴'는 강원, 영남 지방에서 '고양이'의 방언으로 사용되며, 속담에서는 아직도 '고양이'를 '괴'라고 말합니다. '멧괴'는 사전에 없으나 '멧괴새끼'는 사전에 있는 낱말입니다.
'괴 딸 아비'라는 관용구가 있는데, '고양이 딸의 아비'라는 뜻으로, 그 내력을 도무지 알 수 없는 사람을 비유적으로 이르는 말입니다.

[196] '망치다(screw up)'라는 말은 '잘 될 수 있는 요소가 많이 있는데도 일을 잘못되게 만드는 것'을 말하지요. "다 된 일을 망쳤다"라고 합니다. 한편 성공하기 어렵게 보이더라도 여러 가지를 모으고 잘 짜서 일이 되게 하는 경우가 있는데, 이를 일컫는 우리말이 있습니다. '망치다'의 반대말이라고도 할 수 있는 낱말을 골라 주세요!

1. 엉거능측하다.
2. 엉구다.
3. 얽어내다.
4. 엄범부렁하다.

1) 엉거능측하다 : 음충맞고 능청스럽게 남을 속이는 수단이나 태도가 있다 / 엉거능측한 사람과 사귀면 반드시 손해를 봅니다.
2) 엉구다 : 여러 가지를 모아 일이 되게 하다 / 이 소재들을 잘 엉구어서 한 편의 글을 만들어야겠네 / 무한히 고심을 한 나머지에, 시 한 편을 엉구어 놓고 보면, 나 스스로는 여간 유쾌한 느낌이 솟아오르는 것이 아니었다.『이희승, 소경의 잠꼬대』
3) 얽어내다 : ① 물건을 얽어서 끌어내다 / 잡동사니 짐들을 얽어내서 차에 실었다. ② 꾀를 써서 남의 것을 약삭빠르게 끌어내다 / 그는 형에게서 많은 재산을 얽어냈다(이 경우 '옭아내다'와 같은 뜻입니다).
4) 엄범부렁하다(준말. 엄부렁하다) : 실속은 없이 겉만 크다 / 요즘 과자봉지들이 무척 엄부렁하지요.

정답은 2)번 '엉구다'입니다.

[197] 아래 사진을 보시면 TV나 영화에서 늘 보아오던 익숙한 옷들입니다. 단지 옷의 이름만 몰랐을 뿐이지요. 모두 조선시대 공직자들의 공식 의복입니다. 사진의 옷은 순서대로 덜렁, 더그레, 동달이, 철릭의 순입니다. 어떤 옷을 입고 싶으신가요.

1) 덜렁 : '단령(團領)'의 변한 말로 깃을 둥글게 만든 관복. 품계에 따라 색이 다름.
2) 더그레 : 각 영문(營門)의 군사, 마상재(馬上才)꾼, 의금부의 나장(羅將), 사간원의 갈도(喝道) 등이 입던 세 자락의 웃옷. 소속에 따라 옷 빛깔이 다름 / 몽고어 'degelei'에서 온 외래어.
3) 동달이 : 검은 두루마기에 붉은 안을 받치고 붉은 소매를 달며 뒤 솔기를 길게 터서 지은 군복.
4) 철릭 : 무관이 입던 공복(公服). 당상관은 남색이고 당하관은 분홍색 / 몽고어 'terlig'에서 온 외래어.
취향에 맞추어서 입어 보세요. 벼슬이 없어도 결혼식 때에는 덜렁을 입었습니다.

[198] 어린아이에게 등에 업히라는 뜻으로 내는 감탄사, 모두 아시지요? "어부바!", "어부바하자!" 하면 어린아이에게 업히라는 뜻입니다.
요즘 엄마들은 아기를 잘 업지 않지만 얼마 전까지만 해도 누구나 사용했고 추억어린 물건, 어린아이를 등에 업을 때 두르는 끈이 달린 작은 포대기의 이름은 무엇일까요?

1. 어부바
2. 포대기
3. 어이딸
4. 처네

1) '어부바'는 아이를 등에 업는 데 쓰는 물건을 이르지는 않습니다.
2) 포대기(= 강보 襁褓) : '어린아이의 작은 이불'을 이르는 말로서, 어린아이를 덮거나, 싸거나, 어린아이를 업거나, 어린아이를 누일 때 바닥에 까는 다용도 물건입니다.
3) 어이딸 : 어미와 딸을 아울러 이르는 말.
   ※ '어이'는 '어미'의 옛말이며, '어이아들'은 '어미와 아들'을, '어이며느리'는 '시어머니와 며느리'를, '어이새끼'는 '짐승의 어미와 새끼'를 의미합니다.
   ※ '어이딸이 두부 앗듯'이라는 속담이 있는데, '앗다'는 '두부나 묵을 제조하다'라는 뜻이며, 무슨 일을 할 때 의견이 잘 맞고 손발이 척척 맞아 쉽게 잘함을 비유적으로 이르는 속담입니다.
4) 처네 : '포대기' 중에서 어린아이를 등에 업을 때 두르는 끈이 달린 작은 포대기를 특정해서 부르는 이름이 '처네'입니다 / 호화스러운 처네는 아이를 돋보이게 했다. 『박경리, 토지』

이불 밑에 덧덮는 얇고 작은 이불을 '처네'라고도 합니다 / 재영이가 갓과 주의를 벗어서 연연이에게 맡기고 요 위에 몸을 눕힐 때에 연연이는 처네를 내어다가 재영이의 몸에 가볍게 덮었다. 『김동인, 젊은 그들』 ※ '처네'는 '머리처네'의 준말로도 쓰이는데, 주로 시골 여자가 나들이를 할 때 머리에 쓰던 쓰개로서 두렁이 비슷하게 만들며 장옷보다 짧고 소매가 없다고 합니다.
끈 달린 포대기도 포대기임에는 틀림없으나, 정확한 우리말 명칭은 '처네'입니다.

[199] 우리 몸의 내부에 있는 여러 가지 장기에는 각자의 이름이 붙어 있습니다만, 흔히 부르는 이름 외에 다른 이름을 가진 것들도 있습니다.
다음 [ ] 안의 낱말들 중에서 장기의 이름이 아닌 것을 골라 주세요.

1. [애]가 탄다.

2. [부아]가 난다.

3. [배알]이 꼴린다.

4. [밑두리콧두리] 별걸 다 묻는다.

> 1) '애'는 '창자'또는 '쓸개'를 뜻하는 '옛말'이라고 사전에 나와 있습니다만, 옛날에는 이순신 장군도 쓰셨고, 우리도 현재까지 쓰고 있습니다.
> [한산섬 달 밝은 밤에 수루에 홀로 앉아 / 큰 칼 옆에 차고 깊은 시름하는 차에 / 어디서 일성호가는 남의 애를 긋나니] 에서 '애를 긋나니'는 '창자를 끊어지게 하나니'로 누구나 해석합니다.
> "애간장 다 녹는다"라는 말은 "쓸개와 간장이 다 녹는다"로 직역할 수 있으며, 남부남지방에서는 '홍어애'처럼 간을 의미하는 방언으로 쓰이고 있는 말입니다.
> 2) '부아'는 장기로서의 '허파'를 말하며, '노엽거나 분한 마음'을 의미하기도 합니다. ※ "부아 돋는 날 의붓아비 온다"라는 속담이 있습니다. 가뜩이나 화가 나서 참지 못하고 있는데 미운 사람이 찾아와 더욱 화를 돋우는 경우를 비유적으로 이르는 말입니다.
> 3) 배알 : '창자' 또는 '속마음'을 비속하게 이르는 말이며, "배알이 꼴린다"는 말을 직역하면 '창자가 발기한 것처럼 빳빳하게 선다'라는 뜻입니다.
> 4) 밑두리콧두리 : 확실히 알기 위하여 자세히 자꾸 캐어묻는 것. '밑두리콧두리' 중 '밑두리'는 '둘레의 밑부분'을 칭하는 것이라 하지만, 그 외의 어원은 확실하게 밝혀진 바가 없다고 합니다. 흔히 쓰는 '미주알고주알'과 같은 뜻이며, '미주알'은 '항문을 이루는 창자의 끝부분(밑살)'을 의미하는 낱말입니다만 '고주알'은 어떤 어원을 가지고 있는지 잘 모른다 합니다 / 항문이 막혀 발목이 시리도록 오래 앉아 미주알에 힘을 주어 끙 용을 쓰다 보면 이따금 피가 섞여 나왔다. 『현기영, 변방에 우짖는 새』
> 보이기 싫은 그 미주알을 꺼내듯, 알리고 싶지 않은 일까지 캐물으면, 대답하는 사람은 미주알이 빠져나온 것처럼 곤혹스럽고 고통스럽다는 뜻이 담겨 있다 하는데, "미주알고주알 밑두리콧두리 캔다"라고 할 수도 있습니다 / 과부 할미는 밑두리콧두리 별것을 다 묻는다는 실뚱머룩한 표정으로 입을 삐죽거렸다. 『문순태, 타오르는 강』

정답은 4)번입니다.

[200] 통상 '200'이라는 숫자가 가지는 특별한 의미는 없습니다만, 굳이 어떤 의미가 있을지에 관하여 찾아보다가 "100달러로 세상에 뛰어들어라"의 작가 크리스 길라보(Chris Guillebeu)의 신작 『쓸모없는 짓의 행복. The happiness of pursuit』 광고에 '지금까지 방문한 나라 총 200개국 이상, 여행하는 데 걸린 시간 약 10년'이라는 문구가 눈에 들어왔습니다.

번역자는 '쓸모없는 짓의 행복'이라고 멋진 한국어 번역 제목을 달았으나, 원제의 뜻을 내용과 가장 어울리게 살려서 좀스럽게 번역한다면 '쓸모없는 짓으로 여겨질 수도 있는 무언가를 지속적이고 일관적으로 추구하며 실천하는 사람의 행복'이라 하겠습니다. 돈, 명예, 권력, 출세 같은 누구나 품어봄직한 가치보다 스스로의 어떤 목표를 끊임없이 추구하는 사람들! 자전거로 세계를 여행한 청년, 범선을 타고 최연소로 세계를 항해한 소녀, 16살 때 작성한 인생 리스트를 그대로 실천한 여성, 전 세계 모든 나라의 음식을 요리한 주부! 그들의 행복은 어떤 모습일까요?

인생의 목표를 돈에 두는 사람을 보면 심히 마음이 무겁습니다. 다음 중에서 쉽게 번 돈이 아닌 것을 골라 주세요.

1. 먹을알.
2. 쇳가루.
3. 공돈.
4. 강밋돈

1) 먹을알 : 그다지 힘들이지 아니하고 생기거나 차지하게 되는 소득 / 장터와 노름방을 쫓아다니는 게 그래도 먹을알이 붙어 재미가 쏠쏠했다.
2) 쇳가루 : 쇠붙이의 부스러진 가루를 의미하지만, '뇌물'을 비유적으로 이르는 말이기도 합니다.
3) 공돈(空−) : 노력의 대가로 생긴 것이 아닌, 거저 얻거나 생긴 돈.
4) 강밋돈 : 서당 훈장에게 수업료로 곡식(강미, 講米) 대신 바치던 돈.
강의료로 받는 돈은 쉽게 번 돈이 아니죠? 정답은 4)번입니다.

[201] 내일부터는 추석연휴입니다. "더도 말고 덜도 말고 가윗날만 같아라!" 추석날처럼 잘 먹고 잘 입고 편히 살기를 바라는 말입니다.
이번 추석날에는 어떤 음식을 드시고 싶으신가요?

1. 훈감한 음식.
2. 얼멍덜멍한 음식.
3. 가랑가랑한 음식.
4. 누리척지근한 음식.

   1) 훈감하다 : ① 맛이 진하고 냄새가 좋다. ② 푸짐하고 호화롭다.
   2) 얼멍덜멍하다 : 죽이나 풀 따위가 잘 풀어지지 아니하여서 덩어리가 여기저기 있다.
   3) 가랑가랑하다 : 건더기는 적고 국물이 많다.
   4) 누리척지근하다 : 누린 냄새가 조금 나는 듯하다(= 누케하다).
   어차어피 / 於此於彼(이렇게 되든 저렇게 되든) 명절 음식을 드실 것이라면, 맛이 진하고 냄새도 좋고 푸짐하고 호화로운 훈감한 음식을 드셨으면 좋겠습니다.

[202] 추석명절 잘 쇠셨나요? 장강의 앞 물결은 뒤 물결에 밀려나기 마련이지만, 추석 같은 명절만큼은 밀려나지 않았으면 좋겠습니다. 안타깝지만 수천 년을 이어 내려오던 문방사우(文房四友. 먹, 벼루, 붓, 종이)도 볼펜에 밀려난 지가 오랩니다.
다음 중에서 문방사우와 관련이 가장 먼 낱말을 골라 주세요.

1. 먹장
2. 먹똥
3. 먹칼
4. 먹새

   1) 먹장 : 먹의 조각(낱낱의 먹을 의미하기도 하지만, 통상 다 닳거나 부서져서 작은 조각이 된 것을 말함)
   '먹장구름'은 위 먹장에서 연유한 말이고, '먹장을 갈아 부은 듯한 검은 구름'을 의미함.
   2) 먹똥 : 먹물이 말라붙은 찌꺼기 또는 먹물이나 그 방울이 튀어 생긴 자국.

3) 먹칼 : 댓개비(대를 가늘게 잘라서 묶은 것)의 끝을 뾰쪽하게 깎고 두들겨 약간 부드럽게 풀어서 붓처럼 만들어 먹을 찍어 쓰는 필기구.
4) 먹새 : ① 검거나 거무스름한 모래(← 묵사(墨沙)에서 발음이 변형된 말) / 해변이 온통 먹새로 덮여있다. ② 음식을 먹는 태도나 범절(= 먹음새) 또는 음식을 좋아하거나 싫어하는 태도(= 먹성) / 살지고 양지바른 땅에 힘 좋고 먹새 적은 머슴 새끼나 몇 놈 붙여서…. 『박경리, 토지』

먹새(검은 모래)는 '먹장구름'에서와 같이 '검다'는 의미가 비유적으로 쓰인 것이어서 1~3)번과는 다르게 문방사우와 직접 관련이 없다고 하겠습니다.

[203] 사람의 목 앞부분을 '멱'이라 하고, 뒷부분을 '목덜미' 또는 줄여서 '덜미'라고 합니다. '멱살'은 사람의 멱 부위, 또는 그 부분의 살을 말하거나, 사람의 멱이 닿는 부위의 옷깃을 말하며, 손으로 그 부위의 옷깃을 잡으면 "멱살을 잡다"라고 합니다.

우리나라에서 소는 부위별로 가장 많은 살의 이름을 가지고 있습니다. 갈비살, 안심, 등심, 안창, 처녑(= 천엽) 등등…. 영국인은 25부위 정도로 구분하는 반면 우리는 125부위 정도로 세밀히 구분한다고 하는데, 다음 중에서 소의 목 부위에 붙어있는 살의 이름이 아닌 것은?

1. 멱미레
2. 미레
3. 목살
4. 멱부리

1) 멱미레와 2) 미레는 소의 턱밑 고기, 즉 목의 앞부분에 붙은 살을 의미하며, 3) 목살은 앞뒤를 가리지 아니하고 목 부위에 붙어있는 살을 의미합니다. 참고로 소나 돼지의 목덜미 부분의 살은 '항정살', '항정' 또는 '목정'이라 하고, 특히 소의 목덜미 위쪽에 붙은 고기를 '도래목정'이라고 하는데 몹시 질깁답니다.
4) 멱부리는 '턱 밑에 털이 많이 난 닭'을 지칭합니다. (속담) 멱부리 암탉이다 : 멱부리 암탉이 턱 밑에 털이 많이 나서 아래를 못 보듯이, 바로 눈앞의 것도 모르는 사람을 놀림조로 이르는 말이라 하네요.
정답은 4)번입니다.

[204] 근래 남성 동성애자들을 외래어로 게이(gay)라고 칭합니다. 이들의 유사 성교행위를 계간(鷄姦) 또는 남색(男色)이라고 흔히 말합니다만, 이를 이르는 고유어도 있습니다. 어느 것일까요?

1. 면
2. 밴대질
3. 비역
4. 비웃

   1) '면'은 여러 가지 뜻이 있는 낱말이지만, 그중에는 남성 동성애자들끼리의 유사성교에서 사랑을 받는 사람을 칭하는 의미로 사용되기도 하며, 미동(美童), 연동(戀童)이라고도 합니다.
   2) '밴대질'은 여성 동성애자들끼리의 유사 성교행위를 이르는 명사이며, '밴대질을 치다'로 활용되고, 동사는 '밴대질하다'입니다.
      ※ 참고로 '밴대'는 음모(陰毛)가 나지 않은 성인 여성의 외음부를 말하며, '밴대보지'또는 '알보지'라고도 합니다. 흔히 알고 있는 '백보지'는 표준말이 아닌 제주도 방언입니다.
   3) '비역'은 남성끼리의 유사 성교행위를 말하며, 낮춤말은 '비역질'입니다. 동사형은 '비역(질)하다'이며, '비역(질)을 치다'로 활용됩니다.
   4) '비웃'은 동성애와는 전혀 관계없는 낱말로 '청어(靑魚)'를 식료품으로 이르는 말입니다. 비웃구이, 비웃찜처럼… / '비웃 두름 엮듯' 하면 한 줄에 잇대어 달아서 묶은 모양을 비유적으로 이르는 말입니다.

   정답은 3)번입니다.

[205] 가끔은 한자어나 일본어 같은데 고유어인 낱말도 있고, 그 역의 경우도 있으며, 표준어가 아닐 것 같은데 표준어인 경우도 있어서 헷갈리기도 하지요.
다음 [ ] 안의 낱말 중에서 고유어가 아닌 것을 골라 주세요!

1. 그 사람처럼 야무진 [모도리]가 또 어디에 있을까?
2. 이 일에는 무슨 [야로]가 있는 것이 분명하다.
3. [심지어] 코흘리개 아이들까지 태극기를 들고 거리로 나왔다.

4. 내 비록 건달로 잔뼈가 굵었지만 지금까지 [구라]는 치지 않고 살았어요.

1) 모도리 : 빈틈없이 아주 야무진 사람.
2) 야로 : 남에게 드러내지 아니하고 우물쭈물하는 속셈이나 수작을 속되게 이르는 말.
3) 심지어(甚至於) : 더욱 심하다 못하여 나중에는.
4) 구라 : '거짓말', '이야기', '거짓', '가짜'를 속되게 이르는 말.
정답은 한자어인 3)번 '심지어'입니다.

[206] 앞에서도 '면'이라는 명사가 등장했습니다만, '면내다'라는 동사가 있습니다. 다음 중에서 '면내는 행위'가 아닌 것을 골라 주세요.
1. 바닷가에서 게가 구멍을 뚫기 위해서 흙을 파내는 행위
2. 하인이 주인집의 물건을 조금씩 훔쳐내는 행위
3. 다른 사람들 앞에서 자기의 체면을 세우는 행위
4. 여럿이 내기를 할 때, 그중 어떤 두 사람이 그들 사이에서만큼은 승부 계산을 따지지 않기로 약정하는 행위

1) '면'은 '쥐나 개미, 게 따위가 갉아서 파 놓은 보드라운 흙'을 의미하는 명사이고, 동사인 '면내다'는 "쥐나 개미, 게 따위가 구멍을 뚫느라고 보드라운 가루 흙을 파내어 놓다"라는 뜻입니다.
2) '면내다'는 "남의 물건을 조금씩 조금씩 훔쳐 축을 내다"라는 뜻도 있으며, "그 집 집사는 주인집 물건을 면내다가 결국에는 들키고 말았다"라고 쓸 수 있습니다.
3) "남에게 체면이 서다"라는 의미의 동사 '면나다'의 사동사로서 '면내다'가 있는데, 그 뜻은 3)번 지문의 문장과 같습니다.
4)번은 '면먹다'라는 낱말의 뜻풀이입니다. "이번 내기에서 부부 사이는 면먹어도 좋다"라든가 "고수 둘이 면먹으면 다른 사람들이 당해 내기 어렵다"로 쓸 수 있으며, '편먹다'와 비슷한 뜻이지만 미묘한 차이가 있다고 할 수 있습니다.
정답은 '면먹는' 행위인 4)번입니다.

[207] '뚜깔지짐이'라는 음식이 있다고 하네요. 마타릿과의 야생 다년초인 뚜깔의 어린잎을 삶아서 고추장에 버무려 지지는 음식이라고 합니다. 통상 '지짐이'라고 하면 '기름에 지진 음식물'을 통틀어 이르는 말이지만, 1940년대 경에는 '국보다 국물을 적게 잡아 짭짤하게 끓인 음식'을 이르는 말이었다고 합니다. 『조선무쌍신식요리제법(朝鮮無雙新式料理製法)』에서는 지짐이를 "대체로 국보다 지짐이가 맛이 좋고, 지짐이보다 찌개가 맛이 좋은 것은 적게 만들고 양념을 잘하는 까닭이다"라고 설명하는 것으로 보아서 국이나 찌개와는 다른 음식인 것 같으나, 저는 차이를 잘 모르겠습니다.

다음 중에서 '찌개'를 지칭하는 다른 용어를 골라 주세요.

1. 조치
2. 조치개
3. 조침젓
4. 조칫보

사전은 '찌개'를 '뚝배기나 작은 냄비에 국물을 바특하게 잡아 고기·채소·두부 따위를 넣고, 간장·된장·고추장·젓국 따위를 쳐서 갖은양념을 하여 끓인 반찬'으로 정의하고 있습니다. 여기서 '바특하다'는 "국물이 조금 적어 묽지 아니하다"라는 뜻입니다.
1) '조치'는 '바특하게 만든 찌개나 찜'이라고 정의되어 있는데, '수라'처럼 '찌개'의 궁중용어라고 풀이하기도 합니다.
2) '조치개'는 밥에 대하여 반찬처럼, '어떤 것에 마땅히 딸려 있어야 할 물건'을 의미합니다. 바늘에 대하여 실도 마찬가지겠지요. 북한에서는 반찬을 조치개라 한다고 합니다.
3) '조침젓'은 '여러 가지 물고기를 섞어 담근 젓'을 의미하며, 잡젓이라고도 합니다.
4) '조칫보'의 '보'는 '보시기'를 의미하며, 조치를 담는 데 쓰는 그릇을 말합니다.
정답은 1)번 '조치'로 하지요.

[208] "바보는 약으로 못 고친다"라는 속담이 있는데, 날 때부터 못나고 어리석은 사람은 어쩔 수 없다는 말입니다. 약으로 못 고칠지는 모르나, 관심과 애정을 받으면 훌륭한 사람으로 다시 태어날 수도 있습니다. 어릴 적에 바보로 취급받던 프랭클린 루즈벨트가 아버지의 지속적인 관심과 사랑에 힘입어 스스로 바보에서 벗어나려고 노력했고, 그 결과 미국의 4선 대통령이 되었다고 합니다.

똑똑하지 못하고 흐리멍덩한 사람을 낮잡아 이르는 말로서 바보, 멍추, 맹추, 멍청이, 멍텅구리 등 여러 가지가 있습니다.

다음 중에서 위 낱말들과 같은 의미의 낱말을 골라 주세요.

1. 개씹단추
2. 덧게비
3. 멍덕꿀
4. 자비곳

1) 개씹단추 : 헝겊 조각을 좁게 접거나 둥글게 오려서 감친 다음 쪽 찐 머리 모양으로 만들어 적삼 따위에 다는 단추. 지금도 개량 한복에 달지요.
2) 덧게비 : 이미 있는 것에 덧대거나 덧보탬. 또는 그런 일이나 물건.
'개 씹에 덧게비'라는 속담이 있는데, 관계없는 일에 덩달아 덤벼 나섬을 이르는 말입니다.
3) 멍덕꿀 : ① 멍덕 안에 박힌 꿀(하얗고 깨끗하며 질이 좋다고 합니다). ② '멍청이'를 속되게 이르는 말.
멍덕 : 벌통 위를 덮는 재래식 뚜껑. 짚으로 틀어서 바가지 비슷하게 만든다고 합니다.
4) 자비곳 : '건설용어'로서, 건물 입구에 지붕을 내어 차를 대게 만든 곳.
'자비곳'은 가마, 남여, 승교, 초헌 따위의 탈것을 통틀어 이르는 말인 '자비'의 '곳간', 즉 '자비를 세워 두는 곳'이라는 의미를 가지고 있는 낱말이며, 현재도 사용되는 것 같습니다.
정답은 3)번 멍덕꿀입니다.

[209] 꾸중, 꾸지람을 할 때 누군가의 잘못을 지적하고 야단치는 데서 멈추지 말고, 더 나아가 행동을 변화시켜 바람직한 방향으로 갈 수 있도록 도움을 준다면 매우 훌륭한 꾸중이라 하겠습니다.

다음 중에서 꾸짖거나, 나무라거나, 원망하거나, 구박하는 등의 행동과는 거리가 건 낱말을 골라 주세요.

1. 지청구하다.
2. 타박하다.
3. 업시름하다.
4. 타박대다.

1) 지청구하다 : '꾸지람'과 같은 뜻으로 쓰이기도 하고, '까닭 없이 남을 탓하고 원망하는 행위'를 뜻하기도 합니다 / 나는 해마다 결혼기념일을 기억하지 못해 아내에게 지청구를 듣기 일쑤였다 / 어쩌다 노는 틈에 그가 춘광이를 따라가면 삼촌은 떼 놓고 가려고 지청구를 퍼부었다.『이기영, 봄』
2) 타박하다 : 허물이나 결함을 나무라거나 핀잔하다.
3) 업시름하다 : 업신여기어 구박하다 / 땅은 곧 천기(天機)의 물상인데 누가 감히 홀대를 하고 업시름을 한단 말이냐.『이문구, 산 너머 남촌』
4) 타박대다(≒ 타박거리다) : 힘없는 걸음으로 조금 느릿느릿 걸어가다 / 벌판에 다만 하나 어린 계집애가 가는 듯 마는 듯 타박거리며 가는 조그만 뒷모양이 원경으로 눈앞에 떠오른다.『염상섭, 삼대』

정답은 4)번입니다.

[210] "샘을 보고 하늘을 본다"라는 속담이 있습니다. 세상사 바쁘다 보면, 한없이 넓은 하늘에는 무관심하였다가 샘 속에 비친 하늘을 보고서야 비로소 고개를 들어 하늘을 쳐다본다는 뜻입니다. 늘 보고 겪는 것에 대하여 우연한 기회를 만나고 나서야 이를 새롭게 인식하게 됨을 이르는 말인데, 우리 일상을 소중히 여겨야 할 것 같다는 생각이 듭니다.
다음 중에서 마실 수 있는 물을 골라 주세요.
1. 누렁물
2. 새물
3. 된물
4. 먼물

1) 누렁물(= 누렁우물) : 물이 맑지 않아서 먹지 못하는 우물. 또는 빛깔이 누런 물이나 물감을 뜻하거나(옷에 누렁물이 들었다), 썩은 흙에서 나오는, 빛깔이 누렇고 더러운 물을 말하기도 합니다.
2) 새물 : ① 새로 갓 나온 과일이나 생선 따위. ② 빨래하여 이제 막 입은 옷 / 바다에서 금방 낚은 새물이라 싱싱합니다 / 최봉일의 옆에 앉은 여자의 몸에서 날아오는 것임에 틀림없는 상큼한 분 향내와 새물 옷 냄새를 구별할 수가 없었다. 『한승원, 해일』
3) 된물 : 빨래나 설거지를 하여 더럽혀진 물.
4) 먼물(= 먼우물) : 먹을 수 있는 우물물.

위 낱말들은 한 낱말로서 붙여서 씁니다. 띄어 써서 '새 물'이라고 하면 새로 떠온 물을 의미할 수도 있을 것이고, '먼 물, 먼 우물'이라고 하면 가까이 있지 않은 물이나 우물을 의미하게 될 것입니다.
왜 먼물이라고 하는지는 모르겠습니다. 정답은 4)번 먼물입니다.

[211] 충청도 사투리로 '탑새기'가 있는데, 먼지나 작은 검불 등이 많이 있는 것을 말합니다. 아주 어릴 적에 마당이건 짚더미건 가리지 않고 아무데서나 뒹굴고 놀다 먼지투성이로 집에 들어가면, 어머니께서 "어이그 이눔아! 전신이 탑새기네, 밖에서 다 털구 들와라!"이리 말씀하시곤 하셨죠. 돌아가신지 20여년이 지났어도 그 목소리가 들리는 듯합니다.

다음 낱말들은 모두 먼지와 직간접적으로 관계가 있습니다. 그중 마른 먼지가 아닌 것을 골라 주세요.

1. 먼지기둥
2. 먼지답쌔기
3. 먼지떨음
4. 먼지잼

   1) 먼지기둥 : 기둥 모양으로 높이 치솟아 오르는 '흙먼지 / 땅바닥에 자리 잡고 앉아 한참 기다리던 사람들이 일제히 무릎뼈를 우두둑거리며 일어나자 또 한 번 마른 먼지기둥이 하늘 높이 치솟아 올랐다. 『현기영, 순이삼촌』
   2) 먼지답쌔기 : 먼지가 한군데 많이 모여 있는 것.
      답쌔기 : 사람이나 사물 따위가 한군데 많이 모여 있는 것.
   3) 먼지떨음 : 비유적으로 ① 어린아이에게 엄포하기 위해 아프지 않을 정도로 때리는 것. ② 오래간만에 하는 나들이(걸어 두었던 옷의 먼지를 떤다는 뜻에서 나온 말). ③ 노름이나 내기 따위를 할 때 연습 삼아 한번 겨루어 보는 것.
      동사 : 먼지떨음하다.
   4) 먼지잼 : 비가 겨우 먼지나 날리지 않을 정도로 조금 옴 / 비가 먼지잼으로 겨우 몇 방울 내리다 말았다.
      동사 : 먼지잼하다(비가 겨우 먼지나 날리지 않을 정도로 조금 오다). 여기서 '잼'은 '재움'의 줄임말로 해석합니다. '먼지를 재울 정도로…'로 생각하시면 되겠습니다. 단, '먼지재움'이라는 말은 없습니다.
   정답은 4)번 먼지잼일 것 같습니다.

[212] 사람이 늙어서 쪼그라들면 생명을 다하는데, 물건도 그렇습니다. "끝이 닳아서 없어지다"라는 뜻의 동사 '모지라지다 또는 무지러지다'가 있습니다. "길던 치맛단이 모지라져서 몽당치마가 되었다"와 같이 활용됩니다. 다음 중에서 '물건의 끝이 닳아서 없어지는 것'과 관계없는 것을 골라 주세요.

1. 모지랑붓
2. 털실 몽당이
3. 모지랑비
4. 몽당연필

모지랑이와 무지렁이, 그리고 몽당이는 '오래 써서 끝이 닳아 거의 못 쓸 정도가 된 물건'을 통칭하는 의미일 경우에는 같은 말이지만, 몽당이는 '노끈, 실 따위를 공 모양으로 감은 뭉치'를 의미하기도 하여 2)번의 '털실 몽당이'는 '털실을 공처럼 감은 뭉치'를 뜻합니다.

무지렁이는 '아무것도 모르는 어리석은 사람'을 의미하기도 합니다 / 말이 그래 의병이지 어제까지 논밭이나 갈고 땔나무나 하던 산골 무지렁이들이라….「송기숙, 암태도」

항간에서 '몽당'이 부사형으로 사용되는 경우는 없는 것 같으나, 북한에서는 '몽당'이 부사로서 '마당비의 끝이 몽당 닳아빠지다.「조선어대사전」'처럼 활용된다고 합니다.

'모지랑붓'과 '몽당붓', '모지랑비'와 '몽당비'는 양자가 모두 표준국어대사전에 등재되어 있습니다. 한편 '몽당연필'과 '몽당치마'는 등재되어 있는 반면에 '모지랑연필'과 '모지랑치마'는 사람들이 사용하는 용어가 아니어서인지 등재되어 있지 않습니다.
정답은 2)번 털실 몽당이.

[**213**] 한반도의 바깥, 해외에 살고 있는 우리 동포가 750만 명이나 된다고 하지요. 오늘은 '세계한인의날'이랍니다.
씨름에서 '상대편의 오른쪽 다리가 앞으로 나와 있거나 몸무게 중심이 오른쪽에 있을 때, 자신의 오른쪽 다리로 상대의 오른쪽 다리를 바깥쪽에서 걸어 넘기는 기술'을 '밭다리걸기'라고 하는데, 이때의 '밭'은 무슨 뜻일까요? 밭다리걸기의 밭과 같은 의미가 아닌 것을 골라 주세요.

1. 밭뙈기

2. 밭주인

3. 밭쪽

4. 밭어버이

> 1) 밭뙈기는 얼마 안 되는 자그마한 밭(田)을 말하고, (정답).
> 2, 3, 4)의 '밭'은 모두 '바깥'을 의미하는 접사입니다
> ※ 밭다리 : 씨름이나 유도 따위에서, 걸거나 후리는 상대의 바깥쪽 다리(= 바깥다리).
> ※ 밭다리걸기(= 바깥다리 걸기, 밭걸이).
> ※ 밭주인(바깥주인 ↔ 안주인) → 만약에 띄어서 '밭 주인'이라 하면 '밭의 주인(田主)'을 의미합니다.
> ※ 밭쪽(바깥쪽 ↔ 안쪽) → '밭 쪽'이라고 띄어 쓰면 '밭이 있는 방향'을 의미합니다.
> ※ 밭어버이 : 늘 집 바깥에 계신 부모라는 뜻으로, '아버지'를 의미(밭부모, 바깥어버이).
> ※ 밭사돈 ↔ 안사돈.
> ※ 밭장다리 ↔ 안짱다리(앞에는 '장'이고, 뒤에는 '짱'입니다).

[**214**] [~뜨기]라는 접미사는 몇몇 명사 뒤에 붙어서 시골뜨기, 촌뜨기, 사팔뜨기처럼 '부정적 속성을 가진 사람'을 의미합니다.
다음 중에서 그런 의미로 쓰이지 않는 낱말을 골라 주세요.

1. 지릅뜨기

2. 모들뜨기

3. 그루뜨기

4. 날뜨기

'사팔뜨기'는 양쪽 눈의 방향이 같은 방향이 아니어서, 정면을 멀리 바라보았을 때에 양쪽 눈의 시선이 평행하게 되지 아니하는 상태 또는 그런 눈을 가진 사람을 의미하는데, 변위된 시선의 방향에 따라 내사시, 외사시, 상사시, 하사시 따위로 나눈답니다.
1) 지릅뜨기 : 눈을 크게 부릅뜨는 버릇이 있는 사람, 또는 그 눈.
　※ 지릅뜨다 : 고개를 수그리고 눈을 치올려서 뜨다. 눈을 크게 부릅뜨다.
2) 모들뜨기 : 두 눈동자가 안쪽으로 치우친 눈 또는 그런 눈을 가진 사람을 의미하며, 사팔뜨기 중에서 내사시를 말합니다 / 모들뜨기는 웃음을 웃자 눈동자가 안쪽으로 더 모아졌다. 그러나 모들뜨기치고는 그렇게 흉하지 않았다. 『송기숙, 녹두 장군』
　※ 한편, 몸의 중심을 잃고 심하게 자빠지거나 나가떨어지는 것을 모들뜨기라고도 합니다 / 모들뜨기로 나가떨어지다.
3) 그루뜨기 : '그루갈이'와 같은 말로서, 한 해에 같은 땅에서 두 번 농사짓는 일을 의미합니다.
4) 날뜨기 : 아직 기생 교습을 받지 아니한 기녀.
정답은 3)번 그루뜨기입니다.

[215] 아무리 바쁘고 경황이 없더라도 정신없이 허둥지둥 허깨비걸음은 걷지 맙시다. 지난번에 '걸음걸이'에 관한 문제가 있었습니다만, 한 문제만 더 해보시지요.

다음 중에서 주로 여성의 걸음걸이를 일컫는다고 생각되는 것을 골라 주세요.

1. 명매기걸음
2. 왜죽걸음
3. 우산걸음
4. 화장걸음

　1) 명매기걸음 : 맵시 있게 아장거리며 걷는 걸음.
　2) 왜죽걸음 : 팔을 홰홰 내저으며 경망스럽게 빨리 걷는 걸음(= 웨죽걸음).
　3) 우산걸음 : 걸음을 걸을 때에 우산을 들었다 내렸다 하듯이 몸을 추썩거리며 걷는 걸음.
　4) 화장걸음 : 팔을 벌리고 뚜벅뚜벅 걷는 걸음.
　정답은 1)번 명매기걸음으로 하지요.

[216] "어이며느리 명을 잣고 있다가 물레 돌리던 손을 멈추고 이쪽을 돌아봤다.『한무숙, 돌』"에서 "명을 잣다"는 "물레로 솜에서 무명실을 뽑아내다"라는 뜻입니다. 모름지기 매사는 순서에 따르는 법이니, 그 다음에는 자은 실로 천을 짜야 합니다.
다음 중에서 '천을 짜는 일'은 어느 것일까요?

1. 막낳이
2. 삼낳이
3. 여름낳이
4. 봄낳이

'낳이'의 발음은 '나이'이고, '피륙을 짜는 일 또는 그 피륙'을 뜻하는 명사이며, 동사는 '낳다' 또는 '낳이하다'로서, '피륙을 짜다'라는 뜻입니다.
1) '막낳이'는 '아무렇게나 짜 품질이 좋지 아니한 막치 무명'을 말하며, '막치'는 '막치기'라고도 하는데, '되는대로 마구 만들어 질이 낮은 물건'을 의미하는 말입니다 / 웬만하거든 집칸부터 마련하게. 언덕 밑을 파고 움막을 치거나 막치로 귀틀집을 얽더라도….『송기숙, 녹두 장군』
2) '삼낳이'는 삼베를 낳는(낳이하는) 일을 말하며, 명주낳이는 비단을 낳는 일, 무명낳이는 무명을 낳는 일을 말합니다 / 할머니께서는 삼낳이를 하시고, 어머니께서는 무명낳이를… / 칠순이 넘은 오늘날까지 과부로 늙어 오면서 삯일과 무명낳이로 닢 두 닢 모아서 사들였던 땅뙈기였다.『황순원, 카인의 후예』
3, 4) '봄낳이, 여름낳이'는 각각 봄과 여름에 낳이한 무명을 말합니다.
※ '받낳이'라는 낱말이 있는데, '예전에, 실을 사들여서 피륙을 짜던 일'을 의미합니다.
1, 3, 4)번은 낳은 피륙 '제품'을 말하고, 2)번 삼낳이만 낳이하는 '일'을 의미합니다.

[217] '춤'은 장단에 맞추거나 흥에 겨워 팔다리와 몸을 율동적으로 움직여 뛰노는 동작인데, '둘레춤'처럼 '꿀벌들이 근처에 꽃밭이 있다고 알릴 때 추는 춤'은 위에서 말하는 춤이 아닌 것과 같이, 위와 같은 의미의 춤이 아닌 경우에도 '춤'이라는 이름을 붙여서 부르고, '~춤을 추다'라고 하는 경우가 있습니다.

다음 중에서 장단에 맞춰 춤을 춘 사람은 누구일까요?

1. 이춤을 춘 사람
2. 눈썹춤을 춘 남자
3. 거드름춤을 춘 날뜨기
4. 허리춤을 춘 아가씨

1) 이춤 : 옷을 두껍게 입거나 물건을 몸에 지녀 가려운 데를 긁지 못하고 몸을 일기죽거리며* 어깨를 으쓱거리는 짓.
　* 일기죽거리다(일기죽대다) : 입이나 허리 따위가 이리저리 느리게 자꾸 움직이다. 또는 그렇게 되게 하다 / 그의 입술이 연방 일기죽거렸다.
　* '일기죽거리다'는 '이기죽거리다(자꾸 밉살스럽게 지껄이며 짓궂게 빈정거리다)와는 다른 뜻입니다.
2) 눈썹춤 : 남이 하는 일을 못마땅하게 여기어 눈가를 방정맞게 씰룩거리는 짓 / 마름의 여편네는 작인들의 건의가 못마땅한지 방정맞게 눈썹춤을 추었다.
3) 거드름춤 : 무용의 기본적인 자세를 익히기 위한 춤(입춤이라고도 합니다).
4) 허리춤 : 바지나 치마처럼 허리가 있는 옷의 허리 안쪽. 곧 그 옷과 속옷 또는 그 옷과 살의 사이 / 바지춤을 추다 / 바지춤을 여미다 / 바지춤을 추키다 / 바지춤을 추스르다 등으로 같은 의미의 동사 활용이 다양합니다.

정답은 3)번 거드름춤입니다.

[218] 걸음걸이 자세는 건강에 지대한 영향을 미친다고 합니다. 좌우 균형을 이루어야 하고, 허리를 곧바로 펴고 걷는 것은 기본. 북한에는 "( )걸음을 해야 이기는 것은?"이라는 수수께끼가 있다고 합니다. 수수께끼의 답은 '줄다리기'입니다.
다음 중에서 ( )안에 들어갈 적당한 말을 골라 주세요.

1. 군걸음
2. 만지걸음
3. 물레걸음
4. 쥐걸음

  1) 군걸음 : 쓸데없는 공연한 걸음 / 한 걸음이 새로운데 군걸음을 치다가 되돌아 오르자니, 벌써 어깨가 물러 나가는 듯한 모양이다.『염상섭, 삼팔선』
     ※ 동사형은 '군걸음하다'입니다.
     ※ '군걸음'은 '헛걸음'과는 의미가 약간 다릅니다. '군걸음'은 안 해도 될 걸음을 쓸데없이 하는 것이고, '헛걸음'은 필요한 걸음인데 목적을 이루지 못하고 헛수고하는 걸음을 의미합니다 / 그 양반 집에 안 계실 거예요. 헛걸음 말고 돌아가세요.
  2) 만지걸음(= 잦은걸음*) : 두발을 자주 떼어 놓으며 걷는 걸음.
    * '잦은걸음'에는 위 의미 이외에도 자주 들르는 것이라는 뜻도 있습니다.
  3) 물레걸음(= 뒷걸음질) : 천천히 바퀴를 돌려서 뒷걸음질 치는 걸음 / 이렇게 폭이 좁은 도로에서는 차를 돌릴 수 없으니 차라리 물레걸음하여 들어가시죠.
  4) 쥐걸음 : 초조한 마음으로 둘레를 살피며 자세를 낮추고 살금살금 걷는 걸음.
정답은 3)번 물레걸음입니다.

[219] 예쁜 사람과 아름다운 사람 중에서는 아름다운 사람이 낫겠지요. 사람의 용모나 성미를 표현하는 다음 말 중에서 젊고, 건강미도 넘치며, 아름다운 사람을 골라 주세요.

1. 곱살한 사람
2. 미추룸한 사람

3. 밀알진 사람
4. 반반한 사람

1) 곱살하다(= 곱상하다) : 얼굴이나 성미가 예쁘장하고 얌전하다.
2) 미추룸하다(= 매초롬하다) : 매우 젊고 건강하여 기름기가 돌고 아름다운 태가 있다 / 양어깨가 쩍 벌어지고 키도 훨씬 커져 보이고 몸집도 후하다. 어디로 보든지 미추룸하게 다 자란 처녀이다. 「이북명, 칠성암」
3) 밀알지다 : 얼굴이 빤빤하게 생기다.
4) 반반하다(≒ 빤빤하다) : 생김새가 얌전하고 예쁘장하다.
정답은 2) 미추룸한 사람, 매초롬한 사람이 바로 '건강미인'입니다.

[220] 효경(孝經)에 이르기를 신체발부는 수지부모(身體髮膚 受之父母)이니 불감훼상이 효지시야(不敢毁傷 孝之始也)라 했습니다. '신체와 터럭과 피부는 부모에게서 받은 것이니, 물려받은 몸을 소중히 여기는 것이 효도의 시작'이라는 뜻이지요.
우리의 손발에도 부위마다 이름이 있습니다. 다음 중에서 '반달(半月)'과 같은 의미를 가진 말은 골라 주세요.
1. 누에머리손톱
2. 발샅
3. 발톱눈
4. 속손톱

1) 누에머리손톱 : 너비에 비하여 길이가 짧은, 엄지손가락의 손톱.
2) 발샅(= 발새) : 발가락과 발가락의 사이.
3) 발톱눈 : 발톱의 양쪽 구석.
4) 속손톱 : 손톱의 뿌리 쪽에 있는 반달 모양의 하얀 부분. 단순히 '반달'이라고도 합니다.
정답은 4)번입니다. 발을 보면 건강상태를 알 수 있다는데 잘 챙기시기 바랍니다.

[221] 신체발부(身體髮膚) 중에서 발(髮)에 속하는 수염(鬚髥)이 있습니다. 수염이 품위가 있으면 위엄이 있어 보이기도 합니다.
다음 중에서 가장 긴 수염을 골라 주세요.
1. 가재수염
2. 나비수염
3. 다박수염
4. 쪼막수염
5. 채수염
6. 탑삭나룻

1) 가재수염 : 윗수염이 양옆으로 뻗은 수염을 비유적으로 이르는 말.
2) 나비수염 : 양쪽으로 갈라 위로 꼬부라지게 한 콧수염.
3) 다박수염(= 다박나룻) : 다보록하게 난 짧은 수염.
4) 쪼막수염 : 코 밑에만 조금 남긴 채 짧게 자른 수염.
5) 채수염 : 숱은 그리 많지 않으나 퍽 길게 드리운 수염.
6) 탑삭나룻(= 텁석나룻) : 짧고 다보록하게 많이 난 수염.
※ 털수세 : 털이 많이 나서 험상궂게 보이는 수염.
※ 나룻 = 수염.
정답은 5)번입니다.

[222] '걸상그네' 기억나시나요? 어린이용인데, 그네 줄에 마주 보고 앉아서 탈 수 있도록 걸상을 매달아서 타던 그네입니다. 지금은 한 쪽으로 두 사람이 나란히 앉아서 탈 수 있도록 한 그네를 많이 볼 수 있습니다.
이 걸상그네에는 다음 중 어떤 것 대신에 걸상을 매단 것일까요?
1. 밑삐
2. 밑싣개
3. 밑씻개
4. 밑절미

1) 밀삐 : 지게에 매여 있는, 지게를 지는 끈.
2) 밑싣개 : 두 발을 디디거나 앉을 수 있게 그넷줄의 맨 아래에 걸쳐 있는 물건.
3) 밑씻개 : 똥을 누고 밑을 씻어 내는 종이 따위를 이르는 말 / 신문지를 밑씻개로 쓰다.
4) 밑절미 : 사물의 기초가 되는, 본디부터 있던 부분 / 보태는 건 밑절미나 있지만 멀쩡한 터무니도 없는 말은 어떡하고. 『홍명희, 임꺽정』
정답 2)번입니다. 발음은 3번과 동일합니다.

[223] 차멀미, 뱃멀미, 항공멀미만 있는 것이 아닌 듯합니다.
사전에서 '멀미'를 찾아보면, "① 차, 배, 비행기 따위의 흔들림을 받아 메스껍고 어지러워짐. 또는 그런 증세. ② 진저리가 나도록 싫어짐. 또는 그런 증세. ③ 어떤 분위기에 깊이 몰입하거나 흠뻑 취했을 때 느끼는 현기증을 비유적으로 이르는 말"이라고 풀이되어 있습니다.
다음 중에서 위 ③ 항에 해당하는 멀미(시어/詩語)를 골라 주세요.

1. 가마멀미
2. 꽃멀미
3. 물멀미
4. 사람멀미

1) 가마멀미 : 가마를 탔을 때에, 흔들림 때문에 일어나는 메스껍고 어지러운 증세 / 내행 길 같은 것은 가마를 타는 일도 많았으나, 장거리를 갈 적에, 그 가마멀미라는 것이 차멀미나 뱃멀미 이상으로 사람을 괴롭히는 것이었다. 『이희승, 소경의 잠꼬대』
3) 물멀미 : 움직이는 큰 물결이나 흐름에 어지러워짐. 또는 그런 증세.
4) 사람멀미 : ① 많은 사람이 있는 곳에서 느끼는, 머리가 아프고 어지러운 증세. ② 여러 사람에게 부대끼고 시달려서 머리가 아프고 어지러운 증세.
2) 꽃멀미는 '꽃의 아름다움이나 향기에 취하여 일어나는 현기증'이라고 누군가가 정의하였습니다. 사전에 등재되지 않은 아름다운 우리말이라 생각됩니다.

꽃멀미(이해인)
사람들을 너무 많이 만나면 / 말에 취해 멀미가 나고
꽃들을 너무 많이 만나면 / 향기에 취해 멀미가 나지
살아있는 것은 아픈 것 / 아름다운 것은 어지러운 것….

[224] '듣는 귀가 나의 스승'입니다. 소통에 경청이 중요한 이유이지요. 주의하지 않고 건성으로 들으면 소통이 될 수 없습니다.
다음 중에서 인체의 일부인 '귀'를 뜻하는 낱말을 골라 주세요.

1. 곁귀
2. 다랑귀
3. 복사마귀
4. 햇귀

1) 곁귀 : 주의하지 않고 건성으로 듣는 귀. 또는 그런 귀의 능력 / 옥분이의 말을 곁귀로 흘려들으며 아치골댁은 고무신을 벗고 맨발로 힘차게 밭으로 내려섰다. 『김원일, 불의 제전』
2) 다랑귀 : 두 손으로 붙잡고 매달리는 짓 / 아이는 오랜만에 만난 어미에게 달려들어 다랑귀 뛰며 떨어지지 않으려 했다 / 다랑귀(를) 떼다. 다랑귀(를) 뛰다 : 두 손으로 붙잡고 매달리며 놓지 아니하려 하다. 몹시 매달리며 간절히 조르다.
3) 복사마귀 : 사람의 몸에 생기는 사마귀 가운데 복을 가져온다는 사마귀 / 그 사마귀가 입언저리에 붙었으면 먹을 복이 있을 복사마귀인데 바로 눈 밑에 달렸기 때문에 눈물 사마귀가 되어…. 『김문수, 눈물 먹는 사마귀』
4) 햇귀 : ① 해가 처음 솟을 때의 빛. ② 햇발(사방으로 뻗친 햇살).

정답은 1)번 '곁귀'입니다.

※ '귓전'과 '귓등'은 경우에 따라서 '곁귀'와 같은 의미를 가지고 있습니다 / '직장 일로 정신없지만 않았더라도, 배 아프다는 소리를 귓전(귓등)으로 듣고 말지는 않았을 것이다.'
※ 귓전 : 귓바퀴의 가장자리를 이르는 이름 / 귓전을 스치는 바람.
※ 귓전에 맴돌다. 귓전에 아른거리다 : 들었던 말이 기억나거나 떠오르다 / 어머니 말씀이 아직도 귓전에 아른거리네요.
※ 귓전(귓등)으로 듣다, 흘리다, 흘려보내다 : 관심을 기울이지 아니하고 듣다 / 아버지 말씀을 귓전으로 흘려버리다니….

[225] 사람이 몸을 놀리는 모양, 즉 몸짓은 그 자체로 특정한 의사의 표현이기도 합니다. 그래서 몸짓을 보고 그 사람의 상태나 생각을 판단할 수도 있지요.

다음 몸짓들 중에서 가장 작은 움직임을 이르는 말을 골라 주세요.

1. 매대기
2. 몸태질
3. 발싸심
4. 옴나위

  1〉 매대기(= 매닥질) : 정신을 잃고 아무렇게나 하는 몸짓 / 술에 취해 길바닥에서 매대기를 치고서도 모르더라.
     다른 뜻으로 '반죽이나 진흙 따위를 아무 데나 함부로 뒤바름'을 뜻하기도 합니다 / 새 옷을 온통 진흙으로 매대기를 쳐 놓다.
  2〉 몸태질 : 악에 받치거나 감정이 몹시 격해지거나 할 때에 기를 쓰면서 자기의 몸을 부딪거나 내어 던짐 / 벌써 술에 못 견디고 아무에게나 찌그렁이 붙어 몸태질을 하는가 하면, 개맹이가 풀어져서 치맛말기가 어떻게 되는지도 모른다.
  3〉 발싸심 : ① 팔다리를 움직이고 몸을 비틀면서 비비적대는 짓 / 성수는 본보기를 하듯이 모래 속에 발을 푹 밀어 넣고서 설렁설렁 발싸심을 하기 시작했다.『김정한, 슬픈 해후』② 어떤 일을 하고 싶어서 안절부절못하고 들먹거리며 애를 쓰는 짓을 비유적으로 이르는 말 / 웅보를 만나고 싶은 발싸심에 뒤꼍을 서성거리다가, 쌀분이 대신 갑리를* 갚지 못해 팔려 오다시피 한 끝례를 만났다.『문순태, 타오르는 강』
     * 갑리(甲利) : 고리대금업자들이 본전에 곱쳐서 받는 높은 변리(= 갑변 / 甲邊).
     발싸심하다 / 내일이면 고향에 간다는 생각에 온 밤을 발싸심하며 보냈다.
  4〉 옴나위 : 꼼짝할 만큼의 작은 움직임 / 말이 어렵게 나오는 싹이, 설보고 쉽게 대꾸하다가는 마파람에 호박 떨어지듯 옴나위도 못 하고 넘어갈 판이었다.『이문구, 산 너머 남촌』
     (동)옴나위하다 / 머슴들은 겁을 먹고 나가려 했으나 사람이 가득 차 버려 몸을 옴나위할 수가 없었다.『송기숙, 암태도』

정답은 4)번 '옴나위'입니다.

[226] 의사나 감정을 표현하는 몸짓에도 여러 가지가 있습니다. 손짓, 발짓, 팔짓, 다릿짓, 고갯짓 등등….

다음 몸짓들 중에서 '손짓'을 골라 주세요.

1. 가동질
2. 곤댓짓
3. 꼴뚜기질
4. 낙장거리

1) 가동질(가동이) : 어린아이의 겨드랑이를 치켜들고 올렸다 내렸다 하며 어를 때에, 아이가 다리를 오그렸다 폈다 하는 다릿질.
   ※ 동사 : 가동거리다. 가동대다.
2) 곤댓짓 : 뽐내어 우쭐거리며 하는 고갯짓 / 보잘것없는 놈이 양반입네 하고 곤댓짓이 이만저만이 아니다.
   ※ 동사 : 곤댓짓하다 / 우쭐우쭐 곤댓짓하며 의기양양하던 승자(勝者)의 모습은 어디로 갔는가?
3) 꼴뚜기질 : 남을 욕할 때에, 가운뎃손가락을 펴고 다른 손가락은 모두 접은 채 남에게 내미는 손(가락)짓.
   ※ 동사 : 꼴뚜기질하다.
   ※ 최초의 사전인 『조선말 큰 사전』에도 등재되어 있으니, 우리나라에서도 이런 욕질이 예부터 있었던 듯… 서양 사람들은 꼴뚜기질을 하면서 흔히 "퍽-큐(Fuck you)!"라고 외치는데 우리나라에서는 '꼴뚜기!' 하고 외쳤을까요?
4) 낙장거리(≒ 넉장거리) : 팔다리를 벌리고 뒤로 발딱 나자빠지는 짓(온 몸을 던지는 몸짓이겠지요) / 육 척 장신이 파리가 앉으면 낙장거리를 할 것 같은 마루에 어른어른 비치었다. 『김주영, 객주』

정답은 3)번 꼴뚜기질입니다.

[227] '왁자지껄하다'는 "왁자하게 지껄이다"라는 뜻입니다. '지껄이다'는 "약간 큰 소리로 떠들썩하게 이야기하다"라는 뜻인데, 그렇다면 '왁자하다'는 무슨 뜻일까요?
다음 중에서 시끄럽게 떠드는 것을 표현하는 낱말이 아닌 것을 골라 주세요.
1. 왜자기다.
2. 왜자하다.
3. 왜장치다.
4. 왜글거리다.

'왁자하다'도 '정신이 어지러울 만큼 떠들다'라는 뜻입니다 / 주안상을 나르는 사람은 중이 틀림없이 안방 건넌방에서 왁자하는 집은 주지의 집이니 놀라는 것이었다. 『마해송, 아름다운 새벽』
1) 왜자기다 : 왁자지껄하게 떠들다 / 숲이 요란했다. 새끼 떼를 거느린 자고새들이 날개를 퍼덕이며 그 암팡진 울대로 왜자기고 있었던 것이다. 『전상국, 하늘 아래 그 자리』
2) 왜자하다 : ① 소문이 온 동네에 널리 퍼져 요란하다 / 그녀가 처음 전라도 어느 시골에서 십만 원에 팔려 택수에게 시집왔을 때 온 마을이 왜자했다. 『전상국, 바람난 마을』 ② 왁자지껄하게 떠들썩하여 시끄럽다 / 누구의 소리인지는 모르나 왜자하고 고함치는 소리가 나고…. 『정비석, 졸곡제』
3) 왜장치다 : 쓸데없이 큰 소리로 마구 떠들다 / 그러면 결국 준비한다는 것이 되레 날 잡아가라고 왜장치는 꼴이 되지 않겠어요? 『송기숙, 암태도』
4) 왜글거리다(≒ 왜글대다) : 된밥이나 굳은 물건 따위가 자꾸 흐슬부슬 흩어지다.
정답은 4)번입니다.

[228] 아주 헷갈리는 낱말들입니다. '돌'을 지칭하는 낱말을 골라 주세요.

1. 몽구리
2. 몽두리
3. 몽우리
4. 뭉우리

  1) 몽구리(= 뭉구리) : ① 바싹 깎은 머리. ② '중(僧)'을 놀림조로 이르는 말.
  2) 몽두리(蒙頭里) : 여자가 얼굴을 가리기 위하여 쓰던 '장옷'을 달리 부르는 말 / 왕자 부인과 나인에게는 얼굴에 몽두리를 씌우게 하여 일본 군사들에게 여자들의 얼굴을 보지 못하게 하고….『박종화, 임진왜란』
  3) 몽우리 : 꽃망울 / 담 밑의 개나리가 벌써 몽우리를 터뜨리기 시작했다.
  4) 뭉우리(= 뭉우리돌, 무우석) : 모난 데가 없이 둥글둥글하게 생긴 큼지막한 돌 / 지붕은 많이 화피(樺皮)로* 잇고 화피가 귀하면 그저 판목으로 엇매껴 덮고는 그 위에 뭉우리돌을 귀 맞추어 깔았는데….『최남선, 백두산 근참기』
    * 화피 : 벚나무의 껍질.
    ※ '뭉우리'는 '뭉우리돌'의 준말입니다.
    ※ 한편, 둥글둥글하게 생긴 돌중에서 비교적 작은 돌을 보통 '몽돌'이라 하는데, 다른 말로 '모오리돌'이라고도 하며, '뭉우리'가 '뭉우리돌'의 준말인 것과는 달리 '모오리'라는 준말은 없습니다.
  정답은 4)번 뭉우리(뭉우리돌)입니다.

[229] 오늘은 시월의 끝이 되는 날이네요. '끝이 되는 부분'이라는 뜻의 '끄트머리'('끝의머리' 아님) 또는 '끝머리'라는 낱말이 있습니다. 다음 중에서 끄트머리가 아닌 것을 골라 주세요.

1. 글꼬리
2. 콧머리
3. 바짓말
4. 쇠끄트러기

1) 글꼬리 : 글의 끄트머리.
2) 콧머리 : 코의 끄트머리.
3) 바짓말 : 바지의 끄트머리.
4) 쇠끄트러기 : ① 물건을 만들고 남은 쇠 부스러기나 동강. ② 크기가 작은 쇠붙이.
'끄트러기'는 '끄트머리'와 달리 '쓰고 남은 자질구레한 조각'를 의미하는 말입니다. 준말로 '끄트럭'이라고도 하는데, 철공소나 목공소에서 일본어를 사용하여 흔히 '기레빠시'라고 하지만, 엄연히 끄트러기라는 우리말이 있으니 반드시 바꾸어야 할 용어라고 생각됩니다.
정답은 4)번 쇠끄트러기입니다.

[230] 누거만재(累巨萬財), 엄청 많은 재산을 이르는 말입니다. 누거만재보다는 자신의 분수에 어울릴 만큼만 가지는 것이 좋을 듯합니다. 누군가가 권력에 빌붙어 분수에 넘친 재산과 특혜를 입었다면 그 외의 모든 사람이 분노할 수밖에 없겠지요. 늦가을 추위가 몸을 움츠러들게 하더라도 산들산들 부는 저녁바람에 마음을 달래보세요.
다음 낱말들 중에서 '바람'을 이르는 것을 골라 주세요.

1. 마른재
2. 매운재
3. 재넘이
4. 재넘이하다.

1) '마른재'는 물기가 없어서 거름으로 쓰는 재를 말합니다.
2) '매운재'는 진한 잿물을 내릴 수 있는 독한 재를 말하며, 준말은 '맨재'입니다 / 쌍가마가 아궁에서 꺼낸 매운재를 거름 무지에 붓고 빈 그릇을 들고 돌아서는데 삽짝 안으로 정수가 들어왔다. 『안수길, 북간도』
3) '재넘이'는 '산바람'의 다른 이름입니다 / 재넘이가 산들산들 불고 있다.
4) '재넘이하다'는 산바람이 분다는 뜻이 아니라, 매사냥에서 쓰는 용어로, 꿩이 산을(재를) 넘어 달아날 때에 매가 공중으로 높이 떠서 날쌔게 뒤쫓아 가는 것을 표현하는 말입니다.
정답은 3)번이며, '재 넘어오는 바람'이라는 뜻일 거라 생각됩니다.

[231] '입'은 먹기도 하고 말하기도 합니다. 그래서 경우에 따라서 '입'은 먹는 것을 의미하기도 하고 말을 의미하기도 합니다. '자고 일어나서 아무 것도 먹지 않은 입'을 '마른입'이라고 하는데, 다음 중에서 '마른입'과 같은 의미의 낱말을 골라 주세요.

1. 군입
2. 뭇입
3. 생입
4. 잔입

1) 군입 : ① 본식구 외에 덧붙어서 얻어먹는 객식구 / 모두가 군입 하나 늘어나는 것이 가슴 철렁하는 아슬아슬한 살림살이들이었다.『조정래, 태백산맥』② 끼니 외에 군음식으로 입을 다심(= 군입정) / '군입(정)을 다시다' / 밥 뜸이 들 동안에 군입이나 다시라고 내온 탁주와 나물을 가운데 놓고 오공랑과 길산은 다시 마주 앉았다.『황석영, 장길산』
2) 뭇입 : ① 여러 사람의 입 / 뭇입들이 무섭게 들끓는 말들을 내뱉고 있었다.『황석영, 객지』② 여러 사람이 나무라는 말 / 사람은 항상 뭇입을 귀담아들어 겸허하게 받아들여야 한다.
3) 생입 : ① 쓸데없이 놀리는 입 / 공연히 남의 일에 생입을 놀리다가 혼이 났다. ② 살아 있는 사람의 입 / 생입에(산 입에) 거미줄 칠까?
4) 잔입(= 마른입) : 자고 일어나서 아직 아무것도 먹지 아니한 입 / 영신은 잔입으로 출근 시간이 되기를 기다려 경찰서로 갔다.『심훈, 상록수』
정답은 4)번 '잔입'입니다.

※ '맨입'도 '아무 것도 먹지 아니한 입'을 의미하기도 하지만, 아무런 대가도 치르지 아니한 상태를 비유적으로 이르는 말로도 흔히 쓰입니다 / 알면 무슨 인사가 있어야지 맨입에 미안하다면 다냐?『한수산, 부초』
※ "맨입으로 드난한다"는 속담이 있습니다. 할 일은 하지 아니하고 말만 늘어놓음을 이르는 말인데, 여기서 '드난하다'는 "임시로 남의 집 행랑에 붙어 지내며 그 집의 일을 도와주다"라는 뜻입니다 / 이방은 허허 웃고 이방의 아내는 빙글빙글 웃고 심부름하는 계집아이와 드난하는 여편네들까지 입을 막고 웃었다.『홍명희, 임꺽정』

[232] '여투다'라는 낱말이 있습니다. [그믐산이 몫으로 돌려진 땅은, 셈속 번연한 최 마름 혼자 미리 여투어 두었던 거였으리라고 가량할 수밖에 없었다.『이문구, 오자룡』]와 같이 사용되는데, 이 '여투다'와 같은 말을 골라 주세요.

1. 모도록하다.
2. 모두거리하다.
3. 모질음 쓰다.
4. 모투저기다.

'여투다'는 "돈이나 물건을 아껴 쓰고 나머지를 모아 두다"라는 뜻으로 "용돈을 여투다 / 할머니는 쌀을 여투어 두었다가 불쌍한 사람에게 주곤 하셨다"처럼 활용됩니다.
1) 모도록하다 : 채소나 풀 따위의 싹이 빽빽하게 나 있다 / 봄풀이 모도록하다.
    모도록(≒ 모도록이) : 채소나 풀 따위의 싹이 빽빽하게 나 있는 모양 / 봄풀이 모도록(이) 나 있다.
2) 모두거리하다 : 두 다리를 한데 모으고 넘어지다 / 모두뜀을 하다가 걸려서 모두거리했다(모두거리로 넘어졌다).
    모두거리 : 두 다리를 한데 모으고 넘어지는 일.
3) 모질음(을) 쓰다 : 고통을 견디어 내려고 모질게 힘을 쓰다 / 소는 죽을 동안에 갖은 모질음을 다 썼다.『이기영, 봄』
4) 모투저기다 : 돈이나 물건을 아껴서 조금씩 모으다.
'여투다'와 4)번 '모투저기다'는 같은 말이라고 할 수 있습니다.

[233] 어릴 적에 남의 보리밭 옆을 지나가며 보리 목을 따서 보리끄스름(표준말 아닙니다)을 하고, 논길을 따라 걸으면서 슬쩍 벼 목을 따서 안 보이는 곳에 가서 먹었던 기억이 있지요. 형법상 절도죄에 해당합니다. 군것질이라기보다는 배가 고파서 그랬던 것으로 변명합니다.
다음 중에서 제가 땄던 것은 어떤 것일까요?

1. 모가치

2. 모개미

3. 모모이

4. 모새

 1) 모가치 : 몫으로 돌아오는 물건 / 이 재산을 제대로 못 지킬 것 같아서 이제 나도 이 재산 더 축나기 전에 내 모가치를 찾아서 쓰겠다는. 『송기숙, 녹두 장군』
 2) 모개미(= 모개·목) : 곡식의 이삭이 달린 부분.
 3) 모모이 : 이런 면 저런 면마다 / 이 사람 모모이 뜯어보아야, 한 곳 별로 취할 것이 없네. 『이희승, 먹추의 말참견』
 4) 모새 : 세사(細沙). 아주 가는 모래.
제가 딴 것은 2)번 모개미였습니다.

[234] '잇테리어'라는 신조어가 있답니다. 사물인터넷(IoT) 기술을 인테리어에 적용하는 것. 이빨과는 관계없습니다. IT와 인테리어의 합성어라는데, 앞으로 첨단 건물의 인테리어는 모두 그리 될 것 같습니다.
다음 낱말들 중에서 '이(齒)'와 관계없는 것을 골라 주세요.

1. 이에짬

2. 이촉

3. 잇새

4. 잇바디

1) 이에짬 : 두 물건을 맞붙여 이은 짬.
    ※ 위에서 '짬'은 두 물체가 마주하고 있는 틈을 의미하며, 따라서 '이에짬'은 두 물건을 맞붙여 이었는데 그 사이에 틈이 있을 때에 쓰는 말입니다.
    ※ 박완서의 『아주 오래된 농담』에서 "망자의 가슴 위로 흰 봉투가 사뿐히 내려앉자 마지막 횡대가 손톱 하나 들어갈 잇짬도 없이 완벽하게 맞물렸다."는 문장이 나오는데, 이때의 '잇짬'은 '이에짬'의 사투리라고 생각됩니다.
2) 이촉 = 이뿌리 : 잇몸 속에 들어 있는 이의 뿌리 = 치근(齒根).
3) 잇새 : 이와 이의 사이('치간 칫솔'처럼 치간(齒間)이라는 말을 주로 사용하지만, 치간은 표준어로 등록되지 않았습니다).
    ※ 잇새의 틈은 '이틈'입니다.
4) 잇바디 : 치열(齒列). 이가 죽 박혀 있는 열의 생김새.
    ※ 치열교정이라 하지 말고, 잇바디교정이라고 하면 좋지 않을까….
    ※ 이틀(= 잇집, 치조골 / 齒槽骨) : 이가 박혀 있는 위턱과 아래턱의 구멍이 뚫린 뼈.
정답은 1)번 '이에짬'입니다.

[235] '모이다'라는 낱말이 있습니다. 주로 (피)동사로 쓰이지만 형용사인 경우도 있는데, 다음 중에서 형용사로 쓰인 문장을 골라 주세요.

1. 재료가 다 '모이면' 한데 섞어라.
2. 어느 정도 귀중한 골동품들이 '모이면' 전시회를 열 작정이다.
3. 돈이 좀 '모이면' 들어와서 살겠어요.
4. 사람이 '모이면' 듬직해 보이기보다는 딴딴해 보이기 마련이다.

'모이다'는 1~3) 과 같이 동사 '모으다'의 피동사로 쓰이는 것이 보통입니다.
1)의 '모이다'는 "한데 합쳐지다"라는 뜻.
2)의 '모이다'는 "특별한 물건을 구하여 갖추어 가지게 되다"라는 뜻.
3)의 '모이다'는 "돈이나 재물을 써 버리지 않고 쌓아 두게 되다"라는 뜻.
4)의 '모이다'만 형용사로서 "작고도 여무지다"라는 뜻입니다.
정답은 4)번.

[236] 어떤 일이나 계산 같은 것을 짐작으로 대중 잡아 대충대충 처리하는 방식을 주먹구구식이라고 하는데, '주먹구구'를 어찌하는지 아시나요? 말 그대로 주먹으로 구구셈을 하는 것입니다. 계산결과는 정확합니다. '7×9'를 다음 순서에 따라 주먹구구로 계산해보세요.
① 양손가락을 각각 7과 9를 셀 때의 모양으로 접는다.
② 이 때 편 손가락은 10단위, 접은 손가락은 1단위에 해당하며, 편 손가락은 서로 더하고 , 접은 손가락은 서로 곱한다.
③ 편 손가락은 각각 2개와 4개이므로 양 손가락의 수를 더해서 6, 즉 60이다.
④ 접은 손가락은 3개와 1개이므로 서로 곱하면 3이 된다.
고로 정답은 63. 단, 5단 이하는 주먹구구로 계산이 안 되니 외워야 합니다.

다음 [ ] 안의 말들 중에서 '주먹'을 의미하는 것이 아닌 말을 골라 주세요.
1. [빈주먹]으로 서울에 왔었다.
2. 할머니는 작전을 바꾸어 나한테 [종주먹]을 댔다. "너 할미가 좋으냐? 어미가 좋으냐?" 『박완서, 그 많던 싱아는 누가 다 먹었을까』
3. 아무리 목매기송아지라 하더라도 그 값이 겨우 [한줌]이란 말이냐?
4. [한 줌] 안에 들어올 만한 분량의 길고 가느다란 물건을 '모숨'이라고 한다.

1) 빈주먹 : ① 아무것도 가진 것이 없는 주먹. ② 어떤 일을 하는데 마땅히 가지고 있어야 할 것이 없는 상태를 비유적으로 이르는 말(= 맨주먹, 빈손).
2) 종주먹 : (주로 '대다', '들이대다' 따위와 함께 쓰여) 쥐어지르며 을러댈 때의 주먹을 이르는 말 / 종주먹을 들이대다.
3) 한줌(붙여 쓰기) : 예전에, 소 장수들이 십 원이나 백 원을 이르던 말.
4) 한 줌(띄어쓰기) : 한 주먹만큼의 분량('줌'은 주먹의 준말입니다) / 세 가닥으로 모숨을 고르게 갈라 곱게 머리를 땋아 내려갔다. 『송기숙, 녹두 장군』
정답은 3)번입니다.

[237] 사람이 살다 보면 처신이 힘들 때가 있지요. 목낭청처럼 살아도 안 되고, 목곧이처럼 살아도 안 되니, 제대로 된 인생을 살려면 매사에 절제와 중용에 바탕을 둔 현명한 판단이 요구되는 것 같습니다.

다음 중에서 줏대 없는 사람의 대명사가 된 사람, 소설 춘향전의 등장인물을 찾아주세요.

1. 목곧이
2. 목낭청
3. 목매기
4. 목매지

1) 목곧이 : 억지가 세어서 남에게 호락호락 굽히지 않는 사람을 놀림조로 이르는 말 / 그는 진저리가 났다. 그러나 현옥의 목곧이 성미를 아는 까닭에···.『한설야, 황혼』
2) 목낭청(睦郎廳) : 춘향전에 나오는 인물에 빗대어, 자기 주견 없이 이래도 응 저래도 응 하는 사람을 놀림조로 이르는 말.
  ※ 목낭청의 혼이 씌다 : 시키는 대로 그대로 하는 경우를 비유적으로 이르는 말.
  ※ 낭청(郎廳) : 조선 후기 실록청·도감(都監) 등의 임시 기구에서 실무를 맡아보던 당하관 벼슬로서, 여러 관서에서 차출되어 팀이 구성됨으로 인하여 뚜렷한 주관 없이 위에서 시키는 대로 일을 하였던 것으로 보임.
3) 목매기(= 목매기송아지) : 아직 코뚜레를 꿰지 않고 목에 고삐를 맨 송아지.
4) 목매지(= 목매아지) : 아직 굴레를 씌우지 않고 목을 고삐로 맨 망아지.
정답은 2)번 목낭청입니다.

[238] 사리 분별을 못하고 세상 물정을 잘 모르는 사람을 가리켜 '숙맥(菽麥)'이라고 하는데, 숙맥이란 콩과 보리를 아울러 이르는 말이지만, 숙맥불변(菽麥不辨, 콩인지 보리인지를 구별하지 못한다)에서 '불변'을 생략하고 같은 뜻을 표현하게 되었습니다.

다음 낱말들 중에서 사람의 형상을 설명하는 표현을 골라 주세요.

1. 숙붙다
2. 숙지근하다
3. 숙지다
4. 숙수그레하다

> 1) 숙붙다(= 도숙붙다) : 머리털이 아래로 나서 이마가 좁게 되다.
> 2) 숙지근하다 : 불꽃같이 맹렬하던 형세가 점차 누그러진 듯하다 / 불볕더위도 가을바람에 한결 숙지근하다
> 3) 숙지다 : 어떤 현상이나 기세 따위가 점차로 누그러지다 / 처음의 기세가 숙진 반면 어느 정도 냉정을 회복한 이현웅이 대답했다. 『이문열, 황제를 위하여』
>   ※ 숙지근하다와 숙지다는 유사한 표현이기는 하지만, 애초에 맹렬한 형세였으면 전자를 사용하는 것이 좋을 것 같습니다.
>   ※ 고유어 '숙지다'와 달리 한자어 '숙(熟)지다'는 잘 익었다는 뜻입니다.
> 4) 숙수그레하다 : 조금 굵은 여러 개의 물건이 크기가 거의 고르다(약한 말과 강한 말 : 속소그레하다, 쑥수그레하다) / 고구마를 숙수그레한 것으로 골라 바구니에 담다.
>
> 정답은 1)번입니다.

[239] "몸이 되면 입도 되다"라는 속담이 있습니다. 여기서 각 '되다'는 "힘들거나 일하기 벅차고 수고롭다"라는 뜻인데, "일하는 몸이 힘들면 먹는 입도 수고롭다"는 재미있는 표현이니, 결국 힘써 일하면 잘 먹을 수 있다는 뜻입니다.

다음 말들 중에서 그 뜻이 같거나 유사한 것들끼리 연결되지 않은 짝을 골라 주세요.

1. 몸가축하다 ― 몸을 만들다
2. 몸을 두다 ― 몸을 붙이다
3. 몸이 달다 ― 몸을 담다
4. 몸이 있다 ― 몸을 하다

1) 몸가축 : 몸을 매만지고 다듬음. ※ 몸만들기 : 운동선수가 대회에 출전하기 전에 하는 체력
강화 훈련. 또는 연예인이 영화 따위에 출연하기 전에 몸을 가꾸는 일.
2) 몸을 두다 = 몸을 붙이다 : 남의 집에서 신세지며 지내다.
3) 몸이 달다 : 몹시 초조해지다.
몸담다 = 몸을 담다 : 어떤 직업이나 분야에 종사하거나 그 일을 하다.
4) 몸이 있다 = 몸을 하다 : 월경이 있다. 월경을 하다.
이때의 '몸'은 '몸엣것(월경)'의 준말입니다.
정답은 3)번입니다.

[240] '동의보감'을 관통하는 원리는 '인간은 자연을 닮은 소우주'라는 것이라 합니다. 머리는 하늘을, 몸은 땅을 닮은 것이니 인간의 삶은 자연의 원리를 따라야 건강해질 수 있다는 것입니다.
다음 낱말들 중에서 사람의 '몸'과 관계없는 낱말을 골라 주세요.
1. 몸닦달
2. 몸맨두리
3. 몸빠진살
4. 몸서리

1) 몸닦달 : 몸을 튼튼하게 단련하기 위하여 견디기 어려운 것을 참아 가며 받는 몸의 훈련.
2) 몸맨두리 : 몸의 모양과 태도 / 나이 벌써 서른이 넘었는데도 아직도 처녀티가 그대로 남아
몸맨두리가 여간만 싱싱하고 고와 보이는 게 아니었다. 『윤흥길, 묵시의 바다』
3) 몸빠진살 : 가는 화살. (반)부픈살(굵은 화살).
4) 몸서리 : 몹시 싫거나 무서워서 몸이 떨리는 일 / 그때 고문당했던 일을 생각하면 지금도 몸
서리가 나는지 몸을 떤다. 『장용학, 위사가 보이는 풍경』
정답은 3)번 '몸빠진살'입니다. '살 빠진 몸'부터 상상되지 않으셨을까….

[241] "무에리수에! 무에리수에!" '문수에(問數-. 수를 묻다)'에서 온 말이라고 하는데, 사전을 보면, 지난날에 돌팔이장님(떠돌아다니며 점을 쳐 주면서 사는 맹인)이 거리로 다니면서 자기에게 점을 치라고 할 때 외치는 소리였다고 합니다.

다음 중에서 '무에리수에'와 가장 밀접한 관련이 있는 낱말을 골라 주세요.

1. 몬다위
2. 무꾸리
3. 무르춤
4. 무텅이

1) 몬다위 : 낙타의 등에 두두룩하게 솟은 부분.
   ※ 보통 이름을 몰라서 낙타의 혹이라고 말하는데, 어원은 몽골어 mundara에서 유래된 것이라고 합니다 / 단봉낙타는 몬다위가 하나이고 쌍봉낙타는 몬다위가 둘이다.
   ※ 외몬다위 : '단봉낙타'를 일상적으로 이르는 말.
2) 무꾸리 : 무당이나 판수(점치는 일을 직업으로 삼는 맹인)에게 가서 길흉을 알아보거나 무당이나 판수가 길흉을 점침. 또는 그 무당이나 판수. '무꾸리하다, 무꾸리를 다니다' / 새해 무꾸리 가는데 부득부득 따라나서더니만 시앗 볼 괘 안 나오냐고 어찌나 조르는지….『박완서, 미망』
3) 무르춤 : 뜻밖의 사실에 놀라 뒤로 물러서려는 듯이 하여 행동을 갑자기 멈춤. 무르춤하다 / 그들은 도둑질을 하다가 들킨 듯 무르춤해 있는 칠보와 달님이를 둘러쌌다.『한승원, 해일』
4) 무텅이 : 거친 땅을 개간하여 논밭을 만들어 곡식을 심는 일 / 새끼내 사람들은 당초 그들의 소유였던 것이 억울하게 궁토로 몰수당한 그 땅의 소작을 얻기 위해, 처음 무텅이 땅을 일굴 때만큼이나 애를 먹었다.『문순태, 타오르는 강』

정답은 2)번 무꾸리입니다.

[242] 존댓말이 있고, 그에 대한 문법체계까지 있는 나라는 우리말을 비롯하여 인도의 힌디어와 네팔어 등 극소수뿐이라고 합니다. 그 자체로 자랑스럽습니다. 그런데 요즘은 SNS를 중심으로 '~하삼' 등 평어도 아니고 경어도 아닌 그런 말들이 유행하고 있습니다.

우리말에서 존댓말을 사용하는 방식은 '~습니다'와 같이 동사에 변화를 주는 것과 높임의 의미를 가지는 '진지' 같은 단어를 쓰는 것의 두 가지가 있습니다.

다음 낱말들 중에서 높임의 의미를 가지는 존댓말이 아닌 것을 골라 주세요.

1. 무롸가다
2. 묻잡다
3. 물보낌하다
4. 여쭙다

1) 무롸가다 : '무르와가다'(윗사람 앞에서 물러가다)의 준말입니다 / 어르신 안녕히 계십시오. 저는 이만 무롸가겠습니다.
    무르와내다 : ① 윗사람 앞에 놓인 것을 들어 내오다. ② 윗사람으로부터 무엇을 받다 / 수저를 내려놓으셨으니 이제 진짓상을 무르와내어라.
2) 묻잡다 : (예스러운 표현으로) 윗사람에게 묻다 / 그 일에 대해 집안 어른께 묻잡고자 합니다.
3) 물보낌하다 : 여러 사람을 모조리 매질하다.
4) 여쭙다 = 여쭈다 : 웃어른에게 말씀을 올리다.
    정답은 3)번입니다.

[243] 오늘은 수능시험일이기도 하지만, 111년 전 1905년(광무9년) 11월 17일은 대한제국의 외교권을 일본에게 빼앗긴 날입니다.
다음 중에서 111년 전의 그 날과 관련이 있는 낱말을 골라 주세요.
1. 을근거리다
2. 을러방망이
3. 을씨년스럽다
4. 을축갑자(乙丑甲子)

  1) 을근거리다 : 미워하거나 해치려는 마음을 드러내어 으르대다 ≒ 을근대다. 을근을근하다.
  2) 을러방망이 : 때릴 것처럼 자세를 취하며 겁을 주려고 으르는 짓.
     을러방망이하다 = 을러방망이(를) 치다 : 때릴 것처럼 자세를 취하며 겁을 주려고 으르다.
  3) 을씨년스럽다 : 보기에 날씨나 분위기 따위가 몹시 스산하고 쓸쓸한 데가 있다.
    ※ '을씨년'은 1905년 을사년에서 나온 말입니다. 을사늑약으로 온 나라가 침통하고 비장한 분위기에 휩싸였는데, 그 이후로 몹시 쓸쓸하고 어수선한 날을 맞으면 그 분위기가 마치 을사년과 같다고 해서 '을사스럽다'는 표현을 쓰다가 '을씨년스럽다'로 변천되었습니다.
  4) 을축갑자(乙丑甲子) : 육십갑자에서 갑자 다음에 을축이 오게 되어 있는데 을축이 먼저 왔다는 뜻으로, 무슨 일이 제대로 되지 아니하고 순서가 뒤바뀜을 이르는 말입니다.
정답은 3)번 '을씨년스럽다'입니다.

[244] 금요일이면 친구들끼리, 동료들끼리 '함께 뭉쳐서' 불금을 즐기는 문화가 이제는 오래되었다고 할 수 있지요.
다음 낱말들 중에서 [어울려] 함께하는 이런 불금 문화와 어울리는 단어를 골라 주세요.
1. 몽키다.
2. 몽태치다.
3. 무솔다.
4. 무수다.

1) 몽키다(뭉키다) : 여럿이 한데 모여 덩어리가 되다 / 아이들이 떠드는 소리, 라디오에서 나오는 음악 따위들이 뒤죽박죽 몽키어 들려왔다 / 우리 동기들 이번 금요일에 한 번 몽킬까?
2) 몽태치다 : 남의 물건을 슬그머니 훔쳐 가지다 / 아이는 문방구에서 연필을 몽태치다가 들켰다
3) 무솔다 : 땅에 습기가 많아서 푸성귀 따위가 물러서 썩거나, 장마가 오래 계속되어 땅이 질벅질벅하게 되다 / 진 밭에 조를 심으면 무솔아서 자라질 못한다.
4) 무수다 : 닥치는 대로 사정없이 때리거나 부수다.
정답은 1)번입니다.

[245] '만만하다' 하면 "부담스럽거나 무서울 것이 없어 쉽게 다루거나 대할 만하다"라는 뜻이고, '문문하다' 역시 같은 뜻이어서, [이 집에서 가장 문문해 보인다는 셈인지 선재에게 곧잘 농을 걸기도 하였다. 『이호철, 닳아지는 살들』처럼 쓰입니다.
다음 낱말들 중에서 위 '만만하다', '문문하다'를 대체할 수 있는 비슷한 낱말을 골라 주세요.

1. 몰강스럽다

2. 무드럭지다

3. 무리꾸럭하다

4. 물씬하다

1) 몰강스럽다 : 인정이 없이 억세며 성질이 악착같고 모질다 / 그 독살스러운 사람들이 소작료를 그렇게 몰강스럽게 긁어 간단 말이야. 『한승원, 해일』/ 우리의 환경이 너무도 몰강스러운 살풍경이어서, 사람의 마음이 바서지도록 메마르지 않을 수 없으니…. 『이희승, 먹추의 말참견』
2) 무드럭지다(무덕지다) : 한데 수북이 쌓여 있거나 뭉쳐 있다. 산에 눈이 무덕지게 덮여 있다 / 재모는 얼굴에 비누칠을 무덕지게 한 채 고개를 들었다. 『김정한, 낙일홍』
3) 무리꾸럭하다 : 남의 빚이나 손해를 대신 물어 주다 / 그런 것도 동네의 큰일인데 만일 시작했다가 추렴새만 무리꾸럭하고 헛수고만 하면 재미없지 않은가? 『이기영, 고향』
4) 물씬하다 : 몸이나 성질이 물러서 손쉽게 다루거나 대할 만하다 / 여기 사람들 잘못 봤다가는 큰코다쳐요. 나도 첨에는 물씬하게 봤더니만 겪어 보니 그것이 아닙니다. 『송기숙, 녹두 장군』
정답은 4)번입니다.

[**246**] 다음 외래어들은 실존 인물의 이름 또는 신화에 나오는 신의 이름으로부터 유래한 것입니다. 명백히 여성이라고 생각되는 것을 골라 주세요.

1. 보이콧(boycott)

2. 사이렌(siren)

3. 실루엣(silhouette)

4. 아수라장(阿修羅場)

1) 보이콧(boycott) : 어떤 일을 공동으로 받아들이지 않고 물리치는 일. 불매 동맹(不買同盟).
영국 육군 대위 출신의 찰스 C. 보이콧(Charles C. Boycott, 1832~1897년)은 한 아일랜드 백작의 재산 관리인이었다. 그는 1879년 9월 소작료 25퍼센트를 깎아달라는 아일랜드 토지연맹의 요구를 거부했다. 소작인들이 이에 맞서 소작료를 납부하지 않자 보이콧은 이들에게 퇴거 영장을 발부했다. 그러자 소작인들은 그와의 거래를 중단하는 집단 저항으로 맞섰다. 보이콧의 집에서 일하던 하인과 하녀가 철수하는 것은 물론이었고 그의 가족에겐 생필품도 팔지 않았고 우편배달도 거부했다. 마침내 추수까지 못하게 되자 자원봉사대와 군인들이 동원돼 어렵게 수확을 마치긴 했으나 보이콧은 마을을 떠나야 했다. 이로부터 보이콧은 불매(不買), 배척, 제재(制裁), 절교를 뜻하는 일상어가 됐다. [출처 : 네이버 지식백과]

2) 사이렌(siren) : 많은 공기구멍이 뚫린 원판을 빠른 속도로 돌려 공기의 진동으로 소리를 내는 장치. 또는 그 소리. 신호. 경보.
사이렌은 원래 그리스 신화에 나오는 마녀의 이름이다. 신체의 반은 새이고 반은 사람인 사이렌은 아름다운 노랫소리로 뱃사람들을 유혹하여 배를 난파시켰다. 호메로스가 쓴 『일리아스』, 『오디세이아』에도 사이렌이 등장하는데, 배를 타고 집으로 돌아가는 오디세우스가 사이렌이 활동하는 지역에 다다랐을 때 밀랍으로 선원들의 귀를 틀어막아 그 위험을 벗어나도록 했다는 대목이 나온다.
오늘날과 같이 일정한 음높이의 소리를 내는 경보장치인 사이렌은 1819년 프랑스의 C. C. 투르라는 발명가가 사이렌이라는 이름을 붙인 데서 비롯되었다. 그리스 신화에 나오는 사이렌이라는 마녀가 소리로 사람들을 위험에 빠지게 한 데 착안하여, 소리로 위험을 알려주는 경보장치에 그 이름을 따다 붙인 것이다. [출처 : 네이버 지식백과]

3) 실루엣(silhouette) : ① 윤곽의 안을 검게 칠한 사람의 얼굴 그림. ② 옷의 전체적인 외형. ③ 그림자 그림만으로 표현하는 영화 장면.

18세기 말 루이 15세(1710~1774년) 때의 프랑스 정치가 에티엔 드 실루에트(Etienne de Silhouette, 1709~1767년)에서 비롯한 말이다. 이 무렵 프랑스는 경제적으로 매우 어려웠는데, 1759년 이를 극복하기 위해 정부가 실루에트를 재무장관으로 기용했다. 그는 취임하자마자 특권 계급으로부터 5퍼센트의 세금을 거두려 했으나 고등법원으로부터 완강한 저항을 받았다. 그러자 세금이 될 수 있는 모든 것에 과세를 하도록 지시했는데, 그중에는 사람이 숨쉬는 공기에도 세금을 물린다는 계획까지 있었다고 한다.

또한 그는 극단적인 내핍정책을 수립하고 몸소 모범을 보이기도 했는데, 그 한 예가 초상화를 그릴 때는 검은색으로만 그려 물감을 절약해야 한다는 것이었다. 이 같은 혹독한 정책은 국민들의 반발을 불러 결국 재임 8개월 만에 장관직을 내놓아야 했다.

그뒤 사람들은 그의 이름에다 지나가는 그림자를 가리키는 뜻을 곁들였고, 값싸고 형편없는 상품에 그의 이름을 쓰기도 했다. 즉, 지나가는 그림자처럼 짧게 재임했다는 것을 나타내기도 하고, 검은색만으로 그림을 그렸다는 걸 나타내기도 한다. [출처:네이버 지식백과]

4) 아수라장(阿修羅場) : 싸움이나 그 밖의 다른 일로 큰 혼란에 빠진 곳. 또는 그런 상태.

'阿修羅'는 산스크리트어 'asur'의 음역(音譯)이라고 합니다. 고대 인도신화에 나오는 얼굴이 셋이고 팔이 여섯인 흉칙하고 거대한 악신(惡神)으로서 증오심이 가득하여 싸우기를 좋아하므로 전신(戰神)이라고도 합니다. '한계없는 존재의 바다 위에 누워 있는 존재'인 비슈누신의 원반에 맞아 피를 흘린 아수라들이 다시 공격을 당하여 시체가 산처럼 겹겹이 쌓여 있는 모습을 아수라장이라고 하며, 피비린내 나는 전쟁터나 눈뜨고 볼 수 없는 끔찍하게 흐트러진 현장을 가리키는 말입니다.

정답은 마녀의 이름에서 유래하여 스타벅스의 트레이드마크가 된 2)번 사이렌(siren)입니다.

[247] 일본 후쿠시마 지역에 또 강진이 발생하고 쓰나미가 덮쳤다고 하네요. 물이 없으면 살 수도 없지만, 물만큼 자연재해를 많이 일으키는 것도 없지요. 다음 낱말들 중에서 물과는 전혀 관계가 없는 것을 골라 주세요.

1. 물초하다.
2. 물쿠다.
3. 물동
4. 물퉁이

> 1) 물초하다 : 온통 물에 젖다.
>   물초 : 온통 물에 젖음. 또는 그런 모양. 계월향은… 전신이 물초가 되어 땀이 후줄근하게 배어졌다.『박종화, 임진왜란』/ 물초 된 옷도 채 벗지 아니하고 땀 씻을 수건도 미처 꺼내지 아니하여서….『최남선, 금강 예찬』
> 2) 물쿠다 : 날씨가 찌는 듯이 더워지다 / 날씨가 물쿠고 무덥더니 비가 내리기 시작하였다.
> 3) 물동 : 물이 흘러 내려가지 못하고 한곳에 괴어 있도록 막아 놓는 둑. 물동을 트다 / 마을 사람들은 물동을 막아서 가뭄에 대비하기로 했다.
> 4) 물퉁이 = 물퉁배기 : ① 물이 속에 많이 들어서 퉁퉁 불은 물건. ② 살만 찌고 힘이 없는 사람을 놀림조로 이르는 말.
>
> 2)번 '물쿠다'가 물과는 관계가 없군요.

[248] 이미 만들어져 있는 길을 따라 걸어가는 것조차도 힘든 때가 있을 겁니다. 사람이 걸어가는 것도 걷는 목적이나 걸음의 양태에 따라서 걷는 사람의 모습도 다양하게 표현됩니다.

다음 [ ]의 낱말들 중에서 걷는 모양이 아닌 것을 골라 주세요.

1. 한참 달려가자 벙거지들 꽁무니가 보였다. [바람만바람만] 뒤를 밟았다.
2. 그 사람의 형편을 살피건대 오늘은 [박박이] 올 것이다.
3. 아까 [발맘발맘] 갔던 감으로는 조금 어찌어찌 걸으면 호텔로 돌아올 수도 있었을 텐데.
4. 공터에 구경거리가 생겼다고 해서 바람도 쐴 겸 [발밤발밤] 나가 보았다.

1) 바람만바람만 : 바라보일 만한 정도로 뒤에 멀리 떨어져 따라가는 모양 / 바람만바람만 뒤 따라가다.
  2) 박박이 : 그러하리라고 미루어 짐작건대 틀림없이.
  3) 발맘발맘 : ① 한 발씩 또는 한 걸음씩 길이나 거리를 가늠하며 걷는 모양. ② 자국을 살펴 가며 천천히 따라가는 모양 / 우리는 골짜기를 내려와 목탁 소리를 따라 발맘발맘 걸었다.
    ※ 동사 : 발맘발맘하다.
  4) 발밤발밤 : (발길이 가는대로) 한 걸음 한 걸음 천천히 걷는 모양 / 발밤발밤 공원길을 걷는 다 / 아무 말씀 없이 나오셔서 늦도록 아니 오시기에 발밤발밤 나오는 것이 여기까지 나왔 지요.「한용운, 흑풍」
    ※ 동사 : 발밤발밤하다.
정답은 2)번 '박박이'입니다.

[249] 명사로서의 '새'는 ① 사이의 준말, ② 금 성분이 들어 있는 광석 속의 알갱이, ③ 몸에 깃털이 있고 다리가 둘이며, 하늘을 자유로이 날 수 있는 짐승의 통칭, ④ 볏과 식물의 통칭(띠, 갈대, 억새, 물억새 따위) 등이죠. 다음 중에서 명사가 아닌 낱말을 골라 주세요.

1. 새금물
2. 새패기
3. 새나무
4. 새로에

  1) 새금물 : 조금 흐린 물.
  2) 새패기 : 갈대, 띠, 억새, 짚 따위의 껍질을 벗긴 줄기 / 미인(美人)이 아닌 섬섬옥수로 새패 기 같은 붓대를 들고 책장을 넘기는 데도 힘이 들어 보이는 표표한 선비….「이희승, 벙어 리 냉가슴」
  3) 새나무 : 띠, 억새 따위의 땔감.
  4) 새로에 : (조사 '는', '은'의 뒤에 붙어) '~는 고사하고', '~는 그만두고', '~는 커녕'의 뜻을 나 타내는 보조사 / 생각하면 비바람은새로에 벼락이 빗방울처럼 쏟아진다 하여도 원통할 것 이 없으며….「최남선, 백두산 근참기」 / 남과 시비하는 일은새로에, 골내는 것을 한 번도 본 일이 없었다.「이희승, 먹추의 말참견」
2)번과 3)번의 경우 '새'는 '볏과 식물'의 통칭. 정답은 4)번 '새로에'입니다.

[250] 가끔은 뭐 이런 낱말도 있나싶은 경우가 있습니다.
다음 중에서 사람의 '발'과 관계없는 낱말을 골라 주세요.

1. 발쇠 서다.
2. 발씨 설다.
3. 밟다.
4. 밟다.

1) 발쇠(를) 서다 : 남의 비밀을 캐내어 다른 사람에게 넌지시 알려 주다(앞에서 한 번 보셨을 겁니다).
2) 발씨(가) 설다 : 잘 다니지 아니하던 길이어서 익숙하지 못하다 / 아무리 발씨가 선 사람이라도 문 찾아 나가기는 어려울 것이 없는지라…. 『이인직, 귀의 성』/ 산골길에 높고 얕은 데가 익숙하게 다니던 곳같이 발씨가 서투르지 않고…. 『이해조, 고목화』
   ※ 발씨 : 길을 걸을 때 발걸음을 옮겨 놓는 모습. 길을 걸을 때, 발걸음이 길에 익은 정도 / 장환이도 취직이 되나 보다 싶어서 발씨가 가벼우면서도 가슴은 무거웠다. 『염상섭, 남자란 것 여자란 것』
   ※ 발씨(가) 익다 / 그는 이 동네에서 태어나 40년을 살아서 동네 어디든지 발씨가 익었다.
3) 밟다[밤:따] : ① 두 팔을 편 길이를 단위로 하여 길이를 재다 / 천을 밟아 길이가 충분한지 가늠하다. ② 두 팔을 벌려서 마주 잡아당기다 / 활시위를 밟다. ③ 한 걸음씩 떼어 놓는 걸음의 길이를 단위로 하여 거리를 헤아리다 / 보폭이 긴 사람의 걸음으로 밟아서 그 정도라면 꽤 멀겠다 / 왜 좀 더 멀리서 밟아 가지고 무사히 뛰어 건너지를 못했을까. 『황순원, 나무들 비탈에 서다』 ④ 한 걸음씩 힘들여 앞으로 발을 떼어 놓다. ⑤ 어린아이가 한 걸음씩 걷기 시작하다 / 아기가 밟기 시작했다.
4) '밟다'는 다 아시는 것.
'발'과 관계없는 것은 1)번 '발쇠 서다'입니다.

[251] '발'이라는 낱말에 '새로 생긴 나쁜 버릇이나 관례'라는 뜻이 있습니다. "그러다가는 무슨 일을 하려면 뇌물을 바쳐야 하는 발이 생길까 겁난다 / 자꾸 쓸데없이 혀를 날름 내밀다가 그것이 발이 되면 고치기가 힘드니 조심해라" 등으로 사용되네요.

오늘도 어제처럼 '발'입니다. 다음 중에서 사람의 '발'과는 관계없는 낱말을 골라 주세요.

1. 두발당사니
2. 발바투
3. 발주저리
4. 발담

1) 두발당사니(= 두발당성) : 두 발로 차는 발길질 / 두발당성으로 발을 한번 후딱 하면 한꺼번에 두 놈이면 두 놈, 세 놈이면 세 놈이…. 『송기숙, 녹두 장군』
2) 발바투 : ① 발 앞에 바짝 닥치는 모양 / 그는 그 얘기에 화가 나서 발바투 다가서더니 곧 때리기라도 할 기세였다. ② 때를 놓치지 않고 재빠르게 / 그 집의 주인은 돈이 될 만한 일이라면 염치도 없이 발바투 찾아다니는 장사꾼이다 / 일에는 때가 있는 법이다. 때를 맞추어 발바투 덤빈다면 성과가 있을 것이다.
3) 발주저리 : 해진 버선이나 양말을 신은, 너절하고 지저분한 발 / 그런 발주저리를 하고 돌아다니니 누가 방에 들어오는 것을 달가워하겠나.
4) 발담(= 어량 / 魚梁) : 물고기를 잡는 장치 중의 한 가지. 물살을 가로막고 물길을 한 군데로만 터놓은 다음에 거기에 통발이나 살을 놓는다.

정답은 4)번. 발담은 사람의 발과는 관계가 없습니다.

[252] 배운 데 없이 막되게 자라 교양이나 버릇이 없는 사람을 낮잡는 말로 '호로자식, 호노자식, 호래자식, 호래아들, 호로새끼'라는 욕이 있습니다. 그런데 이 말은 '아비없이 자란 자식(← 홀 +의 자식)'이라 해석하기도 하지만, '호로(胡虜, 오랑캐 혹은 오랑캐의 포로)의 자식'이라는 뜻이라고 해석하기도 합니다. 병자호란 패전 후 청나라에 바쳐졌던 공녀가 돌아와서 낳은 아이를 그리 불렀다는 것입니다. 지금은 의미가 완전히 바뀌었지요.

이처럼 세월이 지나면 표기는 물론 의미까지 바뀌는 낱말들이 많습니다. 다음 중에서 의미가 바뀌었어도 낮잡아 부르는 말로 바뀐 것은 아닌 낱말을 골라 주세요.

1. 마누라
2. 영감(令監)
3. 주사(主事)
4. 첨지(僉知)

1) 마누라는 경상도말 '매! 누우라'에서 온 낱말이 아니라, 조선시대 『계축일기』에 "대비(大妃) 마노라께 여쭈어 주소서"라고 기록되어 있듯이 '마마'와 별 차이가 없는 극존칭어인 '마노라'에서 변형된 것이라고 합니다. 지금은 잘 아시다시피 중년이 넘은 아내를 허물없이 이르거나, 또는 자신의 아내가 아닌 중년이 넘은 여자를 속되게 이르는 말로 사용되고 있습니다.
2) 영감(令監)은 관찰사 등 당상관(堂上官) 벼슬아치에게 붙이던 호칭에서 '나이 든 남편을 허물없이 부르거나 늙은 남자를 낮잡아 이르는 말'로 바뀌어 '영감쟁이, 영감태기, 영감탱이'라고 하기에 이르렀습니다.
3) 주사(主事)는 현재 6급 공무원의 직급을 말하며, 조선시대에는 당하관(堂下官)이기는 하나 그중에서는 높은 직급의 벼슬아치를 지칭하던 호칭이었고, 남자의 성 아래에 쓰여서 "김 주사 집에 계신가?"처럼 현재도 높여 부르는 말입니다.
4) 첨지(僉知)는 원래 '첨지중추부사(僉知中樞府事)'의 약어로 패나 높은 직책의 호칭이었으나, 이제는 나이 많은 남자를 낮잡아 이르는 말로 바뀌었습니다.

정답은 3)번 주사입니다.

[253] 끝이 세 갈래로 거의 나란히 갈라진 창을 삼지창(三枝槍)이라고 합니다. 그런데 나란히 갈라진 것이 아니라 옆으로 가늘고 뾰족하게 갈고리처럼 갈라진 창도 있는데, 인터넷게임에도 등장하는 무기입니다.
다음 낱말들 중에서 '가늘고 뾰족한 물건'이 아닌 것을 골라 주세요.
1. 가시랭이
2. 거스러미
3. 미늘
3. 미사리

1) 가시랭이 : 풀이나 나무의 가시 부스러기 / (속담)보리 가시랭이가 까다로우냐 괭이 가시랭이가 까다로우냐 : 매우 성미가 까다로움을 비유적으로 이르는 말.
2) 거스러미 : ① 손발톱 뒤의 살 껍질이나 나무의 결 따위가 가시처럼 얇게 터져 일어나는 부분. ② 기계의 부품을 자르거나 깎은 뒤에 제품에 아직 그대로 붙어 남아 있는 쇳밥.
3) 미늘 : ① 낚시 끝의 안쪽에 있는, 거스러미처럼 되어 고기가 물면 빠지지 않게 만든 작은 갈고리. ② 갑옷에 단 비늘 모양의 가죽 조각이나 쇳조각.
 ※ 위에 묘사된 창의 이름이 '미늘창'이며 동서를 막론하고 사용되던 무기입니다.
 ※ 갑옷에 비늘처럼 달려있는 것을 '갑옷비늘'이라 함은 잘못이고, '갑옷미늘'이 맞는 표현입니다.
 ※ 오래된 나무줄기에 비늘모양으로 덮여 있는 겉껍질은 '보굿'이라 합니다 / 보굿을 들춰 보니 그 속에 벌레 알들이 숨어 있었다.
4) 미사리(= 접사리) : 삿갓, 방갓, 전모 따위의 밑에 대어 머리에 쓰게 된 둥근 테두리. 경기도 하남에만 미사리가 있는 게 아니었네요.
정답은 4)번 '미사리'입니다.

[254] 복사꽃, 벚꽃, 노을, 연지 등으로부터 다음 중 어떤 낱말이 연상되시나요.

1. 바듬하다.
2. 발가우리하다.
3. 발라맞추다.
4. 잦바듬하다.

1) 바드름하다(준 / 바듬하다) : 작은 물체 따위가 밖으로 약간 벋은 듯하다 / 노인이 중절모를 바드름하게 쓰고 안으로 들어왔다.
2) 발가우리하다 : 은은히 도는 빛깔이 발갛다 / 입언저리와 눈가를 발가우리하게 물들인 서울 색시가 날카로운 콧날을 약간 신경질스럽게 위로 쳐들고 밖으로 나갔다.『황순원, 나무들 비탈에 서다』
3) 발라맞추다 : 말이나 행동을 남의 비위에 맞게 하다 / 어리석은 민 주사를 발라맞추어서 끌어낼 수 있는 한도로 돈을 끌어내다가는 이 젊은 남자와 좀 더 즐거운 때를 가져 보리라⋯. 『박태원, 천변 풍경』 / 경이는 속이 들여다보이는 소리를 살살 발라맞추는 남편의 얼굴이 눈앞에 보이는 듯싶었다. 『염상섭,무화과』
4) 잦바듬(젖버듬)하다 : ① 자빠질 듯이 뒤로 조금 기운 듯하다. ② 어떤 일에 대하여 탐탁해 하는 빛이 없다 / 한 손은 허리에 얹고 젖버듬하게 서서 풍년든 과일동산을 흐뭇한 감정으로 쳐다본다.
2)번 '발가우리하다'가 연상되셨다면 ⋯ 오늘은 좋은 날 될 겁니다!

[255] '바자위다'라는 낱말이 등장한 적이 있습니다. "성질이 너그러운 맛이 없다"라는 뜻인데 기억하시지요? 그런 사람일수록 자신을 위해서만큼은 약삭빠르고 매끄럽게 행동하지만, 그래서 더욱 얄밉기도 하지요.
다음 중에서 얄밉지 않은 사람은 누구일까요?
1. 바냐윈 사람
2. 반지라운 사람
3. 반지빠른 사람
4. 오사바사한 사람

1) 바냐위다 : 반지랍고도 아주 인색하다.
2) 반지랍다(≒ 번지럽다) : ① 성질이 얄미울 정도로 매끄럽다. ② 기름기나 물기 따위가 묻어서 윤이 나고 매끄럽다 / 얼마나 매만졌던지 울퉁불퉁하던 호두알이 반지랍게 되었다 / 계집이 어찌나 수완이 반지라운지….
3) 반지빠르다 : ① 말이나 행동 따위가 어수룩한 맛이 없이 얄미울 정도로 민첩하고 약삭빠르다. ② 얄밉게 교만하다. ③ 어중간하여 알맞지 아니하다.
   ※ 속담 "반지빠르기는 제일이라"는 똑똑한 체하나 실은 모두가 반지빨라서 하나도 쓸데가 없다는 뜻으로, 되지도 못한 것이 교만스러워 아주 얄밉다는 말.
4) 오사바사하다 : ① 굳은 주견 없이 마음이 부드럽고 사근사근하다. ② 잔재미가 있다 / 그래도 그 양반이 오사바사한 정은 있다니깐. 치맛감 끊어다 주며 뭐라는 줄 알아? 한 번 실수는 병가상사라는데 어디 내가 또 그 짓을 하겠나…. 『한수산, 유민』
저도 4) 오사바사한 사람이 얄밉지는 않을 것 같습니다

[256] 문방사우(文房四友)라 하면 '종이, 붓, 먹, 벼루'을 가리키는데, 다음 중에서 먹을 가는 데 쓰는 문방구인 '벼루'와 관계없는 낱말을 골라 주세요.

1. 벼룻길
2. 벼룻돌
3. 벼룻물
4. 벼룻집

1) 벼룻길 : 아래가 강가나 바닷가로 통하는 벼랑길 / 서울로 빠지는 국도라고는 해도 그 당시의 '황산베리끝'하면 좁기로 이름난 벼룻길로서…. 『김정한, 수라도』
   ※ '벼루'는 문방사우의 하나를 이르기도 하지만, 강가나 바닷가에 있는 벼랑을 이르는 말이기도 합니다. 그래서 '벼룻길'은 그 벼랑에 난 길을 말합니다.
2) 벼룻돌 : ① 벼루의 다른 이름, 또는 ② 벼루를 만드는 데 쓰는 돌.
3) 벼룻물 : 먹을 갈려고 벼루에 붓는 물.
4) 벼룻집 : 벼루, 먹, 붓, 연적 따위를 넣어 두는 납작한 상자나 작은 책상.
정답은 1)번입니다.

[257] 신조어는 어느 날 사라지기도 하지만, 어떤 낱말은 새로이 표준말에 편입되기도 합니다. 다음은 친구인 여성들의 대화중에 한 여성이 하는 말입니다. 해석 가능하신 분?

"지난 주말에 신림동 카페에 갔는데 혼바비언 하나 있더라. 한 눈에 있어빌리티 낫닝겐처럼 보이는데, 솔까말 약간 1.2킬로그램하더라니까. 내가 갓수긴 하지만 지여인이라 눈팅으루 끝내구 나두 혼밥 중인데 이 인간이 따아 둘 갖구 와서 내 테이블에 내려 놓구 앉는거야. 아! 근데 정면으루 보니까 걸조야. 갑자기 심쿵하는데 불쑥 번달번줌하지 뭐니? 걍 얼음. 궁물있었는데 말 안나오더라. 번주고 끝. 내가 왜 그랬나 몰라, 나두 장미단추는 아니구 한 때 리즈시절 있었는데 왕짜증. 이젠 삼귀기라도 해봤음 좋겠다. 전화올까?"

혼바비언 : 혼자 밥먹는 사람(혼밥+~ian).
있어빌리티 : 남들에게 있어 보이게 하는 능력. '있어 보인다'와 'Ability(능력)'를 합친 단어이다.
낫닝겐 : 영어 'not'과 인간(人間)의 일본어 발음 '닝겐'의 합성어로서, 신에 가까운 인간.
솔까말 : 솔직히 까놓고 말하면.
1.2kg : 두근두근(고기는 600g이 한 근).
심쿵 : 심장이 쿵쾅쿵쾅하다.
갓수 : 영어 'God'과 '백수'의 합성어. 백수이긴 하지만 부모덕으로 풍족하게 사는 사람.
지여인 : 지방대 여성 인문계 출신.
눈팅 : SNS에서 답글 안 달고 눈으로 읽기만 함. 말을 걸지 않고 눈으로 보기만 함.
따아 : 따뜻한 아메리카노 커피.
번달번줌 : 전화번호 알려달라고 하면 번호 알려줄 거야?
궁물 : 궁금한 것을 물어봄.
번주다 : 전화번호를 알려주다.
장미단추(長美短醜) : 멀리서 보면 미인 가까이서 보면 추녀.
리즈시절 : 앨런 스미스가 리즈 유나이티드에서 뛰던 시절. 전성기.
삼귀기 : 남녀가 아직 사귀기 전에 가까이 지내는 사이(사귀기-1 = 삼귀기).
걸조 : 걸어 다니는 조각상. 꽃미남.

[258] 동사로도 쓰이고 형용사로도 쓰이는 '밭다'라는 낱말이 있는데, "밭은기침을…", "밭은 목에 침을…" 등으로 쓰이는 경우 외에는 일상생활에서 잘 활용되지 않는 것 같습니다. 그러나 의외에 아주 많은 의미를 가지고 있는 낱말입니다.

다음 [ ] 안의 형용사 '밭다' 중에서 나머지 세 개와 전혀 다른 의미를 가진 것을 골라 주세요.

1. 앉은 자리가 너무 [밭다].
2. 약속 날짜를 너무 [밭게] 잡았다.
3. 바지가 [밭아서] 발목이 보인다.
4. 재물에 [밭으면] 재물을 늘릴 수 없다.

    1)의 밭다 : 공간이 다붙어* 몹시 가깝다.
      * '다붙다'는 "사이가 뜨지 않게 바싹 다가붙다"라는 뜻의 낱말로서, "붙어 앉다"가 "가까이 다가앉다"라는 의미라면, "다붙어 앉다" 또는 "밭아 앉다"는 "사이가 뜨지 않게 밀착하여 앉다"라는 뜻이라고 생각됩니다 / 그는 애인과 밭아(다붙어) 앉았다 / 좁은 방 안에 사람이 많아 할 수 없이 바짝 다붙어 앉아야 했다.
    2)의 밭다 : 시간이 다붙어 몹시 가깝다. (지문의 해석)약속 날짜를 여유를 거의 두지 않고 너무 가깝게 잡았다.
    3)의 밭다 : 길이가 매우 짧다.
    4)의 밭다 : 지나치게 아껴 인색하다. (지문의 해석)재물을 지나치게 아껴 남에게 인색하면 오히려 재물을 모을 수가 없다.

시간과 공간, 또는 길이가 각각 몹시 가깝다거나 짧다는 것이 서로 다른 의미라고도 할 수 있겠지만, 유사한 상황을 표현하는 것이라고 볼 수 있는 반면에 4)번은 전혀 다른 의미가 아닐까 합니다.

[259] [~박이]라는 접미사와 [~배기]라는 접미사가 있습니다. '장승배기'는 예전에 서울 상도동과 노량진동에 걸쳐 있던 마을의 이름이었고, 오늘날 그 부근에 지하철 '장승배기'역이 있습니다.
다음 중에서 [~박이]와 [~배기]가 올바르게 사용된 것을 골라 주세요.
1. [공짜박이]라면 사족을 못 써요.
2. 애가 보기보다는 나이가 있어요. [네 살박이]랍니다.
3. 서울뿐만 아니라, 우리 동네에도 [장승배기]가 있어요.
4. 오늘 안주는 [차돌박이]로 합시다.

※ '~-박이'
① (일부 명사 뒤에 붙어)무엇이 박혀 있는 사람이나 짐승 또는 물건이라는 뜻을 더하는 접미사 / 점박이 / 금니박이 / 덧니박이 / 네눈박이 / 차돌박이.
② (일부 명사 뒤에 붙어)무엇이 박혀 있는 곳이라는 뜻을 더하거나 또는 한곳에 일정하게 고정되어 있다는 뜻을 더하는 접미사 / 장승박이.
서울의 '장승배기'는 마을의 이름 또는 역의 이름을 의미하는 고유명사로 굳어져서 그리 써야 하지만, 3)번의 경우 '우리 동네의 장승이 박혀 있는 곳'이라는 의미이므로 일반 명사로서 '장승박이'가 옳습니다.

※ '~배기'
① (어린아이의 나이를 나타내는 명사구 뒤에 붙어) '그 나이를 먹은 아이'의 뜻을 더하는 접미사 / 두 살배기 / 다섯 살배기.
② (몇몇 명사 뒤에 붙어) '그것이 들어 있거나 차 있음'의 뜻을 더하는 접미사 / 나이배기 / 알배기.
③ (몇몇 명사 뒤에 붙어) '그런 물건'의 뜻을 더하는 접미사 / 공짜배기 / 대짜배기 / 진짜배기.
식당에 따라서 메뉴판에 '차돌배기', '차돌바기'로도 표기하나, '차돌 같은 흰 살이 박혀 있는 고기'라는 뜻이어서 '차돌박이'로 써야 옳습니다.
정답은 4)번 '차돌박이'로 합시다.

[260] 앞에서 등장한 '밭다'라는 낱말의 활용을 익히기 위하여, 설문을 실시하고자 합니다. 다음 여러 가지 상황들 중에서 직접 경험한 항목이 있으면 체크해 주세요.

1. [밭은] 숨을 몰아쉬다.
2. 여인이 자연 숨소리가 가빠지면서 [밭은] 목소리를 냈다. 『최인호, 지구인』
3. 그는 [밭은] 목에 침을 넘겼다. 『한승원, 해일』
4. 심한 가뭄에 샘물까지 [밭아] 버렸다.
5. 얼갈이해 놨던 논들이 허옇게 말라 풀썩풀썩 먼지가 나고 있었고, 못자리에 물을 퍼 올리는 웅덩이도 날마다 물이 [밭아] 들어가고 있었다. 『송기숙, 암태도』
6. 환자는 살이 [밭고] 힘이 없어 보였다.
7. 도저히 처녀로는 보아 줄 수 없는, 노파라고 해야 어울릴, 쪼그라지고 [밭아] 버리고 누렇게 뜬 얼굴이었다. 『윤흥길, 묵시의 바다』
8. 아이가 이 시간까지 집에 안 들어오다니 애가 [밭고] 간이 타는 노릇이다.
9. 경황 중에도 난 놈은 저러는가, 기가 막히기도 하고, 저래도 뒤가 무사할까, 바직바직 간이 [밭아] 오르고 입 안에서 침이 탔다. 『송기숙, 자랏골의 비가』
10. 그는 여색(남색)에 [밭은] 사람이다.
11. 그는 고기에 [밭다].

    1.. 2) 숨이 가쁘고 급하다.
    3. 4. 5) 액체가 바싹 졸아서 말라붙다.
    6. 7) 몸에 살이 빠져서 여위다.
    8. 9) 근심, 걱정 따위로 몹시 안타깝고 조마조마해지다.
    10. 11) 어떤 사물에 열중하거나 즐기는 정도가 너무 심하다.
    '밭은기침'은 하나의 단어로 '병이나 버릇으로 소리도 크지 아니하고 힘도 그다지 들이지 않으며 자주 하는 기침'을 의미합니다.

[261] 이런 문제는 좀 재미없긴 하지만 오랜만에 하나 해보시지요.
일부 동사나 명사 앞에 붙어 '기울어지게', '기울어진' 또는 '잘못'을 뜻하는 접두사 '빗'이 있습니다.
다음 낱말들에 쓰인 '빗'이 접두사가 아닌 것을 골라 주세요.

1. 빗듣다.
2. 빗물다.
3. 빗밑
4. 빗천장

> 1) 빗듣다 : 말을 헛듣거나 잘못 듣다 / 두 사람의 수작을 듣고 있던 순점이가 월숙의 말귀를 횡 듣고 딴청을 쓴다. 『이기영, 신개지』
> 2) 빗물다 : 옆으로 조금 비뚤어지게 물다 / 담배를 빗물다.
> 3) 빗밑 : 비가 그치어 날이 개는 속도.
>   ※ 빗밑이 가볍다 : 날이 빨리 개다.
>   ※ 빗밑이 무겁다 : 날이 느리게 개다.
> 4) 빗천장(-天障) : 경사가 진 천장.
> 정답은 3)번 빗밑입니다.

[262] 다음 중에서 '사람'을 지칭하는 낱말을 골라 주세요.

1. 버덩
2. 버림치
3. 버캐
4. 버커리

> 1) 버덩 : 높고 평평하며 나무는 없이 풀만 우거진 거친 들 / 바람에 아름거리는 저편 버덩의 파란 벼 잎을 아득히 바라보았다. 『김유정, 총각과 맹꽁이』
> 2) 버림치 : 못 쓰게 되어서 버려 둔 물건 / 잘 살펴보면 버림치 가운데에도 살려 쓸 만한 물건이 꽤 있을 것이다.
> 3) 버캐 : ① 액체 속에 들었던 소금기가 엉겨 생긴 찌끼 / 감나무 아래엔 버캐가 허옇게 낀 찌

그러진 오지항아리 하나가 놓여 있었다. 『김주영, 객주』 ② 엉겨서 굳어진 감정 따위를 비유적으로 이르는 말.
4) 버커리 : 늙고 병들거나 또는 고생살이로 쭈그러진 여자를 속되게 이르는 말 / 곱던 사람이 홀로 아이들 뒤치다꺼리하느라 버커리가 되었다 / 그들은 조선 조정쯤 골방에 들어앉은 버커리만큼도 여기지 않았다. 『송기숙, 녹두 장군』
정답은 4)번이네요.

[263] 술집에 가서 안주 감으로 아주 널찍한 파전이나 해물전을 부치는 것을 보면 단번에 뒤집는 기술이 경탄스러워 보일 때도 있는데, 이렇게 어떤 물건을 한 번에 뒤집는 것을 다음 중에서 어떤 낱말로 표현할까요?

1. 배상부리다
2. 버르집다
3. 번드치다
4. 베돌다

1) 배상부리다 : 거만한 태도로 자기의 몸을 아껴 할 일을 제대로 하지 않고 꾀만 부리다 / 배상꾼 : 늘 위와 같이 행동하는 사람.
2) 버르집다(≒ 바르집다) : ① 파서 헤치거나 크게 벌려 놓다 / 아이는 호미로 흙을 버르집어 놓았다 / 내 동생은 속옷을 찾는다고 개어 둔 옷을 몽땅 버르집어 놓았다. ② 숨겨진 일을 밖으로 들추어내다 / 쓸데없이 지나간 일을 자꾸 버르집는 것은 결코 바람직하지 않다. ③ 작은 일을 크게 부풀려 떠벌리다 / 삼류 언론은 대단치도 않은 일을 버르집는 나쁜 습성이 있다.
3) 번드치다 : ① 물건을 한 번에 뒤집다 / 호떡 장수는 재빨리 호떡을 번드쳤다. ② 마음 따위를 변하게 하여 바꾸다 / 그는 상대편의 마음을 번드치는 데 남다른 재주가 있다.
4) 베돌다(≒ 배돌다) : ① 한데 어울리지 아니하고 동떨어져 행동하다 / 이래저래 상오는 큰집에 오면 물 위에 뜬 기름처럼 겉으로만 베돌았다. 『이기영, 신개지』 ② 가까이 가지 아니하고 피하여 딴 데로 돌다 / 일본서 와서 집에를 당장 들어갈 수 없으니까, 베돌면서 집안 소식을 알려고 원랑이를 불러냈는데…. 『염상섭, 백구』
정답은 3)번 '번드치다'입니다.

[264] 옛날에 스무고개를 할 때 '동물성, 식물성, 광물성' 중의 하나로 범위를 정해주고 시작하는 것이 일반적이었습니다.
동물성 중에서도 '사람'으로 범위를 좁혀 드리겠습니다. 게다가 다섯 개의 선택지까지 드리오니 첫 고개에 맞춰주시기 바랍니다.

1. 바늘겨레

2. 바람칼

3. 반거들충이

4. 밤느정이

5. 보늬

1) 바늘겨레 : 예전에, 부녀자들이 바늘을 꽂아 둘 목적으로 헝겊 속에 솜이나 머리카락을 넣어 만든 수공예품. 형태에 따라 정방형, 원형, 거북형, 안경집형, 장방형, 호리병형 따위가 있는데, 안경집형·호리병형은 바늘을 속에 넣게 만들었고, 거북형·장방형은 양쪽에 바늘을 꽂게 만들었는데, 정방형과 원형은 방석처럼 생겨서 그 위에 바늘을 꽂게 되므로 바늘이 앉는 방석, '바늘방석'이라고도 합니다.

2) 바람칼 : 새가 하늘을 날 때 날개가 바람을 가르는듯하다는 뜻으로, '새의 날개'를 달리 부르는 말.

3) 반거들충이(= 반거충이) : 무엇을 배우다가 중도에 그만두어 다 이루지 못한 사람 / 흰 두루마기를 입은 사람이 바로 두 차례나 초시에 낙방하고 나주에 건너다니며 기방 출입에 반거들충이 생활을 한다는 박 초시의 큰아들이 분명한 듯싶었다. 『문순태, 타오르는 강』
박 초시의 큰아들은 김천택의 시조 〈Half done is worse than not begun〉 "잘가노라 닫지 말며 / 못가노라 쉬지말라 / 부디 긋지 말고 / 촌음을 아껴쓰라 / 가다가 중지곧하면 / 아니 감만 못하니라"를 몰랐던가 봅니다.

4) 밤느정이(준말 : 밤늧) : 밤꽃.
'느정이'는 '줄기'의 옛말로서, 나무줄기, 산줄기, 강줄기처럼 '길게 뻗어나가는 형상'을 의미하는데, 아마 밤꽃의 길게 뻗어 있는 모양으로부터 연상되어 밤꽃을 '밤느정이'라 하는 것 같습니다.

5) 보늬 : 밤이나 도토리 따위의 속껍질.
본의(本衣. 본래의 옷)라는 한자어에서 온 다음에 변형된 말이며, 외피(겉껍질. 外皮)에 상대되는 말입니다.

스무고개 정답은 3)번. '반거들충이'라 할지라도 '사람'입니다.

[265] "산보다 골이 더 크다"는 "배보다 배꼽이 더 크다"와 같은 말입니다. '배'에 대해서는 비속어로 쓰이는 낱말이 여러 개 있는데, 그중에서 가장 보편적인 것이라면 '배때기'겠지요. "배때기에 기름이 끼다"처럼. 다음 중에서 '배때기'와 같은 뜻으로 쓰이는 낱말이 아닌 것을 골라 주세요.

1. 배동
2. 배지
3. 배퉁이
4. 뱃구레

 1) 배동 : 곡식의 이삭이 나오려고 대가 불룩해지는 현상 / 배동이 서는 밀밭 / 언제면 내 밭의 보리에 동 올라 풋보리라도 그슬러 먹을까? 『현기영, 변방에 우짖는 새』
  ※ 배동바지 : 벼, 보리 따위의 이삭이 나오려고 대가 불룩해질 무렵.
 2) 배지 : '배'의 속어 / 배지가 부르다 / "어린애만 울렸단 봐라! 배지를 갈라놓을 테니" / 초봉이는 송희를 또 한 번 돌려다 보고, 치맛자락을 휩쓸면서 마루로 나간다. 『채만식, 탁류』
 3) 배퉁이 : '배'의 속어 / 음식 냄새를 맡고 기어 나온, 뺨과 턱에 수염이 많은 사내가 웅보 쪽으로 가까이 오며 장구통만 한 배퉁이를 득득 긁었다. 『문순태, 타오르는 강』
 4) 뱃구레 : '배'의 속어 / 초저녁잠이라면 도적놈이 와서 뱃구레를 밟는데도 모를 지경입니다. 『김주영, 도둑 견습』
 ※ 그 외에도 배때, 배통도 같은 의미로 사용됩니다.
단, "배때가 벗다"라는 관용구는 '행동이나 말이 아주 거만하고 건방지다'라는 뜻으로서 / "흥, 계집년이 배때가 벗어서 말쑥한 서방님만 어르더라. 어디 두고 보자. 너도 꽥소리 못하고 한번 당해야 할 걸! 『나도향, 뽕』"처럼 쓰입니다.
정답은 1)번 '배동'입니다.

[266] '산마루에 비쭉 서 있는 촛대바위'에서 '비쭉'은 어떤 물체가 조금 길게 내밀어져 있는 모양을 나타내는 부사입니다. 형용사는 '비쭉하다'입니다. 같은 방향으로 내밀어진 물체가 여럿 모여 있으면 '비쭉비쭉'이라고 표현하며, 내밀은 방향이 일정치 않으면 '비쭉배쭉'이라고 표현할 겁니다. '비죽, 비쭉, 삐죽, 삐쭉, 배죽, 배쭉, 빼죽, 빼쭉' 등이 모두가 비슷한 의미라고 할 수 있습니다.

다음 중에서 위의 낱말들과 대체하여 쓸 수 있는 낱말은 어떤 것일까요?

1. 반주그레하다.
2. 반미주룩하다.
3. 배젊다.
4. 벌버스름하다.

  1) 반주그레하다(≒ 번주그레하다) : 생김새가 겉보기에 반반하다 / 반주그레하게 생긴 얼굴 / 그러나 얼굴이 반주그레하고 뺨에 주근깨가 고이 박혀서 그것이 도리어 귀인상스러워 보였다.『한설야, 탑』
     ※ 반주그레하다 : 얼굴 생김새가 그런대로 깜찍하게 반반하다.
  2) 반미주룩하다 : 어떤 물체의 밋밋한 끝이 조금 내밀어져 있다.
     ※ 배주룩하다(≒ 배죽하다) : 물체의 끝이 조금 내밀려 있다 / 코끝이 배죽한 처녀 / 콩밭에 뿌려 둔 씨앗들이 배죽하게 봄비를 맞고 머리를 내밀었다.
  3) 배젊다 : (…보다) 나이가 아주 젊다 / 목소리를 듣고 짐작했던 것보다 배젊은 여자가 맞선 자리에 나오자 사십 대 노총각인 삼촌은 연방 싱글거렸다.
  4) 벌버스름하다 : 마음이 맞지 않아 사이가 벌어져 있다 / 날이 갈수록 남매간의 의까지 벌버스름해 가는 것 같은 것이 문경이로서는 더욱 안타까운 일이나….『염상섭, 무화과』

정답은 2)번 '반미주룩하다'입니다. '비죽하다'의 본딧말은 '비주룩하다'이고, '배죽하다'의 본딧말은 '배주룩하다'입니다만, '반미주룩하다'의 준말은 없네요(반미죽하다가 아님).

[267] '일이 돌아가는 형편이나 그 까닭'을 뜻하는 '영문'이라는 명사가 있습니다. "그가 찾아온 영문을 알 수가 없다 / 멀리까지 쫓겨난 우리는 영문도 모른 채 그쪽을 향해 한두 번 돌팔매를 날려 보냈다.『이동하, 장난감 도시』"와 같이 흔하게 쓰입니다.

다음 중에서 이 '영문'과 같은 단어를 골라 주세요.

1. 맥동지
2. 맷손
3. 맹문
4. 맹문이

1) 맥동지(麥同知 = 보리동지) : ① 곡식을 바치고 벼슬을 얻은 사람을 놀림조로 이르는 말 / 보리동지 주제에 위세를 떤다. ② 조금 둔하고 숫된 사람을 놀림조로 이르는 말 / 보기에 보리동지처럼 생겼는데, 말하는 것을 보니 전혀 딴판이다.
   동지(同知)는 동지중추부사(同知中樞府事)의 준말로서, '지중추부사(知中樞府事, 중추부에 근무하는 정이품 무관의 벼슬)와 같은 직책'이라는 뜻이므로 '동'을 길게 발음하여야 합니다.

2) 맷손 : 매통이나 맷돌을 돌리는 손잡이 / 맷손을 돌리다 / 자루바가지 속에서 엿기름을 한 줌 집어넣고 맷손을 잡는다.『박경리, 토지』
   맷돌의 손잡이 '맷손'을 '어처구니'또는 '어이'라고도 한다는 설이 있으나, 사전상 '어처구니'는 '엄청나게 큰 사람이나 사물'을 지칭하는 명사로서 / 허 부령은 큰사랑 아래쪽에 가 안석을 의지하고 거만히 앉아서 흰 떡가래 같은 여송연을 어처구니 굴뚝에 연기 나오듯이 피우고 앉았다가….『이상협, 재봉춘』처럼 활용되며.
   '어처구니'를 '궁궐이나 성문 등의 기와지붕에 있는 사람이나 갖가지 기묘한 동물 모양의 토우(土偶, 흙으로 만든 인형)'를 지칭한다는 설도 있음 / 춘우의 가슴은 어처구니가 과도의 열기로 말미암아 터지는 듯이….『나도향, 어머니』
   요즘은 거의 '없다'와 결합하여 '어처구니없다'는 표현만 쓰이며, '어이없다'와 같은 뜻입니다.

3) 맹문 : ① 일의 시비나 경위 / 맹문을 모르다 / 어찌 된 일인지 맹문이나 들어 보자. ② 일의 시비나 경위를 모름 / 그 일에 대해서 맹문인 사람을 뽑아 놓고 누구 탓을 하느냐? / 태임이는 그러나 그런 눈치에는 맹문이었다.『박완서, 미망』

4) 맹문이 : 일의 옳고 그름이나 경위도 모르는 사람을 낮잡아 이르는 말 / 경애가 이편이든 저편이든 하여간 좌익 단체의 소식에 맹문이가 아닌 것은 사실이다.『염상섭, 삼대』

'영문'과 같은 말. 정답은 3)번 '맹문'되겠습니다.

[268] '귓가에 감도는 아름다운 선율'에서 '감도는'은 동사 '감돌다'의 활용인데, '먹는 데는 감돌이 일에는 배돌이'라는 우리 속담이 있습니다. 일을 할 때에는 뺀질뺀질하며 피하다가 먹을 때에는 더 많이 얻으려고 하는 사람을 비웃는 말이라네요.

다음 중에서 사람을 이르는 낱말이 아닌 것을 골라 주세요.

1. 감돌이
2. 배돌이
3. 뱀뱀이(GOT7 멤버 뱀뱀이 아님)
4. 벗바리

  1) 감돌이 : 사소한 이익을 탐내어 덤비는 사람을 낮잡아 이르는 말.
    감돌이는 한곳으로 감돌아드는 물에 비유하여 생긴 말이라고 하는데, 여기서 '감돌아들다'는 '감돌아서 들어오다'라는 뜻이고, '감돌다'는 '길이나 물굽이 따위가 모퉁이를 따라 돌다'라는 뜻입니다. 길은 산모퉁이를 감돌아들었다 / 굽이굽이 계곡을 감돌아 가는 길 / 산기슭을 감돌아 흐르는 강물.
  2) 배돌이(= 베돌이) : 일을 하는데 한데 어울리지 아니하고 조금 동떨어져 행동하는 사람.
    '배돌다(베돌다)'가 동사형입니다. '배돌다'와 같은 또는 유사한 낱말로 '배슥거리다, 베슥거리다, 배슥대다, 베슥베슥하다, 배슬거리다, 베슬거리다, 베슬대다, 베슬베슬하다' 등이 있습니다.
  3) 뱀뱀이 : 예의범절이나 도덕에 대한 교양 / 너같이 뱀뱀이 없는 놈은 생전 남의 짐이나 지고 다녔지…. 『홍명희, 임꺽정』
  4) 벗바리 : 뒷배를 보아 주는 사람.
    벗바리(가) 좋다 : 뒷배를 보아 주는 사람이 많다 / 그는 어찌나 벗바리가 좋은지 근무 태도가 좋지 않은데도 아무도 내칠 수가 없었다.

  3)번 정답. '뱀뱀이'는 '교양'이랍니다.

[269] "보이는 것이나 들리는 것이 모두 진실인 것은 아니다(What you saw or heard is not always true)" 건성으로 보고 건성으로 들으면 진실이 아닌 거짓을 진실로 믿게 되는 오류가 발생할 수 있습니다.
다음 중에서 보는 것과 관계없는 낱말을 골라 주세요.
1. 본숭만숭
2. 본체만체
3. 볼똥볼똥
4. 볼만장만

1) 본숭만숭 : 겉으로 보는 체만 하고 주의 깊게 보지 않는 모양 / 가게에 손님이 들어와도 주인은 본숭만숭하며 딴전을 피웠다.
2) 본체만체(= 본척만척) : 보고도 아니 본 듯이 / 그는 사람을 보고도 본체만체 지나간다 / 자동차는 그대로 속도를 멈추지 않고 본체만체 스쳐 가 버렸다.「선우휘, 깃발 없는 기수」/ 감방에서 웅변을 토해도 간수는 본체만체했다.「이병주, 지리산」
※ 사람들이 보는 곳에서 연인과 함께 있을 땐 남인 양 본숭만숭 시치미를 떼기도 한다
⇒ 이때의 본숭만숭은 잘못 쓰인 예로서, '본숭만숭'은 본 건지 보지 않은 건지 분간이 되지 않을 정도로 주의를 기울이지 않고 대충 보는 것을 의미하는 말이고, '본체만체'는 보고도 의도적으로 보지 않은 것처럼 가장하는 행위를 의미하는 말이므로, '본체만체'라고 써야 마땅합니다.
3) 볼똥볼똥 : 걸핏하면 성을 내며 얼굴이 볼록해지면서 함부로 말하는 모양 / 그는 제 분을 이기지 못하고 아무에게나 볼똥볼똥 성을 냈다(≒ 볼통볼통, 불똥불똥).
(동사) 볼똥볼똥하다 = 볼똥거리다.
4) 볼만장만 : 보기만 하고 간섭하지 아니하는 모양 / 아들의 투덜대는 소리를 볼만장만 듣고만 계시던 아버지가 마침내 입을 여셨다.
(동사)볼만장만하다 : 보기만 하고 간섭하지 아니하다 / 어느 곳 없이 들이란 들에는 온통 북새판이 벌어졌다. 볼만장만한 개도 없었다.「김정한, 축생도」
보는 것과 관계없는 낱말은 3)번 '볼똥볼똥'입니다.

[270] 보는 이의 눈을 사로잡아 사랑하고, 물어뜯고 싶도록 귀여운 사람에게 '사랑스럽다'라고 표현하는데, 아래 낱말들 중에 이와 같은 말이 있습니다. 골라 주세요.

1. 사랑옵다.
2. 사로잠그다.
3. 사리물다.
4. 사위스럽다.

   1) 사랑옵다(사랑오워, 사랑오우니) : 생김새나 행동이 사랑을 느낄 정도로 귀엽다. (원말은 '사랑홉다'입니다) / 오우! 그녀는 정말 사랑오워(사랑스러워) / 그대가 이리 사랑오우니 내가 뭐든 못해줄까요?
   2) 사로잠그다 : 자물쇠나 빗장 따위를 반쯤 걸어 놓다.
   3) 사리물다 : 힘주어 이를 꼭 물다 / 어금니를 사리물고 복수의 칼을 갈았다.
   4) 사위스럽다 : 마음에 불길한 느낌이 들고 꺼림칙하다 / 사위스러운 생각 / 자신의 사위스러운 예감이 오래지 않아 결국 엄청난 현실로 나타나던 체험을 돌이켜 보면 지금도 운암댁은 소름이 끼치고 치가 떨리는 것이었다. 『윤흥길, 완장』
   ※ 사위하다 : 미신으로 좋지 아니한 일이 생길까 두려워 어떤 사물이나 언행을 꺼리다.
   정답은 1)번. 오늘은 너무 쉽죠. 잉! 사랑오운 사람들과 좋은 하루 보내세요.

[271] 사람들이 여럿 있는데서 누군가와 의사소통을 하려다 보면 암호나 은어를 사용하여 남이 알아듣지 못하게 해야 되는 경우가 있을 수 있지요. 다음 낱말들 중에서 위와 같이 은어 등으로 말하는 것을 표현하는 것을 골라 주세요.

1. 벌창하다.
2. 베갈기다.
3. 베거리하다.
4. 변쓰다.

1) 벌창하다 : ① 물이 넘쳐흐르다. ② (비유적으로) 가게나 시장에 물건이 매우 많이 나와 있다 / 한자어 '범람(氾濫, 汎濫)하다'와 같은 뜻의 우리말입니다.
2) 베갈기다 : 당연히 오거나 가야 하는데도 그리하지 아니하다 / 모임을 베갈기고 전화도 하지 않는다.
3) 베거리하다 : 꾀를 써서 남의 속마음을 슬쩍 떠보다 / 문정은 길지 않은 인생에 한 번 잘못 든 길이 어디까지 가는가 싶어 은근히 베거리를 하였다. 『이문구, 산 너머 남촌』
4) 변쓰다 : 변말로 말하다. 암호로 말을 하다.
　※ 변말 : 은어(隱語)의 우리말 / 감옥은 변말로서 '벽돌집', 혹은 '붉은 집'으로 통했다. 『김정한, 찾을 길 없는 옥중 시』 / 문수는 이 말이 이상하게 들리었다. 그것은 필시 그들의 변쓰는 말인가 싶기 때문에. 『이기영, 시정』
정답은 4)번 '변쓰다'입니다.

[272] '비쌔다'라는 단어가 있습니다. "어떤 일에 마음이 끌리면서도 겉으로 안 그런 체하다"라는 뜻이고, "중아비는 입으로는 비쌔면서도 싫지 않은 눈치였다. 『송기숙, 녹두 장군』"처럼 쓰입니다.
다음 중에는 비쌔다와 유사하지만 더 강한 의미를 가진 낱말이 있습니다. 골라 주세요.

1. 삼성들리다
2. 서릊다
3. 새치부리다
4. 서낙하다

1) 삼성들리다 : 음식을 욕심껏 먹다.
2) 서릊다[서릊어, 서릊으니, 서릊는…] : 좋지 아니한 것을 쓸어 치우다.
3) 새치부리다 : 몹시 사양하는 척하다.
4) 서낙하다 : 장난이 심하고 하는 짓이 극성맞다.
정답은 3)번 '새치부리다'입니다.

[273] 사람의 성질이나 행동, 생김새 따위가 빈틈이 없이 꽤 단단하고 굳세면 "그 사람은 야무지다"라고 표현하는데, 몸은 작아도 야무지고 다부진 면이 있을 때는 '암팡스럽다'라고 표현합니다.
다음 중에서 야물고 암팡스런 사람을 이르는 낱말을 골라 주세요.

1. 병추기
2. 보드기
3. 복대기
4. 부라퀴

  1) 병추기(病--): 병에 걸려서 늘 성하지 못하거나 걸핏하면 잘 앓는 사람을 낮잡아 이르는 말 / 근자에 와서 병추기가 되었는지 걸핏하면 누워요. 『송기숙, 암태도』
  2) 보드기 : 크게 자라지 못하고 마디가 많은 어린 나무.
     ※ 보득솔(≒ 몽당솔) : 키가 작고 가지가 많은 어린 소나무 / 보득솔이 듬성듬성한 산등성이 좀 후미진 곳에 이르러 그가 멈춰 섰다. 『전상국, 외딴길』
     ※ 다복솔 : 가지가 탐스럽고 소복하게 많이 퍼진 어린 소나무.
  3) 복대기 : 복대기는 일.
     ※ 복대기다 : ① 많은 사람들이 복잡하게 떠들어 대거나 왔다 갔다 움직이다 / 예수는 군중들이 흥분한 나머지 돌멩이를 주워 든다. 욕설을 지른다 하고 복대기를 치는 속에 슬쩍 길을 피하여 성전 밖으로 나와 버렸다. 『김동리, 사반의 십자가』 ② 정신을 차릴 수 없을 만큼 일이나 사람을 서둘러 죄어치거나 몹시 몰아치다 / 시어머니가 며느리에게 복대기를 치다.
  4) 부라퀴 : ① 몹시 야물고 암팡스러운 사람 / 그는 부라퀴라 대하기에 만만찮다 / 그 부라퀴는 아무도 엄두도 못 내는 일을 혼자 힘으로 해냈다 / 모내기를 끝내고 부라퀴처럼 두렁콩을 심겠다고…. 『김정한, 축생도』 ② 자신에게 이로운 일이면 기를 쓰고 덤벼드는 사람 / 그는 돈이 되는 일에는 부라퀴가 된다.

정답은 4)번 '부라퀴'입니다.

[274] 사람들이 알지 못했던 사실이 세상에 드러나고, 또한 그것이 많은 사람들의 관심거리가 될 만한 사실이라면 어떤 모습으로든 여론이 형성되지요. 요즘은 의혹(疑惑, suspicion)과 사실(事實, fact)이 뒤섞여 난무하니, 무엇이 사실이고 무엇이 의혹인지 혼란스럽기만 합니다. 범람하는 삼류 언론과 책임질 필요 없는 SNS 때문인 것 같기도 합니다.

다음 중에서 '숨겨졌던 사실이 세상에 알려지는 것'을 표현하는 낱말을 골라 주세요.

1. 부다듯하다
2. 부드드하다
3. 부르대다
4. 부르터나다

1) 부다듯하다 : 몸에 열이 나서 불이 달듯 하게 몹시 뜨겁다 / 감기가 들어서 몸이 부다듯하고 여기저기가 쑤신다.
    ※ 부다듯이 : 몸에 열이 나서 불이 달듯 할 정도로 몹시 뜨겁게 / 아이의 몸이 부다듯이 뜨겁다.
2) 부드드하다 : 인색하게 잔뜩 움켜쥐고 내놓기 싫어하는 태도가 있다 / 부드드하게 돈에 집착하다.
3) 부르대다 : 남을 나무라기나 하는 듯이 거친 말로 야단스럽게 떠들어 대다 / 이 앙앙한* 심사라든지 불평과 불만은, 그러나 어디다 대고 어떻게 부르댈 바가 없는 울분이요 불평과 불만이었다.『채만식, 낙조』
    * 앙앙하다((怏怏--) : 매우 마음에 차지 아니하거나 야속하다 / 속에 공연히 앙앙한 심사가 생겨서 참을 수 없는 것이다.『한설야, 탑』 / 서림이 감사의 신임을 못 받는 줄 짐작하고 대접들이 현저히 달라져서 서림이 앙앙한 맘을 먹게 되었다.『홍명희, 임꺽정』
4) 부르터나다 : 숨기어 묻혀 있던 일이 드러나다 / 일이란 부르터난 김에 해야지요.『홍효민, 신라 통일』

정답은 4)번 '부르터나다'입니다.

[**275**] 새해 희망을 얘기하던 것이 엊그제인 듯한데 세월이 흘러 병신(丙申)의 올해는 병신(病身)이 되어버린 채 벌써 종말이 다가오네요.
'병신성스럽다'라는 말이 있는데, "병신처럼 못나고 어리석다"라는 뜻이랍니다. (호랑이가 걱정이 오는 것을 보고 뛰어나오는데 앞다리만 가지고 뛰는 것이라 병신성스럽기 짝이 없었다.『홍명희, 임꺽정』)
'유수(流水)와 같이, 쏜살같이, 주마등(走馬燈)처럼' 등등 세월이 빨리 감을 비유하는 표현도 갖가지죠. 다음은 모두 '세월(歲月)'을 이르는 낱말들인데, 이들 중에서 마음에 꼭 드는 낱말이 있으면 골라 주세요.

1. 나달
2. 백대지과객(百代之過客)
3. 세화(歲華)
4. 연광(年光)
5. 연화(年華)
6. 오토(烏兔)

저는 고유어 '나달'을 고르고 싶은 마음도 있고, '오토(烏兔)'를 고르고 싶은 마음도 있고, 시적(詩的)으로 표현된 '백대지과객(百代之過客)'을 고르고 싶은 마음도 있습니다.
※ 백대지과객(百代之過客)은 영원히 지나가기만 할 뿐 다시 돌아오지 않는 나그네라는 뜻입니다.
※ 오토(烏兔)는 태양과 달을 아울러 이르는 말로서, 까마귀 '오'와 토끼 '토'입니다. 태양 속에는 세 발이 돋친 까마귀(삼족오, 三足烏)가 살고 달 속에는 토끼가 산다는 전설에서 해와 달을 의미하여 세월을 뜻한다고 합니다.
※ 주마등(走馬燈)은 등 한가운데에 가는 대오리를 세우고 대 끝에 두꺼운 종이로 만든 바퀴를 붙이고 종이로 만든 네 개의 말 형상을 달아서 촛불로 데워진 공기의 힘으로 종이 바퀴에 의하여 돌게 되어 있는 등을 말하는데, 그 등이 돌면 마치 말이 달려가는 것을 보는 것과 같은 착시현상을 보인다고 합니다. 그런 현상으로부터 무엇이 언뜻언뜻 빨리 지나감을 비유적으로 이를 때 '주마등처럼'이라고 표현합니다.

[276] 정유년 새해의 첫 문제를 올립니다. 정유년(丁酉年)의 정(丁)은 붉은 색을 의미한다니, 올해는 '붉은 닭(紅鷄) 해'입니다. 오늘 새벽에 전북 임실의 양계장에서 큰 불이 나서 닭 2만 마리가 폐사하였다고 합니다. 타오르는 불꽃은 생명력을 상징하고 사악한 것을 물리치는 정화의 표상이라고 하는데, 닭의 해 정초에 닭들이 생명을 바쳐서 우리나라를 정화해 주려나 봅니다.

다음 중에서 물체와 산소가 결합하여 타는 현상인 불(火)과 관련이 없는 낱말을 골라 주세요.

1. 불강아지
2. 불깃
3. 불목하니
4. 불잉걸

1) 불강아지 : 몸이 바싹 여윈 강아지 / 이놈은 제대로 어미젖을 얻어먹지 못해 불강아지처럼 용렬한 꼴이어서…. 『송기숙, 자랏골의 비가』
    ※ '불개'는 해와 달을 개먹어 일식과 월식을 일으킨다는 상상의 동물을 말합니다. 불개와 불강아지는 서로 아무런 관련이 없습니다.
2) 불깃(= 맞불) : 산불이 더 번져 나가는 것을 막기 위하여 불이 타고 있는 산림으로부터 조금 떨어진 주위에 미리 불을 놓는 일. 또는 그 불.
3) 불목하니(= 불목한) : 절에서 밥을 짓고 물을 긷는 일을 맡아서 하는 사람 / 머리를 깎은 지 삼 년 후에는 나무를 해다가 승방에 군불을 지피고, 스님들의 공양을 짓는 불목하니가 되었다. 『문순태, 피아골』
    ※ '불목한'의 '한'은 호색한의 '한'과 같이 한자어 '漢'이며, '불목한이'에서 '불목하니'로 변한 것이라 합니다.
    ※ '불목'은 불길이 잘 드는 곳으로 온돌방 아랫목의 가장 따뜻한 자리를 가리키는 말입니다.
4) 불잉걸(= 잉걸 · 잉걸불) : 불이 이글이글하게 핀 숯덩이 / 나뭇가지 젓가락으로 아궁이에서 불잉걸을 하나 집어 들고 방으로 들어갔다. 사기 등잔에 불잉걸을 대고 후후 길게 불어 불을 켰다. 『송기숙, 녹두 장군』

정답은 1)번 불강아지입니다.

[277] 새해에 마음의 양식(Food for the mind)인 책읽기를 목표로 삼은 분들도 있겠지요. 단번에 읽지 못할 책이라면, 종이쪽지나 끈으로 읽던 곳을 표시해 두는 것이 편리합니다.
다음 중에서 그런 기능을 하는 물건을 뜻하는 것이 아닌 낱말을 골라 주세요.
1. 가름끈
2. 갈피표
3. 보람줄
4. 살피

1, 2, 3)의 가름끈, 갈피표, 보람줄 등은 쪽지냐 끈이냐의 차이는 있으나, 같은 기능을 하는 물건들을 칭하는 말이며, '갈피끈'도 같은 뜻이고 한자어로 '서표(書標)'라고도 합니다 / 읽던 소설책에 서표로 표시를 해 두고 잠자리에 들었다.
 '갈피'는 겹치거나 포갠 물건의 하나하나의 사이. 또는 그 틈을 의미 / 십칠팔 년 전의 일이 노트 갈피 속에 숨어 있다가 되살아왔다. 『황순원, 움직이는 성』
4) 살피 : ① 땅과 땅 사이의 경계선을 간단히 나타낸 표 / 말뚝으로 살피를 대신해 놓았다. ② 물건과 물건 사이를 구별 지은 표 / 책꽂이의 책들 사이에 살피를 끼워 소설책과 시집을 구분해 놓았다.
정답은 4)번 살피입니다.

[278] 여자들의 머리 모양에서 귀 앞에 일부러 조금 늘어뜨리는 짧은 머리를 애교머리라고 하는데 남자에게는 쓰기 어려운 용어지요. 남자이거나 여자이거나를 불문하고 쓰이는 용어로는 귀밑머리가 통칭인데, 주로 남자들의 귀밑머리를 지칭할 때는 뭐라고 부를까요?
1. 버빠깨
2. 살쩍
3. 소금쩍
4. 히물쩍

1) 버빠깨 : 추울 때 귀와 볼을 덮는 부분을 내려서, 그 끝에 달린 두 줄을 턱 밑에서 맞매어 쓰도록 만든 털모자를 말합니다. 1.4후퇴 때 이북에서 내려오는 피난민이나 중공군들을 상상해보면 됩니다.
2) 살쩍 : ① 관자놀이와 귀 사이에 난 머리털. ② 망건을 쓸 때에 귀밑머리를 망건 속으로 밀어 넣는 물건. 대나무나 뿔로 얇고 갸름하게 만든다 / 그는 정표로서 대모갑으로 만든 살쩍밀이를 나에게 주었다. ※ 대모갑(玳瑁甲 : 바다거북 껍데기).
3) 소금쩍 : 어떤 물건의 거죽에 소금기가 배거나 내솟아서 허옇게 엉긴 조각 / 뙤약볕만 내리쬐는 사막에는 소금쩍이 심하게 일어난다.
4) 히물쩍 : 입술을 크게 실그러뜨리며 소리 없이 능청스럽게 한 번 웃는 모양 / 김바우가 누런 대문니를 내보이며 히물쩍 웃었다. 『김원일, 불의 제전』
살쩍은 여인에게도 쓸 수 있는 용어이나, 여인들에게는 살쩍밀이가 필요 없다는 점을 감안하면 주로 남자의 귀밑머리에 살쩍이라는 용어가 사용되었을 것으로 보입니다.
정답은 2)번으로 하시지요.

[279] 자꾸 가볍고 방정맞게 까부는 것을 '촐랑거린다'라고 하고, 그런 사람을 '촐랑이'라고 하는데, 북한에서 "촐랑이 수염 같다"라고 하면 "매우 경망스럽게 까불고 수다를 떨다"라는 뜻이라고 합니다.
다음 낱말들 중에서 '촐랑이'와 비슷한 사람을 골라 주세요.
1. 사그랑이
2. 사시랑이
3. 새줄랑이
4. 쪼그랑이

1) 사그랑이 : 다 삭아서 못 쓰게 된 물건.
2) 사시랑이 : ① 가늘고 약한 물건이나 사람 / 가뜩이나 사시랑이인 육신이 더 형편 무인지경이 돼 버렸어. 『김성동, 만다라』 ② 간사한 사람이나 물건 / 세상이 바뀔 때마다 사시랑이들이 들끓고 있군.
3) 새줄랑이 : 소견 없이 방정맞고 경솔한 사람 / 강쇠네는 입이 재고 무슨 일에나 오지랖이 넓었지만 무작정 덤벙거리고만 다니는 새줄랑이는 아니었다. 『송기숙, 녹두 장군』
4) 쪼그랑이(≒ 쪼그랑, 쪼그렁이) : 쪼그라져 볼품없이 된 물건.
정답은 3)번 '새줄랑이'로 하면 될 듯합니다.

[280] 요즈음은 간통죄가 폐지되어 간통을 하더라도 형사처벌은 받지 않지만, 이혼소송에서 위자료 산정과 재산분할에서 사실상 불이익을 받을 수 있고, 도덕적으로도 부부가 아닌 남녀가 은밀히 관계를 계속 맺으면 비난의 대상이 되지요.

위 글을 읽고 다음 중에서 어떤 낱말이 떠오르시나요?

1. 보쟁이다.
2. 볼가심하다.
3. 볼되다.
4. 볼맞다.

1) 보쟁이다 : 부부가 아닌 남녀가 은밀한 관계를 계속 맺다 / 순영이 쪽에서 한사코 (아무개를) 보쟁이려고 하는 것이었다. 그날 저녁에도 먼저 만나자고 한 것은 순영이었다.『문순태, 타오르는 강』

2) 볼가심하다 ; ① 물 따위를 머금어 볼의 안을 깨끗이 씻다. ② 아주 적은 양의 음식으로 시장기나 궁금함을 면하다 / 시골이라 기나긴 밤에 궁금한 입 볼가심하자고 먹을 것이라면 고작 삼삼한 동치미밖에 없었다 / 누구 왔다니까 볼가심할 거나 없나 하고 뒤지러 오는 거지….『이문구, 으악새 우는 사연』

(명사)볼가심 / 숟갈을 놨으면 숭늉으로 볼가심을 하는 게 젖 떼고 바로 배운 범절 아니야.『이문구, 산 너머 남촌』 / 그들의 일손을 타 쓰려고 장에서 만나 볼가심을 시킨 것조차 아까웠다.

3) 볼되다 : ① 몹시 벅차고 힘에 겹다 / 네게는 그 일이 볼되어 보인다. ② 죄어치는 힘이 매우 단단하다 / 볼된 망치질에 견디다 못해 못이 휘어졌다.

4) 볼맞다 : ① 함께 일할 때에 생각, 방법 따위가 서로 잘 맞다 / 복잡한 일도 서로 볼맞으면 빨리 끝낼 수 있다. ② 일을 할 때에 더 낫고 더 못함의 차이가 거의 없이 일치하다.

정답은 1)번 보쟁이다. 함부로 보쟁이지 마세용.

[281] 많은 사람들을 겪다 보면 참으로 천차만별이라는 생각이 들 때가 있지요. 다음 중에는 마음에 딱 드는 사람이 한 명 있을 겁니다. 그 사람을 찾아서 곁에 두시기 바랍니다.

1. 부니는 사람
2. 부전부전한 사람
3. 분대하는 사람
4. 빕더서는 사람

1) 부닐다 : 가까이 따르며 붙임성 있게 굴다 / 며느리가 시어머니에게 부니는 모습이 보기 좋았다 / 남편에게 그렇게 착착 부닐고 정이 붙는 계집은 여태껏 내 보지 못했다.『김유정, 가을』/ 계집이 옆에 와서 부니는 바람에 부어라 먹자 부어라 먹자하고 술을 부어 주는 대로 받아먹었다.『홍명희, 임꺽정』/ 버드나무 회초리 같은 계집들이 착착 부닐면서 아양을 떠는 것도 한 구경거리다.『심훈, 상록수』
2) 부전부전하다 : 남의 사정은 돌보지 아니하고 자기가 하고 싶은 일에만 서두르는 데가 있다 / 유복이가 부전부전한 손이지만 문전 나그네를 흔연대접하는 인심 좋던 세월이라 그 집 주인이 유복이를 맞아들여서….『홍명희, 임꺽정』
3) 분대하다(= 분대질하다, 분대질을 치다) : 분란을 일으켜 남을 괴롭히는 짓을 하다.
4) 빕더서다 : ① 약속을 어기고 돌아서다 / 용팔이는 자기 입으로 뱉었던 맹세를 지키지 않고 빕더서고 말았다. ② 비켜서다 / 옆으로 빕더서서 눈치만 보고 있다.
'빕더서다'와 형태만 유사한, '빗더서다(= 빗서다)'가 있는데, "방향을 조금 틀어서 서다"라는 뜻입니다 / 윤 양은 차 배달 주문 전화가 언제 그쳤는지 모를 계산대 옆에 빗더서서….『이문구, 산 너머 남촌』

저는 1)번 부니는 사람을 곁에 두겠습니다.

[282] '비(rain)'를 물리적으로 설명하면 '대기 중에 있는 수증기의 지름이 0.2mm 이상의 물방울이 되어 지상으로 떨어지는 현상'이라고 합니다. 약 10만 개의 구름방울이 뭉쳐야 1개의 빗방울이 된다고 하며, 0.2mm라는 것은 이슬비(drizzle)의 가장 작은 크기를 나타낸 것으로, 이보다 더 작은 구름방울인 경우 150m 정도만 낙하해도 증발되어 사라져버리므로 빗방울이 될 수 없다고 하네요.

다음 중에서 '비'와 관련 없는 낱말을 골라 주세요.

1. 떡비
2. 보름치
3. 보지락
4. 보추

  1) 떡비 : 풍년이 들어 떡을 해 먹을 수 있게 하는 비라는 뜻으로, 요긴한 때에 내리는 비를 이르는 말.
  2) 보름치 : 음력 보름께에 비나 눈이 오는 날씨. 또는 그 비나 눈 / 보름치하는 탓에 달 보기는 글렀다.
    ※ '열닷새 동안 분량의 삯이나 물건'을 의미하는 '보름치'도 있습니다.
  3) 보지락 : 비가 온 양을 나타내는 단위. '한 보지락'은 보습이 들어갈 만큼 빗물이 땅에 스며든 정도만큼 온 비의 양을 이릅니다 / 비가 한 보지락 시원하게 내렸다.
    보습 : 쟁기, 극젱이, 가래 따위 농기구의 술바닥에 끼우는, 넓적한 삽 모양의 쇳조각을 이르는 말 ⇒ 따라서 논밭을 쟁기로 갈 때 쟁기의 보습이 땅에 들어갈 만큼 오면 한 보지락의 비가 온 것입니다.
  4) 보추 : (주로 '없다'와 함께 쓰여) 진취성이나 내뛰는 성질.
    보추(가) 없다 : 제 힘으로 해내겠다는 적극성이 없다 / 그놈 하는 행태로 보면 그러고도 남겠소. 얼핏 봐도 보추 대가리는 서 푼어치도 없게 생겼습디다. 『송기숙, 녹두 장군』
    ⇒ 이 예문에서 '보추 대가리'는 표준말은 아니며, '보추'의 속어는 '보추때기'로서 / 그 보추때기 없는 꼬맹이 상전은 어디 갔소? 『문순태, 타오르는 강』처럼 '보추'보다는 주로 속어인 "보추때기 없다"로 쓰이는 것 같습니다.

'비'와 관계없는 건 4) 보추입니다.

[283] 한 짝씩 끼웠다 떼었다 할 수 있게 만든 문. 혹시 기억나시나요? 아래 사진처럼 예전에 흔히 가게 전면에 여러 짝씩 번호를 매겨서 사용하던 문인데, 이 문의 이름을 찾아주세요.

1. 비각
2. 비사리
3. 빈지
4. 뿌다구니

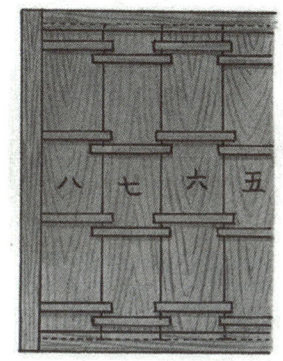

1) 비각 : 다른 뜻도 있으나, 한자어가 아닌 고유어로 물과 불처럼 서로 상극이 되어 용납되지 아니하는 일을 말합니다 / 숙지황이 든 약을 먹을 때 날무를 먹는 것은 비각(≒ 상충, 相沖)이다.
2) 비사리 : 벗겨 놓은 싸리의 껍질 / 노를 꼬거나 미투리 바닥을 삼는 데 쓰였음.
3) 빈지(= 널빈지, 빈지문) : 한 짝씩 끼웠다 떼었다 하게 만든 문 / 빈지문을 첩첩이 닫다 / 그의 방만 빈지문이기 때문에 그의 방에만 달린 문고리는 그의 독방을 참으로 독방답게 할 뿐 아니라…. 『박완서, 오만과 몽상』 / 이 집의 수많은 방 중에서 현의 독방만은 창호지 문이 아닌 널빈지 문이었다. 『박완서, 오만과 몽상』
4) 뿌다구니(준말, 뿌다귀) : ① 물체의 삐죽하게 내민 부분 / 나무 뿌다구니에 옷자락이 걸려 넘어졌다. ② 쑥 내밀어 구부러지거나 꺾어져 돌아간 자리 / 통영 뒷덜미가 견내량이요, 다시 거제섬 북편 뿌다구니는 송진포가 되면서 진해만을 껴안았고…. 『박종화, 임진왜란』 ③ 어떤 토막이나 조각 따위를 낮잡아 이르는 말 / 김치 뿌다구니를 입 안에 집어넣고 어석어석 씹는다. 『이기영, 고향』

정답은 3)번 빈지(= 널빈지, 빈지문)입니다. 우리나라에서는 사라진 지 오래되었으나, 5년 전에 인도네시아에 갔을 때 그곳에서 이 문을 본 적이 있습니다. 아마도 예전에는 글로벌 양식이었던 것 같습니다.

[284] 그릇이나 과녁 따위의 가장자리를 '변죽'이라 하고, "변죽을 치면 복판이 울린다"라는 말이 있습니다. 그런 의미로부터 "변죽(을) 울리다" 또는 "변죽(을) 치다"라고 하면 "바로 집어 말을 하지 않고 둘러서 말을 하다"라는 뜻이며, 그렇게 말해도 듣는 상대방이 말하는 사람의 의도를 알아들을 수 있기를 바라는 것입니다.

다음 중에서 '변죽 울리다'와 같은 낱말을 골라 주세요.

1. 부개비잡히다.
2. 붖대다.
3. 비사치다.
4. 빛접다.

  1) 부개비잡히다 : 하도 졸라서 본의 아니게 억지로 하게 되다 / 이미 부개비잡혔으니 일을 마무리해주어야지.
  2) 붖대다 : 말이나 행동을 몹시 급하게 하다 / 저렇게 말을 붖대니 알아들을 수가 없지.
  3) 비사치다 : 직설적으로 말하지 않고, 에둘러 말하여 은근히 깨우치다 / 그렇게 비사치지 말고 바로 말해라!
  4) 빛접다 : 떳떳하고 번듯하여 부끄러울 것이 없다 / 사람은 누구에게나 빛접게 살아야 하는 법이다.

정답은 3)번 '비사치다'입니다.

[285] 오랜만에 문법공부를 한번 해볼까요? '~하다.'에서 어간의 끝 자인 '하'가 완전히 줄 때에 다음 글자를 어찌 써야 하는지에 관한 문제입니다.

다음 중에서 바르지 않은 것을 골라 주세요.

1. 거북하지 않다 - 거북지 않다
2. 무심하지 않다 - 무심치 않다
3. 섭섭하지 않다 - 섭섭지 않다
4. 익숙하지 않다 - 익숙치 않다

※ '~하다'에서 어간의 끝음절 '하'가 'ㄱ'이나 'ㅂ'(때로는 'ㅅ') 받침 뒤에서 아주 줄 적에는 준 대로 적는다 / 넉넉하지☞넉넉지, 생각하건대☞생각건대, 섭섭하지☞섭섭지, 깨끗하지 않다 ☞깨끗지 않다, 못하지않다☞못지않다, 익숙하지 않다☞익숙지 않다.
※ 다만, 모음이나 그 밖의 받침 뒤에서는 ' 치'로 적는다 / 무심하지☞무심치, 허송하지☞허송치.

4)번이 바르지 않습니다. 어휘 공부는 그런대로 재미나지만, 더 중요한 문법 공부는 사실 하기 싫어도 할 수밖에 없지요.

[286] '말 아닌 말'이라는 속담이 있는데, '이치나 경우에 닿지 아니하는 말'을 이르는 말이며, '까마귀 아래턱 떨어질 소리'라는 속담은 상대편으로부터 이치에 맞지 않는 천만부당한 말을 들었을 경우에 어처구니없어 그런 소리 말라고 이르는 말입니다.
다음 중에서 '말 아닌 말' 또는 '까마귀 아래턱 떨어질 소리'가 아닌 말을 골라 주세요.
1. 발림소리
2. 생소리
3. 억보소리
4. 헌소리

1〉 발림소리 : 상대의 비위를 맞추기 위하여 하는 말.
2〉 생소리(生--) : 이치에 맞지 아니하는 엉뚱한 말 / 그게 무슨 생소리십니까? 이러시다가는 무고죄에 걸리십니다.『염상섭, 대를 물려서』
3〉 억보소리 : 억지가 센 사람의 소리라는 뜻으로, 쓸데없이 내세우는 고집을 비유적으로 이르는 말.
4〉 헌소리 : 조리에 맞지 아니하는 말 / 다른 사람들이 그의 말을 귀 기울여 듣지 않는 이유는 그가 허구한 날 헌소리만 되풀이하기 때문이다.
정답은 1〉 '발림소리'로 하는 것이 맞겠지요?

[287] '뻥!' 하면 생각나는 뻥튀기, 크게 뚫린 구멍, 축구공 외에도 '거짓말'이라는 뜻이 있습니다. '뻥짜'라는 명사도 있는데, 그 준말은 역시 '뻥'이며 '의도하지 않은 구멍이 뻥 뚫려버린 것과 같이 바라던 일이 아주 틀어져 버려 소망이 없게 된 것'을 이르는 말입니다 / 그 계획은 그만 뻥짜가(뻥이) 되고 말았다.

다음 낱말들 중에서 거짓말과는 관계가 없는 것을 골라 주세요.

1. 뻥까다
2. 뻥놓다
3. 뻥치다
4. 뻥하다

  1) 뻥까다 : '거짓말하다'를 속되게 이르는 말.
  2) 뻥놓다 : ① '거짓말하다'를 속되게 이르는 말. ② 비밀을 드러내다 / 그는 조직을 배반하고 은폐했던 내부 비리를 뻥놓았다 → 이 경우 '뽕놓다'와 같은 말입니다. ③ 허풍을 치다 / 그렇게 뻥놓고 다니다가는 큰코다친다.
    ※ '뻥나다'는 자동사로서 '비밀이 드러나다'라는 뜻입니다. '뽕나다'도 역시 같은 뜻입니다 / 그 계획은 금방 뻥나고 말았다 / 조만간 뽕날 짓을 왜 하니?
    ※ '뻥나다'의 다른 뜻으로, "끝장이 나다", "재산이나 물건이 모조리 없어지다"라는 의미가 있으며, 이 경우 '판나다'의 속어입니다 / 승부는 벌써 오래전에 뻥났다 / 이제 밑천이 없으니 판난 것이나 다름없다 / 노름을 해 대더니 결국 전 재산이 판나고 말았다.
    ※ '뽕빠지다'도 '뻥나다'와 같은 뜻으로 쓰이기도 합니다.
  3) 뻥치다 : (속되게) 허풍을 치다(허풍을 치는 것도 거짓말의 일종이지요).
  4) 뻥하다 : 얼빠진 사람처럼 멍하다. '벙하다'의 센말 / 놀라서 뻥하게 서 있다 / 민기 처가 질린 얼굴로 뻥하고 쳐다본다. 『이정환, 샛강』
    ※ 멍하다 〈 벙하다 〈 뻥하다.
정답은 4)번 '뻥하다'입니다.

[288] 말과 글은 의사표현의 가장 중요한 수단입니다만, 경우에 따라서는 자신을 옭죄는 족쇄가 되기도 합니다. 항상 조심해야 하는 이유이지요. 다음 낱말들 중에서 셋은 말 또는 글에 관계가 있습니다. 관계없는 나머지 하나를 골라 주세요.

1. 붓날다
2. 붓방아질하다
3. 붚달다
4. 희붐하다

1) 붓날다 : (낮잡는 뜻으로)말이나 하는 짓 따위가 붓이 나는 것처럼 가볍게 들뜨다 / 그는 말이 붓나는 사람이다 / 붓글씨를 쓸 때 붓이 날면 글씨에 힘이 없게 되며, 그것을 말에 비유하여 "말에 무게가 없다"라는 뜻으로 사용되는 낱말입니다.
2) 붓방아질하다(= 붓방아를 찧다) / 밤새도록 시상이 떠오르지 않아 계속 붓방아질했다.
   ※ 붓방아 : 글을 쓸 때 미처 생각이 잘 나지 않아 붓을 대었다 떼었다 하며 붓을 놀리는 짓 ⇒ 오늘날도 붓으로 글을 쓰기도 하겠지만, 대개는 '펜방아', '볼펜방아'이거나 '키보드방아'를 찧을 듯.
   ※ 붓방아질 : 붓방아를 찧는 일 / 붓방아질 끝에 드디어 시어가 떠오르기 시작하였다.
3) 붚달다(≒ 붚대다) : 말과 행동을 부풀고 괄괄하게 하다(말이나 행동을 몹시 거세고 급하게 하다) / 누구든 간에 붚달고 실수하지 않는 사람 없다.
   ※ 조선 초중기만 해도 '붚'이라는 글자가 간혹 쓰인 것 같으나, 비슷한 발음의 소리가 하나로 통일되는 이화현상(異化現狀)에 의하여 '쇠붚'이 '쇠북'으로 바뀌었으며, 'ㅍ' 받침은 아니나 'ㅂ' 받침이었던 '거붑'이 '거북'으로 바뀌었다고 하네요.
4) 희붐하다(= 붐하다) : 빛이 희미하게 돌아 약간 밝은 듯하다 / 먼동이 희붐하게 밝아 오다 / 이곡리 쪽 하늘로부터 희붐한 어둑새벽이 야산을 넘어오기 시작했다. 『윤흥길, 완장』

정답은 4)번 희붐하다입니다.

[289] 오늘은 화요일인데, 화(火)는 '요일' 외에도 몹시 못마땅하거나 언짢아서 나는 '성', 또는 '불기운' 등을 뜻하는 말입니다.
다음 낱말들 중에서 위 '성'에 해당하는 '불'은 몇 번에 있을까요.

1. 불당그래
2. 불땔감
3. 불땔꾼
4. 불쏘시개

1) 불당그래(= 불고무래) : 아궁이의 불을 밀어 넣거나 한데 모아 당기어 밖으로 내는 데 쓰는 작은 고무래.
2) 불땔감(= 땔감) : ① 불을 땔 만한 재료 / 산에 가서 불땔감을 모아 오다. ② 아무 데에도 쓸 모가 없어 세상에서 버림받은 사람을 낮잡아 이르는 말 / 그 사람은 불땔감으로나 써야지, 아무짝에도 쓸 수가 없네.
3) 불땔꾼 : 심사가 바르지 못하여 하는 짓이 험상하고 남의 일에 방해만 놓는 사람을 낮잡아 이르는 말 / 남의 화를 돋우어 성나게 하는 것을 불 때는 것에 비유하는 말입니다.
4) 불쏘시개(= 쏘시개) : ① 불을 때거나 피울 적에 불이 쉽게 옮겨 붙게 하기 위하여 먼저 태우는 물건. 잎나무, 관솔, 종이 따위이다. ② 중요한 일이 잘 될 수 있도록 하는 데에 먼저 필요한 것을 비유적으로 이르는 말 / 우리는 어디까지나 후견인 이상이 되어서는 안 되고, 더 하면 어떤 경우에 불쏘시개 역할 정도가 고작이라는 것을 명심해야 할 것 같습니다. 『송기숙, 암태도』
정답은 3)번 불땔꾼입니다.

[290] '돌아내리다'라는 낱말은 "빙빙 돌면서 아래로 내려가다"라는 뜻 외에도 "속으로는 그럴 마음이 있으면서 겉으로는 사양하는 체하다"라는 뜻이 있습니다. "그렇게 돌아내리지 말고, 하고 싶은 대로 하세요"와 같이 쓰이지요. 다음 중에서 두 번째 '돌아내리다'와 같은 뜻을 가진 낱말을 골라 주세요.

1. 비거스렁이하다.
2. 비다듬다.
3. 비릇다.
4. 비쌔다.

1) 비거스렁이하다 : 비가 갠 뒤에 바람이 불고 기온이 낮아지다 / 비가 그치고 난 뒤, 비거스렁이를 하느라고 바람이 몹시 매서웠다 / 초가 굴뚝에선 저녁 청솔가지 연기가 비거스렁이에 눌려 안개처럼 번져 나가고 있었다. 『이문구, 관촌 수필』
※ '거스렁이' 또는 '눈거스렁이'라는 말은 없음.
2) 비다듬다 : 자꾸 매만져서 곱게 다듬다 / 옷을 비다듬다 / 머리를 비다듬다.
3) 비릇다 : 임부가 진통을 하면서 아이를 낳으려는 기미를 보이다 / 그날 밤이 새도록 오주의 아내가 아이를 비릇기만 하고 낳지 못하여…. 『홍명희, 임꺽정』 / 여자가 애를 비릇을 때 어떻다는 건 너도 겪어 보진 못했지만 듣기는 했을라. 『박완서, 미망』
4) 비쌔다 : ① 어떤 일에 마음이 끌리면서도 겉으로 안 그런 체하다 / 중아비는 입으로는 비쌔면서도 싫지 않은 눈치였다. 『송기숙, 녹두 장군』 ② 남의 부탁이나 제안에 여간해서 응하지 아니하는 태도를 보이다 / 익수의 생각에는 한참 생색내서 만나자고 하는 것을 비쌔는 것이, 아니꼽다고까지는 생각지 않았으나 못마땅하였고…. 『염상섭, 대를 물려서』
※ 북한에서는 '비쌔구 저쌘다'라는 관용구가 있는데, "마음에 있으면서도 극구 사양한다"라는 뜻이랍니다.

정답은 4)번 비쌔다입니다.

[291] 신체의 일부 부위에 '~노리'가 붙어서 '그 신체부위의 언저리'라는 의미를 갖는 경우가 있습니다.
다음 중에서 위와 같은 경우가 아닌 것을 골라 주세요.
1. 무릎노리
2. 배꼽노리
3. 콧노리
4. 허리노리(북한어)

1) 무릎노리 : 다리에서 무릎마디가 있는 자리.
2) 배꼽노리 : 배꼽이 있는 언저리나 그 부위 / 무릎 정도 차던 냇물이 지난 장맛비로 크게 불어나 배꼽노리까지 찼다 / 캥거루는 배꼽노리에 있는 아기 주머니에 새끼를 넣고 껑충껑충 뛴다.
3) 콧노리(= 콧등노리) : 갈퀴의 가운데치마를 맨 자리.
    ※ 가운데치마 : 갈퀴의 위아래 치마 사이에 가로질러 갈퀴코를 잡아매는 나무.
    ※ 위치마 : 갈퀴의 앞초리 쪽으로 대나무를 가로 대고 철사나 끈 따위로 묶은 코.
    ※ 아래치마 : 갈퀴의 뒤초리 쪽으로 대나무를 가로 대고 철사나 끈 따위로 묶은 코.
    ※ 초리 : 갈퀴에서 갈큇발이 모여 합쳐지는 부분.
4) 허리노리 : 허리가 있는 언저리 / 강물은 얕아져서 허리노리까지밖에 오지 않았다. 『조선어대사전』 / 창옥은 허리노리까지 드리운 외태 머리태를 가슴 앞으로 돌려 잡더니 까만 리봉 속에서 쪽지를 꺼냈다. 『김형지, 적후의 별들』

정답은 3)번 콧노리입니다.

※ 행전노리(行纏- -) : 행전과 바지와의 틈서리 / 최가의 벗어 놓은 조끼를 집어다가 뒤적뒤적 하더니 백지에 싼 비녀 가락지를 빼서 제 행전노리에 끼고…. 『이인직, 귀의 성』
※ 눈썹노리 : 베틀에서, 눈썹줄이 달려 있는 눈썹대의 끝부분.

[292] 최근의 문제에서 '돠', '볶', '룾', '뱐' 등의 글자가 등장하였었는데요. 참으로 쓰임이 희귀한 글자들입니다. 이처럼 이전에 들어 보지 못한 낯선 문자나 용어를 '생문자(生文字)'라고 합니다.

아래에 '욹'이라는 글자가 포함된 낱말들이 있는데, 두 개는 강원도 지방의 방언이고, 하나는 옛말이며, 나머지 하나는 살아있는 표준어입니다. 그것을 골라 주세요.

1. 개욹
2. 겨욹
3. 삼시욹
4. 시욹

> 1) 개욹 : '개울(골짜기나 들에 흐르는 작은 물줄기)'의 강원도 방언.
> 2) 겨욹 : '겨울'의 강원지역 방언.
>   ※ 강원지역의 방언이 그러하므로 그곳에서는 "개욹에(개울게) 가서 고기를 잡자", "올 겨욹에는(겨울게는) 눈이 너무 많이 온다" 등으로 발음하겠지요.
>   ※ 겨울의 방언은 'ㄺ' 받침을 쓰는 공통점이 있습니다. '저슭'(전라), '저욹'(강원, 경남), '젉'(경상), '즑'(전북, 충청) 등이 그것인데, 그런 방언이 실제 있느냐는 의문을 제기하실 분도 있을 법합니다만, 나이 드신 분들은 지금도 사용하고 있습니다. "겨울이 왔다"를 방언으로 발음 나는 대로 적으면 "저슬기 왔다, 저울기 왔다, 절기 왔다, 즐기 왔다"가 되며, 아마 들어보셨을 것 같습니다.
>   ※ 방언이 아닌 표준어로서의 '젉'이라는 낱말이 있는데, '나무결'의 '결'과 같은 뜻으로서 '나무결'은 '나무젉(- -적)', '나무결이 곱다'는 '나무젉이(- -절기) 곱다'가 될 것입니다.
> 3) 삼시욹(- - 욱) : 세 가닥으로 꼰 노끈이나 실.
> 4) 시욹 : '언저리'의 옛말.

정답은 3)번 삼시욹이며, 아마도 욹이 들어가는 유일한 표준어인 듯합니다.

[293] "말 잘하고 징역 가랴?"라는 속담이 있는데, 말을 잘하면 징역 갈 것도 면한다는 뜻으로, 말의 중요성을 이르는 말입니다. 말을 잘한다는 것은 아마도 생각이나 느낌을 이치나 상황에 알맞게 표현할 줄 안다는 것이라고 생각합니다.

다음 중에서 위와 같은 그런 말을 골라 주세요.

1. 궂은소리
2. 오만소리
3. 산말
4. 산소리

1) 궂은소리 : 사람이 죽었다는 소리 / 정초부터 궂은소리를 들으니 기분이 언짢다.
2) 오만소리(五萬--) : 수다하게 지껄이는 구구한 소리 / 말 한 번 잘못했다가 사장한테 오만소리를 다 들었다 / 오만소리들이 한꺼번에 울려왔다. 밤의 한복판에서 바람은 앙상한 나뭇가지들을 뒤흔들고…. 『이동하, 우울한 귀향』
　※ "감사원장 때 저축은행 부실 프로젝트파이낸싱(PF) 문제를 감사했더니 오만 군데서 청탁과 압력을 받았다"고 한 김황식 총리의 말이 문제된 적이 있었는데, 이때 '군데'는 '낱낱의 곳을 세는 의존명사'이어서 띄어 쓰는 것이 맞습니다.
3) 산말 : 실감 나도록 꼭 알맞게 표현한 말 / 신시대의 시는 생명을 표현하고 죽은 자연까지도 산말로 노래하는 길을 열어야 할 것이다. 『임화, 문학의 논리』
4) 산소리 : 어려운 가운데서도 속은 살아서 남에게 굽히지 않으려고 하는 말 / 앞길은 막혔는데 명곤은 자꾸 재촉을 하니 입으로는 아직도 산소리를 하기는 하나 속으로는 오직 기막힐 뿐이었다. 『유진오, 화상보』
　※ 죽는소리 : 변변찮은 고통이나 곤란에 대하여 엄살을 부리는 말 / 은행에서들 돈을 딱 가두어 놓곤 돌려주질 않기 때문에 너 나 할 것 없이 모두 죽는소립니다. 『채만식, 태평천하』 / 원래 있는 집에서 더 죽는소리하기 마련이지만…. 『이문구, 으악새 우는 사연』

앞으로는 3)번 '산말'로 말을 하고 '산 글'로 글을 쓰는 노력을 하겠습니다.

[294] "노름은 본전에 망한다"는 속담이 있습니다. 잃은 본전만을 되찾겠다는 마음으로 자꾸 노름을 하다 보면 더욱 깊이 노름에 빠져 헤어나지 못하게 된다는 말이지요. 노름! 한 개인과 사회를 망칩니다.
다음 중에서 노름과 관계된 낱말을 골라 주세요.

1. 새알꼽재기
2. 샘바리
3. 생생이
4. 생이

1) 새알꼽재기 : ① 새알처럼 아주 작은 물건이나 분량을 비유적으로 이르는 말(≒ 꼽재기, 조족지혈 / 鳥足之血) ② 좀스럽고 옹졸한 사람을 낮잡아 이르는 말.
꼽재기 : 때나 먼지 따위와 같은 작고 더러운 물건 또는 아주 보잘것없이 작은 사물 / 매부를 알기를 발샅에 낀 꼽재기만도 못하게 생각하는데…. 『염상섭, 무화과』 / 밥이라고 준 것이 꼽재기만 하다 / 사내 꼽재기라도 있어야 내 험악스러운 팔자를 넘길 힘이 생기겠구나. 『황석영, 영등포 타령』
2) 샘바리 : 샘이 몹시 많은 사람 / 샘바르다 : 샘이 심하다.
3) 생생이 : 노름판 따위에서, 속임수를 써서 남의 돈을 빼앗는 짓 / 생생이판 : 사기 노름판.
4) 생이(= 애새우, 토하(土蝦)) : 새뱅잇과의 민물 새우로 몸길이 3cm, 갈색.
 ※ 우리가 보통 한자어로 토하라 하는 새우이며, 한자어 토하젓보다는 생이젓으로 불러야 할 것 같습니다.
 ※ 새뱅이는 보통 호남지방의 방언으로 알고 있으나 표준어이며, 새뱅잇과의 민물 새우로 몸의 길이는 2.5cm, 어두운 갈색.

정답은 3)번 '생생이(사기 노름)'입니다.

[295] 근래 젊은이들 사이에서 '생까다'라는 말이 인터넷은 물론 일상 대화에서도 흔하게 사용됩니다. 사람이 상대방에 대해 행동이나 말을 했을 때 이를 무시하는 것을 가리키는 것이 보통이며, 물론 표준어는 아닙니다. 다음 중에서 위 '생까다'의 의미를 가진 표준어를 골라 주세요.

1. 생게망게하다.
2. 생급스럽다.
3. 생먹다.
4. 생청붙이다.

   1) 생게망게하다 : 하는 행동이나 말이 갑작스럽고 터무니없다 / 최가는 서럽게 울기 시작했다. 건성으로 울고 있던 상제는 서리병아리* 같은 상놈 하나가 산신 제물에 메뚜기 뛰어들듯하더니 읍곡(泣哭)을 하자, 생게망게해서 맥을 놓고 바라보았다. 『김주영, 객주』
      * 서리병아리 : ① 이른 가을에 알에서 깬 병아리. ② 힘이 없고 추레한 사람을 비유적으로 이르는 말.
   2) 생급스럽다 : 하는 일이나 행동 따위가 뜻밖이고 갑작스럽거나 하는 말이 터무니없고 엉뚱하다 / 불길한 예감에 가위눌리듯이 생급스러운 기성을 질렀다. 『박완서, 오만과 몽상』 / 그의 생급스러운 말이 사람들을 당황하게 한다 / 그는 그 생급스러운 소문을 듣고 어이없어했다.
   3) 생먹다 : ① 남이 하는 말을 잘 듣지 않다. ② 알면서도 일부러 모르는 체하다 / 그는 전에 했던 약속을 생먹지는 않을 것이다. 내 말 생먹다간 후회하게 될 걸.
      ※ '생까다'와 같이 '무시한다'는 의미를 가지고 있습니다.
   4) 생청붙이다 : 억지스럽게 모순되는 말을 하다.
      ※ 생청스럽다 : 생청붙이는 성질이 있다 / 그는 술만 마시면 생청스럽게 굴어 술좌석을 엉망으로 만든다.

정답은 3)번 '생먹다'입니다. 아마도 '생까다'는 '생먹다'의 방언이 아니었을까?

[296] 섣달그믐인데* 설 쇨 준비하느라 바쁘시지요. "살집이 좋다" 또는 "육덕(肉德)이 좋다"라고 하면 "몸에 살이 많아서 복 또는 덕이 있어 보인다"는 의미인데, 이런 말에 비추어 보면 살집 좋은 양귀비가 최고의 미인으로 평가 받았듯이 우리나라도 예전엔 그랬던 모양입니다.

다음 중에서 위 '살집' 또는 '육덕'과 비슷한 의미가 아닌 낱말이 있습니다. 그것을 골라 주세요.

1. 살거리
2. 살맛
3. 살푸둥이
4. 살피듬

* '섣달그믐'은 한 해의 마지막을 뜻해서인지 하나의 낱말로 붙여 쓰는데, '정월 초하루'는 띄어 씁니다.
1) 살거리[-꺼-. 발음 조심!] : 몸에 붙은 살의 정도와 모양 / 원체 살거리 없는 한복이의 몰골은 거지를 방불케 했다. 『안수길, 북간도』
2) 살맛 : ① 남의 살과 서로 맞닿았을 때 느끼는 느낌 / 살맛이 부드럽다. ② 성행위에서 상대편의 육체로부터 느껴지는 쾌감을 속되게 이르는 말 / 여인과의 포옹이 그의 정욕을 격화시켰을 때 그는 이미 감각의 첨단까지 속속들이 알아 버린 여자의 살맛을 그대로 놓쳐 버릴 수는 없었던 것이었다. 『오상원, 백지의 기록』 ③ 세상을 살아가는 재미나 의욕 / 요즘 돌아가는 물정을 보면 도통 살맛이 나질 않네그려.
3) 살푸둥이 : 몸에 살이 많고 적은 정도.
4) 살피듬 : 몸에 살이 피둥피둥한 정도 / 그 여편네 변변히 얻어먹는 것도 없이 한 해 걸러로 자식새끼를 그렇게 여럿 뽑아내고도 살피듬이 그만한 걸로 봐서는…. 『박완서, 미망』

살기[-끼]와 육기(肉氣)도 같은 뜻이며, 정답은 2)번 '살맛'입니다.

[297] '휭허케'라는 낱말. 들어보셨을까요? '휭'도 '읅'처럼 생문자입니다. 다음 [ ] 안의 낱말들 중에서 위 '휭허케'와 같은 뜻의 것을 골라 주세요.

1. 그 친구 [희떱게] 돈 자랑을 하더군.
2. 꾸물대지 말고 [휭하니] 다녀오너라.
3. 종일토록 내내 복잡한 수학 공식을 외우다 보니 머리가 [휭할] 지경이다.
4. 오늘 아침 우리 집 뜨락에서 [힝둥새]를 보았다.

    1) 희떱다(≒ 희다) : ① 말이나 행동이 분에 넘치며 버릇이 없다 / 두 손 털고 나서는 것을 세상이 다 아는 마당에 번연히 갚지 못할 것을 갚을 듯이 희떠운 소리만 한다면…. 『염상섭, 무화과』 ② 실속은 없어도 마음이 넓고 손이 크다 / 제 살림에 맵고 짜다가도 없는 사람 사정 봐줄라 치면 희떱게 굴 줄도 알았다. 『박완서, 미망』
    희떠운 소리(= 흰소리) : 터무니없이 자랑으로 떠벌리거나 거드럭거리며 허풍을 떠는 말 / 눈앞에서는 쥐구멍을 못 찾으면서 뒷전에서는 흰소리를 치는 것이 상놈들의 티를 내는 게 아니냐고. 『이기영, 봄』 / 배 선생을 위해 정부 추방을 맡겠다던 수작은 어디까지나 농담이요, 흰소리에 불과한 것이었다. 『윤흥길, 묵시의 바다』
    2) 휭하니 : 지체하지 아니하고 곧장 빠르게 / 휭하니 밖으로 나가다.
    3) 휭하다 : 놀라거나 피곤하거나 또는 머리가 어지러워서 정신을 못 차릴 정도로 머리가 띵하다.
    4) 힝둥새 : 참샛과의 새. 밭종다리와 비슷한데 몸의 길이는 15cm 정도이며, 등은 초록색을 띤 잿빛 갈색, 배는 잿빛 흰색이고 가슴에서 옆구리까지 뚜렷한 검은 세로무늬가 있다. 텃새성이 강하고 아시아 전역에 분포.

'휭허케'는 '지체하지 않고 서둘러 빨리'라는 뜻의 부사로서 '휭하니'와 같은 말입니다 / 한눈팔지 말고 휭허케 다녀오너라 / 쭈뼛쭈뼛 변명을 하고는 가던 길을 다시 휭허케 내걸었다. 『김유정, 봄봄』 ⇒ '휭허케'가 원래의 표준말이고 '휭하니'는 방언이었는데, 근래에 '휭하니'가 대세가 되어 복수의 표준말로 인정되었습니다.
정답은 2)번입니다.

[298] '야멸차다'라고 하면, 자기만 생각하고 남의 사정을 돌볼 마음이 없이 차고 야무진 것을 말하는데, 이 낱말도 원래는 '야멸치다'가 표준어였는데, 근래에 '야멸차다'가 대세로 전환되어 '야멸치다'와 함께 복수의 표준어로 선정되었습니다.

다음 중에서 야멸친 태도를 이르는 낱말이 아닌 것을 골라 주세요.

1. 사박스럽다.
2. 살똥스럽다.
3. 살천스럽다.
4. 새퉁스럽다.

1) 사박스럽다 : 성질이 보기에 독살스럽고 야멸친 데가 있다 / 아내는 남편을 사박스럽게 몰아붙였다(≒ 야박스럽다).
2) 살똥스럽다 : 말이나 행동이 독살스럽고 당돌하다 / 나는 그녀의 살똥스러운 태도에 당황했다 / 상행 기차를 기다리는 젊은 아낙네 두 사람이 어딘가 퍽 닮은 얼굴들로 살똥스러운 눈길을 주고받으며….『이문희, 흑맥』
살똥스레 굴다 : 말이나 행동이 독살스럽고 당돌하게 굴다.
3) 살천스럽다 : 쌀쌀하고 매섭다 / 그렇게 살천스러우니까 주변에 사람이 없지 / 김제댁은 살천스럽기가 웬만한 말에도 서릿발이 쳤으나….『송기숙, 녹두 장군』
4) 새퉁스럽다 : 어처구니없이 새삼스러운 데가 있다 / 내가 너를 버리고 어찌 살겠니? 새퉁스러운 소리 하지 말고 나를 믿어라.『박종화, 임진왜란』

1, 2, 3)번은 모두 유사한 뜻이며, 4)번이 정답입니다.

[299] 진인사대천명(盡人事待天命)이라는 성구는 모르는 사람이 없겠지요. 다음 낱말들 중에서 정성을 다하여 힘껏 일하는 사람을 골라 주세요.

1. 살소매
2. 살손
3. 살여울
4. 사리살짝

  1) 살소매 : 옷소매와 팔 사이의 빈 곳 / 살소매에 훔친 마님의 편지를 숨기고….
    ※ 오늘날도 한복이나 소매가 넓은 옷을 입으면 살소매가 생겨서, 그 안에 손수건이나 가벼운 서류를 넣고 다닐 수 있습니다.
  2) 살손 : 일을 정성껏 하는 손.
    ※ 이때의 '손'은 단지 '손'을 의미하기 보다는 '사람'을 의미하는 것이 보통입니다.
    ※ 살손(을) 붙이다 : 정성을 다하여 힘껏 하다 / 살손을 붙여도 어려운 형편에 그렇게 대충대충 해서 될지 모르겠군.
  3) 살여울 : 물살이 급하고 빠른 여울물 / 물이 살같이 빠르니 살여울이라고 짓고…. 『이광수, 흙』
  4) 사리살짝 : 남이 전혀 눈치 못 채는 사이에 아주 잽싸게 / 아들은 아버지가 책을 보는 사이 사리살짝 동전 몇 개를 아버지 주머니에서 꺼냈다(≒ 스리슬쩍).
  정답은 2)번 '살손'입니다.

[300] 어느새 300회째 문제가 출제되도록 시간이 흘렀네요! 삼(三)과 관련된 문제를 준비했습니다. '삼손우(三損友)'는 사귀면 손해가 되는 세 종류의 벗으로 ① 편벽한 벗, ② 착하기만 하고 줏대가 없는 벗, ③ 말만 잘하고 성실하지 못한 벗을 이르는 말이고, '삼익우(三益友)'는 사귀어서 도움이 되는 세 종류의 벗으로 ① 심성이 곧은 사람, ② 믿음직한 사람, ③ 문견(聞見 = 見聞, 보거나 듣거나 하여 깨달아 얻은 지식)이 많은 사람을 이른다고 합니다. 여러분의 벗들은 어떠한가요?

다음 중에서 '삼(三)'과 관계없는 것을 골라 주세요.

1. [삼단] 같은 머리.
2. [삼돌이]는 사귀지 말자.
3. [삼백주]를 마셔 볼까.
4. [삼이웃]에 알려라.

1) '삼단'은 삼을 묶은 단을 의미하여 '삼단 같은 머리'는 [삼딴-]으로 발음해야 합니다. '숱이 많고 긴 머리'를 이르는 관용구 / 물소 뿔 빗치개가* 공주의 코허리를 지나가 삼단 같은 머리를 양편으로 갈라 놨다. 『박종화, 다정불심』
   * 빗치개 : 빗살 틈에 낀 때를 빼거나 가르마를 타는 데 쓰는 도구. 뿔, 뼈, 쇠붙이 따위로 만들며 한쪽 끝은 얇고 둥글고 다른 한쪽 끝은 가늘고 뾰족하다.
2) 삼돌이(三--) : 감돌이*, 베돌이*, 악돌이를* 통틀어 이르는 말.
   * 감돌이 : 사소한 이익을 탐내어 덤비는 사람(낮잡아 이르는 말).
   * 베돌이 : 일을 하는데 한데 어울려 하지 않고 따로 행동하는 사람.
   * 악돌이 : 악을 쓰며 모질게 덤비기 잘하는 사람.
3) 삼백주(三白酒) : 백출(白朮), 백봉령(白鳳嶺), 백하수오(白何首烏)의 세 가지로 담근 술. 이 세 가지를 같은 분량으로 술독에 넣었다가 20일 만에 건져 내고 먹는데, 양기를 돕는 데에 좋다고 함.
4) 삼이웃(三--) : 이쪽저쪽의 가까운 이웃(사방의 한 쪽에 자신이 있다고 한다면, 나머지 세 방면의 이웃이라는 뜻이므로 가까운 모든 이웃이라는 뜻임) / 그이는… 삼이웃이 알도록 목놓고 울지도 않았고…. 『김주영, 달맞이꽃』 / 삼이웃 집을 돌아다니며 간신히 돈 오천 원을 만들었다. 『김춘복, 쌈짓골』 / 채 군수는 바로 코앞에 선 이방을 두고 삼이웃이 다 들리게 큰 소리로 꾸짖었다. 『현기영, 변방에 우짖는 새』
   (속담)멱둥구미* 쭈그러진 것은 삼이웃이 일으켜도 못 세운다 : 사태의 형세가 이미 기운 이후에는 아무리 애써도 회복할 수 없다는 의미.
   * 멱둥구미(≒ 둥구미) : 짚으로 둥글고 울이 깊게 결어 만든 그릇. 주로 곡식이나 채소 따위를 담는 데에 쓰인다 / 할머니께서는 말린 쌀을 멱둥구미에 담아 보관하셨다.

정답은 1)번 '삼단 같은 머리'입니다. 양기가 부족하다고 생각되시는 분은 삼백주를 담가 3주 후에 드셔 보세요.

[301] 학문이나 기예에 통달한 달인이 되면 자신의 분야에서는 그리 힘들이지 않고 비교적 가볍게 일을 해낼 수 있습니다. 달인이 되기까지가 힘들었겠지요.
다음 낱말들 중에서 별로 힘들이지 않고 가볍게 계속 일하는 것을 어떤 낱말로 표현할까요?

1. 사부랑사부랑하다.
2. 사부랑하다.
3. 사부작사부작하다.
4. 사분사분하다.

  1) 사부랑사부랑하다 : 주책없이 쓸데없는 말을 자꾸 지껄이다(= 사부랑거리다, 사부랑대다) / 자꾸 그가 이상한 소리를 사부랑사부랑해서 창피했다 / 도무지 무어라고 사부랑거리는 것인지 알 수 없었다.
  2) 사부랑하다(= 사분하다) : 묶거나 쌓은 물건이 바짝 다가붙지 않고 좀 느슨하거나 틈이 벌어져 있다 / 사부랑하게 묶은 나뭇단이 강풍에 풀려 흐트러졌다.
  3) 사부작사부작하다(= 사부작거리다 ≒ 시부적시부적하다) : 별로 힘들이지 않고 가볍게 계속 행동하다 / 원래 익은 손이라서 사부작사부작하더니 순식간에 일을 죄다 해치웠다.
  4) 사분사분하다 : ① 자꾸 살짝살짝 우스운 소리를 해 가면서 성가시게 굴다. ② 가볍게 가만가만 행동하거나 지껄이다. ③ 성질이나 마음씨 따위가 부드럽고 너그럽다 / 그 처자는 매우 사분사분한 성격을 지녔다.

정답은 3)번 '사부작사부작하다'입니다.

[302] 모레면 정월대보름이네요. 예전에는 설날부터 대보름날까지를 명절 축제기간처럼 지내고 그 기간의 마지막 날인 보름날을 또 다른 하나의 명절처럼 여겨서 여러 가지 풍속 행사가 치러졌습니다.
다음 중에서 설과 대보름 사이의 축제 풍속과 관계없는 것을 골라 주세요.
1. 볏가릿대
2. 복닥불
3. 복토
4. 용알

1) 볏가릿대 : 정월 보름 전날에 풍년을 기원하여 여러 가지 곡식 이삭을 볏짚단에 싸서 세우는 장대 / 볏가릿대 세우기 : 볏가릿대를 세우는 보름 행사.
2) 복닥불 : 떠들썩하고 복잡하여 정신을 차릴 수가 없는 상태를 비유적으로 이르는 말 / 아무한테도 기별을 안 했는데 손님들이 찾아오셔서 복닥불을 겪었다.
3) 복토(福土 = 복흙) : 음력 정월 14일 저녁에 가난한 사람이 부잣집에서 몰래 훔쳐 오는 흙 / 부잣집의 복토를 훔쳐다가 자기 집 부뚜막에 뿌리면 훔쳐 내온 부잣집의 복이 모두 옮겨 온다고 믿고 있었다. 『문순태, 타오르는 강』
복토 훔치기 : 부잣집 복토를 훔쳐서 자기 집 부뚜막에 뿌리는 행사.
4) 용알 : 용(龍)의 알 / 용알뜨기 : 정월의 첫 용날 첫닭이 울 때, 아낙네들이 다투어 정화수를 길어 오던 풍속. 그 전날 밤에 용이 내려와 우물 속에 알을 낳는데, 남보다 먼저 그 물을 길어서 밥을 해 먹으면 그해 농사가 잘된다고 합니다.
명절에 손님이 많이 찾아와서 복닥불을 겪기는 하겠지만, 행사로서의 명절 풍속과는 관계없는 2)번 '복닥불'이 정답입니다. 대보름 명절 잘 지내세요.

[303] 예전에는 정월 대보름이 지나면 농기구 손질로부터 농사 준비를 시작했다고 합니다. 품삯을 받고 남의 농사일을 해주던 사람들이 있는데, 그 중에는 '머슴'도 있고, '놉'도 있고, '품팔이꾼'도 있습니다.
다음 낱말들 중에서 머슴이나 품팔이 등 다른 사람의 노동력을 이용하지 않고 자신이 농사를 짓는 것을 의미하는 낱말을 골라 주세요.

1. 봉창고지
2. 삯메기
3. 생먹이
4. 호락질

1, 2, 3)의 봉창고지, 삯메기, 생먹이(生--) 등은 모두 '품삯만 받고 음식은 제 것을 먹고 일을 해주는 품꾼'을 의미합니다 / 몇 십리 밖에 나가서 품팔이를 하면, 삯메기로 한대도 고작해야 삼십오 전이나 사십 전을 받는데…『심훈, 상록수』 / 놉 아니면 품앗이고… 아니면 생먹이 천지니… 경향 간에 공해부터 평준화돼 가지고설랑…『이문구, 으악새 우는 사연』

　※ 삯메기하다 : 끼니는 먹지 않고 품삯만 받고 일하다.
　※ 품앗이하다 : 힘든 일을 서로 거들어 주면서 품을 지고 갚고 하다 / 수난녀도 그새 네 마지기짜리 논배미를 거둬들였다. 당산나무댁과 품앗이해서 꺼들인* 것이다.『오유권, 대지의 학대』
　　* 꺼들이다 : ① 물체나 사람 따위를 당겨서 안이나 속으로 들어오게 하다 / 추운 날 구걸하러 온 거지를 집 안으로 꺼들여 밥을 먹였다. ② 원료나 연료, 제품 따위를 확보하여 두다 / 여름 날 보리를 꺼들였다.

4) 호락질 : 남의 힘을 빌리지 않고 가족끼리 농사를 짓는 일 / 이날 식전에 점돌이는 주사 댁으로 일을 가고 박 첨지는 호락질로 논을 써렸다*.『이기영, 맥추』
　　* 써리다(= 썰다) : 써레질하다.
　　* 호락질하다 : 남의 힘을 빌리지 않고 가족끼리 농사를 짓다.

정답은 4)번입니다.

[304] 저의 자서전『쥐뿔도 없는 자존심 덩어리』가 무슨 뜻이냐고 묻는 분들이 있습니다. '쥐뿔'은 '아주 보잘것없거나 규모가 작은 것을 비유적으로 이르는 말'이고, 관용구인 "쥐뿔도 없다"는 '아무것도 없다'라는 뜻이므로 『쥐뿔도 없는 자존심 덩어리』는 '아무것도 없는 주제에 자존심만 강한 놈'이라는 뜻입니다.
다음 중에서 위 '쥐뿔'과 같은 낱말을 골라 주세요.
1. 개코
2. 개코쥐코
3. 쥐코밥상
4. 쥐코조리

1) 개코 : 냄새를 잘 맡는 코를 뜻하기도 하지만, '별 볼 일 없이 하찮은 것'을 경멸하는 태도로 속되게 이르는 말로서 '개뿔'과 같은 뜻입니다 / 이미 개과천선도 개코도 글러먹은 놈이니까 아예 잡지 않겠다는 뜻이었나?『이문희, 흑맥』 / 개뿔도 생기는 게 없으면서 열 일 제쳐 놓고 바쁘기만 한 반장직을 누구나 꺼리기 때문에….『김춘복, 쌈짓골』
2) 개코쥐코 : 쓸데없는 이야기로 이러쿵저러쿵하는 모양 / 기껏 둘이 앉아서 개코쥐코 떠들다가 갑자기 일어서니까 꽤 이상한 모양이었다.『김유정, 만무방』
3) 쥐코밥상 : 밥 한 그릇과 반찬 한두 가지만으로 아주 간단히 차린 밥상 / 제물 남은 것인 듯 호박고지나물 한 가지와 배추김치 한 보시기의 쥐코밥상이었다.『송기숙, 녹두 장군』
4) 쥐코조리 : 마음이 좁아 옹졸한 사람을 놀림조로 이르는 말 / 그 따위 쥐코조리에게 마음을 넓게 쓰라고 사정한들 무슨 소용이 있겠는가?
정답은 1)번 즉 '쥐뿔 = 개뿔 = 개코'입니다.

[305] 김득만 님의 〈잘코사니야〉란 동시가 있습니다.

    솜모자도 목도리도 벗어내치고
    하루종일 장난치던 버들강아지
    꽃샘잎샘 봄추위에 고뿔 걸렸네
    쳇, 고것봐 잘코사니 잘코사니야
    재채기에 코물범벅 열이 오르고
    밤새도록 기침하는 장난꾸러기
    해님 말을 안 듣더니 고뿔 걸렸네
    쳇, 고것봐 잘코사니 잘코사니야

다음 낱말들에 들어간 '코'가 위 '코물범벅'('콧물'이 맞지만, 시어(詩語)라서 봐줍니다)의 코(鼻)를 의미하지 않는 것을 골라 주세요.

1. 야코
2. 잘코사니
3. 코각시
4. 코침

  1) 야코 : '콧대'를 속되게 이르는 말 / 자네들은 필시 내 기분을 잡쳐놓고 내 야코를 팍 죽여 놓았다고 믿을 테니까. 암 야코가 팍 죽고 말고.『박완서, 오만과 몽상』
  2) 잘코사니 : ① 고소하게 여겨지는 일(주로 미운 사람이 불행을 당한 경우에 하는 말) / 잘 속았소. 잘 속았어. 남을 속이더니 잘코사니이오.『홍명희, 임꺽정』② (감탄사)미운 사람의 불행을 고소하게 여길 때에 내는 소리 / 잘코사니. 에이 시원하다. 우리네 호적을 저희네 밭문서로 삼아 곡식을 마음대로 앗아가더니. 에라 잘됐어.『현기영, 변방에 우짖는 새』
  3) 코각시 : 콧구멍 속에 생기는 작은 부스럼.
  4) 코침 : 콧구멍에 심지를 넣어 간질이는 짓 / 코침(을) 주다 : ① 콧구멍에 심지를 넣어 자극하다. ② 사람을 성나게 하다.
정답은 2)번 '잘코사니'입니다.

[306] 사진의 물건이 무엇에 쓰는 물건인고? 저는 못 보았는데, 보신 분이 있으신가요? 이 물건의 이름을 골라 주세요.

1. 말코지
2. 외상말코지
3. 코머리
4. 코푸렁이

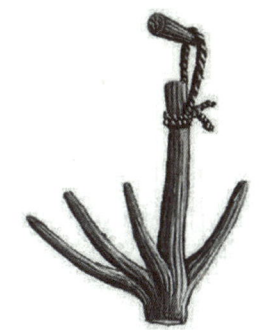

1) 말코지 : 물건을 걸기 위하여 벽 따위에 달아 두는 나무 갈고리. 흔히 가지가 여러 개 돋친 나무를 짤막하게 잘라 다듬어서 노끈으로 달아맨다 / 말코지에 옷을 걸다 / 그는 말코지에 걸린 순찰모를 쓰고는 검은 외투를 걸쳤다. 『김원일, 불의 제전』
2) 외상말코지 : 어떤 일을 시키거나 물건을 맞출 때, 돈을 먼저 치르지 아니하면 얼른 해 주지 아니하는 일 / 내가 하는 일은 외상말코지야. 수고비 먼저 주시게.
3) 코머리(≒ 현수(絃首)) : 고을 관아에 속한 기생의 우두머리.
    행수(行首) : 기생의 우두머리를 행수라고도 하나, 행수란 기생 여부를 떠나서 '한 무리의 우두머리'를 지칭하는 말이라 합니다.
4) 코푸렁이 : ① 묽은 풀이나 코를 풀어 놓은 것처럼 흐물흐물한 것 / 아내가 끓인 죽은 너무나 묽고 형편없는 코푸렁이여서 먹고 싶은 생각이 전혀 들지 않았다. ② 줏대가 없고 흐리멍덩한 사람을 놀림조로 이르는 말 / 그 사람은 이랬다저랬다 줏대 없는 코푸렁이로 믿을 만하지 못하다.

정답은 1)번 '말코지'입니다.

[**307**] 산줄기가 끝나는 기슭에는 내민 곳도 있고, 들어간 곳도 있고, 살짝 솟은 곳도 있지요. 다음 낱말들 중에서 3개는 산줄기의 어느 지점을 뜻합니다. 뜻이 전혀 다른 나머지 한 개의 낱말을 골라 주세요.

1. 산꼬대
2. 산모롱이
3. 산모퉁이
4. 산코숭이

1) 산꼬대 : 밤중에 산 위에 바람이 불어 몹시 추워짐. 또는 그런 현상 / 그러다 겨울이면 산꼬대 바람이 광천읍내로 불어와 맵차게* 뺨을 때렸다. 날마다 해와 달이 오서산 잔등에서 돋아나 장사익의 둥근 초가지붕과 둑길을 넘어 서해바다로 꽃처럼 이울었다*. 『동아일보 2013. 12. 19. 소리꾼가객 장사익의 고향 뒷동산』
* 맵차다 : 맵고 차다. 옹골차고 야무지다.
* 이울다 : 꽃이나 잎이 시들다. 점점 쇠약하여지다. 해나 달의 빛이 약해지거나 스러지다

2) 산모롱이 : 산모퉁이의 휘어 들어간 곳 / 산모롱이에 녹음이 우거지다 / 노승은 이렇게 몇 마디 남기고는 휘적휘적 산모롱이로 사라집니다. 『김유정, 두포전』

3) 산모퉁이 : 산기슭의 쑥 내민 귀퉁이 / 저 산모퉁이만 돌아서면 우리 마을이 보인다 / 그자들이 송악산의 수풀 속 시냇가 으슥한 곳을 다 버리고 멀찍이 부산동까지 와서 어느 산모퉁이 구석진 곳으로 들어갔다. 『홍명희, 임꺽정』

4) 산코숭이(≒ 코숭이) : 산줄기의 끝 / 해가 떠오르는 것을 보려고 나는 새벽같이 일어나 뒷산의 코숭이에 올랐다.
'물체의 뾰족하게 내민 앞의 끝부분'을 '코숭이'라고 하며, '신발 코숭이, 버선 코숭이' 등 '코'와 같은 의미로도 사용됩니다 / 그는 오늘도 접때 본, 코숭이 가로 퍼진 밤색 구두를 신고 있겠고…. 『이문구, 장한몽』 / 그는 한 손에는 아이들 고무신 코숭이가 비죽이 내보이는 종이 꾸러미를 들고 있었다. 『손창섭, 잉여 인간』

2, 3, 4)번은 산의 '안으로 휘어 들어간 곳, 앞으로 쑥 내민 곳, 산줄기의 끝 부분에서 위로 비쭉 솟은 곳'을 의미하는 반면에 1)번은 '산의 날씨'를 말하네요.

[308] 아래 단어들 모두 '암'자가 두 개씩 들어가 있어서 뭔가 연관이 있을 듯해 보이지만 결코 그렇지 않습니다.
다음 중에서 수량의 단위를 개략적으로 이르는 낱말을 골라 주세요.

1. 매암매암
2. 보암보암
3. 암만암만
4. 죄암죄암

   1) 매암매암 : '맴맴'의 본말입니다 / 마당가의 배나무 위에서 매암매암 하고 매미 우는 소리가 난다.
   2) 보암보암 : (흔히 '보암보암에', '보암보암으로' 꼴로 쓰여) 이모저모 살펴보아 짐작할 수 있는 겉모양 / 보암보암에 괜찮은 것 같더니 실제는 형편없다 / 그는 대불이한테 전성창의 일을 어찌하려고 그러느냐고 자상하게 물어 알고 싶었지만, 보암보암이 그가 말해 줄 것 같지가 않았기에 그만 입을 봉한 채….『문순태, 타오르는 강』
   보암직하다 : 눈여겨볼 만한 값어치가 있다 / 이 영화는 영화사적으로 의의가 있어 보암직하다.
   3) 암만암만 : 밝혀 말할 필요가 없는 값이나 수량이 두 자리 이상의 단위로 얘기될 때에 이르는 말 / 집을 팔았더니 돈이 암만암만이 생겼다 / 네가 그동안에 전후로 서울 가서 쓴 돈이 암만암만이다.『이기영, 봄』
   4) 죄암죄암(≒ 쥐엄쥐엄) : 젖먹이에게 죄암질을 하라는 뜻으로 내는 소리. 젖먹이가 두 손을 쥐었다 폈다 하는 동작.
   정답은 3)번 '암만암만'인데, 예전에는 흔히 듣던 낱말이나 근래에는 들어본 적이 없는 것 같네요.

[309] '서덜 찌개' 또는 '서덜 탕'은 '서덜과 야채 등을 넣고 끓인 찌개나 탕'을 말하는데 이때의 '서덜'은 '생선의 살을 발라내고 난 나머지 부분인 뼈, 대가리, 껍질 따위를 통틀어 이르는 말'입니다.

한편, 다른 뜻으로는 '냇가나 강가 따위의 돌이 많은 곳(= 돌서덜)'을 이르기도 하는데, 이 '물가의 돌'과 관계있는 낱말을 골라 주세요.

1. 너덜겅
2. 너설
3. 바위너설
4. 작벼리

  1) 너덜겅(≒ 너덜·돌너덜.) : 돌이 많이 흩어져 있는 비탈 / 밋밋한 등성이를 타고 한참 오르다가, 너덜겅을 지나자 참나무 숲이 나왔다. 『문순태, 타오르는 강』 / 뛰어가지 말라고 당부를 했지만 그는 소나무 숲 칙칙한 산모퉁이 길과 돌무덤 많은 너덜겅 밑을 이것저것 살피면서 느릿느릿 걸을 수가 없었다. 『한승원, 해일』
  2) 너설 : 험한 바위나 돌 따위가 삐죽삐죽 나온 곳.
  3) 바위너설 : 바위가 삐죽삐죽 내밀어 있는 험한 곳.
  4) 작벼리 : 물가의 모래벌판에 돌이 섞여 있는 곳 / 개울가 작벼리에 들어서자, 발이 닿는 족족 목새에* 묻혀 있던 자갈이 불거져 오르면서…. 『이문구, 오자룡』
    * 목새 : 물결에 밀리어 한곳에 쌓인 보드라운 모래.
1)번의 너덜겅은 비탈에 있는 것이어서 물가와는 별 관계가 없고, 2) 너설이나 3) 바위너설은 산, 물가 또는 들판 등의 특별한 장소에 한정되지 않고 험한 지역에 범용되는 낱말이며, 4) 작벼리는 물가에 모여 있는 돌에 한정되어 쓰이는 낱말이므로 정답을 4)번 '작벼리'로 해도 될까요?

[**310**] 예전에 가옥이나 담장의 재료가 흙벽이 대세일 때는 매년 갈라진 틈을 메우는 유지, 보수작업을 했었지요. 벌어지거나 갈라진 이 틈을 뭐라고 불렀을까요?

1. 사개
2. 사날
3. 사달
4. 사춤

1) 사개 : 상자 따위의 모퉁이를 끼워 맞추기 위하여 서로 맞물리는 끝을 들쭉날쭉하게 파낸 부분. 또는 그런 짜임새 / 사개를 맞추다 / 문갑의 사개가 물러나 있다.
관용구로서 "사개(가) 맞다"라는 말이 많이 쓰이는데 "말이나 사리의 앞뒤 관계가 빈틈없이 딱 들어맞다"는 뜻입니다 / 그 판사의 판결은 언제나 사개가 맞아 원고와 피고 모두가 동의하지 않을 수 없게 만든다.
2) 사날은 대개 '사나흘'의 준말로 쓰이나, '제멋대로만 하는 태도 또는 비위 좋게 남의 일에 참견하는 일'을 의미하기도 합니다 / 남의 일에 사날하기를 좋아한다.
3) 사달 : 사고나 탈 / 일이 꺼림칙하게 되어 가더니만 결국 사달이 났다.
4) 사춤 : 갈라지거나 벌어진 틈 / 그는… 대장간 벽의 사춤을 일일이 메우고, 실팍한 참나무를 베어다가 중방까지 질렀다.『문순태, 타오르는 강』
사춤(을) 치다 : 담이나 벽 따위의 벌어진 틈을 진흙 따위로 메우다 / 고콜불에서* 나는 연기로 천장의 서까래와 가시새末* 사춤 친 흙이 온통 시커멓게 그을려 있었고….『문순태, 타오르는 강』
* 고콜불 : 고콜에 켜는 관솔불.
* 고콜 : 예전에, 관솔불을 올려놓기 위하여 벽에 뚫어 놓은 구멍(전통 조명시설이네요).
* 가시새 : 흙벽을 얽을 때에 중깃에 가로로 끼워 누울외를* 보강하고 설외를* 얽어매는 가는 나무.
* 누울외 : 벽 속에 가로로 대는 외 ≒ 가로외 · 누운외.
* 설외 : 흙벽의 외 엮기에서, 세로로 세워서 얽은 외 ≒ 선외 · 세로외.
* 외 : 흙벽을 바르기 위하여 벽 속에 엮은 나뭇가지(댓가지, 수수깡, 싸리 잡목 따위를 가로 세로로 얽는다). 사춤을 설명하다보니 엄청나게 어려운 낱말들이 넝쿨처럼 달려 나오네요.
정답은 4)번 '사춤'입니다.

[311] 우리말의 표준어 선정에 이해되지 않는 부분들이 있는 것 같습니다. 예를 들자면, 표준어로 '서거리깍두기(소금에 절인 명태 아가미를 넣고 담근 깍두기)'가 있는데, '서거리'는 표준어가 아닌 '아가미덮개'를 의미하는 강원지역 방언으로 규정되어 있고, 강원지역에 '서거리젓'이 있는데 그 말은 국립국어원의 사전에 존재하지 않습니다.

그건 그렇다 치고, 다음 각각 대비된 양모음과 음모음으로 구성된 낱말들 중에서 서로 유사한 뜻이 아닌 것을 골라 주세요.

1. 가볍다 — 거볍다.
2. 바릇거리다 — 버릇거리다.
3. 사귀다 — 서귀다.
4. 사붓이 — 서붓이
5. 삼사하다 — 섬서하다.

1) 가볍다 ≒ 거볍다 : ① 무게, 책임, 가치 따위가 일반적이거나 기준이 되는 대상의 것보다 적다. ② 마음이 홀가분하고 경쾌하다 / 그가 준 보따리는 기대했던 것보다 거벼웠기에 허전한 느낌마저 주었다 / 이 일은 결코 거벼운 일이 아님을 명심해라.
2) 바릇거리다 ≒ 버릇거리다 : '바(버)르작거리다(고통스러운 일이나 어려운 고비를 벗어나려고 팔다리를 내저으며 몸을 자꾸 움직이다)'의 준말.
3) 사귀다 : 서로 얼굴을 익히고 친하게 지내다.
  서귀다 : ① 서로 바꾸다. ② 서로 달리하다 / 나의 시계와 그의 가방을 서귀었다.
4) 사붓이 ≒ 서붓이 : 소리가 거의 나지 않을 정도로 발을 가볍게(거볍게) 얼른 내디디는 소리. 또는 그 모양 / 방 안으로 서붓이(서붓) 걸어 들어오다 / 논개는 댓돌에 놓인 분홍 운혜 신을 끌고 사붓이 대문간으로 나섰다. 『박종화, 임진왜란』 / 사붓이 소리 없이 날아와 앉은 듯한 경쾌한 자태거니와 마음도 그렇게 홀가분한 여자일 것 같았다. 『염상섭, 그 그룹과 기녀』
5) 삼사하다 ≒ 섬서하다 : 지내는 사이가 조금 서먹서먹하다 / 춘심이와 돌쇠가 예전과 다르게 섬서한 것 같더라.

정답은 3)번 '사귀다'와 '서귀다'는 전혀 다른 의미를 가진 낱말들입니다.

[312] 여자가 남자 위에 올라가 하는 성행위를 '감투거리'라고 한다는데, '~거리'에는 그런 뜻이 있나봅니다.

다음 중에서 성행위를 이르는 낱말을 골라 주세요.

1. 껴묻거리
2. 복장거리
3. 빗장거리
4. 언턱거리
5. 입맷거리

1) 껴묻거리 = 부장품 : 장사 지낼 때, 시체와 함께 묻는 물건을 통틀어 이르는 말.
2) 복장거리 : 마음이 쓰리고 아프도록 걱정스럽거나 성가신 일 / 사내가 손끝 하나 대지 않았건만 계집은 마루에 나자빠져서 복장거리로 포달을 떨었다 / 빈 엿목판을 끌어안고 떼굴떼굴 구르며 엿장수가 복장거리에 자반뒤집기를 하고 있는 판이었는데···.『김주영, 객주』
3) 빗장거리 : 남녀가 '十' 자 모양으로 눕거나 기대어 서서 하는 성교 / 내가 재미없던가요? 그럼 빗장거리라도 합시다.『김주영, 객주』
낮에 하는 성교를 말하는 '낮거리'도 있지요 / 저 여인과 낮거리라도 신나게 한탕 뛰고 나서 은주를 찾아 나선다면 일은 훨씬 더 수월할 것이었다.『천승세, 황구의 비명』
4) 언턱거리 ≒ 언턱 : 남에게 무턱대고 억지로 떼를 쓸 만한 근거나 핑계 / 그것은··· 어머니의 가끔 토해 놓는 넋두리가 어쩌면 아주 언턱거리 없는 하소연만은 아니라고 생각하기 시작했을 때부터.『김동리, 까치 소리』/ 싸움을 걸어 치고받고 하다가 상한 사람이 생기면 거기서 경찰을 불러들일 언턱거리를 마련하자는 야료 속이 아닌가···.『송기숙, 암태도』
5) 입맷거리 : 겨우 허기를 면할 수 있을 정도의 음식.
정답은 3〉 '빗장거리'입니다.

[313] '대바구니'는 '대오리(잘게 쪼갠 댓개비)로 결은 바구니'를 말하는 것인데, '겯다'라는 낱말은 아래 지문에서 보듯이 여러 가지 뜻을 가지고 있습니다.
다음 지문의 '겯다' 중에서 '어긋매끼다(~을 한쪽으로 치우치지 아니하도록 서로 어긋나게 걸치거나 맞추다)'의 뜻을 가진 것을 골라 주세요.

1. 장판지를 기름에 겯다.
2. 손에 결은 익숙한 솜씨.
3. 암탉이 골골거리며 겯고 다닌다.
4. 총을 겯어 세우다.

1)의 '겯다' : 기름 따위가 흠씬 배다. 또는 기름 따위가 배게 하다 / 때에 겯고 기름에 결은 작업복 / 병화는 막걸리에 결은 사람 같은 거센 목소리로 이런 수작을 하였다.『염상섭, 삼대』
2)의 '겯다' : 일이나 기술 따위가 익어서 몸에 배다 / 결은 솜씨로 후딱 해치웠다.
3)의 '겯다' : '알겯다'와 같은 뜻으로 암탉이 알을 낳을 무렵에 골골 소리를 내다 / 마당에 골골 알을 겯고 다니는 씨암탉으로 눈이 갔다.『송기숙, 암태도』
4)의 '겯다' : ① 대, 갈대, 싸리 따위로 씨와 날이 서로 어긋매끼게 엮어 짜다. ② 풀어지거나 자빠지지 않도록 서로 어긋매끼게 끼거나 걸치다. ③ 실꾸리를 만들기 위해서 실을 어긋맞게 감다 / 대오리로 바구니를 겯다 / 실꾸리를 겯는 아낙네 / 나졸 무리는 네 사람으로서, 술에 거나하게 취하여서 넷이 서로 팔을 겯고 무슨 소리를 하면서 갈지자걸음으로 이편으로 향하여 왔다.『김동인, 젊은 그들』

'어긋매끼다'와 유사한 의미의 '겯다'는 4)번입니다.

[314] 오늘 새벽 잠자는 사이에 눈이 많이 내렸는데, "봄눈 석듯하다"라는 말이 실감나게 응달에 흔적만 남기고 사라졌습니다. '설니홍조(雪泥鴻爪)'라는 말이 생각납니다. 눈 위에 난 기러기의 발자국이 눈이 녹으면 없어진다는 뜻으로, 인생의 자취가 눈 녹듯이 사라져 무상함을 비유적으로 이르는 말이라 하는데, 오늘의 눈은 나이를 생각하게 하네요.

'애늙은이'는 생김새나 행동이 나이가 든 사람처럼 보이는 아이를 놀림조로 이르는 말이라는 것은 누구나 알고 있지요. 다음 '늙은이'들 중에서 '애늙은이'가 비유하는 것처럼 실제 늙지 않은 사람에게도 쓸 수 있는 낱말을 골라 주세요.

1. 겉늙은이
2. 누에늙은이
3. 설늙은이
4. 안늙은이

1) 겉늙은이 : 나이보다 훨씬 늙은 티가 나는 사람.
2) 누에늙은이 : 누에가 늙은 것처럼 말라 휘늘어진* 사람을 비유적으로 이르는 말.
　*휘늘어지다 : ① 풀기가 없이 아래로 축 휘어져 늘어지다. ② 지치거나 충격을 받아 몸이 움직이기 힘들어지다. ③ 가락 따위가 몹시 느려지거나 가라앉다.
3) 설늙은이 : 나이는 그다지 많지 않지만 기질이 노쇠한 사람.
4) 안늙은이 : 여자 늙은이. 남자 늙은이는 '바깥늙은이'입니다.
안늙은이만 제외하고 나머지 모두가 정답이 될 수 있지 않을까요?

[315] 오늘은 '세계여성의날'입니다. 미인의 대명사인 월나라의 서시에 관한 일화와 관련하여 서시빈목(西施矉目)과 서시봉심(西施捧心)이라는 말이 있습니다. 무조건 남의 흉내를 내어 웃음거리가 됨을 비유적으로 이르는 말인데, 서시가 가슴앓이 병이 있어 손을 가슴에 올리고(捧心) 눈을 찌푸리는(矉目) 행동을 자주 하였는데, 이것을 본 못난 여자들이 손을 가슴에 올리고 눈을 찌푸리면 아름답게 보이는 줄 알고 그리 따라하니 더욱 못나게 보였다는 데서 유래한다고 합니다.

다음 낱말들 중에서 여성이거나 여성 전용의 사물이 아닌 것 두 개를 골라 주세요.

1. 계명워리
2. 구슬덩
3. 느루배기
4. 방물
5. 세탁기
6. 초라니
7. 하님
8. 화보

1) 계명워리 : 행실이 바르지 못한 여자를 낮잡아 이르는 말.
2) 구슬덩 : 오색(五色) 주렴(珠簾)으로 화려하게 꾸민 가마. 공주나 옹주가 타고 다녔다고 합니다.
3) 느루배기 : 해산한 다음 달부터 계속하여 월경이 있는 현상. 또는 그런 여자.
4) 방물 : 여자가 쓰는 화장품, 바느질 기구, 패물 따위의 물건.
5) 세탁기 모르시는 분 손 드세요.
6) 초라니 : ① 하회 별신굿 탈놀이에 건방진 하인으로 등장하는 인물. ② 나례(儺禮, 역신(疫神)을 쫓는 의례)에서 기괴한 계집 형상의 탈을 쓰고 붉은 저고리에 푸른 치마를 입고 긴 대의 깃발을 흔드는 역할을 하는 사람.
7) 하님 : 여자 하인을 대접하여 부르거나 여자 하인들이 서로 높여 부르던 말.

8) 화보 : 얼굴이 둥글고 살이 두툼하게 찐 여자(한자어가 아닌 고유어입니다. 예전 미인의 전형이 아니었을까요?).
이제 세탁기도 여성의 전유물이 아니란 것을 아셔야 됩니다. 초라니는 차림만 여성일 뿐인 남성이랍니다. 정답은 5)번과 6)번입니다.

[316] 예전에 절도죄로 옥에 갇혔다가 나온 뒤에 포도청에서 포교의 심부름을 하며 도둑 잡는 일을 거들던 사람을 '통딴'이라고 했다는데, 요즘은 '정보원'이라는 한자어로 바뀌었네요.
다음 중에서 사람을 지칭하는 낱말이 아닌 것을 골라 주세요.
1. 굴퉁이
2. 데퉁바리
3. 방퉁이
4. 염퉁머리

1) 굴퉁이 : 겉만 보면 늙은 호박인데 잘라 보면 씨가 여물지 않은 것을 '굴퉁이'라고 한다는데, 마찬가지로 겉모양은 그럴듯하나 속은 보잘것없는 물건이나 사람도 '굴퉁이'라고 한답니다.
2) 데퉁바리 : 말과 행동이 거칠고 미련한 사람. "말과 행동이 거칠고 미련한 데가 있다"라는 의미의 '데퉁스럽다'로부터 만들어진 말입니다 / 데퉁바리 같은 행동.
3) 방퉁이 : '바보'를 낮잡아 이르는 말 / 선창에서 등짐꾼 노릇을 하는 허드레꾼들이란 하나같이 방퉁이들 같아서 특별하게 생각나는 사람이 없었다. 『문순태, 타오르는 강』
4) 염퉁머리 : '염치'를 속되게 이르는 말 / 참 염퉁머리 없고 치사스러운 것이 남녀 간의 정이로구나 싶으며, 쓸쓸한 웃음을 웃기도 했다. 『하근찬, 야호』
정답은 4)번 '염퉁머리'입니다.

[317] '버선발' 또는 '맨버선'은 버선만 신고 신을 신지 않은 발을 의미하지만, 보통은 '버선발로' 또는 '맨버선으로'로 사용되어, "반가운 마음에 그녀는 버선발로 달려 나와 임을 맞이하였다.", "징용 간 아들이 살아서 돌아오자 어머니는 버선발로 뛰쳐나왔다."처럼 '이것저것 생각할 겨를 없이 급하게' 라는 뜻을 가지고 있습니다.

다음 중에서 위와 같이 관용적으로 쓰이는 용법의 '버선발'과 같은 의미가 아닌 낱말을 골라 주세요.

1. 댓바람
2. 맨머릿바람
3. 선걸음
4. 선바람

1) 댓바람 : ① ('댓바람에', '댓바람으로' 꼴로 쓰여)일이나 때를 당하여 서슴지 않고 당장 / 소식을 듣자마자 댓바람으로 달려 나갔다. ② 아주 이른 시간 / 하루를 그 일로 하여 아침 댓바람부터 잡쳐 버린 셈이 되었다. 『박경수, 동토』

2) 맨머릿바람 : 머리에 아무것도 쓰지 아니한 차림새 / 맨머릿바람으로 나가다 / 맨머릿바람인 준태도 그랬지만, 머리에 스카프를 쓰고 있는 지연은 우산이 필요하다고 느끼지 않았다. 『황순원, 움직이는 성』

3) 선걸음(≒선길) : (주로 '선걸음에', '선걸음으로' 꼴로 쓰여)이미 내디뎌 걷고 있는 그대로의 걸음 / 손님 모시고 그 집 가르쳐 주고 오너라. 선걸음에 와야 한다. 『박경리, 토지』 / 홍덕 쪽으로 쫓아갔던 사람들도, 조병갑이가 정 참봉 집에 숨었다가 도망쳤다는 말을 듣자 그 사람들도 선걸음으로 그리 내달았었다. 『송기숙, 녹두 장군』

4) 선바람 : (주로 '선바람으로' 꼴로 쓰여)지금 차리고 나선 그대로의 차림새 / 반가운 손님이 왔다는 소식에 선바람으로 달려 나갔다.

맨머릿바람은 그저 머리에 모자나 스카프 등 아무것도 쓰지 않은 머리를 의미할 뿐이며, 차림새를 표현하는 낱말입니다. 이것저것 생각할 겨를 없이 급한 것과 관계없으므로 2)번 '맨머릿바람'을 정답으로 하겠습니다.

[318] '석'으로 발음되는 우리말에 '석', '섞', '섟'의 세 가지가 있습니다. 배추와 무, 오이를 절여 넓적하게 썬 다음, 여러 가지 고명에 젓국을 쳐서 한데 버무려 담은 뒤 조기젓 국물을 약간 부어서 익힌 김치는 '석박지'가 아니라 '섞박지'라고 하네요.

다음 것들 중에서 존재하지 않는 낱말을 골라 주세요.

1. 석다
2. 석다치다
3. 섞다
4. 섟다

1) 석다 : ① 쌓인 눈이 속으로 녹다 / 눈이 석는 이른 봄. ② 담근 술이나 식혜 따위가 익을 때에 괴는 물방울이 속으로 사라지다 / 지난 가을 담근 술을 잘 석였다.
2) 석다치다 : 말에 재갈을 물리고 채찍 따위로 치면서 달리다 / 애마를 석다치며 단숨에 산채로 들어섰다.
3) '섞다'는 설명하지 않겠습니다.
4) 섟 : 불끈 일어나는 감정 / 섟 김에 한 말이니 신경 쓰지 말게나 / 섟(이) 삭다 : 불끈 일어났던 감정이 풀어지다.
 '섟'은 명사로서 '섟다' 또는 '섟하다' 등의 동사는 없으니, 정답은 4)번입니다.

[319] "말하기 좋다 하고 남의 말 말을 것이 / 남의 말 내 하면 남도 내 말 하는 것이 / 말로써 말 많으니 말 말을까 하노라"라는 작자 미상의 옛 시조가 널리 알려져 있는 이유는 말조심하라는 교훈을 웅변적으로 적절히 표현하고 있기 때문이라고 생각합니다. 남의 말만 하고 사는 요즘 정치판에서는 통하지 않는 말이기도 하지요.

정치인들은 남의 말도 많이 하지만, 자신에 관해 말을 할 때는 흔히 자신의 지위나 능력을 믿고 호언장담을 해대기도 합니다. 다음 중에서 그런 말은 어떤 말일까요?

1. 겉말
2. 디딤말
3. 밑말
4. 입찬말

   1) 겉말 : 마음으로는 그렇지 않으면서 겉으로만 꾸미는 말 / 사람들이 겉말로 한 소리였지만 그는 고맙기만 했다.
     ※ 겉말하다 / 그는 나에게 아직도 젊다고 싱겁게 겉말하곤 한다.
     ※ '겉말'의 반대말은 '속말(속마음에서 우러나오는 말)' 또는 '속엣말(마음속에 품고 있는 말)'입니다 / 오면가면 들르는 막걸리 집에서 사람들은 텁텁한 농주 한 사발에 꼬인 속내를 풀어 버리고 알큰하게 취기가 오르면 속엣말을 하거나 격렬한 논쟁을 벌인다 / 그런데도 속엣말 한마디 않고 혼자 기뻐하는 게 슬며시 얄미웠다. 『오유권, 대지의 학대』

   2) 디딤말 : 말이 막힐 때, 다음 말을 잇기 위하여 뜻 없이 나오는 말. '에~, 또~, 음~, 저~' 등을 의미합니다.

   3) 밑말은 어근(語根)을 의미하기도 하지만, '미리 다짐하여 일러두는 말'을 의미하기도 합니다 / 동생에게 집을 비우지 말라고 밑말을 두고 나왔다.

   4) 입찬말(≒ 입찬소리) : 자기의 지위나 능력을 믿고 지나치게 장담하는 말 / 사람 일이란 어떻게 될지 모르는 일이니 그렇게 입찬말만 하지 마라.
     (속담)입찬말은 묘 앞에 가서 하여라 : 자기를 자랑하며 장담하는 것은 죽고 나서야 하라는 뜻으로, 쓸데없는 장담은 하지 말라는 말.

정답은 4)번입니다.

[320] '~지기'는 '섬지기, 마지기, 되지기'처럼 '그 정도 양의 씨앗을 심을 수 있는 논밭의 넓이'의 뜻을 가지거나, '통지기'처럼 '~을 지키는 사람'의 뜻을 더하는 접미사입니다만 늘 그렇게만 쓰이는 것은 아닙니다.

요즘은 얼었던 흙이 풀리기 시작하는 초봄으로 '해빙기(解氷期)'라고도 합니다. 다음 중에서 해빙기를 뜻하는 낱말을 골라 주세요.

1. 도지기
2. 따지기
3. 무지기
4. 어녹음부서지기

  1) 도지기 : ① 논다니와* 세 번째로 관계를 맺는 일. 또는 그런 사람. ② 세 번째에 해당하는 일 / 그는 그녀더러 "도지기는 해얄 것 아닌감… 이렇게 만나자는 것도 인연인데" 했다. 『이문구, 해벽』

    논다니 : 웃음과 몸을 파는 여자를 속되게 이르는 말 / 웅보는 방울이에게 어떤 연유로 색줏집의 논다니 신세가 되었느냐고 묻지를 않았다. 『문순태, 타오르는 강』 / 왜군이 주둔하고 색주가가 생기자, 이곳에 끌어다 놓고 논다니 장사를 하고 있다는 것이었다. 『유현종, 들불』

  2) 따지기(= 따지기때, 해토머리) : 얼었던 흙이 풀리려고 하는 초봄 무렵.

  3) 무지기 : 부녀자들이 명절이나 잔치 때에 겉치마가 부풀어 오르게 보이려고 치마 속에 입는 통치마의 하나.

  4) 어녹음부서지기 : 얼고 녹는 과정이 반복되면서 땅 표면의 바위 따위가 부스러지는 현상.

    어녹다 : 얼다가 녹다가 하다 / 잦은 정전으로 냉동실의 생선이 어녹기를 되풀이하여 상하고 말았다.

정답은 2)번 '따지기'입니다.

[321] 사전에서 '짜장'을 검색하면 무엇이 나올까요. 여러분이 맨 먼저 떠올린 내용은 나오지 않고 부사인 '과연 정말로'가 나오지요. "짜장 네 말이 옳구나.", "짜장 사실인 것처럼 이야기를 한다.", "제발 남편이 신발과 댕기를 사 오기를 축수하고 나서, 짜장 댕기와 고무신을 사 오지 않으면 사생결단으로 싸워 보리라 마음먹었다.『정비석, 성황당』"처럼 활용됩니다.

다음 낱말들 중에서 먹는 음식의 이름을 골라 주세요.

1. 괘장
2. 달장
3. 담북장
4. 풋장

  1) 괘장 : 처음에는 할듯하다가 갑자기 딴전을 부리고 하지 않음 / 괘장을 부리다 / 꼭 가겠다고 몇 번이고 다짐을 하더니만 갑자기 안 가겠다니 도대체 무슨 괘장인지 알 수가 없다 / 영감이 알았다가는 난 안 간다고 괘장을 부리면 일이 다 틀릴 것 같아서 종씨 종만이가 나서서 애를 많이 쓰기도 한 것이다.『염상섭, 택일하던 날』

  2) 달장 : 날짜로 거의 한 달 기간 / 이 일을 끝내는 데에 달장이나 걸렸다.
     달포 : 한 달이 조금 넘는 기간.

  3) 담북장 : 메줏가루에 쌀가루, 고춧가루, 생강, 소금 따위를 넣고 익힌 된장. 청국장을 담북장이라고도 함.

  4) 풋장 : 가을에 억새, 참나무 따위의 잡풀이나 잡목을 베어서 말린 땔나무 / 나뭇더미 사이사이에다 풋장을 넉넉히 넣어서인지 쉽게 나뭇더미에 불길이 옮아 붙었다.
     억새반지기 : 억새가 많이 섞인 풋장.
     반지기(半- -) : 어떤 물건이나 말투 따위에 다른 것이 반 이상 섞였음을 나타내는 말.

담북장은 아시는 분이 대부분일 듯합니다.

[322] 배당(背黨)은 북한에서 '노동당을 배반하는 행위'를, 배당(褙襠)은 '소매가 없는 윗옷' 즉 '민소매'를 의미하지만, 배당(配當)은 '일정한 기준에 따라 나누어 주는 행위'를 의미합니다.

다음 낱말들 중에서 위 마지막 배당과 같은 뜻의 낱말을 골라 주세요.

1. 벼름
2. 북데기
3. 뺄때추니
4. 산돌림

  1) 벼름 : 비례에 맞추어서 여러 몫으로 고르게 나누어 줌. 또는 그런 일 / 한 해 농사지어 요새처럼 벼름이 많다면 평생 빚지기 알맞지요.
    ※ 벼름하다 / 벼르다 : 비례에 맞추어서 여러 몫으로 고르게 나누어 주다 / 그들은 적은 돈이지만 잘 별러 쓰기로 했다.
    ※ '벼르다'는 '어떤 일을 이루려고 마음속으로 준비를 단단히 하고 기회를 엿보다'라는 뜻도 있습니다.
  2) 북데기 : 짚이나 풀 따위가 함부로 뒤섞여서 엉클어진 뭉텅이 / 외양간에 북데기를 깔아 주다 / 신 서방이 나뭇짐을 내려놓고 두 손으로 북데기를 툭툭 털며 말했다.『한무숙, 만남』
  3) 뺄때추니 : 어려워함이 없이 제멋대로 짤짤거리며 쏘다니는 계집아이.
  4) 산돌림 : 산기슭으로 내리는 소나기 또는 여기저기 옮겨 다니면서 한 줄기씩 내리는 소나기. 정답은 1)번 '벼름'입니다.

[323] '개구멍'은 담이나 울타리 또는 대문의 밑에 개 따위가 드나들 정도로 터진 작은 구멍을 말하는 것이고, '망건'은 상투를 튼 사람이 머리카락을 걷어 올려 흘러내리지 아니하도록 머리에 두르는 그물처럼 생긴 물건을 말합니다. 서로 어떤 관계가 있을까요?

예외가 없는 것은 아니나, 돈 버는 일이나 먹는 일을 싫어하는 사람은 별로 없습니다. 다음 중에서 그런 세태를 지적하는 속담을 골라주세요.

1. 개구멍에 망건치기.
2. 개구멍으로 통량갓을 굴려낼 놈.
3. 망건 쓰고 귀 안 빼는 사람 있느냐.
3. 망건 쓰자 파장.

> 1) 개구멍에 망건 치기 : 남에게 빼앗길 것을 두려워하여 막고 있다가 막던 그 물건까지 잃는다는 뜻으로, 되지도 아니할 일을 공연히 욕심만 내어 어리석게 시작하였다가 도리어 손해나 망신을 당함을 이르는 말.
> 2) 개구멍으로 통량갓을 굴려 낼 놈 : 개나 드나드는 조그만 개구멍으로 크고 값비싼 통량갓을 상하지 않게 굴려 뽑아내는 사람이라는 뜻으로, 교묘한 수단으로 남을 잘 속여 먹는 사람을 욕으로 이르는 말 = 쥐구멍으로 통영갓을 굴려 낼 놈.
>   ※ '통량갓'은 '통영갓'이 변한 말입니다.
> 3) 망건 쓰고 귀 안 빼는 사람 있느냐 : 망건을 쓰면 누구나 조금이라도 편하게 귀를 내놓는다는 뜻으로, 돈 버는 일이나 먹는 일을 싫어하는 사람은 없음을 비유적으로 이르는 말.
> 4) 망건 쓰자 파장 : 준비를 하다가 그만 때를 놓쳐 소기의 목적을 이루지 못하게 됨을 비유적으로 이르는 말.
> 정답은 3)번입니다.

[324] 담배가 우리나라에 들어온 것은 1618년경이라고 하는데, '담배를 쉬지 않고 늘 피우는 사람, 즉 줄담배를 피우는 사람'을 놀림조로 '철록어미'라고 불렀다고 합니다.
다음 중에서 철록어미와 가까워 보이는 사람을 골라 주세요.
1. 네뚜리
2. 세뚜리
3. 왜뚜리
4. 용고뚜리

1) 네뚜리 : ① 사람이나 물건 따위를 대수롭지 않게 여김 / 오지 못하도록 딴에는 묘한 꾀를 써서 따돌리고 오는 길인데 저놈이 아비의 꾀 따위는 네뚜리로 비벼 버리고 흥타령을 부르며 따라오지 않는가.『한설야, 탑』② 새우젓 한 독을 네 몫으로 가르는 일. 또는 그 가른 것의 한 몫.
2) 세뚜리 : ① 세 사람이 한 상에서 같이 음식을 먹는 일. 셋겸상에서 먹는 일. ② 새우젓 따위를 나눌 때, 한 독에 든 것을 세 몫으로 나누는 일. 또는 그렇게 나눈 분량.
3) 왜뚜리 : 큰 물건(大物)
4) 용고뚜리 : 지나치게 담배를 많이 피우는 사람(골초)을 놀림조로 이르는 말 / 이제 회사 내 모든 공간이 완전히 금연 장소가 되어버렸으니, 용고뚜리 조 과장은 꽤나 괴롭겠군 / (속담) 철록어미냐 용귀돌이냐 담배도 잘 먹는다 : 늘 담배만 피우고 있는 사람을 놀리는 말. 아마도 '용고뚜리'의 원말은 '용귀돌'이었나 봅니다. 자료에 의하면 어원은 확실치 않다고 합니다. 정답은 4)번. heavy~, chainsmoker 놀림 받지 말고 담배 끊읍시다.

[325] 은어(隱語)란 어떤 계층이나 부류의 사람들이 다른 사람들이 알아듣지 못하도록 자기네 구성원들끼리만 빈번하게 사용하는 말을 의미하며, '변말' 또는 단순히 '변'이라고도 합니다.
다음 중에서 위 '변말'과 비슷한 의미를 가지는 낱말을 골라 주세요.

1. 곁말
2. 군말
3. 먼말
4. 좀말

1) 곁말 : 같은 집단의 사람들끼리 사물을 바로 말하지 않고 다른 말로 빗대어 하는 말. 예를 들면, '총알'을 '검정콩알', '희떱다(희다)'를 '까치 배때기 같다', '싱겁다'를 '고드름장아찌 같다', '불'을 '병정', '아편'을 '검은약'이라고 하는 말 따위를 이릅니다.
2) 군말(≒ 군소리, 두말) : 하지 않아도 좋을 쓸데없는 군더더기 말 / 병사들은 소대장의 명령을, 소대장은 중대장의 명령을, 중대장은 연대장의 명령을, 그것이 오직 명령이기 때문에 죽음을 무릅쓰고 군말 없이 완수했을 뿐이다. 『홍성원, 육이오』
※ 군말하다 : 하지 않아도 좋을 쓸데없는 말을 하다 / 너 스스로가 좋아서 시작한 일이니 군말할 필요가 없지 않겠니?
※ (군)말이 많으면 쓸 말이 적다 : 하지 않아도 될 말을 이것저것 많이 늘어놓으면 그만큼 쓸 말은 적어진다는 뜻으로, 말을 삼가라는 말.
3) 먼말(= 먼뎃말) : 멀리 돌려서 하는 말. 변죽을 울리는 말을 의미할 것입니다.
4) 좀말 : 좀스럽게(도량이 좁고 옹졸하게) 하는 말.
정답은 1)번 '곁말'입니다.

[326] "가로 지나 세로 지나."라는 말은 '짐을 가로로 지나 세로로 지나 등에 지기는 마찬가지라는 뜻으로, 이렇게 되든지 저렇게 되든지 마찬가지인 경우를 비유적으로 이르는 관용구'입니다. 이처럼 한 낱말의 뜻이 관용구에서도 같은 뜻으로 유지되는 것이 보통입니다.

그럼에도 불구하고 다음 관용구들을 구성하고 있는 각 낱말의 뜻과 관용구가 의미하는 뜻이 달라서 놀라게 되는 것이 있는데, 그것을 골라 주세요.

1. 성금(을) 세우다.
2. 소가지(를) 내다.
3. 속긋(을) 넣다.
4. 오쟁이(를) 지다.

1) 성금 : ① 말이나 일의 보람이나 효력. ② 꼭 지켜야 할 명령.
　※ 성금(을) 세우다 : 명령 따위의 효력(效力)이 나게 하다 / 순사 부장은 부하가 보는 데라고, 성금을 세우려고 이렇게 소리를 버럭 질렀으나…. 『염상섭, 이심』
　※ 성금이 서다 : 명령 따위의 효력이 나다 / 시신은 자기 한 사람의 말로만 성금이 서지 않을 것을 알자 얼른 재상 유탁에게 이 일을 알렸다. 『박종화, 다정불심』
2) 소가지(= 소갈머리, 소갈딱지) : '심성(心性)'을 속되게 이르는 말 / 춘복이는 본디 소가지가 불퉁스러워 말을 참지 못하는 것이 늘 아슬아슬하였지만…. 『최명희, 혼불』
　소가지(를) 내다 : 성을 내다 / 왜 갑자기 소가지를 내, 사람 놀라게.
3) 속긋 : 글씨나 그림 따위를 처음 배우는 이에게, 그 위에 덮어 쓰거나 그리며 익히도록, 가늘고 흐리게 그어 주는 선이나 획.
　속긋(을) 넣다 : 속긋을 그어 주다.
4) 오쟁이 : 짚으로 엮어 만든 작은 섬(가마니가 나오기 전에 곡식을 담던, 짚으로 엮은 용기) / 그는 해가 지기도 전에 소금 한 오쟁이를 다 팔아, 소금 값으로 받은 곡식을 지고…. 『문순태, 타오르는 강』
　오쟁이(를) 지다 : 자기의 아내가 다른 남자와 간통하다 / 나 같으면 다른 놈이 내 계집의 손목만 한번 건드려도 그놈을 당장에 물고를 내고 말 텐데, 글쎄 그런 못난이가 어디 있어. 꼭 오쟁이 지기 안성맞춤이라. 『이광수, 흙』

4)번이 정답인 것 같죠

[327] "소맷자락을 걷어 올리다 / 소맷자락으로 눈물을 훔치다 / 소맷자락만 스쳐도 인연이다.", "널따란 법의의 소맷자락이 비껴 오는 황혼의 햇살 속에서 유난히 펄럭거렸다.『송영, 투계』" '옷소매의 자락'을 '소맷자락'이라 하며, '자락'이란 '옷이나 이불 따위의 아래로 드리운 넓은 조각'을 의미하므로 결국 소맷자락은 '소매'의 거의 대부분을 의미하는 것 같습니다.

다음의 낱말들은 '소매'의 한 부분을 이르는 용어들입니다. 가장 범위가 좁은 특정 부위를 이르는 낱말을 골라 주세요.

1. 소맷귀
2. 소맷길
3. 소맷동
4. 소맷부리

1) 소맷귀 : 소맷부리의 귀퉁이 구석 부분 / 울며 소맷귀 부여잡는 낙랑 공주의 섬섬옥수를 뿌리치고 돌아서 입산할 때에…. 『정비석, 비석과 금강산의 대화』

2) 소맷길 : 옷의 소매가 되는 조각('길'의 아랫부분에 '동'을 다는데, '동'은 달 수도 있고 달지 않을 수도 있습니다).

3) 소맷동 : 옷소매의 끝을 이은 동아리 / 소매 끝에 소맷동을 달다 / 나이는 서른이 되었을까 말까 한 깡마른 체구의 사나이였는데, 넥타이를 맨 복장은 단정했고, 흰 와이셔츠의 칼라나 소맷동에 때가 없었다. 『이병주, 지리산』

4) 소맷부리 : 옷소매에서 손이 나올 수 있게 뚫려 있는 부분 / 양복 소맷부리가 닳아서 풀어진 올이 몇 가닥 늘어져 있는 게 뵌다. 『박완서, 지렁이 울음소리』 / 때에 절고 누덕누덕 솜이 비어져 나오는 빈 두루마기의 소맷부리가 처량하기만 하다. 『박경리, 토지』

정답은 1)번 아니면 4)번일 듯.

[328] 푸성귀의 겉대 속에 있는 줄기나 잎을 '속대'라고 하는데, '속대쌈'이라고 하면 배추속대로 싸서 먹는 쌈을 의미하고, '속댓국'이라고 하면 장을 풀고 배추속대를 넣고 끓인 국을 의미하지요.
다음 낱말들 중에서 '속대'처럼 음식의 재료를 이르는 것을 골라 주세요.
1. 속나깨
2. 속대중
3. 속다짐
4. 속바람

1) 나깨 : 메밀을 갈아 가루를 체에 쳐내고 남은 속껍질 / 황혼 때도 지나서 집구석이라고 찾아 들면 잘해야 시래기죽 한 사발이나, 나깨 범벅 한 덩이가 기다리고 있는 것이다. 『심훈, 영원의 미소』
　속나깨 : 메밀의 고운 나깨. 나깨 중에서도 가장 안쪽의 속껍질인 고운 나깨를 의미.
2) 속대중 : 마음속으로만 생각하는 대강의 짐작 / 간호부의 말이 무슨 소린지 다는 모른다 하더라도 속대중으로 저쯤은 알아채었던 것이니⋯. 『김유정, 땡볕』
　「반」 겉대중 : 겉으로만 보고 하는 대강의 짐작 / 겉대중으로는 100명도 넘겠다.
3) 속다짐 : ① 마음속으로 하는 다짐 / 서둘러서는 안 된다고 속다짐을 하면서도 나도 모르게 발걸음이 빨라지고 있었다. ② 속셈 / 한동국 영감을 앞장세우고 돈도 끌어낼 수가 있으려니 하는 속다짐으로 기대가 컸던 것인데⋯. 『염상섭, 대를 물려서』
4) 속바람 : 몹시 지친 때에 숨이 차서 숨결이 고르지 못하고 몸이 떨리는 현상 / 연산은 분함을 못 이기어 사지를 부르르 떨었다. 속바람이 일어날 듯하다. 『박종화, 금삼의 피』
강원도 분들은 잘 아실지 모르겠으나, 저는 처음 들어보는 '나깨'.
정답은 1)번 '속나깨'입니다.

[329] 시간을 의미하는 단위 중에서 하루의 낮 동안을 '하룻낮'이라 칭하고, 하루의 밤 동안을 '하룻밤'이라고 칭합니다.
다음 중 두 개의 낱말은 같은 뜻입니다. 어느 것과 어느 것?

1. 반나절
2. 한나절
3. 세나절
4. 열나절

1. 2) '반나절'이 '한나절'의 절반을 말하는 것은 틀림없습니다. 그러나 '한나절'이 '하룻낮'과 같은 것인지, 아니면 '하룻낮'의 절반인 약 6시간 동안의 낮을 의미하는 것인지 궁금한데, 경우에 따라서 두 가지 모두 의미한다고 합니다(표준국어대사전). 알아듣기 매우 어렵습니다. 어떤 사전들은 한나절이 하룻낮의 절반이라고 해석하고 있으며, 표준국어대사전도 [고유어] 부분에서는 그렇게 설명(모순이기는 하지만)하고 있는 것을 보면, 우리 국민들은 대개 '한나절'이 하룻낮의 절반 정도 되는 시간으로 이해하고 있는 듯합니다. 여하튼 한나절의 길이를 하룻낮으로 이해하는 사람의 입장에서 반나절은 그 절반인 6시간 정도이고, 한나절이 하룻낮의 절반이라고 이해하는 사람의 입장에서는 반나절이 약 3시간일 것입니다. 한편 '두나절'이라는 낱말이 존재하지 않는다는 것을 고려해본다면, '두나절'이 하룻낮이기 때문이 아닐까 생각됩니다.
3) '세나절'은 한나절의 세 배라는 뜻으로 '일을 하기에 제법 긴 시간'을 이르는 말이라 하는데, '하룻낮 동안' 이내의 범위를 기준으로 하는 시간 단위에서 '세나절'이라 함은 경우에 따라서는 하룻낮이 초과할 수도 있습니다. 그러므로 일을 더디게 하는 사람에게 "벌써 세나절은 지났어. 빨리 해!"라고 독촉하는 경우 등에만 사용되는 말입니다.
4) '열나절'은 '일정한 한도 안에서 매우 오랫동안'이라는 뜻을 가지고 있습니다 / 그 사람은 한 시간이면 끝날 일을 열나절이나 붙잡고 있다 / 동생은 밥을 먹기가 싫은지 열나절이나 먹고 있다.
따라서, 한나절의 길이를 어찌 해석하건 반나절은 한나절의 절반에 해당하는 시간의 단위임이 명백하여 같은 단위가 아니고, 세나절이나 열나절은 하룻낮을 기준으로 하는 범위 내의 시간을 초과하는 과장적, 비유적 용어일 뿐이며, 특정하여 낮 중의 일정 시간을 칭하는 말은 아니라고 할 것입니다. 그러므로 이들은 단지 주관적으로 '오랜 시간'을 의미하는 낱말이라고 할 것서 3)번과 4)번이 같은 말이라고 할 것입니다.

[330] 살빛이 흰 사람, 또는 백인(白人)을 낮잡아 이르거나, 털빛이 흰 동물을 이르는 '흰둥이'라는 말이 있습니다. 이때의 '~둥이'는 일부 명사 뒤에 붙어서 '그러한 성질이 있거나 그와 긴밀한 관련이 있는 사람' 등의 뜻을 더하는 접미사입니다.
다음 중에서 위 '흰둥이'와 같은 의미의 낱말을 골라 주세요.

1. 떨꺼둥이
2. 센둥이
3. 얼방둥이
4. 쫄래둥이

> 1) 떨꺼둥이 : 의지하고 지내던 곳에서 가진 것 없이 쫓겨난 사람 / 그녀는 작은 잘못으로 그만 주인집에서 쫓겨나 떨꺼둥이가 되었다.
> 2) 센둥이 : "머리가 세다', '센머리'처럼 '세다'는 '희다'의 뜻이 있어서 '센둥이'는 흰둥이와 같습니다 / 듣기 싫다. 검둥인지 센둥인지 모르는데 주어 놓은 담에 말을 하면 무얼 하니.『한설야, 탑』 / 센둥이가 검둥이고 검둥이가 센둥이다. 희거나 검거나 개는 개일 뿐, 겉은 달라도 본질에는 변함이 없다〈어떤 소피스트〉.
> 3) 얼방둥이 : 빈들거리며 남에게 빌붙어 사는 사람을 낮잡아 이르는 말.
> 4) 쫄래둥이 : 자꾸 매우 경망스럽고 방정맞게 행동하는 아이.
> 정답은 2)번 '센둥이'입니다.

박종화 작가의 『금삼의 피』에 "허연 센머리에 백수를 흩날리며 조금이라도 연산께 고이 보일 양으로…"라는 글귀가 있는데 '허연 센머리'는 '역전앞'과 같은 것인데, 더 나아가 '센머리'와 '백수(白首)도 같은 뜻…. 여러 차례 같은 의미가 중복되는 문장이네요.

[331] 농업용 트랙터는 1800년대 중반에 증기기관을 탑재하여 사용하기 시작했고, 우리나라에서는 1960년대 후반에 외국제품을 도입하였으나, 1970년대 후반부터 국산화가 되었다고 하는데, 트랙터가 논에서 물써레질을 할 때 빠지지 않도록 갈아 끼우거나 덧대는 날개를 단 바퀴를 '무논바퀴'라고 한답니다. '물'에서 'ㄹ'이 탈락한 것이며, 이 낱말의 역사는 길어야 50여 년 되겠지요.

다음 중에서 '무논바퀴'처럼 유형의 물체를 지칭하는 낱말을 골라 주세요.

1. 떠퀴
2. 저퀴
3. 성가퀴
4. 아퀴

  1) 떠퀴 : 미신적 관점에서 '어떤 일이나 사물에 따라 화복이 생기는 일'을 말하며, 그 앞에 '날, 손, 발' 등이 붙어서 '날떠퀴'는 그날그날의 운수를, '발떠퀴'는 사람이 가는 곳에 따라 생기는 길흉화복의 운수를(오늘은 발떠퀴가 사납다), '손떠퀴'는 무슨 일에 손을 대는 데 따르는 운수(손떠퀴가 사납다)를 각각 의미합니다.
  2) 저퀴(= 저퀴귀신) : 사람을 몹시 앓게 한다는 귀신 / 저퀴(가) 들다 : 저퀴에 씌어 몹시 앓게 되다.
  3) 성가퀴(城 - -) : 성 위에 낮게 쌓은 담. 여기에 몸을 숨기고 적을 감시하거나 공격하거나 한다. 치성(雉城, 꿩성)이라고도 합니다 / 교인들은 공연히 헛방놓아 탄약을 허비 말라는 신부의 명령에 따라 성가퀴에 엎드려 총질을 삼가고 있었는데…. 『현기영, 변방에 우짖는 새』
  4) 아퀴 : ① 일을 마무르는 끝매듭 / 감역댁은 말을 뚝 잘라 아퀴를 지으며 어사를 똑바로 건너다봤다. 『송기숙, 녹두 장군』 / 애당초 이 사단이 내 첩으로 인해 발단된 것이즉 한사코 내 손에서 아퀴를 짓고 말겠소. 『현기영, 변방에 우짖는 새』 ② 일이나 정황 따위가 빈틈없이 들어맞음을 이르는 말 / 태임이의 추상 같은 추궁에 아퀴가 맞게 꾸며 댈 수 있을 만큼 입분이는 간교한 위인이 못 되었다. 『박완서, 미망』 / 일본 상인하고 큰 흥정이 붙거나, 아퀴가 잘 안 맞을 적마다 이 서방이 나서서 해결을 지어…. 『박완서, 미망』

정답은 3)번 '성가퀴'입니다.

[332] 12척의 배로 133척의 왜군 전선을 격파한 사건과 23전 23승의 신화 같은 역사에서 유래를 찾아 세종로 이순신 장군 동상 앞에 조성된 분수를 '1223분수'라고 한다지요.
다음 중에서 '연전연승(連戰連勝)'을 의미하는 낱말을 골라 주세요.
1. 고리백장
2. 헛장
3. 알음장
4. 헤물장

1) 고리백장 : 때를 따라 해야 하는 것을 때가 지난 뒤까지 하고 있는 사람을 놀림조로 이르는 말. 특히 정월 보름이 지나서 연을 날리는 사람을 이름 / (속담)고리백장 내일 모레(= 갖바치 내일 모레) : 약속한 기일을 이날 저 날 자꾸 미루는 것을 비유적으로 이르는 말.
2) 헛장 : ① 허풍을 치며 떠벌리는 큰소리. ② 책의 겉장과 속표지 사이에 두는 백지 책장.
3) 알음장 : 눈치로 은밀히 알려 줌 / 알음장하다 / 궁지에 몰린 친구에게 사건의 내막을 발설하지 말도록 알음장하였다.
4) 헤물장 : (주로 '치다'와 함께 쓰여) (보통 어린아이의 말로)경기 따위에서 계속 이기는 것을 이르는 말 / 무술을 제대로 익힌 뒤로는 지금까지 세상을 홍두깨생갈이* 치듯 천방지축 날뛰었어도 맞대매라면* 판판이 헤물장을 쳐 왔는데…. 『송기숙, 녹두 장군』
   * 홍두깨생갈이(= 생갈이) : 쟁기질이 서투른 사람이 잘 갈리지 아니하는 밭고랑 사이를 억지로 가는 일 / 홍두깨생갈이하다.
   * 맞대매 : 단 두 사람이 마지막으로 우열이나 승부를 겨룸 / 정말 중요한 것은 우승을 결정하는 맞대매이다.
정답은 4)번 '헤물장'입니다.

[333] 장삼이사(張三李四)는 장씨(張氏)의 셋째 아들과 이씨(李氏)의 넷째 아들이라는 뜻으로, 이름이나 신분이 특별하지 아니한 평범한 사람들을 이르는 말이며, 갑남을녀(甲男乙女)나 선남선녀(善男善女), 필부필부(匹夫匹婦), 초동급부(樵童汲婦, 나무하는 남자와 물 긷는 여자) 등도 모두 같은 뜻의 한자어입니다.

다음 중에서 '장삼이사'와 똑같지는 않지만 대충 유사한 의미를 가지는 우리말을 골라 주세요.

1. 나꾸러기
2. 선떡부스러기
3. 찌러기
4. 흠지러기

1) 나꾸러기 : '나이배기'를 낮잡아 이르는 말.
2) 선떡부스러기 : ① 어중이떠중이가 모인 실속 없는 무리를 비유적으로 이르는 말. ② 엉성하고 덜된 일은 한번 흩어지면 다시 결합하기 어려움을 비유적으로 이르는 말.
3) 찌러기 : 성질이 몹시 사나운 황소 / 고삐 풀린 찌러기 소같이 길길이 날뛰는 종술의 가슴팍을 익삼 씨가 거푸 손으로 밀어붙였다. 『윤흥길, 완장』
4) 흠지러기 : 살코기에 지저분하게 흐늘흐늘 매달린 고기.
2)번 '선떡부스러기'가 정답이겠지요.

[334] '새기다'는 "글씨나 형상을 파다", "잊지 아니하도록 마음속에 깊이 기억하다" 등의 뜻을 가진 말이며, '도두새기다'는 한자어 양각(陽刻)을 순화시킨 말로서 "도드라지게 새기다"라는 뜻입니다.
다음 중에서 '도두새기다'와 같은 뜻을 가진 낱말을 골라 주세요.

1. 곱새기다
2. 묵새기다
3. 섭새기다
4. 아로새기다

   1) 곱새기다 : ① 남의 말이나 행동 따위를 그 본뜻과는 달리 좋지 않게 해석하거나 잘못 생각하다. 한자어 곡해(曲解)하다와 같은 뜻입니다 / 영감의 말뜻이 그런 게 아니라는 것은 누가 들어도 환했으나 놈들은 억지로 곱새기며 생트집을 잡고 나왔다. 『송기숙, 자랏골의 비가』 ② 되풀이하여 곰곰 생각하다 / 부모님께서 당부하신 말씀을 잘 곱새겨서 실수가 없도록 하여라.
   2) 묵새기다 : ① 별로 하는 일 없이 한곳에서 오래 묵으며 날을 보내다 / 그는 고향에서 묵새기며 요양하고 있다 / 팔 년 귀양살이에 이력이 난 몸이라, 허구한 날 조막만 한 방구석에서 묵새기는 일이 그리 불편스럽지 않았다. 『현기영, 변방에 우짖는 새』 ② 마음의 고충이나 흥분 따위를 애써 참으며 넘겨 버리다 / 슬픔을 묵새기다 / 수모를 묵새기다 / 북받치는 감정을 묵새기다.
   3) 섭새기다 : 조각에서, 글자나 그림이 도드라지게 가장자리를 파내거나 뚫어지게 새기다.
   ※ 명사형은 '섭새김'이며, '도두새기다'의 명사형은 '도두새김'이 아니라 '돋을새김'입니다.
   4) 아로새기다 : ① 무늬나 글자 따위를 또렷하고 정교하게 파서 새기다 / 자신의 이름을 바위에 아로새기다 / 대 앞에는 크게 연못을 파고 돌로 난간을 만들어 공교롭게 용을 아로새겨 둘러막았다. 『박종화, 금삼의 피』 ② 마음속에 또렷이 기억하여 두다 / 가슴속에 아로새긴 원한은 두고두고 남을 것이다 / 무엇보다도 뚜렷하게 아로새겨지는 것은 아내에 대한 사랑이었다. 『윤후명, 별보다 멀리』
정답은 3)번 '섭새기다'입니다.

[**335**] "대장장이 집에 식칼이 놀고 미장이 집에 구들장 빠진 게 삼 년 간다"라는 속담이 있는데, 어떠한 물건이 흔하게 있을 듯한 곳에 의외로 많지 않거나 없음을 비유적으로 이르는 말입니다.
다음 중에서 대장장이와 직접적으로 관계있는 낱말을 골라 주세요.

1. 성냥
2. 쇠재비
3. 얼렁쇠
4. 텡쇠

> 1) 성냥 : 불을 켜기 위한 도구 중의 하나를 의미하기도 하지만, '무딘 쇠 연장을 불에 불리어 재생하거나 연장을 만듦'이라는 뜻을 가지고 있습니다 / 이제는 사정이 있어 이곳으로 들어와 눌러앉은 대장장이 금생이한테 아예 성냥 일은 맡겨 버린 것이다. 『최명희, 혼불』
> ※ 성냥하다 : 무딘 쇠 연장을 불에 불리어 재생하거나 연장을 만들다.
> ※ 성냥노리 : 예전에, 대장장이가 외상값을 받기 위하여 섣달에 돌아다니던 일.
> 2) 쇠재비(≒ 쇠꾼, 쇠재비꾼) : 풍물놀이에서, (쇠로 만든)꽹과리나 징 따위를 맡아 치는 일. 또는 그런 일을 하는 사람.
> 3) 얼렁쇠 : 얼렁거리는 사람을 낮잡아 이르는 말
> 얼렁거리다(≒ 알랑거리다) : 남의 비위를 맞추거나 환심을 사려고 더럽게 자꾸 아첨을 떨다 / 남의 집 머슴으로 들어가 한 달포 동안 주인 앞에 얼렁거리며 신용을 얻어 오다가…. 『김유정, 봄봄』
> 4) 텡쇠 : 겉으로는 튼튼하게 보이지만 속은 허약한 사람을 낮잡아 이르는 말. '텡' 자가 들어가는 유일한 낱말인 것 같습니다(방언에는 흔히 쓰입니다).

정답은 1)번 '성냥'입니다.

[336] "마치(또는 망치)가 가벼우면 못이 솟는다"라는 속담이 있습니다. 윗사람이 위엄이 없으면 아랫사람이 순종하지 아니하고 반항하게 됨을 비유적으로 이르는 말이지요. 공직에 종사하는 사람이 부정한 방법으로 그 자리에 오르거나, 그 직위를 이용하여 사사로운 이익을 구하거나, 또는 봉급이나 받는 것에 만족하고 일은 대충대충 한다면 부하들이나 국민들의 저항을 받게 될 것입니다.

다음 낱말들 중에서 위와 같은 바람직하지 못한 공직자와 관계없는 것을 골라 주세요.

1. 벼슬덤
2. 빠꿈벼슬
3. 삯벼슬아치
4. 자리걷이벼슬아치(붙여 써도 되고 띄어 써도 됨)

1) 벼슬덤 : 공직(公職)자가 그 직책 덕분에 사사롭게 얻는 특별한 수입이나 이득.
2) 빠꿈벼슬 : 뇌물로 얻은 공직.
3) 삯벼슬아치 : 월급이나 받고 적당히 일을 보는 공직자.
4) 자리걷이벼슬아치(권초관, 捲草官) : 조선 시대에, 비빈(妃嬪)의 산실(産室)에서 권초례(해산할 때에 깔았던 거적자리를 걷어 보관하고 명을 비는 일)를 맡아보았던 임시 벼슬. 아들이 많고 다복한 조신(朝臣) 가운데서 뽑았음.

정답은 4)번 '자리걷이벼슬아치'입니다.

[337] 우리말 형용사 중에 '듯'자가 들어가는 형용사는 다음의 네 낱말뿐인데, 아마도 대부분의 분들은 저와 마찬가지로 '애틋하다' 외에는 생소하실 것 같습니다.
다음 낱말들 중에서 젊은 남성에게 어울릴 듯한 표현을 골라 주세요.
1. 민틋하다
2. 시틋하다
3. 애틋하다
4. 헌칠민틋하다

1) 민틋하다 : 울퉁불퉁한 곳이 없이 평평하고 비스듬하다 / 이발사가 다녀간 다음이면 동네 아이들은 모두 무 밑동처럼 퍼렇고 민틋한 뒷머리로 값싼 분 냄새를 풍기며 돌아다녔다.『오정희, 유년의 뜰』
2) 시틋하다 : ① 마음이 내키지 아니하여 시들하다('시뜻하다'보다 거센 느낌) / 연일 거듭되는 회의가 그저 시틋할 뿐이었다 / 숙모의 질펀한 울음 속에서 나는 이런저런 우리 집안의 시틋한 과거를 떠올리며 서리 철의 뱀처럼 서러움을 깨물고 있었다.『김원일, 노을』 ② 어떤 일에 물리거나 지루하여져서 조금 싫증이 난 기색이 있다 / 저도 이제는 기생 노릇 하기가 시틋합니다.『박종화, 전야』
3) 애틋하다 : 생략합니다.
4) 헌칠민틋하다 : 몸집 따위가 보기 좋게 어울리도록 크고 반듯하다 / 그는 헌칠민틋한 체구에 이목구비가 반듯하여 다른 종들처럼 좀스럽지가 않았으며….『문순태, 타오르는 강』
4)번이 젊은 남자에게 어울릴 것 같지요?

[338] '벌술'은 '벌(罰)로 마시는 벌주(罰酒)'를 의미하기도 하지만, 고유어로서는 '맛도 잘 모르면서 무턱대고 마시는 술'을 의미합니다.
다음 낱말들 중에서 고유어 '벌술'과 같은 의미를 가지는 것을 골라 주세요.
1. 강술
2. 대궁술
3. 성애술
4. 풋술

1) 강술 : 안주 없이 마시는 술 / 오늘도 김 씨는 빈속에 강술을 마셔 대고 있었다 → 보통 '깡술'이라고 하나 '강술'이 옳습니다.
2) 대궁술 : 먹다 남은 술 / 원에 손님들이 안 드니까 대궁술도 얻어먹을 수 없고 생계가 농사뿐인데…. 『홍명희, 임꺽정』
3) 성애술 : 흥정을 도와준 대가로 대접하는 술 / 강아지 흥정에도 성애술이 있다는 것인데, 이런 일에 술 한 잔이 없어야 쓰겠소. 『송기숙, 녹두 장군』
성애 : 흥정을 끝낸 증거로 옆에 있는 사람들에게 술, 담배 따위를 대접하는 일 / 우리가 초대면에 첫 거래를 튼 셈이니 명색이 성애라도 먹어야 하지 않겠소. 『김주영, 객주』
4) 풋술 : 맛도 모르면서 마시는 술 / 실 나이는 공초가 위이나 술 나이는 내가 위여서 나는 술을 한창 먹을 때이지만 공초는 풋술도 채 못 되고 비로소 배우는 중이었다. 『변영로, 명정 40년』 → 여기서 '공초'는 『폐허』의 동인 공초(空超) 오상순 선생을 말함.

정답은 4)번 '풋술'입니다.

[339] 예전에 낮은 곳의 물을 높은 곳의 논이나 밭으로 퍼 올리는 데 쓰는, 세 개의 기둥을 묶어세우고, 배 모양으로 길쭉하게 판 통나무의 가운데를 매달아 그 한끝을 쥐고 밀어서 물을 퍼 올리던 농기구를 '용두레'라고 불렀는데, 형태가 조금씩 다르더라도 그런 류의 농기구를 통칭하여 '두레'라고 하였습니다.

그런데 '두레'라는 낱말에는 그 외에도 여러 가지 뜻이 있습니다. 다음 중에서 '두레'가 아닌 것을 골라 주세요.

1. 둥근 켜로 된 시루떡 덩이
2. 농민들이 농번기에 농사일을 공동으로 하기 위하여 부락이나 마을 단위로 만든 조직
3. 풍물놀이
4. 두레박으로 물을 긷는 일

  1) 둥근 켜를 이룬 시루떡 덩어리도 두레라고 합니다 / 허리띠를 졸라맨 기만이가 저의 집 머슴꾼이며 작인들을 말끔 풀어서 술까지 취토록 먹인 뒤에, 두레까지 떡 벌어지게 차려 가지고 오는 것이다. 『심훈, 상록수』
  2) 마을 단위의 농사공동체도 두레입니다 / 일하는 사람들이 자기들의 노동력을 두레라는 조직 밑에 결집시켜 그 노동으로 자기들의 농사를 짓고…. 『송기숙, 녹두 장군』
  3) 풍물놀이를 다른 이름으로 두레라고 합니다.
  4) 우물에서 두레박으로 물을 긷는 일은 두레박질이며, 두레로 논밭에 물을 퍼 올리는 일은 두레질입니다 / 뒤 터에서 첨벙 두레박질하는 소리가 들릴 뿐이었다. 『박완서, 미망』

'두레하다'라는 동사는 "두레를 조직하다"라는 뜻입니다.
정답은 4)번입니다.

[340] '피어싱(piercing)'이 귀걸이, 코걸이 같은 장신구를 의미하는 것으로 막연히 생각하고 있었는데, 그게 아니라 '귀, 코 등에 장신구를 끼우기 위해 뚫은 구멍'을 의미하는 거였더군요. 또한 '셉텀(septum) 피어싱'은 비중격(鼻中隔) 즉 콧구멍 사이의 벽에 뚫은 구멍을 말하는 것이고, 그 구멍에 장신구를 매다는 것이지요.

다음 중에서 '콧구멍 사이의 벽'을 이르는 낱말을 골라 주세요.

1. 코뚜레
2. 코방아
3. 코청
4. 코투레

1) 코뚜레(= 소코뚜레, 쇠코뚜레) : 소의 코청을 꿰뚫어 끼는 나무 고리. 좀 자란 송아지 때부터 고삐를 매는 데 쓴다.
   ※ 젊은이들이 셉텀 피어싱을 코뚜레라고 부른다네요.
2) 코방아 : ('찧다'와 함께 쓰여) 엎어져서 코를 바닥에 부딪치는 일.
3) 코청 = 비중격 : 두 콧구멍 사이를 막고 있는 얇은 막 / 소의 코청을 뚫어 코뚜레를 달았다.
   ※ 청 : '어떤 물건에서 얇은 막으로 된 부분'을 의미하는 고유어입니다.
   ※ 귀청 = 고막(鼓膜) / 귀청(이) 떨어지다 = 소리가 몹시 크다 / 함성이 터지고 총소리·북소리·징 소리가 귀청 떨어져라고 낭자히 울려 퍼졌다. 『현기영, 변방에 우짖는 새』
   ※ 피리청 : 피리의 발음원이 되는 얇은 진동판 = 피리서.
   ※ 대청 : 대나무 줄기 속의 안벽에 붙은 아주 얇고 흰 꺼풀.
   ※ 갈대청 : 갈대의 줄기 안쪽에 붙어 있는 아주 얇고 흰 막.
   ※ 목청 = 성대(聲帶) / 청 놓아(놓고) 울다 = 목 놓아 울다.
4) 코투레 : 마소가 코를 떨며 자꾸 투투 하는 소리를 내는 짓.
   ※ 투레 = 투레질 : ① 젖먹이가 두 입술을 떨며 투루루 소리를 내는 짓. ② 말, 소나 당나귀가 코로 숨을 급히 내쉬며 투루루 소리를 내는 일.
   ※ 〈동사〉 투레하다 = 투레질하다. 코투레하다.

정답은 3)번 '코청'입니다.

[341] 오그리다, 쪼그리다, 옹그리다, 옹동그리다, 곱송그리다, 옹송그리다, 웅그리다, 웅등그리다, 웅숭그리다, 앙당그리다, 응등그리다 등은 각각 어감이나 의미가 조금씩 다르기는 하지만 모두가 "몸 또는 물체 따위를 움츠려서 작게 하다"라는 의미를 공통적으로 포함하는 낱말들입니다.

다음 중에서 위에 열거한 낱말들과 공통의 의미를 지닌 낱말을 골라주세요.

1. 깡그리다
2. 떠둥그리다
3. 뺑당그리다
4. 송그리다
5. 종그리다
6. 지그리다
7. 황그리다

1) 깡그리다 : 일을 수습하여 마무리하다 / 일을 대강 깡그리다 / 어차피 가로맡아서 큰소리 쳐 놓은 일이니 계의 빚이나 깡그리고, 구멍가게라도 새 판으로 차리는 것이다.「염상섭, 의처증」
2) 떠둥그리다 : '떠둥그뜨리다'의 준말.
   떠둥그뜨리다 : ① 물체의 한 부분을 들고 밀어 엎어지게 하거나 기울여 쓰러뜨리다 / 개울에서 바위를 떠둥그리며 가재를 잡았다. ② 허물 따위를 잘 알아채지 못하도록 빨리 남에게 넘기다 / 사업 부진의 책임을 다른 부서로 떠둥그리다 / 마누라가 입을 삐쭉거리면서 여자한테 덮어씌우려는 허물을 얼른 남자 쪽으로 떠둥그뜨렸다.「윤흥길, 완장」
3) 뺑당그리다 ≒ 뻥등그리다 : 고개를 옆으로 배틀면서 마음에 맞지 아니하거나 싫다는 뜻을 보이다 / 아이들은 흔히 자기 몫이 작다고 뺑당그린다 / 그는 군것질을 못하게 한다고 얼굴을 찌푸리며 뺑당그리고 있었다.
4) 송그리다 : 몸을 작게 오그리다 / 아이는 냇가에 몸을 송그리고 앉아 엄마를 기다리고 있었다 / 할머니는 놀랐고 놀라는 순간 게섬이는 용수철같이 벌떡 소스라쳐 일어나서 몸을 송그리고 뒤로 돌아앉아 버렸다.「한설야, 탑」
5) 종그리다 ≒ 쫑그리다 : 귀나 입술 따위를 살짝 내밀거나 세우다 / 아이는 입술을 종그리며 투정을 부렸다 / 걸걸한 남정네 목소리에다 바짝 귀를 종그리던 귀덕이는 이내 고개를 끄덕였다.「천승세, 낙월도」

6) 지그리다 : 문을 지그시 닫다 / 사람 몸뚱이 하나가 빠듯이 드나들 수 있을 정도로만 한쪽으로 지그려 놓은 대문을 지나 막 마당 안으로 두어 걸음 들어서려는 참이었다. 『윤흥길, 묵시의 바다』

7) 황그리다 : 욕될 만큼 매우 낭패를 당하다 / 얼굴에 눈물이 흐른 채 황그리는 걸음으로 문앞의 언덕을 내려와 개울을 건너고 맞은쪽에 뚫린 밭길로 들어섰다. 『김유성, 소낙비』

※ 이때의 '황'은 '짝이 맞지 아니하는 골패의 짝' 또는 '어떤 일을 이루는 데에 부합되지 아니함'의 뜻입니다. "말짱 황이다"라고 말할 때의 그 '황'입니다.

정답은 4)번입니다.

[342] 고유어 '솔다'는 여러 가지 뜻을 가지고 있습니다. 2015년 솔로 앨범 '너의 사랑'을 낸 가수 '솔다(정보람)'를 뜻하는 것은 아닙니다.
다음 문장들 중에 사용된 '솔다'가 '무솔다'의 뜻으로 쓰인 것을 골라 주세요.
1. 상처가 [솔아] 진물이 나지 않는다.
2. 진 밭에 조를 심으면 [솔아서] 자라질 못한다.
3. 요즘 유행하는 옷들은 소매도 [솔고] 바짓가랑이도 [솔아서] 우리 같은 사람은 입을 수가 없다.
4. 그 말은 귀가 [솔도록] 들었다.
5. 모기에 물린 곳이 자꾸 [솔아] 신경이 쓰인다.

1)의 솔다(동사) : 물기가 있던 것이나 상처 따위가 말라서 굳어지다 / 방금 전 발라 놓은 풀이 거의 다 솔았다.
2)의 솔다(동사) = 무솔다 : 땅에 습기가 많아서 푸성귀 따위가 물러서 썩다.
3)의 솔다(형용사) : 공간이 좁다 / 살이 쪄서 저고리의 품이 솔다 / 이렇게 솔아 빠진 방에서 어떻게 다섯 식구가 잘 수 있겠나?
4)의 솔다(형용사) : ('귀'와 함께 쓰여)시끄러운 소리나 귀찮은 말을 자꾸 들어서 귀가 아프다 / 이르는 곳 만나는 중마다… 근처 어느 본산(本山) 갈린 주지의 논폄이* 귀가 솔 지경이다. 『최남선, 심춘순례』 * 논폄(論貶) : 논하여 관직 따위를 깎아 내림.
5)의 솔다(형용사) : 긁으면 아프고 그냥 두자니 가렵다.
정답은 2)번입니다. '무솔다'부터 찾으시느라 고생하셨습니다.

[343] "게으른 년이 삼 가래 세고 게으른 놈이 책장 센다"라는 속담이 있습니다. 게으른 년이 삼[麻]을 찢어 베를 놓다가 얼마나 했는지 헤아려 보고, 게으른 놈이 책을 읽다가 얼마나 읽었나 헤아려 본다는 뜻이지요.
다음 중 글공부와 전혀 관련이 없는 것을 골라 주세요.

1. 경신년(庚申年) 글강 외듯
2. 글에 미친 송생원
3. 성균관 개구리
4. 책력 보아가며 밥 먹는다.

   1) 경신년 글강 외듯(경신년 서강, 庚申年書講) : 여러 번 되풀이하여 신신당부함을 이르는 말, 또는 하지 않아도 좋을 말을 거듭 되풀이함을 이르는 말로서 '무진년 글강 외듯'도 같은 뜻입니다. 이 속담의 본래의 뜻을 살펴보자면, 정조가 사망하던 해인 1800년(경신년)에 세자를 책봉한 경사를 기념하기 위하여 다수의 인원을 선발하는 과거(科擧)를 베풀었는데, 이때 총 11만 1,838명이 응시했다는 기록이 있는 것에 비추어 본다면, 경향 각지 집집마다 글 읽는 소리가 들리고, 실력이나 공부가 부족한 사람들까지도 많이 뽑는다 하니 자기도 합격될 것이라고 기대한 나머지, 결과적으로는 하지 않았어도 되는 공부를 되풀이하여 열심히 공부한 것이 안타까워서 발생한 속담이라고 합니다.

   2) 글에 미친 송 생원 : ① 집안일을 돌보지 아니하고 오로지 글공부만 하고 있는 사람을 놀림조로 이르는 말. ② 어떤 한 가지 일에만 열중하여 다른 일은 다 잊고 있는 사람을 비유적으로 이르는 말. ③ 글공부를 하다가 미쳐서 중얼대는 송 생원처럼, 무엇인지 입 속으로 중얼거리는 사람을 비유적으로 이르는 말.
조선 후기에 조수삼(趙秀三)의 문집인 『추재집, 秋齋集』에 '송생원'의 이야기가 포함되어 있습니다. 그 내용은 "송생원은 가난해서 아내도 집도 없었지만, 시 짓는 솜씨만은 뛰어났다. 그는 거짓으로 미친 척하고 돌아다녔는데, 누가 운을 부르면 곧바로 시를 읊고는 돈 한 푼을 달라고 하였다. 이 돈을 손에다 쥐어주면 받았지만, 땅바닥에 던져주면 돌아보지도 않았다. 뒤에 들으니 어떤 사람이 말하기를, '그는 은진 송 씨인데, 일가친척들이 불쌍하게 여겨 집을 마련해 살게 해 주고, 다시는 떠돌지 못하게 하였다.'고 한다"라는 것입니다.

   3) 성균관 개구리 : 자나 깨나 글만 읽는 사람. 성균관 유생들이 글 읽는 소리를 개구리들이 모여서 우는 소리에 빗댐.

   4) 책력 보아 가며 밥 먹는다 : 매일 밥을 먹을 수가 없어 책력을 보아 가며 좋은 날만을 택하여 밥을 먹는다는 뜻으로, 가난하여 끼니를 자주 거른다는 말. (정답)

[344] 수잔 피바디(Susan Peabody)는 그녀의 저서『사랑 중독(addiction to love)』에서, 사람에 미치고 관계에 매달려 강박적인 사랑을 하는 것을 '사랑 중독', 다른 표현으로는 '사람이나 관계에 대한 지나친 집착'이라고 말했습니다. 과유불급(過猶不及), 지나친 것은 미치지 못한 것과 같습니다.

다음 낱말들 중에서 부정적 의미인 '지나침'과 관계없는 것을 골라 주세요.

1. 날캉하다.
2. 더넘스럽다.
3. 덜퍽지다.
4. 데억지다.

1) 날캉하다 : (동)너무 물러서 조금씩 늘어지게 되다. (형)너무 물러서 조금씩 늘어질 듯하다 / 날씨가 너무 더워서 엿가래가 날캉해졌다.
2) 더넘스럽다 : 다루기에 버거운 데가 있다 / 나에게는 그 가방이 너무 커서 더넘스럽다.
3) 덜퍽지다 : ① 푸지고 탐스럽다 / 눈이 덜퍽지게 내린다 / 잔칫상 한번 덜퍽지게 잘 차렸구먼 / 꽃이 어떻게 덜퍽지게 피었는지 이것 한 나무만 있으면 세상이 다 가을이라도 혼자 봄 노릇을 할 듯하다.『최남선, 심춘순례』② 부피가 어림없이 크고 굉장하다 / 이 떡은 누가 빚었는지 덜퍽지게도 빚었다. ③ 몸집이 크고 튼튼하여 위엄이 있다 / 그 위인이 허우대는 덜퍽져도 뒷심이 없어 큰일 하기는 글렀어.
4) 데억지다 : 정도에 지나치게 크거나 많다 / 송 군이 배 선생한테 데억지게 밉보이기는 벌써 옛날 옛적부터였다.『윤흥길, 묵시의 바다』

'덜퍽지다'는 '지나치다'는 부정적 의미를 표현하는 것이 아니라 '푸짐하다'는 긍정적 의미를 표현하는 것으로 보아야 할 것입니다.

3)번이 정답.

[345] "밤이 이슥하다"라든가 '으슥한 골목길'처럼 흔히 쓰이는 낱말 외에는 '슥' 자가 들어가는 고유어가 많지 않습니다. 그런데 '슥' 자가 들어가는 낱말 중에는 유난히 '한 쪽으로 기울어지거나, 비뚤어지거나, 동떨어져 어울리지 못하는 상태'를 의미하는 것들이 눈에 띄네요.
다음 중에서 '한 쪽으로 기울어지거나 비뚤어지거나 동떨어져 어울리지 못하는 상태'를 의미하는 낱말이 아닌 것을 골라 주세요.
1. 매슥대다
2. 배슥하다
3. 아슥아슥하다
4. 엇비슥하다.

   1) 매슥대다 : 먹은 것이 되넘어 올 것같이 속이 자꾸 울렁거리다 / 아까 먹은 음식이 체했는지 속이 매슥거린다.
      ※ 보통은 '메슥거리다'라는 낱말을 많이 사용하여 우리에게 익숙하지만, '메슥대다', '메슥메슥하다', '매슥거리다', '매슥매슥하다' 등은 모두 같은 뜻의 표준말들입니다.
   2) 배슥하다(≒ 베슥하다, 비슥하다) : (힘없이)한쪽으로 조금 기울어져 있다 / 몸이 쳐진 채 흙담에 베슥하게 기대어 서다 / 약간 배슥하게 세워 두어라 / 그는 모자를 비슥하게 썼다.
      ※ 배슥배슥하다 = 배슥거리다 = 배슥대다 : 어떠한 일에 대하여 탐탁히 여기지 아니하고 자꾸 조금 동떨어져 행동하다 / 삼촌은 빚 갚으라는 말만 나오면 배슥거리며 꽁무니를 빼곤 했다 / 아무리 시켜도 그 일을 하지 않고 배슥거리니 어찌해 볼 도리가 없다(이 경우에는 상태가 비뚤어진 것이 아니라 행동이 비뚤어진 것을 의미하네요).
   3) 아슥아슥하다(≒ 어슥어슥하다) : 여러 개가 모두 한쪽으로 조금 비뚤어져 있다 / 여러 개의 낮은 봉우리들이 장막을 치듯 서쪽을 향하여 아슥아슥하게 솟아 마을을 감싸고 있었다.
   4) 엇비슥하다 : 서로 한쪽으로 조금 기울어 있다 / 날카롭기 짝이 없는 장광도가 연천령의 왼쪽 어깨에서 바른쪽 젖가슴까지 엇비슥하게 내려 먹었다.『홍명희, 임꺽정』
   정답은 당연히 1)번입니다.

[346] '소리'라 하면 보통 '물체의 진동에 의하여 생긴 음파가 귀청을 울리어 귀에 들리는 것', '말', '사람의 목소리', '여론이나 소문', '판소리나 잡가 따위'를 이르는 말입니다. 그러나 '소리'가 들어가는 낱말이라고 해서 늘 그렇지는 않지요.

다음 중에서 위에 설명한 '소리'에 해당하는 낱말을 골라 주세요.

1. 감창소리
2. 소소리
3. 소소리패
4. 소소리바람

1) 감창소리 : 성교할 때 내는 소리
   무대 한편이 밝아지면, 대학 연극 동아리방에서 강상태와 후배들이 '처용'을 연습하고 있다. 남녀 한 쌍이 천을 덮고 누워서 가냘프고 뽀얀 종아리와 굵고 시커먼 종아리만으로 정사를 벌이는 장면이다.
   #처용 : (여자가 오르가슴에 들뜬 감창소리를 내지를 때 탈을 쓰고 뛰어 들어온다. 다리가 넷인 것을 본다. 주먹으로 자기 가슴을 치며 안절부절못한다) 오! 오! 오오오오….
   #강상태 : 캇. 처용. 인물 분석 안 했어? 왜 뛰어들어와 인마. 안절부절못하는 건 또 뭐야? 처용이 그런 캐릭터야?
   (2017 신춘문예 희곡 당선작 '자울아배 하얘'〈출처: 조선일보, 2017. 1. 2.〉)
2) 소소리 : (부사)높이 우뚝 솟은 모양 / 소소리 높은 산봉우리.
3) 소소리패 : 나이가 어리고 경망한 무리 / 멀건 소소리패들과 휩쓸려 지내더니 아마도 그간 음특한 짓을 꾸민 거야. 『이효석, 분녀』
4) 소소리바람 : 이른 봄에 살 속으로 스며드는 듯한 차고 매서운 바람 / 꽃망울을 스치는 소소리바람 / 굵은 눈이 내리고, 소소리바람이 부는데, 마치 따귀를 때리는 것 같았다.
   ※ 소소리바람은 이른 봄에 불고, 소슬바람(蕭瑟- -)은 가을에, 외롭고 쓸쓸한 느낌을 주며 부는 으스스한 바람입니다.
   ※ 아기가 '옹알이'할 때 이야기를 많이 해 주면 말문이 빨리 트인다고 하지요. 이때의 옹알이는 '놀소리'라고도 한답니다.
   ※ 상대편의 말을 슬쩍 받아 엉뚱한 말로 재치 있게 넘기는 말은 '신소리'라고 한다지요.

정답은 1)번입니다.

[**347**] '드르르'라는 부사는 구르거나, 떨리거나, 재봉틀로 천을 박을 때 나는 소리나 모양을 뜻하기도 하지만, "일을 드르르 해치운다"라고 말할 때처럼 '어떤 일에 능통하여 전혀 막힘이 없이 잘하는 모양'을 뜻하기도 합니다. 따라서 '드르르하다'는 "어떤 일에 능통하여 전혀 막힘이 없이 잘한다"라는 뜻이지요.

그러나 '드르르'가 포함된 낱말들이 다 그런 뜻은 아닙니다. 다음 낱말들은 모두가 '매끄럽거나 보드랍거나 윤기가 도는' 것을 의미하는 낱말들인데, 그중에서는 "이치에 맞게 꾸며 대어 그럴싸하다"라는 의미까지 지닌 낱말이 있습니다. 골라 주세요.

1. 벌거이드르르하다
2. 야드르르하다
3. 홀보드르르하다
4. 희번드르르하다

   1) 벌거이드르르하다 : 벌겋고 이드르르하다.
      이드르르하다(준말 : 이드를하다) : 번들번들 윤기가 돌고 부드럽다 / 살결이 이드르르하다.
   2) 야드르르하다(준말 : 야드를하다) : 반들반들 윤기가 돌고 보드랍다 / 야드르르한 머리카락 / 야드르르하게 잔결 지른 물 위로 길 잃은 노랑나비가 파닥파닥 날아가는 것이 제비보다 더 볼 맛이 있다.『최남선, 심춘순례』
      발가야드르르하다 : 약간 붉은빛을 띠면서 윤이 나고 보드랍다.
   3) 홀보드르르하다(≒ 홀부드르르하다) : 피륙 따위가 가볍고 매우 보드랍다(부드럽다).
   4) 희번드르르하다(≒ 해반드르르하다) : ① 겉모양이 희멀쑥(해말쑥)하고 번(반)드르르하다 / 그는 오랜만에 때 빼고 광내고 희번드르르하게 치장하였다 / 희번드르르하던 살결은 누르퉁퉁하게 탄력을 잃게 되고, 귀밑에는 서릿발이 희끗희끗 드러났다.『김정한, 수라도』/ 썩 잘나지도 못한 것들이 해반드르르한 여자를 꿰차고 다니는 꼴을 볼 때마다….『윤흥길, 완장』② 이치에 맞게 꾸며 대어 매우 그럴싸하다 / 희번드르르한 거짓말 / 그는 말만 희번드르르할 뿐 행동은 전혀 딴판이다.
   정답은 4)번입니다.

[348] '마른 잎이나 검불, 종이 따위를 밟거나 뒤적이는 소리'를 '바스락, 버스럭, 보스락, 부스럭, 빠스락, 뻐스럭, 뽀스락, 뿌스럭' 등으로 다양하게 표현하는 우리말. 참으로 어렵습니다. '어스럭송아지'는 크기가 중간 정도 될 만큼 자란 큰 송아지를 말하는 '어석송아지'의 다른 말이지요.

백척간두(百尺竿頭), 풍전등화(風前燈火), 누란지위(累卵之危) 등은 모두 매우 긴급하게 위태로운 때(또는 상황)를 의미하는 사자성어입니다. 다음 중에서 이들과 같은 의미의 우리말을 골라 주세요.

1. 고스락
2. 기스락
3. 야스락
4. 뒤스럭

1) 고스락 : 아주 위급한 때 / 자살하려던 고스락에 10년 전에 돌아가신 아버지의 꾸짖는 목소리가 들렸다.
2) 기스락 : ① 기슭의 가장자리 / 나룻배가 강 건너 나루턱의 기스락에 닿았다 / 개동이의 처가는 유달산 동쪽 기스락 아래에 있어 유달정에서 가까웠다. 『문순태, 타오르는 강』 ② 초가지붕의 처마 끝 / 뒤져도 기껏 더러운 똥통이나 뒤지고 다니면서 제가 무슨 헌병이나 된 듯이 괜한 작대기까지 들고 나서서, 그것을 헌병 칼 휘두르듯 아무 상관없는 기스락 밑을 꾹꾹 쑤셔 보기도 하고…. 『송기숙, 자랏골의 비가』
3) 야스락 : '야스락거리다'의 어근. ※ 야스락거리다(준말 : 야슬거리다) : 입담 좋게 잇따라 말을 늘어놓다 ≒ 야스락대다 / 그가 야스락거리는 이야기를 넋 놓은 채 듣고 앉아 있다가 열차를 놓쳤다.
4) 뒤스럭 : 부산하게 이리저리 자꾸 움직임 / 그는 버선을 찾아 신는다, 손수건을 꺼낸다, 신발을 찾는다, 한참동안 뒤스럭을 떨었다. 『이기영, 고향』
뒤스럭거리다 / 거름 내를 맡고 쫓아온 까마귀 서너 마리가 천연스러운 뒤듬바리* 걸음새로 밭두둑을 뒤스럭거리고 있었다. 『이문구, 산 너머 남촌』
　*뒤듬바리 : 어리석고 둔하며 거친 사람.

정답은 1)번이네요.

[349] 우리말에서 '~받이'라는 말이 꽤나 있습니다. '씨받이'가 씨를 받는 일을 의미하듯이, '받이'가 '~를 받다'에서 온 말임을 추측할 수는 있으되 그 자체로는 독립된 낱말이 아닙니다.
다음 중에서 사람이나 짐승 또는 그 일부분을 의미하지 않는 것을 골라주세요.

1. 개구멍받이
2. 덤받이
3. 미움받이
4. 불겅그레받이
5. 채받이

   1) 개구멍받이 : 남이 개구멍으로 들이밀거나 대문 밖에 버리고 간 것을 데려와 기른 아이 / 계집은 영감이 본 체를 안 하니까 아이를 낳는 대로 개구멍받이로 넣어 주고…. 『방영웅, 분례기』
   개구멍바지 : 오줌이나 똥을 누기에 편하도록 밑을 터서 만든 어린아이의 바지 → 개구멍받이와 발음은 같으나 의미가 다름.
   2) 덤받이 : 여자가 전남편에게서 배거나 낳아서 데리고 들어온 자식을 낮잡아 이르는 말 / 덤받이 취급을 받기 싫어서 어머니를 따라가지 않았다
   3) 미움받이 : 미움을 받는 짐승이나 사람 / 자기 때문에 어머니가 돌아가셨다는 누명을 쓰고 미움받이로 자라나….
   4) 불겅그레받이 : 난로, 보일러, 가마 따위에서 불을 받치고 있는 판. 재가 떨어지고, 공기가 통하게 한 장치.
   예전에 장작이나 조개탄을 때던 난로에서 많이 볼 수 있었지요.
   5) 채받이 : 소가 채(찍)를 늘 맞는 부위의 가죽이나 고기. 소의 등심 끝머리 부분.
   채끝살 = 채끝. 등심, 우둔살과 이어지면서 안심을 싸고 있는 부분. 채찍의 끝이 닿는 부위(채받이)라서 이름이 채끝(살)임.
   정답은 4)번 '불겅그레받이'입니다.

[350] 1960년대까지만 하더라도 전통 혼례식이 흔치 않게 치러졌던 기억이 있습니다. 전통 혼례절차에 따르면, 신랑과 신부가 혼례식을 마치고 신부 집에서 신방(新房)을 치른 뒤 신랑이 먼저 신랑 집으로 가는 의식을 초행(醮行) 또는 재행(再行)이라고 하고, 그 후에 신부가 신랑 집으로 가는 것을 신행(新行) 또는 우귀(于歸)라고 하며, 그 후에 신부가 신부 집으로 인사를 가는 것은 근행(覲行)이라고 하였답니다.

이처럼 모두 한자어투성이의 절차 중에서도 새로 맺은 사돈끼리 주고받는 선물의 이름만은 우리 고유어를 썼다고 하는데, 다음 중에서 그 선물의 명칭이 아닌 것은? 정답으로 선택될 낱말은 사전에 나오지 않는 신조어입니다.

1. 첫풀이
2. 소두
3. 봉수
4. 현대가재미

  1) 첫풀이 : 새 며느리의 근행(覲行)을 통하여 사돈 사이에 처음으로 주고받는 선물.
  2, 3) 소두 = 봉수 : 혼인한 지 얼마 되지 않은 안팎 사돈끼리 생일날 같은 때에 보내는 선물.
  4) 현대가재미 : 북한에서 가장 인기가 있는 1등 신붓감은 '현대가재미'라고 합니다. '현금'이 많고, '대학'을 졸업했으며, '가풍'이 좋고, '재능' 있는 '미인'이라고 하는데, 남북이 마찬가지라는 느낌이 드네요. 한편, 북한에서 1등 신랑감은 '군당지도원'이라고 하는데, '군'에서 제대한 '당원'이어야 하며, '지식'을 갖춘 대학 졸업자로서 '도시'에 거주하는 돈('원') 많은 남자를 의미한다고 합니다.

정답은 4)번입니다.

[351] '올망졸망'은 흔히 쓰이는 낱말이지만 '올망이졸망이'는 잘 쓰이지 않는 것 같습니다. 명사로서 '올망졸망한 사물이나 아이들'을 일컫습니다. 다음 낱말들 중에서 '엇비슷한 사람이나 굵직한 아이가 많이 있는 모양'을 나타내는 낱말을 골라 주세요.

1. 올망졸망
2. 울멍줄멍
3. 졸망졸망
4. 줄멍줄멍

1) 올망졸망 : ① 작고 또렷한 것들이 고르지 않게 많이 벌여 있는 모양 / 퀴퀴하고 침침한 소례의 방 천장과 시렁에는 한약방 약봉지처럼 올망졸망 주렁주렁 오만 것이 다 매달려 있다. 『최명희, 혼불』 ② 귀엽고 엇비슷한 아이들이 많이 있는 모양 / 아이들이 올망졸망 모여 앉아 소꿉놀이를 한다.
   ※ '사람'과 '사물'에 공통적으로 쓸 수 있습니다.
   ※ (형)올망졸망하다 / 양지바른 산발치엔 남향한 초가들이 올망졸망하게 늘어서 있을 것이고…. 『이동하, 우울한 귀향』 / 그들 부부는 올망졸망한 어린 남매를 두고 먼저 세상을 떠났다.

2) 울멍줄멍 : ① 크고 뚜렷한 것이 고르지 않게 많이 벌여 있는 모양 / 지붕에 울멍줄멍 박이 열려 있다. ② 엇비슷한 사람이나 굵직한 아이가 많이 있는 모양 / 울멍줄멍 모여든 사람들 가운데 한 사람을 가리자니 쉽지 않은 일이다.
   ※ '올망졸망'과 마찬가지로 '사람'과 '사물'에 공통적으로 쓸 수 있습니다.
   ※ '울멍줄멍하다'는 형용사 / 울멍줄멍한 바윗돌 틈으로 막힐락 터질락 흘러내리는 물이 또한 범속하지 아니한 경(景)이다. 『최남선, 심춘순례』

3) 졸망졸망 : ① 고르지 아니한 여러 개의 작은 물건이 뒤섞여 있어 보기에 사랑스러운 모양 / 여러 개의 예쁜 인형들이 종말종말 진열되어 있었다. ② 가죽이나 표면 따위가 울퉁불퉁하게 생긴 모양.
   ※ 사물에 대해서만 사용하고 사람에 대해서는 쓰지 않는 듯합니다.
   ※ 졸망졸망하다 : 형용사 / 졸망졸망한 갯마을 서넛을 지나 이십 리 길을 단숨에 지내 놓고 나자 달이 졌다. 『현기영, 변방에 우짖는 새』

4) 줄멍줄멍 : '졸망졸망'의 센말.

정답은 2)번 '울멍줄멍'입니다.

[352] 사람을 평가할 때는 참으로 조심스럽지요, 옛사람들은 "인색하다. 쌀쌀맞다. 부끄러운 줄 모른다"처럼 직접적으로 표현하지 않고, 비유적으로 속담을 원용하여 표현하는 경우가 많았던 것 같습니다.
다음 중에서 사람에 대한 평가를 의미하는 속담이 아닌 것을 골라 주세요.
1. 가시아비 돈 떼어먹은 놈처럼
2. 모전다리 다모의 겨드랑이
3. 봇짐 내어주며 앉으라 한다.
4. 생파리 떼듯 한다.

1) 가시아비 돈 떼어먹은 놈처럼(얼굴이 두꺼워 부끄러운 줄 모른다) : 남에게 폐를 끼치고도 미안해하지 않는 태도를 비유적으로 이르는 말.
가시아비(각시의 아버지) : '장인(丈人)'을 낮잡아 이르는 말 / 전에는 전혀 볼품없던 사람이 유복한 이 서방의 가시아비가 된 뒤론 늘 얼굴에 기름기가 돌았다.
2) 모전다리 다모의 겨드랑이 : 모전이 있었던 서울 중구 무교동 3번지, 서린동에서 무교동으로 통하는 사거리 지점인 청계천에 있던 다리 초입에서 차를 팔던 다모의 저고리가 짧았다고 하는데, 팔을 움직이면 겨드랑이가 드러나는 짧은 저고리를 입고 손님을 유혹하거나 눈길을 끌어서 차만 팔아먹고 남정네들을 감질나게 하였다고 하더군요. 감질나게 하는 사물을 비유하는 말입니다.
지금도 그 자리에 모전교라는 다리가 있습니다.
* 모전(毛廛) = 과전(果廛) : 과일을 파는 가게.
3) 봇짐 내어 주며 앉으라 한다(= 봇짐 내어 주면서 하룻밤 더 묵으라 한다) : 속으로는 가기를 원하면서 겉으로는 만류하는 체한다는 뜻으로, 속생각은 전혀 다르면서 말로만 그럴듯하게 인사치레함을 비유적으로 이르는 말이며, 그 말을 하는 사람의 속마음을 평가하고 있습니다.
4) 생파리* 떼듯 한다 : 도무지 말도 붙여보지 못할 정도로 쌀쌀하게 잡아떼거나 거절함을 이르는 말. 살아 있는 파리가 몸에 앉으면 가만히 두지 않고 떼어버리려고 하지요. 인간성이 매정함을 이르는 말입니다.
생파리 : 살아있는 파리 / 그놈의 계집애 돈 떨어지니까 생파리같이 쏘기만 하겠지.『이기영, 고향』
정답은 '평가'가 아닌 2)번입니다.

[353] 충청도에는 '엥기다'라는 말이 있는데 '옮기다'의 방언이고, 강원도에는 '엉셍이'라는 말이 있는데 '엉덩이'의 방언입니다. 충청도 출신인 저의 어머니는 누군가가 이런저런 말을 듣기 귀찮도록 자꾸 주워대면 "뭔 소릴 자꾸 주서셍겨싸?"라고 말씀하셨지요.
다음 낱말들 중에서 표준말이 아닌 것을 골라 주세요.

1. 내셍기다
2. 주워섬기다
3. 주워셍기다
4. 셍기다

1) 내셍기다 : 내리 이말 저말 자꾸 주워대다 / 그는 쓸데없는 말을 주섬주섬 내셍기며 화로를 뒤적인다.
2) 주워섬기다 : 들은 대로 본 대로 이러저러한 말을 아무렇게나 늘어놓다 / 그는 아는 산 이름을 모조리 주워섬기며 전문 산악인이나 되는 것처럼 행세했다 / 그는 묻지도 않은 이야기까지 수다스럽게 주워섬겼다 / 어머니는 새로 이사 온 이웃집에 대한 이야기를 정신없이 사람들에게 주워섬기고 계셨다.
3)번의 '주워셍기다'는 위 두 낱말이 표준어인 점에 비추어 표준어일 듯하지만 '주워섬기다'에 자리를 내준 것 같습니다. '주워대다'와 '셍기다'의 두 낱말이 결합된 형태이니 "주워대고 셍기다"라고 사용하면 될 것 같습니다.
4) 셍기다 : ① 이 말 저 말 자꾸 주워대다 / 그는 더 이상 뭐라 셍기지를 못하고 그만 전화를 끊었다. ② 곁에서 일거리를 잇달아 대어 주다 / 옆에서 셍기는 짐을 받아 창고 안에 차곡차곡 쌓았다.
'셍'자가 들어가는 고유어로서 표준말은 '셍기다'와 '내셍기다'의 두 낱말뿐인 것 같네요. 정답은 3)번입니다.

[354] 제주도 방언에 '어멍'은 '어머니'라지요. 그러면 '셋어멍'은 무엇을 뜻할까요? 다음 구멍들 중에서 땅에 파는 구멍을 골라 주세요.

1. 글구멍
2. 말구멍
3. 방구멍
4. 우리구멍

제주의 친족관계 방언에서 첫째는 '큰–', 둘째는 '셋–', 셋째는 '말잣–', 막내는 '족은–'이라고 한다네요. 그래서 장남은 큰 아들, 둘째는 셋 아들, 셋째는 말잣 아들, 막내는 족은 아들이고, 둘째아버지를 셋아방이라 하고, 그 처는 셋어멍이라 부른답니다('둘째아버지'는 붙여 쓰고, '둘째 아들'은 띄어 씁니다).

1) 글구멍 : 글이 들어가는 머리 구멍이라는 뜻으로, 글을 잘 이해하는 지혜를 이르는 말. '글의 뜻을 깨달아 아는 힘' 또는 '사물의 이치를 깨달아 아는 힘'을 의미하는 한자어 '문리(文理)'의 우리 고유어입니다 / 글구멍이 트이다 = 문리가 트이다.
2) 말구멍 : '말을 할 때에 여는 입' 또는 '말을 꺼내는 실마리'를 의미하는 '말문(–門)'을 속되게 이르는 고유어 / 말문을 떼다 / 말문이 닫혔다고 생각했던 그의 입에서 술술 이야기가 나왔다 / 지 교수는 이제 어떻게 말문을 터야 할지 몰라 혼잣속으로 망설였다.『황순원, 일월』/ 그가 나의 말문을 막았다 / 평소에는 말이 없지만 일단 말구멍이 열리면 청산유수다.
3) 방구멍 : 연의 한복판에 둥글게 뚫은 구멍 / 방구멍이 커야 연이 잘 오른다.
4) 우리구멍 : 논물이 빠져나가도록 논두렁에 뚫어 놓은 작은 구멍.

※ 수멍 : 논에 물을 대거나 빼기 위하여 둑이나 방축 따위의 밑으로 뚫어 놓은 구멍.
※ 물꼬 : 논에 물이 넘어 들어오거나 나가게 하기 위하여 만든 좁은 통로.
※ '우리구멍', '수멍', '물꼬'가 모두 같은 뜻으로 보이지만, '수멍'은 '우리구멍'을 포함하는 개념이고, '우리구멍'과 '수멍'은 '구멍'인 반면에 '물꼬'는 구멍이 아니라 구멍을 포함한 모든 물의 통로를 말하므로 가장 넓은 의미를 갖는 것으로 이해됩니다(우리구멍 〈 수멍 〈 물꼬) / 물꼬를 막다 / 물꼬를 보다 / 물꼬를 트다 / 이태 전 가뭄 때, 물꼬를 막는다 튼다는 문제로 이웃 논 작인과 싸움이 붙었는데….『김원일, 불의 제전』/ 그는 장죽을 어깻죽지에 꽂고 하암리 텃논의 그 질펀한 못자리에 물꼬가 트여 물이 쏟아져 드는 걸 내려다보고 서 있었다.『전상국, 하늘 아래 그 자리』

정답은 4)번 '우리구멍'입니다.

[355] "눈에 칼날이 서다", '서리 같은 칼날' 등의 관용구가 있는데, 이때의 '날'은 '연장의 가장 얇고 날카로운 부분'을 의미합니다. 날이 잘 서있으면 예리한 것이고, 그렇지 못하면 무딘 것이지요.

'날'에는 다른 뜻도 있습니다. 다음 중에서 위에서 말한 '날'과 전혀 관계없는 문장을 골라 주세요.

1. 낫이 뼈들어졌네.
2. 바깥날은 어떠한가?
3. 서슬이 퍼렇더군.
4. 입이 도끼날 같구면.

1) 뼈들어지다 : 칼이나 낫 같은 연장의 날이 무디어져서 잘 들지 아니하게 되다 / 뼈들어진 부엌칼을 숫돌에 갈다 / 이 낫은 뼈들어져서 풀이 잘 안 베어진다.
2) 바깥날 : 방 안이나 집 안에서 바깥의 날씨를 이르는 말 / 방 안까지 추우니 바깥날은 얼마나 춥겠니 / 바깥날이 화창하기 때문일까, 안방은 동굴 속처럼 침침했다. 『박완서, 도시의 흉년』
3) 서슬 : ① 쇠붙이로 만든 연장이나 유리 조각 따위의 날카로운 부분 / 식칼의 서슬. ② 강하고 날카로운 기세 / 문 지주 머슴들은 동네 사람들 서슬에 기가 죽어 제대로 달려들지 못했다. 『송기숙, 암태도』 / 고운 티는 물론 간간이 번득이던 성깔의 서슬 같은 것도 사라진 지 오래였다. 『박완서, 미망』
　※ 서슬은 날과 같은 뜻이라고 해도 무방합니다.
　※ 서슬이 퍼렇다 : 기세가 매우 강하고 날카롭다.
4) 입이 도끼날 같다 : 바른말을 매우 날카롭게 거침없이 하다 / 그 사람 하는 일이 자로 잰 듯 꼼꼼한 건 좋은데 입이 도끼날 같은 건 무척 거슬리더군.
　※ 눈에 칼날이 서다(눈에 칼을 세우다) : 표독스럽게 눈을 번쩍이고 노려보다 / 매복녀는 눈에 칼을 세워 가지고 남편을 채근하였지만, 그의 게으른 버릇은 개를 줄 수는 없었다. 『김동인, 감자』 / 그분은 남성 제일주의인데 여성들 눈에 칼날이 설까 봐 겁이 났던 모양이에요. 『박경리, 토지』
　※ 서리 같은 칼(칼날) : 찬 서리같이 흰 빛이 번뜩이는 날카로운 칼 / 낯을 가린 뻣뻣한 장정이 서리 같은 칼을 들고 나타났다. 『최서해, 큰물 진 뒤』

1, 3, 4번은 '날'을 직접 표현하거나 비유적으로 표현한 것이고, 2)번의 '날'은 '날씨'의 준말입니다.

[356] 수감 중인 한명숙 전 총리가 "출소하면 산천 유람이나 하면서 징역때나 벗기겠다"라는 말을 했다는 뉴스를 들었습니다.
이때의 '때'는 무슨 뜻일까요? 다음 중에서 위 '때'와 같은 의미를 지닌 '때'를 골라 주세요.

1. 배때
2. 도둑때
3. 돈때
4. 줄때
5. 퉁때

1) 배때(= 배때기) : '배'를 속되게 이르는 말.
   배때가 벗다 : 행동이나 말이 아주 거만하고 건방지다 / 흥, 계집년이 배때가 벗어서 말쑥한 서방님만 어르더라. 어디 두고 보자. 너도 깩소리 못하고 한번 당해야 할 걸! 『나도향, 뽕』

2) 도둑때 : 도둑이라는 누명 / 도둑때를 벗다.
   이때의 '때'는 '까닭 없이 뒤집어쓴 더러운 이름'을 뜻합니다. 단, '징역때'라는 낱말은 없으나, '징역'과 '때'를 띄어 써서 '징역 때'라고 하면 될 것이며, 한 전 총리가 자신의 징역형 복역을 누명을 쓴 결과라고 생각하는 표현이라고 생각됩니다.

3) 돈때 : ① 돈을 자꾸 만져서 묻은 때. ② 돈을 많이 다루는 데서 생기는 욕심을 비유적으로 이르는 말.
   북한에서는 "돈때가 오르다"라는 관용구가 있는데, "돈에 대한 욕심이 생기다"라는 뜻이라고 합니다.

4) 줄때 : 몸이나 땀이 밴 옷 따위에 줄줄이 낀 때 / 실에 잣 꿰는 일이 끝나자 아버지는 새삼 줄때가 전 동저고리 앞섶을 여미고 경건히 앉는다. 『유현종, 들불』

5) 퉁때 : 엽전에 묻은 때 / 나이 들어 자리 지고 누워 있으면 그런 알량한 인정이 밥 먹여 주고 누가 퉁때 묻은 동전 한 푼 갖다 줄 줄 아시오? 『송기숙, 녹두 장군』

정답은 2)번 '도둑때'입니다.

[357] 한때(어느 한 시기에) 널리 쓰이던 낱말들이 세월이 흐르면서 잘 쓰이지 않게 되고, 심지어 가끔 그런 낱말들이 실제로 쓰일 때는 표준어가 아니라 방언 같다는 느낌이 들기도 합니다.

다음 중에서 시간의 일정 부분이나 한 순간을 의미하는 '때'가 아닌 것을 골라 주세요.

1. 다저녁때
2. 따지기때
3. 입때
4. 접때

   1) 다저녁때 : 저녁이 다 된 때 / 엊그저께 스무 나흗날 다저녁때 편지와 노자를 저 있는 움막으로 보냈습디다. 『홍명희, 임꺽정』
   2) 따지기때 : 초봄에 얼었던 흙이 풀리려고 하는 때 / 땅이 서너 자씩이나 어는 바람에 매년 따지기때보다 호락질로 두어 배미 좋이 덮었던 객토마저도 이번에는 경칩이 지나도록 엄두를 내지 못하였다. 『이문구, 산 너머 남촌』
   3) 입때(= 여태) : 지금까지 또는 아직까지. 어떤 행동이나 일이 이미 이루어졌어야 함에도 그렇게 되지 않음을 불만스럽게 여기거나 또는 바람직하지 않은 행동이나 일이 현재까지 계속되어 옴을 나타낼 때 쓰는 말입니다.
      ※ '까지'는 '어떤 일이나 상태 따위에 관련되는 범위의 끝'임을 나타내는 보조사로서, '입때'는 '입때까지'와 같은 뜻이고, '여태'는 '여태까지'와 같은 뜻이므로 '입때'는 '시간'의 한 순간이나 부분을 의미하는 것이 아니라 '상태'의 끝을 의미하는 것이며, "입때 오지 않았다"라고 말하면 이는 "오지 않은 상태가 아직까지 계속되고 있어 마음에 들지 않는다"라는 뜻입니다 / "어디! 어제 동경 떠났는데요. 입때 모르셨어요?" 이탁이는 깜짝 놀랐다. 『염상섭, 무화과』 / 참으로 나의 처는 훌륭한 여자이었었네. 그런데 벌써 한 달은 되네. 자기 본가로 간다고 가더니 입때 아주 소식이 없네그려. 『송영, 석공 조합 대표』 / 여태 그것밖에 못 했니? / 내가 벽운사에 머문 지가 한 달이 되지만 처음 만났던 날 말고는 여태 단 한 마디도 이야기를 나누지 못했다. 『김성동, 만다라』
   4) 접때 : 오래지 아니한 과거의 어느 때(에) / 접때보다 얼굴이 편해 보인다 / 접때 제가 말씀 드린 일, 생각해 보셨어요?

정답은 3)번 입때입니다.

[358] 고유어 '쇠'가 어느 낱말의 앞에 접두사로 붙으면 '쇠고기'처럼 소(牛)의 특성 또는 부위를 의미하는 경우가 있습니다. 다음의 '쇠'중에서 소(牛)의 특성에 비유하는 의미의 접두사가 아닌 것을 골라 주세요.

1. 쇠구들
2. 쇠겁
3. 쇠기침
4. 쇠호두

'소의 힘' 또는 '소의 힘줄'을 의미하는 쇠심줄(= 쇠심)이라는 낱말에서 알 수 있듯이 소의 특성 중 대표적인 것은 '강하고 끈기 있음. 질김. 또는 저열함'입니다 / 삼열네가 늘어놓는 너스레는 누구보다 색깔이 진하고 쇠심줄만큼이나 질긴 것이었다. 『윤흥길, 묵시의 바다』
1) 쇠구들 : 고래가 막히어 불을 때도 덥지 아니한 방.
　성질이 몹시 검질긴 사람을 비유적으로 이르는 말로 '쇠귀신'이라는 낱말이 있음에 비추어 본다면, '쇠구들'도 아궁이에 불을 때도 구들이 좀처럼 덥혀지지 않는다는 의미에서 '쇠'를 쓴 것 같습니다.
2) 쇠겁 : 쇠(鐵)로 만든 거푸집.
　이때의 '겁'은 표준말이 아니라 '거푸집'의 북한어인데, '쇠겁'은 표준말이랍니다. 좀 이상하지요?
3) 쇠기침 : 오래도록 낫지 아니하여 점점 더 심해진 기침 / 그때 방 안에서 쇠기침 토해 내는 소리와 함께 밖에 누가 왔느냐는 깔깔한 노인의 목소리가 흘러나왔다. 『문순태, 타오르는 강』 ⇒ 만약 처음 찾아갔다면 노인의 기침이 쇠기침인지 아니면 일반 기침인지 어찌 알았을까요? 의문!
4) 쇠호두 : 꺼풀이 두꺼워 딱딱한 호두.
　껍데기가 얇은 호두는 '겨릅호두'라고 하는데 쇠호두보다 살이 많고 맛이 좋다고 합니다. '쇠'가 동식물의 이름 앞에 붙어서 접두사로 쓰일 경우 '저열(低劣)'함을 의미하는 경우가 있는데, 고비와 비슷하지만 그보다 질이 떨어진다는 의미로 '쇠고비'라고 하는 것처럼, 쇠고사리, 쇠돌피, 쇠미역, 쇠비름 등이 그렇습니다.
정답을 2)번 쇠(鐵)를 의미하는 명사인 '쇠겁(거푸집)'으로 하겠습니다.

[359] 충남에서는 '둠벙', 충북에서는 '움벙', 전라도에서는 '둔벙', 경남에서는 '듬벙', 경북에서는 '둠붕'…. 눈치 채셨겠지만 '웅덩이'의 방언들입니다. 다음 '벙'자 돌림의 낱말들 중에는 우리에게 익숙한 '얼렁뚱땅하다'와 같은(매우 유사한) 뜻의 낱말이 두 개 있습니다. 어느 것과 어느 것일까요?

1. 두리벙하다.

2. 물덤벙술덤벙하다.

3. 엄벙뗑하다.

4. 엉이야벙이야하다.

> 1) 두리벙하다 : 차림새나 행동이 깔끔하지 못하고 엉성하다 / 옷차림이건 하는 짓이건 두리벙해 보이더니, 아니나 다를까….
>
> 2) 물덤벙술덤벙하다 : 아무 일에나 대중없이 날뛰다 / 영희는 무슨 일이라도 생기면 물덤벙술덤벙하며 끼어들기를 좋아한다.
>
>> 물덤벙술덤벙 : 아무 일에나 대중없이 날뛰는 모양 / 그놈들은 제 주제들을 알아. 우리처럼 물덤벙술덤벙이 아니지.『김원우, 짐승의 시간』⇒ 소설에서 '물덤벙술덤벙'이 명사처럼 쓰였다고 해서 명사가 아닙니다. 잘못 쓰인 예라고 생각됩니다. 이 낱말은 부사이므로 "우리처럼 물덤벙술덤벙 사는 사람들이 아니지"라고 써야 한다고 생각합니다.
>
> 3) 엄벙뗑하다(= 얼렁뚱땅하다) : 남을 엉너리로* 슬쩍 속여 넘기게 되다. 또는 어떤 상황을 얼김에* 슬쩍 넘기다 / 철수 자신은 남을 속이지 않는 대신에 자기 자신을 속이고, 그리고 엄벙뗑하고 한평생을 지내 가려는 심사인지도 몰랐다….『박태원, 옆집 색시』/ 전에는 입에다가 대지도 않던 술을 마시기 시작하더니, 집안일을 돌아보지 않고, 세상을 엄벙뗑하는 가운데 보내게 되었다.『나도향, 어머니』
>
>> ※ 엄벙뗑(부사) = 얼렁뚱땅 / 농군들은 우수, 경칩, 춘분, 청명 – 이렇게 풀풀 날아들어도 봄보리 때가 어느 땐지도 모르고 엄벙뗑 보내다가 떡 한식이 닥쳐야만 비로소, "아이쿠!" 하는 것이 보통이다.『이무영, 농민』
>>
>> ※ 엄벙통(명사) : (주로 '엄벙통에' 꼴로 쓰여)어리둥절하여 정신을 차리지 못하는 판국 / 엄벙통에 실수하기 쉬우니 침착하게 하여라.
>>
>> ※ 엄벙판(명사) : 어리둥절하여 정신을 차리지 못하는 형편 / 버스를 타려고 했으나 하도 많은 사람이 서로 타려고 하는 엄벙판에 그만 놓치고 말았다.
>>
>> *엉너리 : 남의 환심을 사기 위하여 어벌쩡하게* 서두르는 짓.
>>
>> *어벌쩡하다 : 제 말이나 행동을 믿게 하려고 말이나 행동을 일부러 슬쩍 어물거려 넘기다.

* 얼김 : (주로 '얼김에' 꼴로 쓰여)어떤 일이 벌어지는 바람에 자기도 모르게 정신이 얼떨떨한 상태.
4) 엉이야벙이야하다 : 일을 얼렁뚱땅하여 교묘히 넘기다 / 그 일은 엉이야벙이야하고 대충 넘기기에는 너무도 심각한 문제였다.
　※ 준말 ; 엉야벙야하다.
　※ 부사 : 엉이야벙이야 / 자신의 실수를 엉이야벙이야 넘기려는 것은 옳지 못하다.
정답은 3)번과 4)번입니다.

[360] 태산명동서일필(泰山鳴動鼠一匹)
　　　천동굉명우일점(天動轟鳴雨一点)
태산이 큰 소리를 내며 움직이는데 쥐 한 마리 나타난다더니 천둥이 굉음을 내며 우는데 고작 비 한 방울 떨구고 끝이네요. 에라이 통재라! 가뭄이 심해서 걱정인데, 주말 아침 일찍 맹지인 밭에 가기 위해 풀숲을 지날 때 이슬 몇 방울 스치는 것만으로도 반가운 마음이 드네요.
다음 문장들은 모두 '이슬받이'라는 명사의 뜻을 풀이한 것입니다. 이 중에서 '이슬떨이'로 바꾸어 써도 같은 뜻인 것을 골라주세요.
1. 이슬이 내리는 무렵.
2. 양쪽에 이슬 맺힌 풀이 우거진 좁은 길.
3. 길을 걸을 때 이슬에 젖지 아니하도록 허리 밑으로 두르는 도롱이.
4. 이슬이 내린 길을 갈 때에 맨 앞에 서서 가는 사람.
5. 차일 따위를 쳐서 내리는 이슬을 막는 일.

정답은 4)번입니다. '이슬떨이'는 위에 거시한 의미 외에도 '이슬을 떠는 막대기'를 의미하기도 합니다.
한편 '이슬털기' 또는 '이슬털이'라는 낱말이 있는데, 이는 '진도 씻김굿의 한 절차' 나 '풍물놀이에서, 이슬을 털듯이 부포를 세웠다 내렸다 하며 흔드는 춤사위'를 의미합니다.

[361] 2012년 19대 국회의원 총선거를 코앞에 두고 당시 당대표였던 홍준표 의원이 게임 캐릭터 '앵그리버드'로 분장하고 출연한 새누리당의 '새 됐다' 광고가 화제가 된 적이 있습니다. 그런데 '새 되다'는 범죄자들의 은어로서 '사(死) 되다'에서 변한 말이며 '죽다'라는 의미였습니다. 그 후 5년도 지나지 않아 새누리당은 정말로 '새 됐지요'.

다음 중에서 "목소리가 높고 날카롭다"라는 뜻을 가진 낱말을 골라 주세요.

1. 새나다
2. 새되다
3. 새들다
4. 새보다
5. 새잡다

1) 새나다 : 비밀 따위가 밖으로 드러나다 / 회사의 기밀 사항이 밖으로 새나지 않게 모든 사원들은 매우 조심하였다 / 다만 어릴 때와 다르다면 치마꼬리를 꽉 물고 울음소리가 새나지 않게 우는 것뿐이다. 『박경리, 토지』

2) 새되다 : 목소리가 높고 날카롭다 / 새된 소리를 지르다 / 애는 새되게 악을 쓰며 불이 붙는 듯이 운다. 『현진건, 적도』 / 임이네의 새된 고함이 귀청을 찢듯 들려왔다. 『박경리, 토지』
   ※ 북한에서는 '새되다'를 '새지다'라고 한답니다.
   ※ 새청 : 새된 목소리.

3) 새들다 : ① 물건을 사는 사람과 파는 사람 사이에 흥정을 붙이다. ② 혼인을 중매하다 / 김 서방이 새들자 거래가 쉽게 성사되었다 / 박 서방이 새들어서 그들이 혼인을 하게 된 것이다.

4) 새보다 : ① 논밭의 곡식이나, 멍석에 펴 놓은 곡식에 날아드는 새를 쫓기 위해 지키다 / 여기저기서 새보는 소리가 한가롭게 들렸다. 박 첨지는 논배미에 허수아비를 한 개 만들어다 세우고 있었다. 『하근찬, 왕릉과 주둔군』 ② (은어로) 망을 보다.

5) 새잡다 : ① 남의 비밀 이야기를 엿듣다. ② 가루로 빻은 복대기에서 금분(金分)을 머금은 황화물을 가려내다 / ② 번의 의미로 쓰일 경우의 '새'는 '금 성분이 들어 있는, 광석 속의 알갱이'를 뜻합니다.

정답은 2)번 '새되다'입니다.

\

[362] '손(이) 맑다'라는 관용구는 어렸을 적에 들어본 기억이 있을 뿐인 드물게 쓰이는 말 같습니다. "재수가 없어 생기는 것이 없다" 또는 "인색하여 남에게 물건을 주는 품이 후하지 못하다"라는 뜻입니다. 다음 중에서 '손등, 손바닥, 손가락, 손목' 등으로 이루어진 '손'과 전혀 관계없는 낱말을 골라 주세요.

1. 손말명
2. 손샅
3. 손씻이
4. 손톱여물
5. 손회목

1) 손말명 : 한자어 처녀 귀신(處女鬼神)의 고유어.
   '처녀귀신'이나 '손각시', '각시손' 등은 모두 표준어가 아니며, 이때의 '손'은 '귀신'을 의미합니다.
2) 손샅 : 손가락과 손가락의 사이 / (속담)손샅으로 밑 가리기 = 손으로 샅 막듯 : 애써 숨기려 하나 제대로 숨기지 못하는 경우를 비유적으로 이르는 말.
   '사타구니'는 '샅'을 낮추어 부르는 말입니다.
3) 손씻이 : 남의 수고에 보답하는 마음으로 적은 물건을 주는 일. 또는 그 물건.
   ※ 손씻이하다 : 남의 수고에 보답하는 마음으로 적은 물건을 주다.
   ※ 관용적으로 '손(을) 씻다(털다)'는 통상 부정적인 일에 대하여 관계를 청산한다는 뜻을 가지지만, "청산하지 않으면 찜찜한 상황을 마무리하다"라는 의미를 가지기도 합니다. 즉, 손을 씻어 더럽거나 찜찜한 것을 제거하는 것에 비유하는 말입니다.
4) 손톱여물 : 이로 손톱 끝을 잘근잘근 씹거나 물어뜯는 행동 / 기천이는 실눈을 뜨고 손톱여물을 썰더니 "자네, 그 회간 짓기에 얼마나 들었나?" 하고 다가앉는다. 『심훈, 상록수』
   '손톱여물을 썰다'가 관용적으로 쓰일 경우에는 ① 곤란한 일을 당하여 혼자서만 애를 태우는 모양이나 ② 음식 같은 것을 나누어 줄 때 조금씩 아끼면서 주는 모양을 비유적으로 이르는 말입니다.
5) 손회목 : 손목의 잘록하게 들어간 부분.
1)번 손말명이 손[手]과 관계가 없는 듯합니다.

[363] '국수'는 '밀가루'로 만들고 '국시'는 '밀가리'로 만들며, '국수'에는 '고춧가루'를 쳐 먹고 '국시'에는 '고춧가리'를 쳐 먹는다지요.
다음 중에서 소나무와 직접 관계가 없는 낱말을 골라 주세요.

1. 솔가루
2. 솔가리
3. 솔버덩
4. 솔수펑이
5. 솔잎대강이

  1) 솔가루(= 송말 / 松末) : 솔잎을 찧어 만든 가루.
    '송홧가루'는 소나무의 꽃가루를 의미하며, 솔가루는 송홧가루와 다릅니다.
  2) 솔가리 : ① 말라서 땅에 떨어져 쌓인 솔잎 / 갈퀴로 솔가리를 긁다 / 웅보는 여름이면 시원한 영산강 강바람이 쏠쏠 들어오고, 겨울에는 솔가리만 좀 넣어도 구들이 뜨끈뜨끈한 방에서 할아버지와 함께 자고 싶었다. 『문순태, 타오르는 강』 ② 소나무의 가지를 땔감으로 쓰려고 묶어 놓은 것 / 참나무 장작 한 지게하고, 솔가리가 한 지게구먼. 『조정래, 태백산맥』
  3) 솔버덩 : 소나무가 무성하게 들어선 버덩*.
    * 버덩 : 높고 평평하며 나무는 없이 풀만 우거진 거친 들 / '바람에 아름거리는 저편 버덩의 파란 벼 잎을 아득히 바라보았다. 『김유정의 총각과 맹꽁이』'에서 '버덩'이 쓰였으나, '버덩'이라는 낱말이 '풀만 우거진 거친 들'을 의미하므로 그 곳에 아름거리는 파란 벼가 있을 리 없지 않을까?
  4) 솔수펑이 : 솔숲이 있는 곳.
  5) 솔잎대강이[-립때- -] : 짧게 깎은 머리털이 부드럽지 못하고 빳빳이 일어선 머리 모양을 이르는 말.
    '대강이'는 '머리'를 속되게 이르는 말로서 '대가리'와 같은 뜻입니다.
  5)번 '솔잎대강이'가 빳빳하게 선 솔잎에 머리털을 비유하는 의미하지만 소나무와 직접 관련이 없겠지요. 정답입니다.

[364] '송방'은 '가게'의 충남지역 방언, '가만서방', '세깃서방', '속잇서방'은 모두 '샛서방'의 제주지역 방언, '군서방'은 '샛서방'의 함경지역 방언입니다. 다음 중에서 '아무렇게나 생긴 사람'을 뜻하는 '~방'을 골라 주세요.

1. 된서방
2. 마구발방
3. 만무방
4. 재피방
5. 허방

1) 된서방 : 몹시 까다롭고 가혹한 남편. ※ 된서방(을) 맞다(만나다) : 몹시 어렵고 까다로운 일을 당하다 / 집주인의 심한 잔소리를 듣고 있자니 꼭 된서방을 맞은 것처럼 마음이 스산했다. 된서방에 걸리다(위와 같은 뜻임) / 그녀는 까다로운 작업반장을 만나 된서방에 걸렸다고 생각했다.

2) 마구발방 : 분별없이 함부로 하는 말이나 행동 / 마구발방하다 : 분별없이 말이나 행동을 함부로 하다.

3) 만무방 : ① 염치가 없이 막된 사람 / 옥심이도 잘 알듯이 원래 배운 데 없는 만무방이고 이놈의 팔뚝밖에는 아무것도 가진 것 없는 맨 털털이오마는…. 『김정한, 옥심이』 ② 아무렇게나 생긴 사람.

4) 재피방 : 조그마한 방.

5) 허방 : 땅바닥이 움푹 패어 빠지기 쉬운 구덩이.
  ※ '허방에 빠지다 / 허방에 빠뜨리다 / 허방을 디디다' 등으로 활용됩니다.
  ※ 허방(을) 짚다 : ① 발을 잘못 디디어 허방에 빠지다 / 허방을 짚은 사내의 손은 숫제 허공을 더듬듯 하더니, 속득이의 가슴께를 뒤에서 얼른 껴안았다. 『김정한, 뒷기미 나루』 ② 잘못 알거나 잘못 예산하여 실패하다 / 캡을 쓴 사내는 이미 그곳에는 보이지 않았다. 허방을 짚은 격이 된 도현은 갑자기 기세가 푹 꺾이었다. 『손창섭, 낙서족 』
  ※ 허방(을) 치다 : 바라던 일이 실패로 돌아가다 / 그렇게 처리했다가는 모든 일을 허방 치고 말 것이다.

아무렇게나 생긴 사람은 '옥동자(정종철)'가 아니라 3)번 '만무방'입니다.

[365] '사이버 거지'라는 신조어가 있습니다. 인터넷 게임 상에서 아이템과 게임 머니 등을 구걸하는 사람을 비하하는 용어랍니다.

한편 "가난 구제는 지옥 늧이라*"는 속담이 있습니다. 이때의 '늧'은 명사로서 '앞으로 어떻게 될 것 같은 일의 근원. 또는 먼저 보이는 빌미'를 의미하는데, 한자어 '조짐(兆朕), 징조(徵兆)'와 비슷한 뜻입니다. 속담의 뜻은 '가난한 사람을 구제하는 것은 지옥에 떨어질 징조'라는 뜻으로, 그 일이 결국에 가서는 자신에게 해롭게 되고 고생거리가 되니 아예 가난한 사람을 구제할 생각도 하지 말라는 것입니다. 무척 냉정한 속담이지만, 정치판에 포퓰리즘이 성행하는 세태를 생각하면 그런 생각이 나온 연유를 알 것 같기도 합니다.

다음 중에서 빌어먹을 수밖에 없는 진짜 '거지'를 골라 주세요.

1. 난거지
2. 땅거지
3. 먹거지
4. 우멍거지

　　*늧 / 늧이 사납다 / 그 녀석은 늧이 글렀다 / 이번 일은 늧이 좋은 것 같지 않다.
　1) 난거지(= 난거지든부자) : 겉보기에는 거지꼴로 가난하여 보이나 실상은 집안 살림이 넉넉하여 부자인 사람. 또는 그런 형편.
　　※ 든거지(= 든거지난부자) : 사실은 가난하면서도 겉으로는 부자처럼 보이는 사람.
　2) 땅거지 ≒ 알거지 : 아무것도 가진 것이 없는 거지 / 우리는 홍수에 집과 땅을 잃고 알거지 신세가 되었다 / 그는 사업에 실패해 하루아침에 알거지가 되었다.
　3) 먹거지 : 여러 사람이 모여서 벌이는 잔치 / 금성의 사랑에는 거의 밤마다 먹거지가 벌어졌다.『현진건, 무영탑』
　　※ '모꼬지(놀이나 잔치 또는 그 밖의 일로 여러 사람이 모이는 일)'와 어원과 뜻이 같은 것 같습니다 / 혼인날에도 다른 제자보다 오히려 더 일찍이 와서 모든 일을 총찰하였고 모꼬지 자리에서도 가장 기쁜 듯이 술을 마시고 춤을 추고 즐기었다.『현진건, 무영탑』
　4) 우멍거지 = '포경(包莖, 음경의 끝이 껍질에 싸여 있는 것. 또는 그런 성기)'의 고유어.
오늘은 2)번이 정답입니다.

다음과 같은 진짜 거지들도 있었습니다.
※ 떼거지 : 떼를 지어 다니는 거지. 또는, 천재지변 따위로 졸지에 헐벗게 된 많은 사람을 비유적으로 이르는 말 / 적삼 차림에다 소 주둥이 가리는 부리망같이*…얼기설기 엮은 약 돌기를* 짊어진 꼴이 영락없는 떼거지 몰골이었다. 『현기영, 변방에 우짖는 새』 / 전쟁으로 그 도시 사람들은 하루아침에 떼거지가 되었다.
한편 '떼거지'는 부당한 요구나 청을 들어 달라고 고집하는 '떼'의 방언으로 충청도와 제주 지역에서 사용됩니다.
※ 햇거지 : 당해에 새로 생긴 거지. 거지생활을 오래한 묵은 거지보다 견디기가 더 어려웠을 것입니다 / (속담) : 묵은 거지보다 햇거지가 더 어렵다.
　* 부리망(- - 網) : 소를 부릴 때에 소가 곡식이나 풀을 뜯어 먹지 못하게 하려고 소의 주둥이에 씌우는 물건. 가는 새끼로 그물같이 엮어서 만든다.
　* 돌기 : 로프나 실 따위가 헝클어지지 아니하게 빙빙 둘러서 둥그렇게 포개어 감은 뭉치.

무지 어려운 우리말겨루기 365 言편

초판 1쇄 인쇄일 | 2017년 10월 11일
초판 1쇄 발행일 | 2017년 10월 17일

지은이 | 이상권
펴낸곳 | 북마크
펴낸이 | 정기국
편집총괄 | 이헌건
디자인 | 서용석
관리 | 안영미

주소 | 서울특별시 동대문구 왕산로23길 17 중앙빌딩 305호
전화 | (02) 325-3691
팩스 | (02) 335-3691
블로그 | http://blog.naver.com/chung389
등록 | 제 303-2005-34호(2005.8.30)

ISBN | 979-11-85846-61-3   13710
값 | 15,000원

이 책은 저작권법에 따라 보호를 받는 저작물이므로 무단전재와 무단복제를 금하며,
이 책 내용의 전부 또는 일부를 이용하려면 반드시 저작권자와 북마크의
서면동의를 받아야 합니다.